EL EXPOSITOR BÍBLICO

para el
MAESTRO
O LÍDER DE GRUPO

El Programa de Educación Senda de Vida se produce originalmente en castellano.

PRÓXIMAMENTE EN VERSIÓN DIGITAL

QUINTO CICLO

VOLUMEN

3

Serie: 2017-II

2016-2022

Primer ciclo 1988-1995
Segundo ciclo 1996-2002
Tercer ciclo 2003-2009
Cuarto ciclo 2009-2016
Quinto ciclo 2016-2022

Senda de Vida Publishers, Co.
Miami, Florida
Copyright 2017-II. Todos los derechos reservados.

ITEM 15018 y 15019
ISBN 978-1-928686-39-2
ISBN 978-1-928686-40-8

Senda de Vida
Po Box. 559055
Miami, Florida 33255
Programa Internacional
de Escuela Dominical

Escritores y Editores
de las Series Senda de Vida

Marco T. Calderón
Presidente

Deborah Calderón
Administración

SERIE DE NIÑOS
Duanys López
Vilma Moncada
Aradí Rivera

SERIE DE JÓVENES
Fernando Rojas
Luciano Jaramillo
Vilma Moncada

SERIE DE ADULTOS
Wilfredo Calderón
Hiram Almirudis

EN ESTE VOLUMEN
Lecciones originales:
Wilfredo Calderón
Eliseo Rodríguez Matos

Coordinador temático:
Fernando Rojas

Edición, revisión y corrección
José Sifonte

Diseño
Marlen Montejo
Luis Hernández
Ana María Ulloa
Haroldo Mazariegos

Ventas y distribución
Niurka Ávalos
Ana C. González
Mónica Veranez
Mynor Rodríguez
Yamil Zabaleta
Álvaro Hernández
Juan F. Moncada

EDICIONES SENDA de VIDA

CICLO 1		CICLO 3	
1988	Serie 1	2002	Serie 1
1989	Serie 2	2003	Serie 2
1989	Serie 3	2003	Serie 3
1990	Serie 4	2004	Serie 4
1990	Serie 5	2004	Serie 5
1991	Serie 6	2005	Serie 6
1991	Serie 7	2005	Serie 7
1992	Serie 8	2006	Serie 8
1992	Serie 9	2006	Serie 9
1993	Serie 10	2007	Serie 10
1993	Serie 11	2007	Serie 11
1994	Serie 12	2008	Serie 12
1994	Serie 13	2008	Serie 13
1995	Serie 14	2009	Serie 14

CICLO 2		CICLO 4	
1995	Serie 1	2009	Serie 1
1996	Serie 2	2010	Serie 2
1996	Serie 3	2010	Serie 3
1997	Serie 4	2011	Serie 4
1997	Serie 5	2011	Serie 5
1998	Serie 6	2012	Serie 6
1998	Serie 7	2012	Serie 7
1999	Serie 8	2013	Serie 8
1999	Serie 9	2013	Serie 9
2000	Serie 10	2014	Serie 10
2000	Serie 11	2014	Serie 11
2001	Serie 12	2015	Serie 12
2001	Serie 13	2015	Serie 13
2002	Serie 14	2016	Serie 14

CICLO ACTUAL 5	
2016	Serie 1
2017	Serie 2
2017	**Serie 3**

EDITORIAL

¿Qué hora es en el reloj de Dios?

La noche está avanzada, y se acerca el día. Desechemos, pues, las obras de las tinieblas, y vistámonos las armas de la luz.

(Romanos 13:12)

Marco T. Calderón
Presidente

Ante la vida acelerada y demandante de hoy, ¿quién podría funcionar bien sin la ayuda de un reloj? Este maravilloso instrumento nos permite orientarnos y cumplir mejor nuestras obligaciones. Lo llevamos con nosotros, lo colgamos en las paredes, lo tenemos en el teléfono y hasta en la computadora. Sin un reloj podríamos olvidar la hora y perdernos de muchas cosas importantes.

Pero, hay un reloj que no está determinado por la hora de Greenwich, sino por la agenda y la soberanía de Dios. Este reloj que ha marcado los "tiempos o las sazones" de la historia desde sus inicios hasta su culminación, nos está indicando que ha llegado la media noche, la "hora cero". ¿Sabemos qué hora es en el reloj de Dios? Al parecer nos estamos acercando al fin de una era, al fin de la civilización. Las palabras del apóstol Pablo en su carta a los Romanos 13:11,12, resuenan como la alarma divina que nos llama a despertarnos, porque ya *...La noche está avanzada y se acerca el día.*

Los últimos acontecimientos mundiales; el crecimiento del Islam, la escalada terrorista, el resurgimiento del poderío soviético, el aumento de la violencia en Siria y Turquía, las provocaciones de Corea del Norte, el descontento de las naciones contra Israel y la amenaza constante de una destrucción nuclear, nos recuerdan que el desenlace final está cerca. El tema judío vuelve a estar en el centro de la opinión mundial y sabemos que Israel constituye el péndulo principal del reloj profético de Dios. Como advirtiera un eminente estadista; "Cuando vean todas estas cosas, Dios descenderá del cielo con su gran manojo de llaves y dirá a la humanidad: ¡Es hora de cerrar!

Pero, el reloj de Dios está anunciando la llegada del "día glorioso de nuestra redención", cuando *nacerá el Sol de justicia... y el lucero de la mañana salga en nuestros corazones... y entonces... Enjugará Dios toda lágrima de los ojos, y ya no habrá muerte, ni habrá más llanto, ni clamor, ni dolor; porque las primeras cosas pasaron* (Apocalipsis 21:4).

Pero antes de la "hora final", se manifestará la presencia de una iglesia apóstata, falsa, manipuladora, que intentará envolver a los verdaderos creyentes con su mensaje seductor, mundano y materialista negando el Señorío de Cristo y la promesa de su retorno.

Por tanto... *Es hora de levantarnos del sueño,* sacudirnos del letargo espiritual y retomar las armas de la luz: la oración, el ayuno, la vigilia, y sobre todo capacitándonos en el uso de la espada del Espíritu, que es la Palabra de Dios, para dar razón con inteligencia de la esperanza gloriosa que hay en nosotros y continuar proclamando el mensaje del evangelio.

Senda de Vida sigue comprometida con el mensaje del reino de Dios a través de sus publicaciones y se une a todos los verdaderos creyentes que anhelan ese "nuevo día", donde habrán "cielos nuevos y tierra nueva". ¡Adelante amados hermanos!; *porque ahora está más cerca de nosotros nuestra salvación que cuando creímos.*

¡Cristo Viene!

PLAN ACADÉMICO

Año	Enero-Marzo	Abril-Junio	Julio-Septiembre	Octubre-Diciembre
2009			Paradigmas de la familia cristiana	Con los salmos se canta y se vive para Dios
2010	Respuestas bíblicas a inquietudes serias	Los Hechos del Espíritu Santo	Versión marcopetrina del evangelio de Jesucristo	El origen de un pueblo indestructible
2011	El Evangelio se extiende a las naciones	Actitudes del cristiano frente al mundo	Lucas describe el ministerio de Cristo	Hechos y vivencias de los jueces de Israel
2012	Enseñanzas de actualidad en los libros poéticos	Instrucciones prácticas en las epístolas de Pablo I	Juan expone evidencias de la divinidad de Jesucristo	Las obras portentosas de Dios en el reino unido
2013	Profecías preexílicas en orden cronológico	Verdades prácticas de la teología paulina	Hebreos y la preeminencia de Jesucristo	Dos reinos y un solo pueblo
2014	Justicia y misericordia de Dios en el exilio	Exhortaciones pastorales para el crecimiento	El Espíritu Santo, su persona y ministerio	Daniel y Apocalipsis, Un panorama escatológico
2015	La experiencia cristiana en las epístolas generales	Mensajes de restauración de los profetas postexílicos	Grandes enseñanzas de la Biblia, Parte I	Grandes enseñanzas de la Biblia, Parte II
2016	Aspectos prácticos de la vida cristiana	Principios básicos en la carta a los Efesios		

SENDA de VIDA 2009-23

Año	Enero-Marzo	Abril-Junio	Julio-Septiembre	Octubre-Diciembre
2016			Estudiando la carta del apóstol San Pablo a los Gálatas	El mandato urgente a evangelizar al mundo
2017	Discipulado y servicio cristiano	Las misiones en el plan de Dios	El plan divino para la preservación de la fe	Edificando familias saludables
2018	La vida cristiana normal	La realidad de un conflicto espiritual	Introducción a la Biblia: Antiguo Testamento	1 y 2 de Pedro, cristianismo práctico
2019	La soberanía de Dios a la luz de los libros históricos	El Espíritu Santo y la conducta cristiana	Los evangelios y la iglesia de Jesucristo	Mensajes imperecederos de los libros poéticos
2020	Los milagros de la Biblia se manifiestan en la actualidad	Evidencias apocalípticas en el siglo veintiuno	El enfoque bíblico a la familia cristiana de todos los tiempos	Tipología y la vida en el espíritu
2021	Vida cristiana práctica	Parábolas de Jesús en Mateo	Fundamentos cristianos básicos	Una perspectiva del evangelio según Romanos y Gálatas
2022	Mensajes de actualidad según los profetas menores	Enseñanzas de la epístolas pastorales	Frutos, talentos y dones del Espítitu Santo	Vida cristiana en las cartas generales
2023	Grandes personajes del Antiguo Testamento	Grandes personajes del Nuevo Testamento		

ÍNDICE

INTRODUCCIÓN AL TERCER TRIMESTRE

Resulta de crucial importancia para la iglesia en estos tiempos del fin el plantear una postura firme frente a las muchas herejías que han aparecido en el mundo. No podemos cruzarnos de brazos y permitir que la corriente de falsas doctrinas arrastre todo a su paso. Por ello, hemos de reflexionar en este trimestre sobre este importante tema: *El plan divino para la preservación de la fe*. Nos parece, a veces, como si la apostasía estuviese prevaleciendo sobre la verdad y como si los falsos maestros se hallasen más diseminados que los ministros de la verdad de Dios. Pero en la preservación de la verdadera fe contamos con la autoridad que tiene la doctrina de Cristo frente a las herejías. Realmente la verdad liberta y desentraña el error (Ver Juan 8:32). Cristo es la verdad suprema y debemos proclamarlo a Él como la luz que alumbra y disipa las tinieblas de la falsedad. Uno de los aspectos donde el enemigo de las almas ataca con más ímpetu es en lo relacionado a nuestra salvación. Por tanto, los creyentes debemos estar seguros de que Cristo consumó en la cruz nuestra completa redención. También los hijos de Dios debemos cultivar una vida piadosa, porque la piedad como fruto de la vida del Espíritu en el creyente, es consecuente con la doctrina cristiana. No podemos identificarnos ante el mundo como discípulos y siervos del Maestro sin que nuestro carácter y conducta sean compatibles con dicho testimonio.

Dios ha llamado a su iglesia, columna y baluarte de la verdad (1 Timoteo 3:15). Este carácter habla en voz alta de la responsabilidad que tienen los ministros de Cristo de proclamar firmemente las doctrinas fundamentales de la fe, tal y como aparecen escritas en la Biblia. Este destino divino de retener la verdad de Cristo y proclamarlo a Él, está relacionado con la obra de purificación que Él mismo hizo en la cruz. Él nos amó y nos lavó de nuestros pecados con su sangre y nos hizo reyes y sacerdotes para Dios, su Padre (Apocalipsis 1:5,6). Esa identidad debemos conservarla hasta el fin, pues la fe en nuestro Señor Jesucristo es lo que nos hará victoriosos ante ese mundo que aborrece a Cristo y que se opone deliberadamente a Él y a su pueblo.

En el plan divino de la preservación de la verdad está intrínseco, igualmente, el hecho de que la iglesia es una entidad santa, separada del mundo en cuanto a su carácter, pero que vive dentro de él para cumplir su misión como la sal de la tierra y la luz del mundo (Mateo 5:13,14). Por tanto, se demanda un carácter santo de los que componen la familia de Dios. La santidad es un ingrediente insustituible de la autoridad para que la iglesia pueda ministrar sanidad a las almas que vienen heridas del pecado. Y todo este logro de preservar la verdad del Evangelio es posible porque la iglesia es el cuerpo de Cristo, donde cada miembro cumple la función que Cristo, la cabeza, le ha asignado para edificación de los santos y gloria del Señor mismo.

Deseamos que las trece lecciones que Senda de Vida ha preparado para este trimestre, ayuden a los hijos de Dios a desarrollar un carácter de vencedores y una obra de victoria en cuanto a la preservación de la verdadera fe.

FECHAS SUGERIDAS

Número del estudio		Tema del estudio	Fecha sugerida
Estudio bíblico	1	La apostasía en la iglesia	2 julio 2017
Estudio bíblico	2	La presencia de falsos maestros	9 julio 2017
Estudio bíblico	3	Los enemigos de la doctrina de Cristo	16 julio 2017
Estudio bíblico	4	Salvación, seguridad y galardón	23 julio 2017
Estudio bíblico	5	La doctrina que es conforme a la piedad	30 julio 2017
Estudio bíblico	6	La iglesia, columna y baluarte de la verdad	6 agosto 2017
Estudio bíblico	7	El poder de la sangre de Cristo	13 agosto 2017
Estudio bíblico	8	El mundo no es nuestro hogar	20 agosto 2017
Estudio bíblico	9	La fe que vence al mundo	27 agosto 2017
Estudio bíblico	10	La santificación del creyente	3 septiembre 2017
Estudio bíblico	11	Sanidad para el alma herida	10 septiembre 2017
Estudio bíblico	12	La iglesia, la familia de Dios	17 septiembre 2017
Estudio bíblico	13	La iglesia como cuerpo de Cristo	24 septiembre 2017
Estudio bíblico	14	La promesa de salvación para la familia	1 octubre 2017
Estudio bíblico	15	La dirección espiritual en la familia	8 octubre 2017
Estudio bíblico	16	La intercesión de los padres	15 octubre 2017
Estudio bíblico	17	La lealtad y el amor soportes de la familia	22 octubre 2017
Estudio bíblico	18	Instrucciones para edificar la familia	29 octubre 2017
Estudio bíblico	19	El amor sacrificial de un padre	5 noviembre 2017
Estudio bíblico	20	La roca que sostiene a la familia	12 noviembre 2017
Estudio bíblico	21	Cómo proteger a la familia del estrés y la ansiedad	19 noviembre 2017
Estudio bíblico	22	La protección de la familia contra la inmoralidad	26 noviembre 2017
Estudio bíblico	23	Secretos para la felicidad en el hogar	3 diciembre 2017
Estudio bíblico	24	Principios para la conservación del matrimonio	10 diciembre 2017
Estudio bíblico	25	La adoración es clave para el éxito familiar	17 diciembre 2017
Estudio bíblico	26	Victoria en las crisis familiares	24 diciembre 2017
Estudio bíblico	27	Cualidades necesarias de un padre	31 diciembre 2017

LA APOSTASÍA EN LA IGLESIA

ESTUDIO BÍBLICO 1

Base bíblica
Hebreos 2:1-4; 10:26-31

Objetivos
1. Entender que la apostasía fue, es y será una amenaza latente a la Iglesia de Jesucristo.
2. Sensibilizar a los creyentes respecto a las consecuencias de dejar a Cristo.
3. Motivar a los discípulos a tomar una posición firme frente a la apostasía presente.

Fecha sugerida:___/_____/_____

Pensamiento central
Los postreros días en que vivimos, exigen a la Iglesia del Señor estar velando diligentemente para no ser infiltrada por la pandemia mortal de la apostasía.

Texto áureo
Por tanto, es necesario que con más diligencia atendamos a las cosas que hemos oído, no sea que nos deslicemos (Hebreos 2:1).

LECTURA ANTIFONAL

Hebreos 2:1 Por tanto, es necesario que con más diligencia atendamos a las cosas que hemos oído, no sea que nos deslicemos.
2 Porque si la palabra dicha por medio de los ángeles fue firme, y toda transgresión y desobediencia recibió justa retribución,
3 ¿cómo escaparemos nosotros, si descuidamos una salvación tan grande? La cual, habiendo sido anunciada primeramente por el Señor, nos fue confirmada por los que oyeron,
4 testificando Dios juntamente con ellos, con señales y prodigios y diversos milagros y repartimientos del Espíritu Santo según su voluntad.
10:26 Porque si pecáremos voluntariamente después de haber recibido el conocimiento de la verdad, ya no queda más sacrificio por los pecados,
27 sino una horrenda expectación de juicio, y de hervor de fuego que ha de devorar a los adversarios.
28 El que viola la ley de Moisés, por el testimonio de dos o de tres testigos muere irremisiblemente.
29 ¿Cuánto mayor castigo pensáis que merecerá el que pisoteare al Hijo de Dios, y tuviere por inmunda la sangre del pacto en la cual fue santificado, e hiciere afrenta al Espíritu de gracia?
30 Pues conocemos al que dijo: Mía es la venganza, yo daré el pago, dice el Señor. Y otra vez: El Señor juzgará a su pueblo.
31 !Horrenda cosa es caer en manos del Dios vivo!

DATOS GENERALES ACERCA DEL TEMA

- **Enseñanza:** Los cristianos deben tener tal revelación sobre quién es su Salvador, que puedan saber identificar y contrarrestar toda manifestación de apostasía que amenace su fe en él.
- **Autor:** Desconocido. Es una carta inspirada y canónica, pero anónima. La opinión más generalizada es que pudiera haber sido escrita por Pablo.
- **Personajes:** Los ángeles, el Señor, los apóstoles, los hebreos.
- **Fecha:** Entre los años 67 y 68 d. C.
- **Lugar:** No se sabe dónde fue escrita. Se sugiere Éfeso, Antioquía y Roma.

BOSQUEJO DEL ESTUDIO

I. La necesidad de retener la Palabra del Evangelio (Hebreos 2:1-4).

   A. La necesidad de atender con diligencia la Palabra (2:1)

   B. La precisión y firmeza de la Palabra de Dios (2:1,2)

II. Las consecuencias de desatender la Palabra de verdad (Hebreos 2:3,4)

   A. Nuestras consecuencias si descuidamos esta gran salvación (2:3)

   B. El testimonio divino al anuncio de la salvación (2:3b - 4)

III. La advertencia por apostatar de la fe (Hebreos 10:26-31)

   A. La horrenda expectación de juicio por apostatar (10:26,27)

   B. Un mayor castigo que la muerte, por apostatar (10:28-31)

Antioquía, donde por primera vez se llamó cristianos a los seguidores de Jesús. Éfeso, centro cultural, comercial y religioso del primer siglo y Roma la capital del imperio en tiempos de Pablo.

LECTURAS DEVOCIONALES DIARIAS

Lunes: La apostasía del rey Joás (2 Crónicas 24:15-19)

Martes: La mujer de Lot, un ejemplo de retroceso fatal (Génesis 19:26; Lucas 17:32)

Miércoles: La decisión de continuar valorando las palabras de Cristo (Juan 6:66-68)

Jueves: Las consecuencias de la ingratitud espiritual (Romanos 1:21-25)

Viernes: El temor de ser extraviado de la sincera fidelidad a Cristo (2 Corintios 11:2,3)

Sábado: La importancia de un enfoque correcto en la mirada espiritual (Hebreos 12:1,2)

INTRODUCCIÓN

La medicina preventiva es mucho más efectiva que la curativa. El prever una enfermedad es mucho mejor que intentar curar un padecimiento después que se ha hecho crónico. Es mejor cazar las zorras aunque sean pequeñas antes que echen a perder las viñas. La advertencia repetida en la Palabra es que no pequemos, que huyamos del mal. Es mejor limpiar el camino al guardar la Palabra que intentar caminar por encima de los obstáculos que se hayan levantado por desobedecerla. La advertencia sobre el peligro de la apostasía en Hebreos no tiene su énfasis en lo correctivo sino en lo preventivo. Si muchos hijos de Dios que han caído en apostasía hubieran hecho caso a los requerimientos de la Palabra, se hubieran salvado de consecuencias fatales.

El preservar la verdad del Evangelio es el mensaje que se percibe a través de la Epístola de los Hebreos. La carta fue dirigida a la comunidad hebrea que había creído en Jesús como el Mesías prometido. Los destinatarios eran hermanos santos, llamados a ser participantes del llamamiento celestial. Por tanto, se les advierte a no retroceder de su fe. Si obedecían los requerimientos de esta carta, serían imitadores de aquellos vencedores quienes por la fe y la paciencia heredan las promesas. El llamado de Hebreos es a que permanezcamos firmes sin fluctuar en la profesión de nuestra esperanza, pues el que nos ha llamado a la salvación es fiel y cumplirá todas sus promesas eternas. A esta verdad es que la Epístola se refiere en forma especial, al peligro que en determinadas circunstancias pueden tener los cristianos de apostatar de la fe. Es imperativo saber que Satanás, los demonios y los falsos maestros, son agentes de la apostasía y que su arma más letal es la herejía. A medida que nos acercamos a la venida de Cristo el reto de no caer en apostasía parece ser mayor. Estamos advertidos a través de las Sagradas Escrituras de los tiempos tan peligrosos en los cuales existe la verdadera iglesia de Jesucristo, y por tanto, debemos prepararnos para defender la verdad con mansedumbre, pero también con toda firmeza en Cristo.

DESARROLLO DEL ESTUDIO

I. LA NECESIDAD DE RETENER LA PALABRA DEL EVANGELIO (HEBREOS 2:1-4)

Ideas para el maestro o líder

(1) Pregunte a los estudiantes por los nombres de dos personas en la Biblia que apostataron de la fe.

(2) ¿Por qué Hebreos presenta el atender las cosas que hemos oído en el Evangelio como algo de carácter necesario?

Definiciones y etimología

* *Apostasía* El término griego es *apostásis*, alejamiento, y significa abandono premeditado y consciente de la fe cristiana.

* *Diligencia*. Viene del griego *perissotéros*. Identifica a aquello que en número o carácter es más abundante, es mayor. En Hebreos 2:1 equivale a atender con mucho deseo.

A. La necesidad de atender con diligencia la Palabra (2:1)

El versículo 1 de Hebreos 2 es un enlace entre las verdades contenidas en el capítulo 1 y las advertencias que se han de hacer en el capítulo 2. Por eso comienza con la palabra, *por tanto*. Cuando aquí se habla de la necesidad que prestemos atención diligentemente a las cosas que hemos oído, ya se ha hecho mención en el capítulo anterior a la palabra de Dios. Dios habló en otro tiempo a los padres por los profetas, pero ahora nos ha hablado por el Hijo. En el capítulo 1, se evidencia que Dios habló a los antiguos, le habló a toda la creación, les habló a los ángeles, le habló a su propio Hijo y ahora nos habla a nosotros.

Ahora el reclamo divino es que los creyentes debemos en primer lugar *atender diligentemente* las palabras que Dios ha hablado a través de los siglos, las cuales han quedado registradas en las Escrituras. Pero el énfasis para los que estamos disfrutando de la gracia es atender las palabras del Hijo de Dios, pues en estos postreros días Dios nos ha hablado por el Hijo. En segundo lugar, el atender la Palabra aquí se presenta no en forma pasiva sino como una *necesidad imperiosa* de todos los hijos de Dios. Esto es, un tipo de mandamiento del cual no se puede prescindir, cuyo requerimiento es imposible postergar. Por eso, la necesidad se presenta rogando diligencia en llevarlo a cabo. La idea parece indicar que si no fuésemos diligentes en este aspecto, podríamos acostumbrarnos peligrosamente a una actitud de pereza espiritual. El cristiano diligente es ferviente en cumplir los requerimientos del Señor. Por último, el reclamo en sí es a atender las cosas que *hemos oído*. Pudiera parecer que el mandamiento tuviese que ver con afinar el oído al escuchar la Palabra. Pero en realidad se está hablando de algo que ya se ha oído y que ahora se requiere atenderlo.

El verbo *atender* aquí, no es escuchar atentamente, sino *cuidar con toda responsabilidad* aquello que el Evangelio de Cristo anuncia. Aquí *atender* tiene la connotación de poner *bajo cuidado*, de proteger algo que tiene un gran valor. El contenido que se nos ha dado a manera de anuncio es precisamente nuestra salvación. Lo que Dios ha hablado por el Hijo y que desde antes ya venía anunciándolo a través de los profetas y de lo cual avisó a los ángeles del cielo es el milagro de nuestra salvación. Es a la palabra de nuestra salvación a la que debemos hacer caso reverente. El contenido intacto de esta verdad es que el Hijo de Dios ha obrado la purificación de nuestros pecados por medio de sí mismo y ahora se ha sentado a la diestra del trono de Dios. Si damos cuidado esmerado a esta salvación, no nos habremos de deslizar de esta preciosa fe.

B. La precisión y firmeza de la Palabra de Dios (2:2)

Esta salvación tan grande de la cual Cristo ha sido el garante tiene su base en la Palabra de Dios. Desde el Antiguo Testamento Dios trató con Israel para darle el tesoro más valioso, a saber, su Palabra. La referencia del versículo 2 es a la Palabra del Señor dada a

Israel a través de ángeles en el monte Sinaí. De Hechos 7:38,53 y Gálatas 3:19 sabemos que la Ley dada a Israel fue por medio de ángeles y que Moisés fue mediador de aquella palabra hacia el pueblo.

Ahora el escritor remarca una característica de aquella palabra divina diciéndonos que *fue firme*. La ley contenía recompensas por la obediencia y consecuencias por la desobediencia. Cada bendición que Dios prometió dar la cumplió con fidelidad y cada maldición anunciada si desobedecían fue también cumplida al pie de la letra. Esto es una advertencia al pueblo de Dios a no caer en la apostasía. Por eso, el escritor habla de la firmeza que tuvo la Palabra bajo la ley a tal modo que toda transgresión y desobediencia del pueblo recibió la justa retribución divina. Israel fue reprendido muchas veces por su Dios debido a continuas transgresiones y desobediencias de las palabras dadas en el Sinaí. Cada vez que se transgredía la Palabra había una justa retribución. Era justa porque Dios es santo y reacciona contra el pecado del hombre impenitente. También era justa porque aquel era el pueblo al cual Dios había dado una salvación ¡tan grande! Después de haber vivido en Egipto por más de cuatrocientos años y de haber experimentado terrible esclavitud en aquella tierra ajena, el Dios todopoderoso los sacó con mano fuerte y brazo extendido. Él abrió el mar delante de ellos y los sustentó con maná en el desierto y les sacó agua de la peña e hizo portentos sobrenaturales con su amado pueblo. Así que si un pueblo tan favorecido por Dios hacía caso omiso a sus santos mandamientos, era justo que recibieran la retribución del castigo divino. Varias veces Moisés subió a la cumbre del monte a pedir que Dios perdonara al pueblo y él lo hacía una y otra vez. Pero ellos volvían a pecar e irritaban al Señor hasta que su ira venía con retribución. El escritor de Hebreos quiere que sus lectores tomaran este ejemplo para advertirles que aunque estamos en la gracia de Jesucristo, todavía debemos atender lo que hemos oído y cuidar el tesoro que se nos ha dado de nuestra salvación.

Afianzamiento y aplicación

(1) Explique a los estudiantes cómo el amor de Dios no riñe con su retribución al pecado del hombre.
(2) Pregunte a los estudiantes por qué el atender diligentemente las palabras del Evangelio es una necesidad de todos los hijos de Dios.
(3) Comente a la clase cómo debemos decidirnos a tomar como firme y segura la Palabra que Dios nos ha dado en el Evangelio.

II. LAS CONSECUENCIAS DE DESATENDER LA PALABRA DE VERDAD (Hebreos 2:3,4)

Ideas para el maestro o líder

(1) ¿Cuáles pudieran ser los aspectos en los que la sangre expiatoria de Cristo supera la sangre de los animales del Antiguo Testamento?
(2) Preguntar a los estudiantes: ¿Es justo que Dios le hubiera dado al hombre libre albedrío para decidir voluntariamente servirle o rechazarle?

Definiciones y etimología

* *Anticristo, antichristos*. El antagonista escatológico de Dios y de su pueblo. Un ser que recibe poder de Satanás y funciona como enemigo de Jesucristo y de la iglesia.

* *Escapar*. Es la palabra griega *ekfeúgo*, es el sentido de huir. En Hebreos 2 se interpreta como que no podemos huir o escapar del castigo si descuidamos la salvación.

A. Nuestras consecuencias si descuidamos esta gran salvación (2:3)

El escritor tiene el propósito de advertirnos que no podríamos escapar de castigos mayores que los de Israel si descuidamos una salvación tan grande. Nosotros hemos sido beneficiarios de una salvación mucho más grande que la que Israel experimentó en el pasado. La esclavitud del pecado es más grave que la esclavitud física, porque la física la establece un agente exterior al hombre, pero la esclavitud espiritual tiene su origen en el pecado que mora dentro del corazón. Es más fácil abrir una reja física para liberar a un preso en una cárcel literal que liberar el alma atada al pecado innato. Pero Cristo nos redimió, o sea, cortó las cadenas del pecado que nos ataba y por su sangre nos hizo libres del poder del pecado y de la muerte. Además, el precio pagado a favor de nuestra salvación fue mucho mayor que el que se pagó por la liberación de los israelitas en el día de la pascua. Ellos fueron redimidos por la sangre de corderos, pero nosotros hemos sido redimidos por el sacrificio del Cordero de Dios. La herencia prometida a los hijos de Israel era la tierra de Canaán, pero para los creyentes en Cristo la herencia es el cielo. Estos datos sirven como ejemplos de cuán superlativamente grande es nuestra salvación en Cristo.

El Espíritu Santo nos enseña que si aquellos judíos que fueron salvos del yugo de Faraón recibieron retribuciones de juicio por sus desobediencias, ¿cómo vamos a escapar nosotros del juicio divino si descuidamos la gran salvación que nos ha dado Cristo? El escritor está previniendo a los cristianos de la apostasía, y ahora que estamos cerca de la venida del Señor y de la manifestación posterior del Anticristo debemos ocuparnos en lo que Cristo nos ha dado y atender diligentemente la salvación. No es difícil darse cuenta hoy de la cantidad de cristianos cuyas vidas espirituales muestran un descuido casi total en cuanto a su salvación. Si Cristo ha dejado de ser el centro de la vida, la prioridad entre las cosas importantes de la existencia, la salvación se ha descuidado y no hay forma de escapar de las consecuencias de ese modo de andar. No se puede vivir el evangelio en forma descuidada y a la vez evitar la corrección del Padre que nos ama. Como Dios hizo con Israel perdonándolo muchas veces, también lo hace con los que reconocen humildemente su descuido espiritual y piden el auxilio de la gracia de Cristo. Pero si el descuido de la salvación lleva al cristiano hasta apostatar de su fe, no hay forma de escapar de la ira de Dios. Debemos pedir a Dios diariamente que su misericordia nos permita ser fieles hasta el fin para no perder el fruto de nuestra fe sino que recibamos galardón completo (Ver 2 Juan 1:8).

B. El testimonio divino al anuncio de la salvación (2:3b-4)

El Señor nos ofrece aquí unos datos concisos del testimonio divino que acompañó a los voceros de la Palabra. Se prioriza el hecho que la salvación fue anunciada primeramente por el Señor. Durante su ministerio público de unos tres años y medio, Cristo habló mucho sobre su muerte redentora en la cruz. Y cuando instituyó la Santa Cena hizo ver que Él era el Cordero cuya sangre era derramada por todos para remisión de los pecados. Al hablar sobre los acontecimientos del fin, Cristo dijo que sería predicado aquel evangelio del reino en todo el mundo. Cuando resucitó les dijo a sus discípulos que fueran a predicar el Evangelio a todas las naciones. Además, les dio instrucciones acerca del bautismo de los nuevos creyentes y de cuán importante era que enseñaran a los discípulos todas las cosas que Él les había mandado (Ver Mateo 28:18-20). Los que oyeron de su boca las palabras de esta salvación, confirmaron exactamente la doctrina de Cristo, y Dios los respaldó en una manera sobrenatural.

Mientras los apóstoles de Cristo confirmaban a través de la predicación las palabras de esta gran salvación, Dios testificó juntamente con ellos con señales y prodigios y diversos milagros y repartimientos del Espíritu Santo según su voluntad. Una señal es un evento que da prueba o indica de la existencia de otra realidad o que sirve para diferenciarla. Cristo habló de señales específicas que seguirían a los creyentes, tales como en su nombre echar fuera demonios, hablar nuevas lenguas, tomar en las manos serpientes, beber cosas mortíferas sin que ello haga daño y poner las manos sobre los enfermos y sanarlos. Pablo fue mordido por una víbora en la isla de Malta y no murió por ello como esperaban los nativos (Marcos 16:17,18; Hechos 28:1-6). Un prodigio es un suceso maravilloso que no puede explicarse por las leyes regulares de la naturaleza. Fue un prodigio que Elimas, el mago, quedara completamente ciego por la palabra de juicio que Pablo pronunció contra él por oponerse a su predicación. Dios hizo diversos milagros mientras los pioneros de la fe anunciaban la

Palabra y hubo repartimientos del Espíritu según su voluntad. De este grupo fueron los que ocurrieron en Jerusalén el día de Pentecostés, luego en Samaria, después en casa de Cornelio y también en Éfeso. Al escribir de esta manera, el autor quiere transmitir la verdad del valor que tiene la salvación, de modo que aunque su mensaje es la palabra de la cruz, Dios mismo quiso dar evidencia de su carácter divino mediante tales manifestaciones sobrenaturales. Cuando los lectores hebreos recibieran esta carta debían estar más seguros de cuán pecaminoso sería, entonces, apostatar de la salvación. También a nosotros Dios nos habla para hacernos ver lo peligroso que sería deslizarnos de las cosas que hemos oído.

Afianzamiento y aplicación

(1) Comente con los estudiantes que la grandeza de la salvación exige un compromiso de fidelidad a lo que por gracia hemos recibido.

(2) Reflexione en clase acerca de cómo Dios dio todo su respaldo a la predicación del Evangelio y de qué manera, entonces, debemos valorar nosotros la salvación.

III. LA ADVERTENCIA POR APOSTATAR DE LA FE
(Hebreos 10:26-31)

Ideas para el maestro o líder

(1) Pregunte a la clase por qué el Espíritu Santo es llamado el Espíritu de gracia en Hebreos.

(2) ¿Cuál es la diferencia entre un recién convertido y un discípulo enseñado en la Palabra, en cuanto a la gravedad de abandonar la fe?

Definiciones y etimología

* *Profanar.* Viene del hebreo *halal,* y del griego *koinoõ*). Estos términos significan primariamente hacer común. Otro término griego también traducido *profanar* es *bebeloõ,* que primariamente es *atravesar* el *umbral.*

* *Expectación.* Es la palabra griega *ekdojé,* que tiene el sentido de algo que se espera por seguro.

A. La horrenda expectación de juicio por apostatar
(10:26,27)

La Biblia habla del libre albedrío que Dios ha dado a todo hombre. Lo menciona al señalar que siendo hijos de Dios y habiendo recibido el conocimiento de la verdad se pudiera pecar voluntariamente. Los salvados no están obligados por Dios a continuar en el camino de la vida. Adán no fue creado sin voluntad propia, sino por el contrario, Dios le dio a elegir obedecerlo y vivir o desobedecerlo y morir. Por su propia voluntad y cediendo a la tentación de la serpiente antigua, la primera pareja humana decidió comer del árbol de la ciencia del bien y del mal. Su libre elección trajo la consecuencia del pecado y la muerte sobre toda la humanidad. Igualmente, el escritor dice en Hebreos que estamos propensos a pecar contra Dios en forma voluntaria. Aquí el pecado al que se alude parece ser el de negar a Cristo, o sea, el pecado de apostatar de la fe. Lo que parece hacer más grave este retroceso voluntario de la fe es que se hace desde un nivel de conocimiento mucho más alto que el que pudiera haber alcanzado algún recién convertido. Por ejemplo, Cristo dijo que si alguno oye la palabra del reino y no la entiende, viene el malo y arrebata lo que fue sembrado en su corazón (Mateo 13:19). Pero aquí se está hablando de creyentes que ya habían recibido el conocimiento de la verdad, habían sido instruidos en la Palabra, eran discípulos que conocían las Escrituras y lo que ellas dicen acerca de Cristo. Si desde ese conocimiento se comete el pecado de negar al Señor, se ha incurrido en un delito digno de un severo juicio de Dios.

El reproche divino a un proceder así es que ya no queda entonces más sacrificio por los pecados. Los sacrificios del Antiguo Pacto habían terminado en la cruz y solo el sacrificio de Cristo puede ahora limpiar el pecado y otorgar perdón. Si se desprecia a Cristo después de haberlo conocido, no existe ninguna otra posibilidad o medio de ser redimidos. Por el contrario, espera a los tales una horrenda expectación de juicio y de hervor de fuego que ha de devorar a los adversarios.

Este cuadro dibuja en primer lugar, de cuán grande juicio y condenación Cristo nos ha librado cuando nos salvó. Él nos ha librado del juicio y del infierno devorador. En segundo lugar, este cuadro revela que si perdemos los beneficios de la redención por negar voluntariamente al Señor, estaríamos obviamente confinados al juicio divino y a la condenación eterna. Tengamos en cuenta el término tan severo que el escritor usa para referirse a quienes niegan al Señor después de haberlo conocido; los llama *adversarios*. Lo son porque al abandonar a Cristo como el único camino de salvación que Dios ha establecido se hacen enemigos de la gracia de Dios que solamente es en Cristo Jesús.

B. Un mayor castigo que la muerte por apostatar (10:28-31)

Apostatar de la fe equivale a *pisotear al Hijo de Dios, tener por inmunda la sangre del pacto… y hacer afrenta al Espíritu de gracia.* *Pisotear u hollar* es un verbo que se encuentra dos veces en el Sermón del monte: primero, cuando el Señor dice que la sal que ha perdido su sabor no sirve para nada sino para ser *hollada* por los hombres; luego, cuando advierte que no echemos nuestras perlas delante de los cerdos, no sea que las pisoteen (Mateo. 5:13; 7:6). En ambos casos el pisoteo describe un "desprecio soberano". Quien repudia el evangelio insulta al mismo Hijo de Dios. Todo el evangelio está centrado en él. También apostatar equivale a profanar, a *tener por inmunda la sangre del pacto.* Los que habían retrocedido de la fe admitían que Jesús fuera un maestro con buenas ideas, pero decían que él no podía ser el Hijo de Dios que haya puesto su vida para expiar nuestros pecados. Para ellos la Cruz de Cristo era sólo la muerte de otro mártir, sin mayor trascendencia. Esta actitud equivale a despreciar o tener por inmunda la sangre preciosa de Jesucristo. Teniendo en cuenta que Jesús entró en el Lugar Santísimo por su propia sangre, podemos considerar ¡cuán sensible es despreciar esa sangre santificadora! Finalmente, apostatar de la fe es *hacer afrenta al Espíritu de gracia*, es repudiar el mensaje que el Espíritu ha inspirado. El Espíritu Santo es el que capacita al evangelista y le proporciona el mensaje que debe proclamar. Por tanto, quien repudia el evangelio, no está rechazando una mera ideología, sino la llamada del Espíritu de gracia. La gracia de Dios nos llega a través del Espíritu, y quien rechaza el llamamiento del Espíritu se separa de la fuente de esa gracia divina. Quien así procede insulta en manera grave al Espíritu Santo. El término *afrenta* equivale a un insulto personal altamente ofensivo, una insolencia.

El escritor tiene este mensaje para los lectores: Si la violación de la ley de Moisés, testificada por dos o tres testigos, conllevaba a la muerte del infractor, ¡cuánto mayor castigo ellos pensaban que merecería el que apostatare de la fe de una manera tan deliberada! Así que, el pecado de apostasía es más horrible que la desobediencia a algunos requerimientos de la ley mosaica, y por tanto, debemos pensar que merece un castigo superior. Por eso se menciona la parte vengativa del carácter de Dios. Él no solo es amor sino también fuego consumidor. Debemos conocer al que dijo: *Mía es la venganza, yo daré el pago, dice el Señor.* El Señor personalmente se va a vengar del que habiendo conocido la verdad, ahora pisotea a su Hijo, desprecia la pureza de la sangre del pacto y afrenta al Espíritu de gracia. Así como Dios es galardonador de los que le buscan, es también remunerador de las obras de los apóstatas y él les ha de dar el pago correspondiente a ese pecado atroz.

Afianzamiento y aplicación

(1) Anime a los hermanos a escudriñar el Nuevo Testamento para que puedan presentar defensa de su fe con conocimiento.

(2) El maestro o líder debe estimular a cada discípulo a no fluctuar en cuanto a la doctrina de Jesucristo.

(3) Comente que para la perseverancia en la verdad se debe depender siempre de la gracia divina.

RESUMEN GENERAL

Hemos visto que la apostasía es un peligro latente para el pueblo de Dios. En estos tiempos del fin el reto para la iglesia parece ser mayor en cuanto a mantenerse firme en Cristo y en su verdad. Por tanto, no debemos tomar una actitud de letargo frente a la apostasía presente. Muchos creyentes que comenzaron bien han caído y como hemos visto en nuestro estudio, recibirán terribles consecuencias por abandonar a Cristo. Nosotros estamos llamados a no ser de los que retroceden para perdición, sino de aquellos que tienen fe para preservación del alma. Es nuestro compromiso en Cristo el retener firme hasta el fin la confianza y el gloriarnos en la esperanza. El privilegio de ser la casa de Dios exige que mantengamos puesta la mirada en el Señor hasta el final de la carrera de fe. El reclamo de Hebreos es que vayamos adelante hacia la perfección. Hay una esperanza que está puesta delante de nosotros por la cual vale todo esfuerzo en la meta de alcanzarla. El triunfo es que los llamados reciban la promesa de la herencia eterna. Hoy está más cerca de nosotros nuestra redención que cuando creímos. No tengamos temor enfrentar a los apóstatas cuando nos quieran mover de la verdadera fe, y oremos fervientemente para que la verdad del Evangelio, siempre esté con nosotros.

Ejercicios de clausura

(1) Propicie comentarios en los alumnos sobre el nivel en que está la apostasía hoy.
(2) Cierre la clase con una oración junto a los estudiantes para que el Señor continúe guardando a su iglesia de los vientos de doctrinas de error.

PREGUNTAS Y RESPUESTAS

1. ¿Qué es importante hacer para no caer en la apostasía?
Hacer caso a los requerimientos de la Palabra.

2. ¿Cuál es la advertencia que el escritor de Hebreos hace a los que estamos en la gracia de Jesucristo?
Que debemos atender a lo que hemos oído y cuidar el tesoro de la salvación.

3. El anuncio de la salvación fue respaldado por el Señor, ¿qué se espera de los lectores de Hebreos en cuanto a la salvación?
Estar más seguros de lo pecaminoso que es apostatar de la fe.

4. ¿Qué pecado se alude en Hebreos 10:26?
Al pecado de la apostasía.

5. Mencione lo que involucra apostatar de la fe.
a) Pisotear al Hijo de Dios; b) Profanar la sangre de Cristo; c) Hacer afrenta al Espíritu de Gracia.

PARA LA PRÓXIMA SEMANA

Los falsos maestros aparecen por doquier. A veces han crecido en la propia iglesia local a la cual en un momento intentan dañar. Por tanto, debemos ser cautelosos en cuanto al poner las manos para ordenar a alguien al santo ministerio. Recomendamos estudiar 2 Pedro 2:1-22; Judas 17-19.

LA PRESENCIA DE FALSOS MAESTROS

ESTUDIO BÍBLICO 2

Base bíblica

2 Pedro 2:1-22; Judas 17-19

Objetivos

1. Propiciar el conocimiento acerca de las herejías y de cómo estas también tienen sus propios ministros.

2. Lograr que los discípulos desarrollen un amor ferviente hacia la verdad de la Palabra de Dios.

3. Estar preparados para enfrentar a los falsos maestros usando bien la Palabra de Verdad.

Fecha sugerida:___/_____/____

Pensamiento central

El pueblo de Dios necesita estar ceñido con la verdad y dispuesto a defenderla con toda firmeza de quienes la persiguen.

Texto áureo

Porque mejor les hubiera sido no haber conocido el camino de la justicia, que después de haberlo conocido, volverse atrás del santo mandamiento que les fue dado (2 Pedro 2:21).

LECTURA ANTIFONAL

2 Pedro 2:1 Pero hubo también falsos profetas entre el pueblo, como habrá entre vosotros falsos maestros, que introducirán encubiertamente herejías destructoras, y aun negarán al Señor que los rescató, atrayendo sobre sí mismos destrucción repentina

2 Y muchos seguirán sus disoluciones, por causa de los cuales el camino de la verdad será blasfemado,

3 y por avaricia harán mercadería de vosotros con palabras fingidas. Sobre los tales ya de largo tiempo la condenación no se tarda, y su perdición no se duerme,

15 Han dejado el camino recto, y se han extraviado siguiendo el camino de Balaam hijo de Beor, el cual amó el premio de la maldad,

16 y fue reprendido por su iniquidad; pues una muda bestia de carga, hablando con voz de hombre, refrenó la locura del profeta.

17 Estos son fuentes sin agua, y nubes empujadas por la tormenta; para los cuales la más densa oscuridad está reservada para siempre.

18 Pues hablando palabras infladas y vanas, seducen con concupiscencias de la carne y disoluciones a los que verdaderamente habían huido de los que viven en error.

19 Les prometen libertad, y son ellos mismos esclavos de corrupción. Porque el que es vencido por alguno es hecho esclavo del que lo venció.

20 Ciertamente, si habiéndose ellos escapado de las contaminaciones del mundo, por el conocimiento del Señor y Salvador Jesucristo, enredándose otra vez en ellas son vencidos, su postrer estado viene a ser peor que el primero.

21 Porque mejor les hubiera sido no haber conocido el camino de la justicia, que después de haberlo conocido, volverse atrás del santo mandamiento que les fue dado.

DATOS GENERALES ACERCA DEL TEMA

- **Enseñanza:** Ser discípulo de Cristo requiere una consagración absoluta a la verdad del Evangelio.
- **Autor:** Pedro y Judas.
- **Personajes:** Pedro, Judas, Noé, Lot, Balaam, los ángeles.

- **Fecha:** 2 Pedro fue escrita probablemente entre los años 65 y 66 d. C. La carta de Judas, aproximadamente en el año 75 d. C.
- **Lugar:** Lugar probable Roma. Para Judas se han sugerido, Alejandría de Egipto, algún lugar de Palestina, o Antioquía de Siria.

BOSQUEJO DEL ESTUDIO

I. Falsos maestros y su carácter (2 Pedro 2:1-3; 10-14; Judas 17-19)
  A. Profecías sobre los falsos maestros (2:1-3; Judas 17,18)
  B. El carácter de los falsos maestros (2:1; 10-14, Judas 19)
II. Proceder divino con los hombres respecto a la verdad (2 Pedro 2:4-9)
  A. Los juicios que hizo Dios contra los malvados (2:4-6)
  B. La salvación divina para los que retienen la verdad (2:5,7-9)
III. Origen y la condenación de los falsos maestros (2:15-22)
  A. El origen de los falsos maestros (2:15-17 a)
  B. La justificación del castigo divino a los falsos maestros (2:17b-22)

Alejandria, ciudad fundada por Alejandro el Grande en el 332 a.C. Famosísima por su biblioteca y lugar de cita de los más grandes sabios de la época. De allí era originario Apolos.

LECTURAS DEVOCIONALES DIARIAS

Lunes: Carácter de los hombres en los postreros días (2 Timoteo 3:1-9)
Martes: Barjesús, un falso profeta, que lucha contra la fe (Hechos 13:4-12)
Miércoles: Las profecías de Cristo contra los falsos profetas (Mateo 24:21-25)
Jueves: La cita de Gamaliel acerca de los falsos Mesías (Hechos 5:34-39)
Viernes: El mayor gozo del apóstol Juan (2 Juan 4-11)
Sábado: El Mensaje de Cristo a la iglesia de Tiatira (Apocalipsis 2:18-29)

INTRODUCCIÓN

La batalla contra la verdad es tan antigua como el primer hogar que Dios formó. Desde el Edén, el engaño del enemigo se hizo manifiesto con el propósito de enemistar al hombre con Dios. Este intento de engañar a la criatura humana ha sido constante a través de la historia de la fe sobre la Tierra, y mucho más en el período de la Iglesia, hasta nuestros días. La persecución externa no es lo que hace más daño a la Iglesia. Pero sí es sumamente peligrosa, la entrada encubierta de los falsos maestros. Eso explica por qué fue tan necesario para los apóstoles de Cristo, advertir a las congregaciones locales sobre la existencia, el carácter y el trabajo sigiloso de los falsos ministros. A través de todos los tiempos ha habido quienes quieren torcer la Palabra de Dios y hasta quienes están decididos a cambiar la verdad divina por la mentira. Pero nuestro Señor siempre se adelanta a las astucias de Satanás. Por tanto, antes que el pecado hiciera su daño inicial en la humanidad, Dios, en la eternidad, había designado a su propio Hijo para venir a este mundo a fin de redimirlo del pecado y de la muerte. El Hijo de Dios vino a revelar la verdad y a personalizarla. Él dijo: "Yo soy… la verdad" (Juan 14:6). Por tanto, a la verdad se le puede conocer y, entonces, ella ejerce su poder libertador en los que han sido esclavos del error. Cuando Cristo constituyó los cinco ministerios, apóstoles, profetas, evangelistas, pastores y maestros, lo hizo para perfeccionar a los santos para la obra del ministerio, para la edificación del cuerpo de Cristo. Esto lograría que los cristianos no fuésemos niños fluctuantes llevados por doquiera de todo viento de doctrina, sino que siguiendo la verdad en amor, podamos crecer en todo en aquel que es la cabeza, esto es, Cristo (Ver Efesios 4:11-14). No estamos llamados a ser voceros de los mismos errores que publican los farsantes, pero sí a estar preparados para conocer sus falsas doctrinas y saberlas refutar a través de una interpretación clara de la Palabra de Dios. No debemos ignorar las maquinaciones del enemigo; sino percatarnos de ellas y ceñir nuestros lomos con la verdad, a fin de permanecer cimentados en la roca, en la contundente verdad de que Jesucristo es el Mesías de Dios, el Hijo del Dios viviente, nuestro único Salvador y Señor.

DESARROLLO DEL ESTUDIO

I. FALSOS MAESTROS Y SU CARÁCTER (2 PEDRO 2:1-3; 10-14; JUDAS 17-19)

Ideas para el maestro o líder

(1) Pregunte a los alumnos si recuerdan el nombre de algún falso maestro mencionado en la Biblia.
(2) Comente sobre cuándo tendría cumplimiento la profecía de Enoc, citada en Judas 14, 15.

Definiciones y etimología

* *Contumaz*. Viene de la palabra griega, *authadés*, que significa arrogante, presuntuoso, duro, severo, grave, terco.

* *Cizaña*. En Mateo 13:25 se usa el sustantivo griego, *zizanion*, que identifica la maleza, mala hierba, que es muy parecida al trigo.

A. Profecías sobre los falsos maestros (2 Pedro 2:1-3; Judas 17,18)

El tema de los falsos profetas, se trata, a veces, junto con el de los falsos maestros. Los falsos profetas quieren hacer creer que tienen un mensaje de Dios para el pueblo, pero dicha palabra no se corresponde con la Palabra escrita de Dios, por tanto, su falsa profecía constituye a la vez, una falsa enseñanza. El apóstol Pedro y dos de sus compañeros de ministerio habían tenido la gloriosa experiencia de presenciar la transfiguración de Cristo, y conocían la deidad de Jesús. Ahora el escritor advierte que, de igual forma, los creyentes de sus días serían filtrados por los falsos maestros, a tal modo que estarían *entre* ellos. El anuncio

de este peligro se hace con absoluta certidumbre de que así ocurrirá. La profecía sobre los falsos maestros no está enfocada en prevenir que no lleguen, sino en asegurar que entrarán al rebaño del Señor, y preparar a la iglesia para enfrentar el error. Es como Cristo enseñó, que la cizaña está dentro del trigo (Mateo 13:24-30). En los versículos del 1 al 3 se profetiza tanto la acción de los falsos maestros como el efecto negativo que habrán de causar entre los discípulos de Cristo. Primero, se usan tres verbos para avisarnos de la introducción de estos malvados dentro de las filas de los creyentes: *habrá* falsos maestros, *introducirán* herejías destructoras, *negarán* al Señor que los rescató. Finalmente, tres verbos más para hablarnos del efecto que han de causar dentro de la iglesia: muchos *seguirán* sus disoluciones, el camino de la verdad *será* blasfemado, y *harán* mercadería de vosotros. Judas, quien escribe su carta unos diez años después de Pedro, les dice a los hermanos que ya habían entrado a la iglesia, encubiertamente, algunos hombres con falsas doctrinas y hace recordar a los santos, que esta realidad era exactamente la que habían profetizado los apóstoles del Señor. Las palabras de Judas son una validación más a las profecías de los primeros apóstoles. Estos habían recibido directamente del Señor la información sobre la batalla entre el padre de mentira y la verdad eterna de la Palabra. Judas también enfatiza lo irreversible de esta profecía, usando dos verbos para ello: *habrá* burlados, y estos *andarán* según sus malvados deseos. A través de toda la historia de la iglesia ha habido un cumplimiento exacto de esta profecía de Pedro. A esta triste realidad se han tenido que enfrentar los cristianos, sin distinción de geografía. Hoy la iglesia está en el final de los tiempos previos al arrebatamiento o rapto, y ahora, la batalla anunciada por los citados siervos del Señor, es mucho más fuerte que antes. Como nunca antes en la historia, han proliferado dentro de la iglesia, maestros falsos con herejías muy peligrosas. Por tanto, es hora que los ministros del Señor abran el libro de Dios al pueblo y enseñen sus doctrinas con el aval de un testimonio santo.

B. El carácter de los falsos maestros (2 Pedro 2:1; 10-14, Judas 19)

La manera de identificar a los falsos maestros, no es solamente por la enseñanza torcida que expresan, sino por el fruto de sus propias vidas. El árbol malo, da frutos malos (Mateo 7:17). Pedro nos revela el carácter de los falsos maestros que aparecerían en la iglesia. Las palabras son el fruto de la vida interior; por tanto, es imposible que alguien decidido a hablar mentiras, tenga un carácter que manifieste justicia. La primera descripción negativa aquí sobre estos portadores del error, es que son *falsos*. Primero se señala esta torcedura moral, en que aquellos *falsos* profetas hicieron su macabro trabajo entre los hijos de Israel. También la falsedad de aquellos se evidenciaba en que ellos mismos se habían nombrado profetas, sin haber sido llamados por Dios a tal oficio. Portaban una credencial que no era genuina. Todavía la iglesia debe estar alerta con los falsos apóstoles, ministros fraudulentos, que hablan como de parte de Dios, pero que en realidad, no es Dios quien los ha llamado.

Ahora Pedro advierte a la iglesia que ese carácter de falsedad será manifiesto en muchos que se autoproclaman maestros de la Palabra. La otra marca de un carácter corrupto en estos, es que *encubiertamente* introducen las herejías que portan. A diferencia de los verdaderos maestros, estos no exponen a la luz sus tesis sobre Cristo, sino que en forma escondida, minan la mente de los más débiles en el conocimiento de la Palabra del Evangelio. Cristo nos enseñó que aquel que hace lo malo, aborrece la luz y no viene a la luz, para que sus obras no sean reprendidas (Juan 3:20). Otro fruto del carácter torcido de estos peligrosos maestros es la ingratitud. Ellos habían sido rescatados del pecado por la obra del Señor Jesucristo, pero ahora, estaban dispuestos a negar al mismo Cristo que los había salvado. Cuando alguien tiene en poco la obra del Señor en la cruz, después de haber sido beneficiado por ella, dicha acción manifiesta ingratitud de la peor expresión. Tal persona tiene que haber cedido bastante a los deseos de la carne. Eso es lo que describe Pedro a partir del versículo 10. Estos, han seguido la carne, y ahora andan en concupiscencias e inmundicias. Los hijos de Dios debemos cuidar no satisfacer los deseos de la carne. Si le damos rienda suelta a la carne podríamos perecer. Se añade al carácter de estos malos obreros, el ser *atrevidos* y *contumaces* a tal manera que desprecian el señorío y son irreverentes para con las potestades superiores. Han venido a ser como *animales irracionales,* practican la *injusticia* y el *recrearse* en sus errores. *Tienen los ojos llenos de adulterio,* son insaciables en cuanto a pecar, seductores de los inconstantes, codiciosos en sus corazones, en manera habitual. Estas descripciones que la Palabra ofrece sobre el carácter de los falsos maestros les deben servir a los hijos de Dios para no ser engañados.

Afianzamiento y aplicación

(1) Pregunte a la clase, desde qué momento de la historia de la iglesia se comenzaron a manifestar los falsos maestros.

(2) ¿Qué opinión merece el mandamiento de Pablo a Timoteo, que hombres fieles fuesen encargados de enseñar también a otros?

(3) Comente cuán importante es en este tiempo de tantos farsantes, usar la Biblia como el manual principal del discipulado.

II. PROCEDER DIVINO CON LOS HOMBRES RESPECTO A LA VERDAD (2 Pedro 2:4-9)

Ideas para el maestro o líder

(1) Pregunte a los estudiantes si recuerdan una de las herejías mencionadas en el Nuevo Testamento.

(2) ¿Cuál fue el trato de Dios a la Jezabel citada en el mensaje a la iglesia de Tiatira?

Definiciones y etimología

* *Nefanda*. Se traduce del sustantivo femenino griego, *aselgeia* que significa impudencia, descaro, grosería, desvergüenza, libertinaje, insolencia.

* *Pregonero*. Es el sustantivo griego *kérux*, que identifica a un predicador o heraldo.

A. Los juicios que hizo Dios contra los malvados (2:4-6)

Mientras la iglesia enfrenta a los malos que tratan de introducir el error, el Señor avisa a su pueblo que aquellos no quedarán impunes por su trabajo depravado. Ellos están atrayendo sobre sí mismos destrucción repentina. Este tipo de juicio que les espera da a entender cómo Dios ve el pecado de la enseñanza falsa dentro de la iglesia. Es tan malo, que puede venir un juicio súbito sobre los malvados. Así lo expresa Pedro cuando expone algunos ejemplos de la ira de Dios sobre los malvados. El primero es que *Dios no perdonó a los ángeles que pecaron, sino que los arrojó al infierno y los entregó a prisiones de oscuridad, para ser reservados al juicio*. La Biblia no nos da una vasta información sobre el mundo angelical. Pero Dios quiere que conozcamos sobre esto, aquello que nos puede alentar o también advertir. La ira de Dios se manifestó sobre los ángeles que pecaron. Se refiere a aquella rebelión que hubo en el cielo, dirigida por Lucifer, quien era el Lucero de la mañana (Isaías 14:12). Los ángeles que participaron en aquella rebelión fueron expulsados del cielo para siempre. Muchos de ellos, están en las regiones celestiales causando aflicción a la humanidad. Pero a otros, Dios los arrojó al infierno, los entregó a prisiones de oscuridad, están atados en densas tinieblas, finalmente comparecerán para juicio ante el trono del Dios todopoderoso. Estos juicios severos deben dar a la iglesia una idea clara del juicio terrible que espera a los que conduzcan al pueblo de Dios por un camino torcido.

Dios tampoco perdonó al mundo antiguo de los días de Noé y trajo el diluvio sobre los impíos. Todo designio de la mente de ellos era de continuo solamente el mal, la tierra estaba llena de violencia. La paciencia de Dios esperó ciento veinte años, pero cuando llegó el momento de su ira envió destrucción sobre todos, incluyendo los animales, excepto sobre Noé, su familia, en total ocho personas y las parejas de animales resguardadas en el arca. Pedro habla del juicio divino sobre el mundo antiguo, haciendo valer que el diluvio se los llevó a todos. La lección vuelve a ser, que los falsos maestros atraen sobre ellos juicios severos de parte de Dios.

Además, el Señor condenó a ser destruidas a Sodoma y Gomorra, reduciéndolas a ceniza y poniéndolas de ejemplo a los que habían de vivir impíamente. Sobre el mundo antiguo pervertido Dios hizo llover agua hasta ahogarlo todo; en el tiempo de Lot llovió del cielo azufre y fuego. El pecado principal en las ciudades de aquella llanura era la homosexualidad. Dios no toleró tal aberración. Estos tres ejemplos nos deben servir para que sepamos cuán grave es ante Dios, el pecado de las falsas enseñanzas de la Palabra, y por tanto, el horrible juicio que espera al que guíe a otros por un camino equivocado.

B. La salvación divina para los que retienen la verdad (2:5,7-9)

Hay dos manifestaciones de la justicia de Dios, condenación o justificación. El Dios justo, va a hacer siempre un marcado contraste entre los que lo desprecian y los que lo obedecen. Pedro describe primero, cómo Dios guardó a Noé, a quien llama *pregonero de justicia*, y cómo la salvación divina alcanzó a su familia. Su esposa, sus tres hijos y las mujeres respectivas de cada uno de ellos, gustaron también de la gracia que Noé había hallado para con Dios. En toda la Biblia es interesante cómo la salvación divina está relacionada con la fe y la obediencia. Fue por fe que Noé preparó el arca en que su casa se salvase (Hebreos 11:7). Al recibir el aviso divino que venía un juicio irreversible sobre el mundo, este justo hombre creyó que la Palabra era verdad. Obedeciendo las indicaciones que el propio Dios le dio sobre la construcción del arca, trabajó durante ciento veinte años en su fabricación. El título que Pedro le asigna de *pregonero de justicia*, alude al mensaje que predicaba sobre la justa retribución de Dios al desenfreno moral de aquella generación. La Escritura contrasta el juicio que merecen los que tuercen la Palabra, con la salvación que siempre Dios hará a los que oyen atentamente su voz y viven en su verdad. Debemos estar dispuestos a sufrir menosprecio de parte de los incrédulos,

cuando anunciamos que este mundo va a beber el cáliz de la ira de Dios, si no cree y recibe
a Jesucristo como el Salvador y Señor. Pero no
debemos dejar de cumplir la tarea encomendada de avisar a todos que el juicio de Dios es
según verdad.

Además de Noé, Pedro nos informa de la salvación que Dios hizo con *el justo Lot*. Abraham
pensaba también lo mismo respecto a la justicia
de Lot, cuando le habló a Dios sobre los justos
que suponía, había en Sodoma (Ver Génesis
18:23–33). Debemos aprender que la salvación
de Dios se manifiesta en la justicia; Noé era pregonero de justicia, Lot era justo, y a ambos se
les socorrió con salvación en momentos cuando
la ira de Dios vino contra los que aborrecieron
la rectitud divina. A Noé Dios lo guardó, a Lot,
Dios lo libró. A Noé lo guardó en el arca, a Lot
lo libró sacándolo fuera del escenario donde se
manifestaría el castigo. Tanto a Noé como a Lot,
los salvó con sus familias. Así como las nueras
de Noé fueron incluidas en la salvación otorgada
por la gracia, igualmente, los yernos de Lot fueron invitados a salvarse, pero ellos no creyeron
y quedaron en la ciudad del juicio. Si Dios tiene
su mirada en nuestras familias y no solo en nosotros como individuos, debemos orar y trabajar a
favor de la salvación de nuestros seres queridos.
La Palabra menciona dos formas de como Lot
manifestó su justicia: la primera fue sintiéndose
abrumado por la indigna conducta de los malvados; la otra, afligiendo diariamente su alma
justa, mientras veía y oía los hechos inicuos de
los habitantes de aquellas tierras. Finalmente, la
Escritura muestra que el Señor sabe guardar de
tentación a los piadosos. Cuando Dios tiene que
enviar su ira sobre los irreverentes, siempre salva
del juicio a los que viven acorde a su voluntad.

Afianzamiento y aplicación

(1) Comente cómo el rango ministerial
no hace impune al hombre del juicio
divino, si el corazón humano se obsti-
na en rebelarse contra Dios.

(2) Comente sobre la disposición de Noé
a continuar durante ciento veinte
años pregonando la justicia de Dios,
y cómo ese ejemplo nos debe animar
en la defensa de la verdad.

III. ORIGEN Y LA CONDENACIÓN DE LOS FALSOS MAESTROS (2:15-22)

Ideas para el maestro o líder

(1) Pregunte a los estudiantes si recuerdan de las Sagradas Escrituras a algún
creyente que se extravió de la verdad.

(2) Permita a los estudiantes dar sus re-
flexiones sobre cómo desde dentro de
la misma iglesia, se pueden levantar
maestros del error.

Definiciones y etimología

* *Retribución*. Del griego *antimisthia*, salario,
recompensa, paga con la misma moneda, un in-
tercambio basado en algo merecido.

* *Extraviarse*. Perderse, estar equivocado, ser
engañado o descarriado, andar errante.

A. El origen de los falsos maestros (2:15-17a)

Pedro revela que los que estaban viviendo y
enseñando la falsedad, antes habían estado en
el camino recto, pero lo habían dejado. Luego
se detalla que, al alejarse de la rectitud de Dios
se extraviaron. Debemos aprender que el caminar en la verdad de Dios requiere perseverancia,
pues siempre es un desafío, después de haber
comprado la verdad, no venderla (ver Proverbios 23:23). La Biblia da muchos ejemplos de
quienes conocieron el camino del Señor, pero al
no sanar el área *coja* (débil), de su vida espiritual, se salieron del camino. Los creyentes debemos orar para que seamos sanados de alguna
desviación espiritual que tengamos, a fin de que
nuestros pasos sean afirmados en Cristo hasta el
final. La identidad como verdaderos discípulos
de Cristo, está relacionada con permanecer en
su Palabra. El extraviarse de la verdadera fe es
algo que puede ocurrir en forma sutil, casi siempre como fruto de un deslizarse lentamente en
cuanto a seguir a Cristo. Pablo revela que mientras alguien está aún en la fase de extraviado de
la verdad, aún hay esperanza de que alguien lo
haga volver (Ver Gálatas 6:19,20). El término
extraviado aquí habla de haber errado en el camino de la verdadera fe. Cuando se está extraviado el alma está en peligro de muerte, pues dejar de seguir rectamente a Cristo es pecar contra
él. Ahora Pedro enseña que los falsos maestros

no solo se extraviaron, sino que siguieron el camino de Balaam.

Aquí se contrasta *el camino recto* con *el camino de Balaam*. En el camino recto, no se sirve a Dios por ganancia deshonesta, sino que Dios mismo está comprometido con sustentar a quienes llama al ministerio de la Palabra, el Señor ha dejado principios para ello en las Sagradas Escrituras. En el camino de Balaam, el amor al dinero se hace una raíz que conlleva a muchos males. Balaam vendió su ministerio a Balac el rey de Moab. Estuvo de acuerdo con él en ir a profetizar con la motivación de una ganancia anticipadamente prometida. Aunque Dios no le permitió maldecir a Israel, Balaam siguió codiciando el premio de la maldad y aconsejó a Balac sobre la forma en que Dios mismo podía herir a su pueblo, y así sucedió. Los falsos maestros surgen muchas veces porque son atraídos por la falacia de alguna recompensa material. Los siervos de Dios debemos entender que servir a Cristo ya es en sí mismo un enorme privilegio, y significa, además, una recompensa de la cual no somos dignos. Desde que Balaam comenzó a andar por el camino de la codicia, le fue mal. Igualmente, los que dejan de predicar y enseñar la verdad motivados por codicias mundanales no solo ya tienen la identidad de ser falsos maestros, sino que, reciben consecuencias horribles por su desvarío. Cuando alguna ganancia material supera en el corazón el amor a Dios y la responsabilidad por cumplir el ministerio que Él haya dado, ya ha surgido potencialmente un falso maestro. No debemos negociar los principios eternos de la Palabra por algún dote humano que se nos brinde a cambio de relajar nuestra integridad.

B. La justificación del castigo divino a los falsos maestros (2:17b-22)

El enseñar una doctrina en la cual Cristo no sea el centro es sumamente pecaminoso ante los ojos de Dios. Sabemos cuán grave es este pecado, precisamente por el castigo que espera a quienes enseñan torcidamente. La sentencia es que Dios ha reservado eternamente para ellos la más densa oscuridad. Esto infiere que los falsos maestros merecen un castigo superlativamente grave, tan terrible, como el compartir la eternidad con los ángeles que pecaron. Cuando los falsos maestros enseñan doctrinas de demonios están heredando compartir también con los demonios la más densa oscuridad del infierno. Aquí se justifica un castigo tan severo con el delito descrito de estos mentirosos, quienes al hablar usan palabras infladas y vanas. Este tipo de hablar procede siempre de corazones repletos de hipocresía, malintencionados, los cuales adulan a quienes quieren seducir para algún provecho personal. Esto es muy delicado ante la justicia del santo Juez.

Otra justificación que se expone sobre el merecimiento de un juicio tal, es que el trabajo hipócrita de estos enemigos de la verdad ocurre dentro de los que ya verdaderamente habían huido de los que viven en error. Así que, el trabajo seductor que hacen es entre hijos de Dios que habían sido iluminados en cuanto a la verdad, habían salido de prácticas paganas o de un estilo de vida inmoral. Estos voceros de la iniquidad, quienes manifiestamente han perdido todo vestigio de temor de Dios y han venido a ser esclavos de corrupción, infiltran las filas de los creyentes, y con concupiscencias carnales y disoluciones seducen a los ya salvados. Pedro da a entender que el trabajo carnal y seductor de los falsos maestros, a veces, logra el objetivo trazado. No dice Pedro que intentan seducir, sino que expresa un trabajo logrado, *seducen* a los que habían huido del error. Este trabajo de seducción viene directamente de Satanás; fue exactamente el trabajo de la serpiente con Eva en el huerto del Edén. El éxito de tales seductores es que hacen creer que el pecado no es realmente tan pecaminoso como se ha enseñado. El hecho que usan las concupiscencias de la carne para seducir es la expresión de aquella doctrina herética que hemos oído que el alma no es la que peca, sino el cuerpo. Así que, según esta horrible tesis todo está bien si el pecado no afecta el corazón realmente. Pero enseñar y practicar algo semejante irrita sobremanera a Dios, pues su Palabra enseña que todo nuestro ser, espíritu, alma y cuerpo se debe guardar irreprensible para la venida de nuestro Señor Jesucristo. Incitar a los santos a ser carnales y a dejar de temer a Dios es una práctica insultante que ha de ser castigada. Volver a esclavizar y enredar en las contaminaciones del mundo a un redimido y así volverlo a un estado peor que el primero, es un delito que justifica el mayor castigo de la justicia divina. No debemos olvidar que el Espíritu Santo nos anhela celosamente y que el Señor mismo promete retribuir con juicio al que dañe a uno de sus pequeñitos. En verdad, como revela nuestro texto áureo, están en mejor condición los que nunca han conocido el camino de la salvación, que los que lo conocieron y se han vuelto atrás.

Afianzamiento y aplicación

(1) Anime a los participantes a identificar las herejías más comunes de nuestros días para poder refutarlas con la Palabra de Dios.

(2) Exhorte al grupo a seguir la verdad, en amor.

(3) Persuada a los estudiantes a presentar defensa valiente de sus convicciones bíblicas.

RESUMEN GENERAL

En nuestro estudio ha sido relevante que uno de los elementos de defensa de la verdadera fe es el aviso que Dios nos da concerniente a la aparición de los maestros engañadores en medio de la iglesia. Además, hemos visto el carácter perverso de estos y cómo a través de la historia Dios trajo condenación sobre ellos. A la par, se ha hecho notorio que Dios salva en medio de su justo juicio sobre los malos a aquellos que permanecen fieles a su verdad. A la vez, ha prometido que los que se extravían del buen camino y voluntariamente eligen negar a Jesucristo, serán castigados eternamente de no haber arrepentimiento. Todo ello nos permite velar para no ser arrastrados por las doctrinas de error. La iglesia del primer siglo superó el reto de mantener pura la verdad, aun en medio de la proliferación de muchos maestros falsos y sus diversas formas de pensamiento errático en cuanto a la Palabra. El ejemplo que legó la iglesia del primer siglo ha sido un baluarte de combate contra el error, la decadencia doctrinal y las torceduras de la Palabra, que siguen amenazando a la iglesia de todos los tiempos. Este es nuestro tiempo para no dejar que los

ministros del error, cual aves de rapiña, vayan a comer la semilla sana del Evangelio. ¡Sigamos adelante fieles al llamado que Dios nos ha hecho a perseverar en la doctrina de Cristo! Sabemos que habrá recompensa final si retenemos firme hasta el fin nuestra confianza del principio.

Ejercicios de clausura

(1) Propicie un tiempo para que los estudiantes manifiesten sus convicciones respecto a qué postura tomarán, a medida que haya un incremento del error de parte de los falsos maestros.

(2) Concluya la clase con una oración para que el Señor levante en este tiempo a verdaderos luchadores por la fe, que amen más al Señor Jesucristo que a sus propias vidas.

PREGUNTAS Y RESPUESTAS

1. ¿Cuál es el propósito de la profecía frente a los falsos maestros?

Preparar a la iglesia para enfrentar el error.

2. Identifica rasgos del carácter de los falsos maestros.

a) Son falsos; b) introducen herejías encubiertamente; c) Son ingratos

3. ¿Cuáles son las dos manifestaciones de la justicia de Dios?

a) Condenación; b) Justificación

4. ¿De qué manera alguien, que está en el camino recto, puede convertirse en falso maestro?

a) Al no sanar alguna desviación espiritual; b) Al extraviarse errando en el camino y c) al seguir el camino de Balaam.

5. En lugar de creer a todo espíritu, ¿qué nos recomienda la Palabra en 1 Juan 4:1?

La Palabra nos recomienda probar los espíritus si son de Dios..."

PARA LA PRÓXIMA SEMANA

Como hijos de Dios, necesitamos aprender a presentar la doctrina de Cristo como la esencia del Evangelio y de la vida cristiana práctica. Aprenderemos que la doctrina de Cristo tiene enemigos y necesitamos estar preparados para defender la verdad. Estudiaremos Colosenses 2 y 1 Juan 2.

LOS ENEMIGOS DE LA DOCTRINA DE CRISTO

Base bíblica

Colosenses 2:8-22; 1 Juan 2:18-28

Objetivos

1. Conocer la doctrina de Cristo y saber refutar a los que la contradicen.
2. Desarrollar el amor de la verdad para salvación.
3. Fortalecer la voluntad de presentar a Cristo como la Verdad, en un mundo de tanta confusión.

Pensamiento central

Los hijos de Dios debemos estar preparados para presentar defensa ante cualquier que demande razón de nuestra fe en Cristo.

Texto áureo

Cualquiera que se extravía, y no persevera en la doctrina de Cristo, no tiene a Dios; el que persevera en la doctrina de Cristo, ése sí tiene al Padre y al Hijo (2 Juan 1:9).

Fecha sugerida:_____/_____/_____

LECTURA ANTIFONAL

Colosenses 2:8 Mirad que nadie os engañe por medio de filosofías y huecas sutilezas, según las tradiciones de los hombres, conforme a los rudimentos del mundo, y no según Cristo.

9 Porque en él habita corporalmente toda la plenitud de la Deidad,

10 y vosotros estáis completos en él, que es la cabeza de todo principado y potestad.

11 En él también fuisteis circuncidados con circuncisión no hecha a mano, al echar de vosotros el cuerpo pecaminoso carnal, en la circuncisión de Cristo;

12 sepultados con él en el bautismo, en el cual fuisteis también resucitados con él, mediante la fe en el poder de Dios que le levantó de los muertos.

1 Juan 2:18 Hijitos, ya es el último tiempo; y según vosotros oísteis que el anticristo viene, así ahora han surgido muchos anticristos; por esto conocemos que es el último tiempo.

19 Salieron de nosotros, pero no eran de nosotros; porque si hubiesen sido de nosotros, habrían permanecido con nosotros; pero salieron para que se manifestase que no todos son de nosotros.

20 Pero vosotros tenéis la unción del Santo, y conocéis todas las cosas.

21 No os he escrito como si ignoraseis la verdad, sino porque la conocéis, y porque ninguna mentira procede de la verdad.

22 ¿Quién es el mentiroso, sino el que niega que Jesús es el Cristo? Este es anticristo, el que niega al Padre y al Hijo.

23 Todo aquel que niega al Hijo, tampoco tiene al Padre. El que confiesa al Hijo, tiene también al Padre.

24 Lo que habéis oído desde el principio, permanezca en vosotros. Si lo que habéis oído desde el principio permanece en vosotros, también vosotros permaneceréis en el Hijo y en el Padre.

DATOS GENERALES ACERCA DEL TEMA

- **Enseñanza:** Los cristianos tenemos en Cristo todo lo que necesitamos para la salvación, por tanto, debemos ser celosos de guardar el tesoro de la verdad que está en Jesús.
- **Autor:** Colosenses, el apóstol Pablo; 1 Juan, el apóstol Juan.
- **Personajes:** Pablo, Epafras, Juan, los hermanos de las iglesias.
- **Fecha:** Colosenses, alrededor del año 62 d.C.; Juan fue escrita alrededor del año 90 d.C.
- **Lugar:** Pablo, escribe Colosenses desde Roma; Juan su primera carta desde Éfeso.

BOSQUEJO DEL ESTUDIO

I. Los medios de los enemigos para engañar (Colosenses 2:8, 16-22)

  A. Los medios del engaño enemigo
(2:8)

  B. La intención de juzgarnos y quitarnos el premio (2:16-22)

II. La doctrina de Cristo es indispensable
(Colosenses 2:9-14)

  A. Estamos completos en Cristo
(2:9,10)

  B. Hemos sido bendecidos en Cristo
(2:11-14)

III. Defensa contra los enemigos de la verdad cristiana (1 Juan 2:18-24)

  A. El Anticristo y los anticristos
(2:18-23)

  B. La importancia del conocimiento de
la verdad (2:20-24)

Roma y Éfeso. Dos ciudades donde el evangelio impactó a todas las estructuras sociales de esa época. Pablo escribió algunas de sus cartas desde Roma y Juan desde Éfeso.

LECTURAS DEVOCIONALES DIARIAS

Lunes: La doctrina de Cristo acerca de la felicidad (Mateo 5:1-12)

Martes: La doctrina del Verbo hecho carne
(Juan 1:1-14)

Miércoles: Cristo mismo es el agua de vida
eterna (Juan 4:1-29)

Jueves: Cristo, como el Salvador y el sanador
de las enfermedades (Ver Hechos 3:1-16)

Viernes: La fe en Cristo tiene promesas de salvación eterna (Romanos 10:4-10)

Sábado: El día del Señor viene sin tardanza
(2 Pedro 3:7-13)

INTRODUCCIÓN

La base de las doctrinas de error es la nega-
ción de la persona de Cristo como el verdadero
Mesías de Dios. Al estudiar todo el ministerio
público de nuestro Señor Jesucristo encontramos que ese fue precisamente el punto de
ataque de sus detractores. Comenzando por la
tentación de Jesús en el desierto lo que Satanás
quiso poner en duda fue su afiliación eterna
con el Padre: "Si eres Hijo de Dios… ". Desde aquel día hasta su juicio religioso y político
frente a Anás, Caifás y Pilato, toda embestida
apuntaba a ese blanco, su deidad. La Palabra
menciona la existencia en el primer siglo de la
era cristiana de muchos anticristos y se anuncia la llegada del Anticristo, el peor enemigo
de Cristo manifestado en carne. La historia de
casi dos mil años de cristianismo ha marcado
períodos en los cuales el ataque ha sido siempre este: ¿Es realmente Jesucristo el Hijo de
Dios? Ahora, como dice el apóstol Juan, ya es
el último tiempo, y para estas postrimerías, la
iglesia se enfrenta al reto de levantar la verdad
de Jesús, por encima de todo error que intente
restar valor a la dignidad de nuestro Salvador.
El desafío de la iglesia es no quedar estancada
en la enseñanza de los rudimentos, sino enfocarse en la necesaria edificación del cuerpo de
Cristo. El llamado será correr con paciencia
la carrera que tenemos por delante, puestos
los ojos en Jesús. Cristo es el prototipo de la
serpiente levantada por Moisés en el desierto,
para que todo aquel que en él cree, no se pierda, mas tenga vida eterna (Ver Juan 3:14,15).

Los púlpitos cristianos, las aulas de Escuela Dominical, las reuniones de discipulado,
deben abrazar el ser expositores fieles de la
doctrina de Cristo. Si esa es la enseñanza

predominante en la iglesia los creyentes estarán nutridos con las palabras de la fe y de la buena conducta que hayan seguido. Como Pablo lo enseñó, debemos asirnos de la cabeza, esto es Cristo, de quien todo el cuerpo, nutriéndose y uniéndose por las coyunturas y ligamentos, crece con el crecimiento que da Dios (Ver Colosenses 2:19).

DESARROLLO DEL ESTUDIO

I. LOS MEDIOS DE LOS ENEMIGOS PARA ENGAÑAR (Colosenses 2:8, 16-22)

Ideas para el maestro o líder

(1) ¿Cuántos medios de engaño menciona Colosenses 2:8 que usan los enemigos de Cristo?

(2) ¿Qué actitud deben tener los hijos de Dios frente a la crítica de los herejes con respecto a comer ciertos alimentos?

Definiciones y etimología

* *Sutileza.* Es el término griego *apáte*, e identifica lo que es engañoso, el error. Viene de *apatáo*, que significa algo de naturaleza *incierta*. Expresa también hacer trampa, engañar.

* *Santificado.* Viene de la palabra griega *jagiázo*, que significa hacer santo, purificar, consagrar.

A. Los medios del engaño enemigo (2:8)

Las Escrituras advierten que aun los escogidos, pudieran ser engañados. En Colosenses 2, leemos, *mirad que nadie os engañe...* Inmediatamente se revela una lista de los medios que los enemigos de Cristo usan para engañar. Lo primero es *filosofías*. El término significa literalmente, amor a la sabiduría. Luego la palabra se usó para describir cualquier forma de pensamiento que lleve a obtener sabiduría. En el siglo I esta palabra describía también todo lo que tuviese que ver con una religión y se usó para toda clase de pensamiento o de postulado sofisticadamente intelectual. Los hijos de Dios amamos la sabiduría y debemos pedirla a Dios. Debemos examinarlo todo y retener lo bueno (Ver 1 Tesalonicenses 5:21). No vemos nada malo en el concepto de filosofía, pero esta sí es dañina cuando la arrogancia es la fuente de ella. Debemos estar advertidos contra la falsa filosofía, la falsamente llamada ciencia. Por medio de pensamientos sofisticados, pero ajenos a Cristo, los creyentes pudieran ser engañados. También menciona las *huecas sutilezas.* Son maneras sutiles de presentar el error, pero al ser *huecas* están vacías de toda espiritualidad. Ahí están todas las doctrinas que no invitan a la consagración, que no enseñan la cruz de Cristo. Esta manera de engañar no menciona el cielo como la morada eterna de los redimidos y mucho menos la sólida realidad de la venida del Señor.

El otro medio mencionado se conforma a los dos primeros, se llama *tradiciones de los hombres.* Cristo enfrentó a los que hacían una excesiva veneración a las tradiciones, como el lavamiento de los vasos y de las manos, pero que hacían caso omiso a los mandamientos morales de la ley divina. Cuando las tradiciones humanas son la base fundamental de una conducta, el que las practica carece de una experiencia real con Dios. Los creyentes somos incorporados a Cristo a través de la experiencia del nuevo nacimiento y de ahí en adelante, tenemos un diario experimentar de la vida y la verdad de Dios. Esto diferencia al cristianismo de todas las religiones vacías que existen. Pablo, antes de conocer a Cristo, era más celoso de las tradiciones que sus contemporáneos, hasta que la verdad de Cristo le fue revelada. Algunas tradiciones vienen de buenos principios, pero son perniciosas aquellas que proceden meramente de los hombres que no se conforman a Dios. Lo último es que los mencionados medios de engaño son conformes a los *rudimentos del mundo, y no según Cristo.* Estos rudimentos son los elementos doctrinales que trazan los falsos maestros como las ideas o doctrinas básicas, sobre las cuales bosquejan sus torcidas enseñanzas. Como estos rudimentos son del mundo no proceden de Dios. La palabra *mundo* aquí, identifica el sistema depravado donde vive la humanidad alejada de Dios. Cuando hemos conocido la verdad, como era el caso de los colosenses, al escuchar una doctrina ya sabemos si es de Dios o si del mundo, y si es de este último, la debemos rechazar.

B. La intención de juzgarnos y quitarnos el premio (2:16-22)

Los enemigos de la doctrina de Cristo pretenden hacer sentir reprobados a los salvados, porque estos últimos no guardan las tradiciones de los hombres. Pablo exhorta a los colosenses a que nadie los juzgue, que ninguno intente privarlos de su premio. Respecto a lo primero, les advierte en el versículo 16, que nadie los juzgue en cuanto a comidas o bebidas. Ya ellos están en Cristo, no están sujetos a los ritos de la Ley en los cuales se prohibía comer ciertos alimentos. En Cristo Dios hizo limpios todos los alimentos y el este es santificado por la Palabra de Dios y por la oración (Ver Marcos 7:19; 1 Timoteo 4:5). Por tanto, no debemos permitir a nadie culparnos por usar, en cuanto al comer, la libertad que da el Evangelio.

Tampoco debemos ser juzgados por no guardar los *días de fiesta, luna nueva o días de reposo*. Estas *fiestas* eran las que Dios mismo instituyó para Israel en el Antiguo Pacto. Se dividían en tres grupos: anuales, mensuales y semanales. Las anuales eran tres: la Pascua, el Pentecostés y los Tabernáculos (Ver Éxodo 23:14-17). Una de las fiestas mensuales era *la luna nueva*. El calendario hebreo se regía por la luna, lo que hacía que el primer día del mes, era el día de luna nueva. En este mismo contexto, Pablo menciona y reprueba el culto a los ángeles. Los helenistas pensaban que los ángeles gobernaban sobre los astros. Cada luna nueva para ellos no solo significaba el comienzo del primer día del mes, sino representaba, además, la ascensión de los poderes celestiales que regían la luna. Pero en Cristo no tenemos que observar los días de reposo, tales como el sábado y otros. El mismo Jesús tuvo confrontación con los religiosos de su tiempo, porque priorizaba la misericordia y el amor, antes que la observancia vacía de un día en especial. Varias veces *quebrantó* el día de reposo por hacer el bien a las criaturas humanas, y dijo de sí mismo, ser el Señor del día de reposo. Debemos perseverar en la doctrina de Cristo

y no sentirnos culpables por no estar sujetos a aquellas costumbres las cuales eran sombra de lo que habría de venir, de Cristo mismo. Debemos aclarar que Pablo no está diciendo que sea pecaminoso abstenerse de ciertos alimentos o guardar un día específico y alguna de las fiestas; lo que está queriendo decir es que la observancia de ello no constituye la base del premio prometido por el evangelio. Las buenas nuevas son las promesas de justicia y vida eterna a todo el que cree en Cristo como Salvador (Ver Romanos 14:2-20). Pablo explica que el falso maestro se entremete en lo que no ha visto, y está vanamente hinchado por su propia mente carnal. A diferencia de ello, los creyentes hemos muerto con Cristo en cuanto a los rudimentos del mundo y ahora la base de nuestra esperanza eterna no es la prohibición de *no manejes, ni gustes, ni aun toques*, sino la fe en el bendito Salvador Jesucristo.

Afianzamiento y aplicación

(1) ¿Consideras que las doctrinas falsas y engañosas pueden afectar el conocimiento de la verdad de Cristo? Comentar.

(2) Analizar diferentes ejemplos de las doctrinas de Cristo escritas en el Nuevo Testamento.

(3) ¿De qué maneras puedes contribuir al desafío de presentar al mundo el verdadero evangelio de Jesucristo?

II. LA DOCTRINA DE CRISTO ES INDISPENSABLE (Colosenses 2:9-14)

Ideas para el maestro o líder

(1) Ubique en un mapa de Senda de Vida dónde estaban localizadas las ciudades de Colosas y Éfeso, respectivamente.

(2) Pregunte a los estudiantes cuáles fueron las dos sectas religiosas principales en el tiempo del ministerio público del Señor.

Definiciones y etimología

* *Mesías*. Forma del hebreo *māshīah*, "el ungido", en griego: *Christos*, "Cristo". En el

Nuevo Testamento, el Mesías es llamado *el Cristo de Dios* (Lucas 9:20), un título único e intransferible atribuido al Salvador y Redentor de la humanidad.

* *Divinidad*. Es la palabra griega *pseíos*, significa *parecido a Dios*, viene de *dseós*, lo relacionado con la esencia del ser de Dios.

A. Estamos completos en Cristo (2:9,10)

Cristo es nuestro Mesías. Fue a Cristo a quien designó el Padre dando fe a todos con haberle levantado de los muertos. El Mesías fue ungido por el Espíritu Santo para hacer la obra a la cual había sido enviado. Después de haber consumado su obra redentora en la cruz resucitó de entre los muertos y ascendió al cielo desde donde intercede por nosotros. Esto es doctrina indispensable de la fe. La verdad que aparece en el citado versículo 9 es que en Cristo habita corporalmente toda la plenitud de la Deidad, o sea, Cristo es absolutamente Dios. Esta es la definición más clara del Nuevo Testamento sobre la naturaleza del Hijo de Dios. Cristo tiene un cuerpo y en Él habita en forma plena la Deidad. Minimizar su naturaleza divina es blasfemar contra Él, es el pecado principal de los falsos maestros. Para un judío ya era suficiente admitir que la Deidad se había manifestado en la shekiná, que era la señal visible de la presencia de Dios entre ellos. Pero la idea de que Dios tomara forma de hombre les parecería una blasfemia a la altura de los adoradores de Júpiter, quienes decían que su dios había tomado diferentes formas en distintas épocas, tales como las de un cisne, un toro, un águila, y otras. Ahora, la humanidad y la divinidad de Cristo *residen* en un mismo cuerpo. La divinidad de Cristo ni es temporal, ni es parcial. Desde la eternidad y hasta la eternidad, Él es Dios. *Jesucristo es el mismo ayer, y hoy, y por los siglos* (Hebreos 13:8). La divinidad absoluta de nuestro Señor es la base de su suficiencia para ministrar toda clase de bendición a los que creen en Él. Por tanto, Cristo es la *oferta* que debe ofrecer el evangelista, es el tema del mensaje del predicador, es la verdad por excelencia que debe enseñar el maestro.

Los creyentes estamos completos en Él. Esto resume el hecho de que ser cristiano es estar en Cristo, incorporado a Cristo. Por tanto, *de su plenitud tomamos todos* (Juan 1:16). Esto no significa que los atributos divinos de Cristo hacen divinos a los que están en Él, sino que estos atributos, Cristo los pone a disposición de los creyentes para sostenerlos en las batallas y para darles el crecimiento a la fe. En Él tenemos el Camino a Dios, el mediador entre Dios y los hombres, un Salvador perpetuo. En Él tenemos la máxima autoridad pues Él es la cabeza de la iglesia, de todo varón, y de todo principado y potestad. Cristo es el modelo del hombre perfecto, es digno de ser imitado por sus discípulos. Esta plenitud que tenemos en Cristo no significa que podemos prescindir de los demás. Estamos completos en Cristo, pero no somos autónomos o independientes a nuestros hermanos de la fe. Los dones, los talentos y las capacidades que Dios haya dado aún al menor de nuestros hermanos serán siempre de gran provecho en Cristo para nuestra madurez espiritual.

B. Hemos sido bendecidos en Cristo (2:11-14)

Pablo enumera las grandes bendiciones que tenemos al estar insertados a Cristo. Primero dice que en Él fuimos circuncidados, pero con circuncisión no hecha a mano, al librarnos de nuestra naturaleza pecaminosa por su poder. La primera circuncisión, fue la señal del pacto de Dios con Abraham (Ver Génesis 17). Era cortar la carne del prepucio de todo varón como señal de que esa persona pertenecía al pueblo de las promesas dadas por Dios a Abraham. Pero esta circuncisión la hace Dios a través de una operación milagrosa dentro del corazón del hombre. Desde el Antiguo Testamento Dios reclamaba a su pueblo ya circuncidado físicamente, que también circuncidara su corazón. Pero el hombre tiene un corazón de naturaleza pecaminosa y él mismo no puede circuncidar su propio corazón. En Deuteronomio 30:6, Dios promete que Él iba a circuncidar el corazón de su pueblo para que este lo amara, y le fuera bien por ello. Cristo vino para hacer posible la verdadera circuncisión, la del corazón. Por eso, el Nuevo Testamento rechaza la idea de que los creyentes gentiles sean circuncidados físicamente. Debemos recordar que Abraham recibió la promesa de la justicia, cuando aún era incircunciso (Ver Romanos 4:9-12). Cristo no cortó una parte de nuestra maldad, sino que como dice el versículo 11 ha echado de nosotros el cuerpo pecaminoso carnal, su sangre limpió toda inmundicia del pasado.

Ahora, esto no significa que el creyente está exento de la posibilidad de pecar. Por tanto, debe hacer morir lo terrenal en él, tal como fornicación, inmundicia, pasiones desordenadas, y todo lo que venga contra la santificación que Cristo ha operado en su corazón. Igualmente, hemos sido sepultados y resucitados con Cristo, mediante la fe en el poder de Dios, quien le levantó a él de entre los muertos. Cada creyente se debe considerar muerto al pecado, sepultado a la vida del primer Adán del cual heredamos la naturaleza caída, y ahora se debe identificar con la resurrección de Cristo. En su resurrección tenemos nueva vida, la bendición de poder buscar las cosas de arriba donde está Cristo sentado a la diestra de Dios. Así que, el pecado no se enseñoreará más de nosotros, porque el espíritu de resurrección de Cristo nos ha sido dado. Antes de conocer a Cristo estábamos muertos en pecados, enviciados por los apetitos de un corazón incircunciso y prolongando, por tanto, un estado de muerte espiritual. Pero Cristo nos ha dado vida al perdonarnos todos los pecados pasados. Cristo anuló el acta de los decretos que había contra nosotros, la ley que reclamaba sobre nosotros la justicia divina por el pecado heredado. Él clavó en su propia cruz esa acta condenatoria, lo que infiere que estuvo dispuesto a recibir sobre sí todo el peso de la ley divina por el pecado del hombre para que nosotros tengamos perdón y vida eterna.

Afianzamiento y aplicación

(1) Pregunta a la clase qué mensaje espiritual tiene el bautismo por inmersión según Colosenses 2:12.

(2) ¿Qué implicaciones tiene para nosotros el haber sido librados de la maldición de la Ley conforme a Gálatas 3:13?

(3) Investigue la opinión de los estudiantes sobre estar completos en Cristo y a la vez necesitar a los hermanos de la fe.

III. DEFENSA CONTRA LOS ENEMIGOS DE LA VERDAD CRISTIANA (1 Juan 2:18-24)

Ideas para el maestro o líder

(1) Comentar acerca del tema del Anticristo, según lo expresado por el mismo Juan.

(2) ¿Qué valor tiene el hecho de que los cristianos sean conocedores de la verdad para la conservación de la doctrina de Cristo?

Definiciones y etimología

* *Anticristo*. Viene del griego *antíjristos* e idéntica al oponente del Mesías, que es contrario al Mesías, al ungido.

* *Vulgo*. Es la palabra griega *idiótes*, persona privada, o ignorante, tosco, indocto.

A. El Anticristo y los anticristos (2:18-23)

Dios en su Palabra, hablándonos en un tono paternal nos advierte como a sus hijitos acerca del odio que siente el enemigo de nuestras almas por Cristo y su doctrina. A la vez nos advierte de este tiempo del fin, cuando las fuerzas enemigas al reino de Dios se acercan para intentar destruir la iglesia. Los siervos del Señor debemos tener una buena percepción de estas realidades para poder advertir por la Palabra a los santos, del peligro que corremos si descuidamos saber que el anticristo viene. El apóstol menciona que ya alrededor del año 90 d.C. cuando escribe su primera carta, ya habían surgido muchos anticristos. Hablando primero del anticristo que viene, el escritor identifica en el versículo 22 al anticristo, como aquel que niega que Jesús es el Cristo. Entonces, lo califica como el *mentiroso*, y recalca que el anticristo es el que niega al Padre y al Hijo. Esta definición de *anticristo* hace posible entender que se trate de alguien con alguna postura religiosa, de una creencia pagana respecto a la Deidad, pero enfocado específicamente en combatir la fe de Jesús como el Hijo de Dios. El contexto hace evidente que posiblemente este anticristo dice creer en Dios, pero la Palabra sanciona que el que no tiene al Hijo, tampoco tiene al Padre. El enfoque del apóstol Juan es advertir a los hermanos para que no sean engañados cuando algunos falsos maestros aparecieran diciendo creer en Dios, pero negando que Jesús sea el verdadero Mesías de Dios.

Pero la Palabra aquí está aclarando a los hermanos que no debemos estar pasivos porque todavía no haya aparecido el anticristo, el cual no podrá manifestarse plenamente hasta que la iglesia sea llevada al cielo (Ver 2 Tesalonicenses 2:7). La realidad es que mientras este no aparezca ya han surgido muchos anticristos. El versículo 23 hace ver que estos anticristos no son hombres que nunca hayan oído la verdad, sino por el contrario, eran asistentes a la iglesia, aunque sus corazones no estaban cimentados en la Roca, que es Cristo. Habían salido de entre los mismos hermanos, pero su corazón no estaba con ellos sino que lo endurecieron a la verdad y se hicieron voluntariamente incrédulos a la doctrina de Cristo. Los cristianos debemos estar alertas acerca de quiénes asisten a la congregación, pero no dan un verdadero fruto de un carácter acorde al Evangelio. A medida que la venida del Señor se acerca, proliferarán muchas doctrinas extrañas acerca de la persona de Cristo. El apóstol Juan enseña que el surgimiento de estos muchos *anticristos* es una señal de que estamos en el último tiempo. Si aquel fin del siglo I ya era parte del último tiempo, ¡en qué postrimería nos encontraremos hoy! Si ya había muchos anticristos, ¡cuántos habrá hoy! La iglesia de este siglo debe pedirle al Señor discernimiento para poder descifrar la enseñanza religiosa, donde Cristo es sacado del centro, y aunque todavía se le menciona, no se enfatiza acerca de Él como la prioridad de los hijos de Dios. Esa práctica es también manifestación de los *anticristos*, y debemos ser cautos para no dejarnos engañar.

B. La importancia del conocimiento de la verdad (2:20-24)

La iglesia del Señor ha prevalecido a la terrible ola de falsas doctrinas que han venido contra la doctrina de Cristo desde su surgimiento visible el día de Pentecostés. El apóstol Juan está advirtiendo a los hermanos sobre el anticristo y los anticristos, pero les dice que ellos tienen la unción del Santo. El que unge es Dios como aparece Él ungiendo a sus siervos y al Hijo en 2 Corintios 1:21 y Hechos 10:38; pero aquí aparece el mismo Cristo, el Santo, ungiendo al pueblo. En el Antiguo Testamento se ungía con aceite para consagración y ello siempre estaba vinculado con el comienzo de un oficio divinamente dispuesto. Pero en el Nuevo Testamento los creyentes son ungidos con el Espíritu Santo. Cristo prometió que el Espíritu Santo nos guiaría a toda verdad. El conocimiento de la verdad nos ha de guardar de ser arrastrados por doctrinas extrañas del tiempo del fin. Esto demuestra que el conocimiento de la verdad no es exclusivo de hermanos aventajados intelectualmente, sino de todos los santos en los cuales está la unción del Santo, el Espíritu de verdad. Es muy relevante que los ministros cristianos hagamos énfasis en que los hombres experimenten el nuevo nacimiento, porque es la única manera de conocer todas las cosas fundamentales de la doctrina cristiana y estar preparados para defenderse de los anticristos. La primera carta de Juan a la iglesia no tiene el propósito de enseñarles la verdad, pues el texto dice que ellos ya la conocían por aquella unción que tenían del Espíritu les enseña todas las cosas. El versículo 21 revela que los hermanos no eran ignorantes de la verdad, sino conocedores de ella. Cristo unge el corazón por la obra del Espíritu Santo, y esa unción ilumina el entendimiento para conocer las cosas de Dios. Algunos de los apóstoles de Cristo eran hombres sin letras y del vulgo, pero tenían la unción del Espíritu y sabían los misterios del reino de Dios y escribieron sobre ellos en el Nuevo Testamento. Debemos confiar que, así como el aceite servía de combustible para la luz, la unción del Espíritu Santo iluminará la mente para que no seamos engañados por los enemigos de la doctrina de Cristo.

El versículo 21 señala que cuando conocemos la verdad es imposible que de ella salga la mentira. Cuando la verdad nos es revelada, Cristo es conocido como el Hijo de Dios, y se descarta otro mediador u otro Mesías que se quiera levantar. En el versículo 24 se muestra la necesidad de que permanezca en nosotros, lo que hemos oído desde el principio. Esa permanencia en la doctrina original de la fe nos asegura permanecer en el Padre y el Hijo Jesucristo. Por tanto, los cristianos debemos pedir, como Pablo lo hizo por los efesios, que Dios nos dé espíritu de sabiduría y de revelación en el conocimiento de Él, y que alumbre los ojos de nuestro entendimiento para comprender todo lo que tenemos en Cristo. Así seremos guardados del embate de los falsos maestros.

Afianzamiento y aplicación

(1) Comente sobre la necesidad que tienen los hijos de Dios de estar alertas ante la influencia de los anticristos.
(2) Insistir en la importancia de anhelar y retener la unción del Santo para defendernos de los enemigos de la doctrina de Cristo.

RESUMEN GENERAL

Los siglos han pasado desde que el Hijo de Dios predicó la verdad, murió para salvarnos, resucitó y ascendió a la diestra del trono de Dios. Pero a través de los tiempos, la doctrina de Cristo ha tenido el mismo enfrentamiento de quienes la denigran y presentan todo tipo de caminos torcidos para llegar a Dios. La iglesia tiene aún el reto de enseñar conforme a la verdad, abriendo las Sagradas Escrituras para demostrar por ellas que Jesús es el Cristo. El texto áureo nos transmite nuestra meta: perseverar en la doctrina de Cristo. A medida que nos acercamos más al fin de esta era de gracia, será más agresiva la batalla de parte de Satanás contra la verdad, y se valdrá de muchos medios para intentar hacer mover al creyente de su fe. Hoy existen medios de difusión masiva que están a disposición de los que han rechazado la verdad, por tanto, la influencia de la falsedad es más veloz y abarcadora que en el primer siglo de la iglesia.

Los cristianos debemos estar confirmados en que en Cristo estamos completos y debemos rechazar con valor a los anticristos que trabajan para desviar nuestra mirada del único en quien habita toda la plenitud de la Deidad, esto es, Jesús. Por tanto, debemos conocer la verdad, amarla y propagarla. Ella será para los creyentes, una fortaleza que les ayude a mantenerse firmes hasta el fin en la doctrina de Cristo.

Ejercicios de clausura

(1) Propicie comentarios acerca de la doctrina de Cristo y que demuestren que son verdaderos defensores de la verdad que está en Jesús.
(2) Finalice la clase con una oración pidiéndole al Señor que guarde a su iglesia del ataque de los enemigos de la doctrina de Cristo.

PREGUNTAS Y RESPUESTAS

1. Según Colosenses 2:8 ¿Qué medios usa el enemigo para engañar?
a) Filosofías; b) huecas sutilezas; c) tradiciones de hombres

2. ¿Cómo explica la frase "estamos completos en Cristo" de Colosenses 2:8-10?
Ser cristiano es estar incorporado en Cristo. (Opinión personal).

3. ¿Qué significa que en "Él fuimos circuncidados"?
Es una operación milagrosa en el corazón del hombre.

4. ¿Qué podemos tomar como una señal de los últimos tiempos?
El surgimiento de muchos cristos.

5. ¿Qué factor nos guardará de ser arrastrados por doctrinas de error?
El conocimiento de la verdad.

PARA LA PRÓXIMA SEMANA

La fórmula divina acerca de la salvación, incluyendo cuán seguros estamos en Cristo, y el galardón que nos espera, son verdades que analizaremos con profundidad la próxima semana. Se debe invitar a los participantes a estudiar los capítulos 5 y 8 de Romanos.

SALVACIÓN, SEGURIDAD Y GALARDÓN

Base bíblica

Romanos 5:1-11; 8:1-4; 17-25

Objetivos

1. Comprender la realidad de nuestra salvación.
2. Desarrollar un sentido de gratitud debido a nuestra posición en Cristo.
3. Asumir un estilo de vida acorde a la esperanza del evangelio.

Pensamiento central

Los hijos de Dios necesitan aprender a descansar en las promesas divinas de su eterna salvación, sin descuidar el velar frente los peligros espirituales que amenazan.

Texto áureo

Ahora, pues, ninguna condenación hay para los que están en Cristo Jesús, los que no andan conforme a la carne, sino conforme al Espíritu (Romanos 8:1).

Fecha sugerida:___/____/____

LECTURA ANTIFONAL

Romanos 8:1 Ahora, pues, ninguna condenación hay para los que están en Cristo Jesús, los que no andan conforme a la carne, sino conforme al Espíritu.

2 Porque la ley del Espíritu de vida en Cristo Jesús me ha librado de la ley del pecado y de la muerte.

3 Porque lo que era imposible para la ley, por cuanto era débil por la carne, Dios, enviando a su Hijo en semejanza de carne de pecado y a causa del pecado, condenó al pecado en la carne;

18 Pues tengo por cierto que las aflicciones del tiempo presente no son comparables con la gloria venidera que en nosotros ha de manifestarse. Porque la creación fue sujetada a vanidad, no por su propia voluntad, sino por causa del que la sujetó en esperanza;

21 porque también la creación misma será libertada de la esclavitud de corrupción, a la libertad gloriosa de los hijos de Dios.

22 Porque sabemos que toda la creación gime a una, y a una está con dolores de parto hasta ahora;

23 y no sólo ella, sino que también nosotros mismos, que tenemos las primicias del Espíritu, nosotros también gemimos dentro de nosotros mismos, esperando la adopción, la redención de nuestro cuerpo.

24 Porque en esperanza fuimos salvos; pero la esperanza que se ve, no es esperanza; porque lo que alguno ve, ¿a qué esperarlo?

25 Pero si esperamos lo que no vemos, con paciencia lo aguardamos.

DATOS GENERALES ACERCA DEL TEMA

- **Enseñanza:** Estar en Cristo es una experiencia que se recibe a través del nuevo nacimiento, y es a la vez, la garantía de la comunión con Dios y de la esperanza de la vida eterna.

- **Autor:** Pablo.
- **Personajes:** Pablo, judíos y gentiles.
- **Fecha:** Carta escrita alrededor del año 58 d. C.
- **Lugar:** Posiblemente, desde la ciudad de Corinto.

Pablo escribió a los romanos mientras estaba en Corinto en su tercer viaje misionero.

LECTURAS DEVOCIONALES DIARIAS

Lunes: La justificación por la fe, de nuestro Padre Abraham (Gálatas 4:1-10)

Martes: Cristo, en forma de Dios, hecho semejante a los hombres (Filipenses 2:6-8)

Miércoles: Dejando los rudimentos, vamos hacia la perfección (Hebreos 5:11-14; 6:1-3)

Jueves: Cuidar las buenas relaciones con Dios y con los hermanos (Santiago 5:14-20)

Viernes: Consagrados a Dios, defendidos del adversario (1 Pedro 5:6-11)

Sábado: La importancia de retener lo que tenemos en Cristo (Apocalipsis 3:7-13)

INTRODUCCIÓN

El mensaje de Cristo había sido anunciado por los apóstoles del Señor, y por muchos otros hermanos, quienes debido a la persecución que hubo en Jerusalén por causa de Esteban, habían huido a otras ciudades. Felipe, predicó en Samaria, después, a un eunuco etíope, luego fue llevado por el Espíritu a Azoto, y predicó allí y en todas las ciudades por donde pasaba en su camino a Cesarea. La iglesia, pues, se había extendido por muchos lugares del Imperio romano, y hasta la ciudad capital.

Pero la creciente iglesia necesitaba las bases que la harían sólida en cuanto a la verdad, y la Epístola a los Romanos, sería un aporte especial en tal logro. Una de las doctrinas que el escritor trata en forma directa es la salvación por la fe en Cristo Jesús. En algunas ciudades los nuevos hermanos eran visitados por maestros del judaísmo, quienes les enseñaban que no bastaba la fe como medio de salvación, sino que debían guardar la Ley de Moisés para ser salvos. La carta es muy representativa de la fe cristiana y hace una exposición diáfana concerniente a la verdad de nuestra salvación dejando ver que la fe en Cristo puede salvar al pecador arrepentido. Los receptores de esta misiva debían saber el interés de Dios en que todos los hombres fueran salvos. Tenían necesidad de comprender cuánta gracia se les había dado en Cristo. Dios envió a su Hijo unigénito y cargó en él los pecados de todos brindando a los hombres la gracia del perdón. La Epístola a los Romanos muestra que en Cristo es justificado todo aquel que cree. El centro de esta verdad es la seguridad que tienen los salvados frente al tribunal de la justicia divina, como *aparece* en 8:1: *Ninguna condenación hay para los que están en*

Cristo Jesús. Con frecuencia oímos de cristianos que se consideran inseguros respecto a su salvación, por tanto, no están disfrutando de la plenitud de vida en Cristo. Mediante esta lección vamos a saber que nadie nos puede acusar ante Dios, si estamos en Cristo, nadie nos puede condenar si hemos creído en él. Aprenderemos que la justificación por la fe en Cristo, es una experiencia personal, o sea, es una realidad en la vida de quienes acuden por fe al Salvador y que tiene promesas de una vida gloriosa en el cielo.

DESARROLLO DEL ESTUDIO

I. LA REALIDAD DE LA JUSTIFICACIÓN (ROMANOS 5:1-11)

Ideas para el maestro o líder

(1) Pregunta a la clase cuáles son las personas que forman parte de un tribunal de justicia a la hora de hacer un juicio.

(2) Comentar la prerrogativa divina de atribuir justicia sin obras, al que cree, como fue con Abraham.

Definiciones y etimología

* *Propicio.* El término es la palabra griega *jiláskomai,* y expresa la acción de reconciliar, expiar el pecado. Es la voz media de *íleos,* que quiere decir hacer alegre, de evitar alguna calamidad. Habla de tener compasión.

* *Remisión* de pecados. Es la palabra griega *áfesis,* que significa perdón, libertad. Viene del término *afiemi,* que quiere decir enviar.

A. La justificación es por la fe (5:1-2; 7-11)

Este pasaje nos presenta un tribunal donde está un juez listo para sentenciar a un hombre convicto de muchos delitos, pero interviene un abogado defensor. El abogado presenta las pruebas que alguien ha pagado por los delitos del acusado, y por lo tanto, este puede quedar en libertad. Ante dichas evidencias el juez declara al acusado absuelto de sus cargos. Dios es el Juez de todos, pero también es el que ama a los pecadores y ha provisto la manera de salvarlos. La justificación es iniciativa de Dios, y Cristo es el agente principal de ella.

Si no se alcanza la justificación, la justa ira de Dios cae sobre los hombres. Eso lo percibió muy bien el publicano que oraba en el templo reconociendo su insuficiente justicia para con las demandas de la moral divina. Por eso rogaba: *Dios, sé propicio a mí, pecador.* Algunos, como el fariseo, que oraba a la par del publicano intentan opacar la voz interna que les condena comparando sus obras con las de otros. Pero sólo el que depende de la gracia de Dios alcanza la salvación y evita el castigo eterno.

El hombre no puede ser justificado por sus propias obras ni por los sacrificios de la Ley. Abraham no fue justificado por sus obras sino por su fe. Él creyó y le fue contado por justicia. La fe abre la puerta de la salvación y cierra todas las posibilidades a que el hombre sea justificado de manera distinta. Dios quita los cargos en contra nuestra cuando creemos que Cristo es el mediador de esta obra de gracia. Así que, hay un solo justificador, el Padre celestial, un solo medio para apropiarnos del perdón, la fe, y un solo mediador de esa justicia imputada al hombre, el Señor Jesucristo. En los versículos 7 – 11, aprendemos que la obra de la justificación no fue hecha para hombres buenos, sino para quienes eran aun pecadores. En la misma decadencia moral, donde la absoluta justicia de Dios nos pudiera consumir fue donde llegó el amor divino para salvarnos. Cristo tomó nuestro lugar, el Padre cargó en Él el pecado de todos nosotros. Luego, el versículo 9 confirma que es en la sangre de Jesucristo donde alcanzamos la remisión de nuestros pecados para que pudiésemos alcanzar la justicia. Bajo la Ley todo era purificado con sangre y sin ella no había remisión de pecados. Ahora, el Nuevo Pacto descansa en la sangre preciosa de Cristo. Cristo dijo: *Este es el Nuevo Pacto en mi sangre.* La sangre de los corderos en el Antiguo Testamento cubría los pecados, pero la sangre de Cristo limpia al pecador. Esa sangre evita la ira de Dios para con los que creen en él. El versículo 10 revela que Cristo nos salvó en la cruz, pero su resurrección es la garantía de que lo hecho en la cruz tuvo mérito para con Dios. Los ministros del evangelio debemos ser exponentes de un mensaje centrado en Cristo, porque la Palabra de la cruz es poder de Dios.

B. Los frutos de nuestra justificación (5:1-5)

El primer resultado de la Justificación es *paz para con Dios*. Nuestra salvación contiene el restablecimiento de las buenas relaciones con Dios. Antes éramos enemigos, ahora hemos sido reconciliados con Él. El sacrificio de Cristo satisfizo a tal manera la demanda de la justicia divina que la ira de Dios fue apaciguada. La conciencia del pecador le reprocha su falta de justicia. La Ley trajo al hombre el conocimiento del pecado, y la única forma en que la voz de la conciencia deja de condenar al hombre es mediante la fe en Cristo. Cristo es nuestra paz. Cuando el hombre es salvo, tiene un sentimiento de tranquilidad y paz indescriptibles. La justificación se opera en el tribunal del cielo, pero se percibe en el corazón del hombre perdonado.

El otro fruto de la justificación es la firmeza en la gracia de Dios. En esa gracia *estamos firmes*. El creyente tendrá que librar batallas contra la carne, el mundo y Satanás, pero el Evangelio provee el fundamento que dará firmeza a todo el que cree en él y decide perseverar en su fe. La gracia de Dios en Cristo debe ser una convicción firme sobre la cual descansar. Junto a ello está el fruto de una convicción gloriosa de la esperanza. La verdad de ver la gloria de Dios viene a ser tan contundente, que produce un gloriarse: *nos gloriamos…* Otro fruto de la justificación es una actitud de gloria frente a las tribulaciones. El poder gloriarnos en las tribulaciones no significa que nos dejen de causar dolor, pero nos gloriamos al saber que todo está permitido y controlado por nuestro amoroso Padre celestial. La justificación no nos exonera de ser afligidos, pero a través de las tribulaciones nos será dada paciencia. No es que las tribulaciones sean la fuente de la paciencia, sino que Dios las permite para administrarnos esa virtud. Esta paciencia a su vez produce prueba. Esta prueba es la experiencia y comprobación que los santos hacen de la protección de Dios a sus vidas en medio de las adversidades. Debemos aprender a sufrir sin murmurar, enco-

mendando al Señor nuestra vida. Como fruto de la justificación, también los santos experimentan esperanza, una *esperanza* que no avergüenza, porque es una seguridad de que habrá una salida de salvación cierta y segura. Finalmente, un fruto glorioso de la justificación es que no estaremos jamás escasos del amor de Dios, porque el Espíritu Santo lo ha derramado en abundancia en nuestros corazones. Esta abundancia del amor de Dios siempre superará la intensidad de las adversidades comunes de la fe. Como fruto de nuestra paz con Dios, el Padre nos es propicio y permite que las adversidades se tornen en bien. Solamente el Espíritu Santo puede manifestar y hacer sentir estos bienes de la cruz en el corazón de los creyentes. Por eso, no los perciben quienes no hayan nacido de nuevo.

Afianzamiento y aplicación

(1) ¿Cuántos años antes de la Ley fue justificado Abraham para con Dios?

(2) Pregunte a los estudiantes, cuán importante es la firmeza de carácter para decidir creer hasta el final.

(3) Comente a la clase que las bendiciones de la justificación no excluyen el sufrimiento del creyente, y nuestro deber de atravesar las pruebas sin murmurar.

II. LA SEGURIDAD DE NUESTRA SALVACIÓN

Ideas para el maestro o líder

(1) ¿Cuándo un creyente puede asegurar que está en Cristo?

(2) Pregunte a la clase: ¿Cuál es el fruto de estar en Cristo, respecto a las demandas de la carne y del Espíritu?

Definiciones y etimología

* *Aguijón*. El término, como Pablo lo usa en 1 Corintios 15:55,56, es la palabra griega *kéntron*, que significa perforar, figuradamente se refiere a algo venenoso.

* *Naturaleza pecaminosa*. Esta frase está vinculada con la palabra griega *jamartia*, usada por Pablo en Colosenses 2:11 para referirse al cuerpo pecaminoso carnal que heredamos

de Adán. Es familia del término *jamartáno*, que tiene su base en errar el blanco, practicar el pecado.

A. La seguridad de estar en Cristo Jesús (8:1)

El cristiano goza de una garantía especial al haber recibido a Cristo como su Salvador. El último versículo del capítulo 7 de Romanos es una expresión de alabanza a Dios, por Jesucristo nuestro Señor. Cristo es revelado como el gran Salvador del hombre, el que lo libra de toda condenación. La bendición de no ser condenados, es de los que *están en Cristo Jesús*. Al haber creído para salvación Dios los ha colocado en Cristo. Son pámpanos de la Vid verdadera. Dios no los ve más separados de su Hijo, sino en su Hijo. La expresión en él, indica también la vida de comunión que los hijos de Dios tenemos con el Señor; hemos sido hechos cercanos por la sangre de Cristo y venimos a ser participantes de la naturaleza divina. Estando *en Cristo,* somos llamados a la comunión con nuestro Señor. En esa posición tenemos absoluta seguridad contra el pecado, el mundo y Satanás. Cristo venció a Satanás en la cruz quitándole el arma del pecado, el aguijón que trae la muerte al hombre. Por tanto, el Señor puede asegurarnos una vida de victoria contra Satanás, si permanecemos en Él. El diablo es quien nos acusa delante de Dios. Pero como estamos en Cristo venimos a participar de su justicia por el milagro de la imputación. Así que, no hay ninguna condenación para los que estamos en Cristo.

Ahora, los que están en Cristo no andan conforme a la carne, sino conforme al Espíritu. El sentido es que estar *en Cristo* afecta positivamente nuestro andar. La seguridad, pues, de estar en Cristo tiene que ver con un descanso del querer agradar a Dios dependiendo de nuestras propias fuerzas. Estar en Cristo es seguro, porque es una aceptación humilde de la gracia divina. Estar en Cristo permite un nuevo andar cuyo origen y fuerza es netamente la acción del Espíritu Santo en el creyente. ¡Cuántos buenos hermanos ya han aceptado a Cristo pero aún están haciendo un gran esfuerzo en sí mismos por

agradar a Dios, al no comprender que la vida cristiana la produce el Espíritu dentro del creyente! La vida cristiana normal es el Espíritu Santo viviendo su vida en nosotros, por eso, los que están en Cristo andan conforme al Espíritu. Es digno de notar que el versículo no dice que los creyentes en esa posición "no deben andar" conforme a la carne; lo que dice es que ellos "no andan" conforme a la carne. Igualmente, el versículo no dice que estando en Cristo debemos procurar andar conforme al Espíritu, sino que ya lo da por sentado, *andan conforme al Espíritu.* Estas no son metas para el futuro del creyente, sino aquí aparecen como los normales resultados de estar en Cristo. El texto deja ver claramente que estar en Cristo es inversamente proporcional a andar en la carne y directamente proporcional a vivir en el Espíritu. ¡Esto sí es seguridad plena de vida cristiana! No se puede estar en Cristo y a la vez estar en la carne.

B. Librados de la ley del pecado y de la muerte (8:2-4)

En el versículo 2 se habla de una ley que es aplicada por el Espíritu de Vida a los que estamos en Cristo. La ley de la cual somos librados es la ley del pecado y de la muerte. En esa se establece que la paga o consecuencia del pecado es la muerte. Esa ley entró en vigencia en el primer mandamiento de carácter prohibitivo que Dios le hizo al hombre en relación a no comer del árbol de la ciencia del bien y del mal. El mandamiento traía consigo la sentencia: ... *el día que de él comieres, ciertamente morirás* (Génesis 2:17). En efecto, la ley del pecado y de la muerte se hizo patente cuando el hombre desobedeció y murió espiritualmente. Allí se interrumpió la comunión que había entre el hombre y su Creador. Ese mismo cuadro de muerte pasó a todos los hombres, por cuanto, todos pecaron. Muchos sucumben ante las tentaciones y reciben el efecto del pecado, la muerte. El pecado es el aguijón de la muerte. El pecado sigue teniendo un carácter letal, destructivo para todo el que se entrega a él sin arrepentimiento y fe en Cristo.

Pero bajo l*a ley del Espíritu de vida en Cristo Jesús*, el creyente es habitado por el Espíritu Santo, quien, a su vez, hace resucitar el espíritu del hombre. El versículo 3 de Romanos 8, deja ver que para la ley era imposible llevar al hombre a la obediencia a Dios. *Nada perfeccionó la Ley* como lo enseña Hebreos 7:19, y esto, debido a la carne, o sea, la naturaleza carnal innata de los hombres. ¡Imaginemos a Moisés, el gran caudillo de la nación de Israel! Él fue el mediador de aquella ley dada al pueblo en el Sinaí. Él recibió los estatutos santos para entregarlos al pueblo. Sin embargo, ni aun a él la ley lo pudo perfeccionar, porque la debilidad de su carne se lo impedía. En Horeb se airó contra el pueblo y no honró a Dios al golpear airado la peña y aquel brote de ira le impidió entrar en la tierra de Canaán. Todo el que pretenda alcanzar la justicia y evitar la condenación a través de la ley tendrá la experiencia, que el hombre por naturaleza está incapacitado para guardar los santos requerimientos del Señor. Dios envió a su Hijo en semejanza de carne de pecado y a causa del pecado, y así condenó al pecado en la carne. El Hijo de Dios no tenía naturaleza pecaminosa como nosotros. Cristo no nació afectado por la caída original de Adán, sino que nació santo, como lo dijo el ángel a María: *el Santo Ser que nacerá, será llamado Hijo de Dios* (Lucas 1:35). Él vivió una vida santa, y por eso pudo ser digno de llevar cual cordero sin defecto, nuestros pecados, en la cruz. Cuando el Padre cargó en él el pecado de todos nosotros, fue con propósito expiatorio y aquel cuerpo murió en la cruz, sin que el pecado pudiera haber dañado la moral y la justicia del Salvador. Ni siquiera se quejó; sino que bebió humildemente la copa que el Padre le había dado. Allí pagó en nuestro lugar la deuda con la ley del pecado, que era la muerte, y declaró al pecado vencido para siempre.

Afianzamiento y aplicación

(1) ¿Cuáles son las tres esferas que el pecado afectó en cuanto a la muerte?

(2) Comente a la clase el desafío que tenemos al venir a ser pámpanos de la vid verdadera.

III. EL GALARDÓN ETERNO DE NUESTRA SALVACIÓN (8:17-25)

Ideas para el maestro o líder

(1) ¿Qué significa la frase Abba Padre, la cual pueden usar los hijos de Dios en sus oraciones?

(2) ¿Por qué los cristianos deben considerarse peregrinos en este mundo y qué actitud demanda esa identidad?

Definiciones y etimología

* *Peregrinos*. Es el término griego *parepídemos*, y su uso en Hebreos 11 para referirse a los héroes de la fe, identifica a un extranjero residente, a un expatriado, uno que reside en un país extranjero.

* *Absorbido*. Este término usado en 2 Corintios 5:4, es el término *katapino*, y se refiere a beber, a tragar entero, consumir, devorar. Así lo mortal será absorbido por la vida.

A. Los salvos son herederos de Dios (8:17,18)

La predicación de la salvación en Cristo, anuncia, que al estar en Él hay muchas recompensas gloriosas. Por ejemplo, somos guiados por el Espíritu de Dios y venimos a ser hijos de Dios. El espíritu de adopción nos ha sido dado y ahora *clamamos* ¡Abba Padre! El término clamamos está usado aquí en el sentido de clamar alegremente como un hijo llama a su padre con toda libertad. La connotación es orar atrevidamente y sin temor levantando la voz al cielo. El Espíritu de vida que vive en nosotros ahora testifica a nuestro espíritu de que somos hijos de Dios, y ya esto en sí mismo es una de las bendiciones más gloriosas que jamás alguien pudiera adquirir intentando guardar la ley. Cada creyente debe sentirse bienaventurado, sí, aunque no tenga riquezas materiales en este mundo puede decir con la convicción del Espíritu que es un Hijo de Dios.

Ahora, una de las implicaciones maravillosas que tiene ser hijo de Dios es la que expresa el versículo 17, que si somos hijos de Dios, venimos a ser herederos de Dios y coherederos con Cristo. Esto quiere decir que todas las posesiones del Padre, nos pertenecen como herencia en la misma medida en que le pertenecen a Cristo, su Hijo. Esta bendición maravillosa es de aquellos que están en Cristo por la fe y que estén dispuestos a padecer juntamente con Él. El versículo 17 señala la herencia como fruto del padecimiento, tanto en Cristo como en los que hemos sido salvos por él y promete la glorificación final tanto para el heredero principal como para los coherederos. Debemos tomar una actitud triunfante ante los padecimientos de esta vida sabiendo que tenemos una herencia tan gloriosa en los cielos. En el versículo 18 Pablo enseña que en este tiempo los creyentes pasan difíciles aflicciones a pesar de su fidelidad a Cristo, pero que a pesar de lo agudo de ellas, no son comparables con la gloria venidera que en nosotros ha de manifestarse. Debemos mirar al cielo como nuestra casa. El cristiano que tiene convicción de esta verdad anhela llegar a su morada, la cual Cristo le tiene preparada en gloria. A causa de la realidad de esta herencia los cristianos somos peregrinos en este mundo, que vamos a nuestro hogar celestial. Por eso, aquellos a quienes esta verdad le ha sido revelada tienen deseo de partir y estar con Cristo lo cual es muchísimo mejor. Debemos rechazar la tendencia a vivir apegados a las cosas materiales y debemos procurar discernir cuál es la esperanza a que el Señor nos ha llamado y cuán grande es la gloria de su herencia en los santos (Ver Efesios 1:18).

El Padre ha hecho un testamento de todos sus bienes a nuestro favor y lo confirmó con la muerte de nuestro Salvador. Por tanto, en la muerte de Cristo los salvados tenemos la promesa de la herencia eterna (Ver Hebreos 9:15-17). Como garantía de ello tenemos las arras, las primicias de esa herencia, la morada en nosotros del Espíritu Santo.

B. Los salvos esperan la redención de sus cuerpos (8:19-23)

La obra redentora de Cristo en la cruz cubre principalmente tres esferas, en el mismo orden en que el pecado deterioró la creación. La primera esfera es el área espiritual del hombre. Cuando Adán pecó su espíritu murió. Pero Cristo murió para redimir el espíritu del hombre resucitándolo a la comunión con su Creador. La segunda esfera es el cuerpo, que fue la segunda consecuencia mortal del pecado. El hombre fue creado para ser eterno, pero el pecado introdujo la muerte física también. La muerte física está establecida para los hombres y después de ello el juicio. Pero la obra salvadora de Cristo alcanza al cuerpo porque el evangelio anuncia que hay resurrección de muertos. La tercera esfera afectada fue la creación general y aun los cielos y la tierra están sujetos al desgaste que el pecado trajo como consecuencia. El Salmo 102:26 anuncia que los cielos perecerán y que como un vestido Dios los mudará y serán mudados. Con esto concuerda la ley de la termodinámica, que dice que todo está en un continuo desgaste.

Pablo establece que el anhelo ardiente de la creación es el aguardar la manifestación de los hijos de Dios. Aun no se ha manifestado lo que hemos de ser, pero ese evento cuando los santos despierten gloriosos frente a su Señor es aguardado por toda la creación. Dios sujetó a toda la creación a vanidad, para a la vez sujetarla a la esperanza de lo eterno. Cuando nuestros cuerpos sean glorificados toda la creación será libertada de la esclavitud de corrupción a la libertad gloriosa de los hijos de Dios. Así como la creación gime a una y a una está con dolores de parto hasta ahora, nosotros también gemimos dentro de nosotros esperando la adopción, la redención de nuestro cuerpo. El Espíritu dentro del creyente, es como una fuente de agua que salta para vida eterna. Los hijos de Dios saben que sus cuerpos son tabernáculos temporales donde reside la parte inmaterial de su ser, el espíritu y el alma. Son conscientes de que sus cuerpos están sujetos al desgaste y a la muerte. El apóstol Pablo dedicó una gran porción de su segunda carta a los corintios para hablarles de la redención de sus cuerpos. En el capítulo 5 leemos que cuando este tabernáculo terrenal se deshace tenemos de Dios un edificio, una casa, no hecha de manos eterna en los cielos. En 2 Corintios 5 Pablo dice, *gemimos con angustia*, en el anhelo por ser revestidos, para que lo mortal (el cuerpo), sea absorbido por la vida. En 5:8 dice: *Quisiéramos estar ausentes del cuerpo, y presentes al Señor.* Cristo es primicias de los que durmieron, pues es el primero que resucitó para nunca más morir. Los que somos de Él, seremos redimidos para siempre del desgaste corporal y de la muerte, cuando seamos glorificados, y tengamos un cuerpo semejante al de Cristo.

Afianzamiento y aplicación

(1) Animar a los estudiantes a ir a Dios en oración con toda libertad, usando el clamor alegre de Abba Padre.
(2) Insistir en la necesidad de ser fuertes en la esperanza, aun cuando estemos atravesando las aflicciones propias de la vida cristiana.
(3) Comentar sobre la misión asignada al creyente de alcanzar la herencia, por medio de la perseverancia en la fe hasta el final.

RESUMEN GENERAL

En el estudio hemos conocido varias áreas importantes de nuestra salvación y sabemos que el ser salvos es iniciativa de Dios. Dios nos salvó, no por obras de justicia que nosotros hubiésemos hechos, sino por el lavamiento de la regeneración y por la renovación en el Espíritu Santo (Tito 3:5). Los cristianos debemos tener gratitud a Dios por dar a su Hijo para que muriera en nuestro lugar. Si no hubiese sido por el Cordero de Dios estuviésemos condenados bajo la ley del pecado y de la muerte, pero Cristo vino para darnos vida y devolvernos la comunión con el Padre, que el pecado robó a Adán y Eva. El Señor nos ha provisto de la vida del Espíritu Santo quien nos da siempre la victoria. Los que están en Cristo no viven conforme a la carne, sino conforme al Espíritu. Pero, aunque somos hijos de Dios y herederos de sus bienes eternos, vivimos en un cuerpo corruptible y mortal, por tanto, gemimos con angustia esperando ser revestidos de aquella nuestra habitación celestial. Debemos tener una disposición a abandonar de nuestros corazones todo lo que sea vanidoso y efímero, y decidir correr la carrera que tenemos por delante, puestos los ojos en Jesús, el autor y consumador de la fe. Sabemos que lo mejor está por venir cuando estemos en gloria con nuestros Salvador y con millones de hermanos en Cristo. ¡Desarrollemos una disposición a llegar a aquel hogar celestial aunque tengamos que superar muchos retos en el camino!

Ejercicios de clausura

(1) Permita que los estudiantes expresen su opinión sobre la vida cristiana acorde al Espíritu Santo.
(2) Concluya la clase con unas palabras de oración, pidiendo al Señor que nos ayude a ser fieles hasta el final para obtener la corona de la vida.

PREGUNTAS Y RESPUESTAS

1. ¿De qué manera el ser humano puede ser justificado?

Al creer en Cristo como único mediador ante el juez.

2. ¿Cuál es el primer resultado de la justificación?

Paz para con Dios.

3. ¿Qué bendición legal reciben los que están en Cristo?

No ser condenados.

4. ¿Cuál es una implicación de ser hijo de Dios?

Venimos a ser herederos de Dios y coherederos con Cristo.

5. ¿Qué esferas cubre la obra redentora de Cristo?

a) El área espiritual del hombre; b) El cuerpo; c) la creación general.

PARA LA PRÓXIMA SEMANA

Estudiaremos acerca de la Doctrina que es conforme a la piedad, haciendo valer que la doctrina de Cristo es pura, y requiere ministros que vivan y se conduzcan conforme a los estándares de vida del Evangelio. La doctrina que se ha dado a la iglesia es la de las sanas palabras de Cristo y de sus santos apóstoles, y debemos cultivar la verdad como patrimonio inseparable de nuestra fe. Debe estudiarse Mateo 7:24,25 y 1 Timoteo 4:13-16.

LA DOCTRINA QUE ES CONFORME A LA PIEDAD

Base bíblica

Mateo 7:24, 25;
1 Timoteo 4:13-16; 6:3-19

Objetivos

1. Conocer acerca de la sana doctrina según la Biblia.
2. Desarrollar en los estudiantes un amor profundo por las palabras del Señor Jesús.
3. Cultivar una actitud de piedad como ingrediente inseparable de la doctrina.

Pensamiento central

Dios espera de su pueblo, no solo que alcance el conocimiento de su voluntad, sino que pueda mostrar al mundo el fruto de su carácter piadoso.

Texto áureo

Mas tú, oh hombre de Dios, huye de estas cosas, y sigue la justicia, la piedad, la fe, el amor, la paciencia, la mansedumbre
(1 Timoteo 6:11).

Fecha sugerida:___/_____/_____

LECTURA ANTIFONAL

Mateo 7:24 Cualquiera, pues, que me oye estas palabras, y las hace, le compararé a un hombre prudente, que edificó su casa sobre la roca.
25 Descendió lluvia, y vinieron ríos, y soplaron vientos, y golpearon contra aquella casa; y no cayó, porque estaba fundada sobre la roca.
1 Timoteo 4:13 Entre tanto que voy, ocúpate en la lectura, la exhortación y la enseñanza.
14 No descuides el don que hay en ti, que te fue dado mediante profecía con la imposición de las manos del presbiterio.
15 Ocúpate en estas cosas; permanece en ellas, para que tu aprovechamiento sea manifiesto a todos.
16 Ten cuidado de ti mismo y de la doctrina; persiste en ello, pues haciendo esto, te salvarás a ti mismo y a los que te oyeren.
6:6 Pero gran ganancia es la piedad acompañada de contentamiento;

7 porque nada hemos traído a este mundo, y sin duda nada podremos sacar.
8 Así que, teniendo sustento y abrigo, estemos contentos con esto.
9 Porque los que quieren enriquecerse caen en tentación y lazo, y en muchas codicias necias y dañosas, que hunden a los hombres en destrucción y perdición;
10 porque raíz de todos los males es el amor al dinero, el cual codiciando algunos, se extraviaron de la fe, y fueron traspasados de muchos dolores.
11 Mas tú, oh hombre de Dios, huye de estas cosas, y sigue la justicia, la piedad, la fe, el amor, la paciencia, la mansedumbre.
12 Pelea la buena batalla de la fe, echa mano de la vida eterna, a la cual asimismo fuiste llamado, habiendo hecho la buena profesión delante de muchos testigos.

DATOS GENERALES ACERCA DEL TEMA

- **Enseñanza:** Necesitamos profundizar en cuanto al conocimiento de la doctrina sagrada, así como ejercitar el cuidado en la conducta piadosa que exige la profesión de la fe.
- **Autor:** Mateo y el apóstol Pablo.
- **Fecha:** Mateo entre 50 y 60 d.C.; 1 Timoteo probablemente entre los años 65 y 66 d. C.
- **Personajes:** Mateo, Jesús, Pablo, Timoteo.
- **Lugar:** Mateo, en Palestina; 1 Timoteo, posiblemente se haya escrito desde Filipos.

BOSQUEJO DEL ESTUDIO

I. Las sanas palabras de Cristo (Mateo 7:24,25)

   A. Las sanas palabras de Cristo para sus discípulos (Mateo 7:24a; 28,29)

   B. El doble efecto de las palabras de Cristo (Mateo 7:24,25)

II. El concepto bíblico de sana doctrina (1 Timoteo 4:16)

   A. El ministro y la doctrina deben ser cuidados (1 Timoteo 4:13-16 a)

   B. El resultado de atender bien al ministro y a la doctrina (1 Timoteo 4:15,16)

III. La correspondencia cristiana entre doctrina y piedad (1 Timoteo 6:3-19)

   A. Qué ocurre cuando a la doctrina le falta piedad (1 Timoteo 6:3-5)

   B. El provecho de la doctrina que es conforme a la piedad (1 Timoteo 6:6-19)

Timoteo, quien estaba al frente de la iglesia en Éfeso, recibe instrucciones de parte del apóstol Pablo, quien le escribe probablemente desde Filipos.

LECTURAS DEVOCIONALES DIARIAS

Lunes: El propósito doctrinal de Los Proverbios (Proverbios 1:1-7)

Martes: Las palabras de Cristo son vida eterna (Juan 6:60-68)

Miércoles: Elimas, el hombre lleno de todo engaño (Hechos 13:6-12)

Jueves: La existencia de los espíritus engañadores (1 Timoteo 4:1-5)

Viernes: Guardar el mandamiento sin mácula, ni reprensión (1 Timoteo 6:11-16)

Sábado: El hablar de acuerdo a la sana doctrina (Tito 2:1-8)

INTRODUCCIÓN

La generación en la que nos ha tocado vivir necesita, como en toda la historia de la iglesia cristiana, una luz que alumbre en medio de la oscuridad. Cristo dijo que nosotros somos la luz del mundo, y que una ciudad asentada sobre un monte, no se puede esconder. También, que la luz no se enciende para ponerla debajo de un almud, sino sobre el candelero y así alumbra a todos los que están en casa (Mateo 5:14, 15). En verdad, la luz en las tinieblas resplandece (Juan 1:5). Así que mientras las tinieblas del pecado son más densas sobre el sistema mundano, la iglesia tiene su mejor oportunidad de brillar. Pero la luz con la cual irradiamos a este mundo, no es propia. Cristo, la luz verdadera (Juan 1:9), a través de su Espíritu, está en cada creyente que ha nacido de nuevo. Por eso, las iglesias son vistas en el Libro de Apocalipsis, como candeleros, en medio de los cuales, está el Señor (Apocalipsis 1:13; 2:1). La encomienda que el Señor nos ha hecho de que alumbremos, nos coloca en un nivel muy grande de responsabilidad para con Él y para con nuestros semejantes.

Pero una de las herramientas de luz que necesitamos mantener con nosotros, es su Palabra escrita, la Biblia. A ella se refería Pedro, hablando de *la palabra profética más segura, a la cual hacemos bien en estar atentos, como una antorcha que alumbra en lugar oscuro...* (2 Pedro 1:19). La doctrina, en el sentido que la usamos aquí, es el conjunto de verdades sagradas que podemos obtener del estudio de la Palabra de Dios. O sea, es la enseñanza que la Palabra ofrece en sí misma. Cómo se relaciona la doctrina con la enseñanza y cómo entonces, la enseñanza es luz, lo tenemos aquí: *Porque el mandamiento es lámpara, y la enseñanza es luz* (Proverbios 6:23).

De esta verdad podemos decir que cuando la iglesia tiene y enseña una doctrina pura, sana, acorde a la piedad, el mundo tiene esperanza, y la iglesia tiene otra razón convincente para existir y trabajar sobre esta tierra. Este estudio es un desafío a que los candeleros no sean quitados de su lugar, como le advirtió Cristo a la iglesia de Éfeso, que le podía suceder, en Apocalipsis 2:5.

DESARROLLO DEL ESTUDIO

I. LAS SANAS PALABRAS DE CRISTO (MATEO 7:24, 25)

Ideas para el maestro o líder

(1) Dé unos breves minutos a los estudiantes para comentar el pasaje de Lucas 6:46-49, sobre el ejemplo usado por Cristo en el Sermón del monte acerca de los dos cimientos.

(2) Muestre a los estudiantes una fotografía o dibujo, donde se vean representadas las dos casas afectadas respectivamente por la diferencia de sus cimientos, conforme a Mateo 7:24-27.

Definiciones y etimología

* *Bienaventurados*. En el griego, es la palabra *makários*, que significa, supremamente bendecido, afortunado, bien librado, dichoso, glorioso.

* *Prudente*. Viene del griego *frónimos*, que denota a alguien sensato, sagaz, discreto, de carácter cauto. El término es sinónimo de habilidad práctica, indica inteligencia, cordura.

A. Las sanas palabras de Cristo para sus discípulos (Mateo 7:24 a; 28, 29)

En el Sermón del monte Cristo habló las palabras que el Padre le había dado, como lo testificó en Juan 14:10: *Las palabras que yo os hablo, no las hablo por mi propia cuenta.* Por eso, al concluir el sermón, dice: *Cualquiera que me oye estas palabras...* Los cristianos estamos llamados a ser fieles discípulos de Cristo. Así que debemos valorar sus palabras y prestarle toda la atención requerida. Para el tiempo en que el Sermón del monte ocurrió, ya Jesús había realizado su primera gira misionera, y tenía discípulos. Por eso, Mateo distingue entre la multitud y los discípulos que vinieron a él cuando subió al monte. Muchos habían quedado absortos ante las inigualables palabras de Jesús y frente a sus innegables milagros y habían abandonado todo lo que era superficial para hacerse sus discípulos.

El Sermón del monte trataría en forma enérgica contra las falsas interpretaciones de la Ley y contra las tradiciones vanas de los religiosos de la época. Las palabras del Señor en este sermón muestran en forma plena su propia identidad como la Verdad misma. El Señor no rebaja las obligaciones morales, sino que nos enseña a darle a estas responsabilidades morales, un sentido espiritual para que provengan de un corazón que ama a Dios y no de un mero formalismo. Jesús muestra la necesidad del nuevo nacimiento, pues el estándar de vida que propone es imposible de alcanzar para un ser humano que no haya experimentado la vida de Dios en él. Cristo no espera solo palabras, ideas y pensamientos sino también actitudes justas. Las enseñanzas de Cristo en el Sermón del monte trazan frente a nosotros el estilo de vida que debe caracterizar a los cristianos de todos los tiempos. La doctrina bosquejada allí es el modelo para la felicidad y el éxito de la vida cristiana. El ex presidente de Estados Unidos, Franklin D. Roosevelt, dijo que no dudaba que todos los problemas en el mundo encontrarían feliz solución si se trataran con el espíritu del Sermón del monte. Las bienaventuranzas vienen a ser para el hombre cansado, como una fuente donde beber y hallar refrigerio para su espíritu. Cuando Jesús terminó sus palabras, su doctrina causó admiración entre la gente porque les enseñaba como quien tiene autoridad y no como los escribas. Si es de gran valor el contenido de la enseñanza, igual lo debe ser la forma cómo la expresamos para que pueda ser oída y recibida. A diferencia de los fariseos, quienes hablaban hacia el intelecto de sus oyentes, la doctrina de Jesús era dirigida al corazón para conmoverlo y convertirlo a Dios. Sus palabras llenaban los vacíos del corazón y trazaban un rumbo claro a seguir.

Cuando Jesús habla, el corazón queda redargüido. Todavía hoy se necesitan maestros que con fidelidad enseñen las palabras de Dios, para poder satisfacer, consolar y guiar los corazones de los oyentes.

B. El doble efecto de las palabras de Cristo (Mateo 7:24,25)

Los dos hombres que Jesús menciona en la parábola final del Sermón del monte ambos oyen, ambos enfrentan las mismas pruebas, tienen las mismas oportunidades, los dos son constructores y aparentemente construyeron casas parecidas. Debemos saber que la vida es una construcción. Las actitudes que tomamos respecto a Cristo y a su palabra, son como edificios en los cuales vivimos con más o menos seguridad respectivamente. No todos los edificadores son iguales. En estos dos hombres de los cuales nos habla Jesús, hubo contrastes fundamentales: Tenían naturalezas distintas, pues uno era prudente, el otro era insensato. Los fundamentos de una casa no son visibles al ojo humano, pero las tormentas revelan la clase de cimientos sobre la cual esta ha sido edificada. Los ministros del Evangelio debemos trabajar en la proclamación y la enseñanza de la Palabra, pero no debemos desanimarnos cuando algunos no reciban la doctrina cristiana con la misma solicitud con que la reciben los prudentes. Nos debe alentar el hecho de que siempre habrá algún fruto de la siembra de la palabra.

El edificio de la salvación es sometido a diferentes pruebas, las que Jesús ilustra con violentos vendavales naturales como lluvia, ríos crecidos y vientos. Vivimos en días cuando debido a una terrible apostasía, se predica un evangelio sin cruz. Ese mensaje es un crimen espiritual contra la vida de los oyentes, pues Cristo deja claro que las dos edificaciones, la que construyó el prudente y la que hizo el insensato, tienen en común que la prueba vendrá. A veces la tormenta viene en forma de tentación como como le sucedió a José en Génesis 39:7-18. En otras ocasiones viene en forma de luto como contó Jacob respecto a la supuesta muerte de José en Génesis 42:36. Otras formas de tormenta son la muerte por persecución como le sucedió a Esteban en Hechos 7:59, 60. Los ministros debemos advertir a los discípulos que sus vidas serán probadas, y enseñarles los elementos que sirven de sostén en medio de las tempestades. La casa que tiene su fundamento en la roca, permanece; la otra cae. La que se refiere el Señor es su enseñanza. ... *el que me oye estas palabras*. Cada precepto expuesto en el Sermón del monte es firme en sí mismo y forma parte del fundamento estable que no permitirá que la casa sea arrastrada por las tempestades.

El evangelio, entonces, no es solamente una fe que se guarda en el corazón, sino una que se convierte en forma de vida, en un estilo de andar. Igualmente, el hombre que desecha las sanas palabras de Cristo, traerá ruina a su propia vida espiritual. Cuando el Evangelio de Cristo es predicado, el oyente contrae una responsabilidad mayor por haber oído. Si después de oír las sanas doctrinas de Cristo, decide rechazarlas, el tal ha edificado su casa en la arena movediza. Su casa no podrá soportar en pie las adversidades que vendrán a probarla.

Afianzamiento y aplicación

(1) Hable sobre la relación entre escuchar la Palabra y ponerla por obra, como elemento sólido de la casa espiritual.
(2) Cada estudiante debe analizar su necesidad de mantener un temor santo ante las Palabras de Cristo. Comentar con los estudiantes.

II. EL CONCEPTO BÍBLICO DE SANA DOCTRINA (1 TIMOTEO 4:16)

Ideas para el maestro o líder

(1) Pregunte a los estudiantes su opinión sobre qué es para ellos sana doctrina.
(2) Compare la importancia de un alimento sano para la salud física, con la necesidad de una palabra sana para la salud espiritual de los creyentes.

Definiciones y etimología

* *Doctrina*. En el Nuevo Testamento se utiliza fundamentalmente el término *didaskalia*, este aparece unas diecisiete veces. Tiene que

ver con la instrucción, con la función de la información. Es sinónimo de enseñanza.

* *Aprovechamiento*. Este término ocurre una sola vez en la Biblia, y viene del griego *mutté* que significa estirarse.

A. El ministro y la doctrina deben ser cuidados (1 Timoteo 4:13-16 a)

Dentro de los tesoros que el Señor ha asignado a su iglesia está en un lugar supremo, la doctrina. Por tanto, primero Pablo le dice a Timoteo: *ten cuidado de ti mismo, y luego, de la doctrina*. La enseñanza de la verdad requiere un ministro apto para ministrarla. Es necesario limpiarnos de todo lo vano y profano para poder ser un instrumento para honra, santificado, útil al Señor y dispuesto para toda buena obra (2 Timoteo 2:21). Pablo ha manifestado a Timoteo la esperanza de ir pronto a verlo. Pero le recomienda algunas tareas que hacer en caso que por ciertas circunstancias no pueda llegar en el tiempo que desea. Pablo no quiere que Timoteo esté ocioso. Una de las áreas ministeriales fundamentales es la administración sabia del tiempo. En esa misma dirección le recomienda a Timoteo ocuparse en la lectura, la exhortación y la enseñanza. La Biblia Senda de Vida, comentando este pasaje (Pág. 1384), dice: *La parte principal del quehacer de todo pastor incluye estas tres funciones ministeriales:* "la lectura" privada y pública de las Escrituras (*anagnosis*), "la exhortación" o predicación (*paraclesis*) y "la enseñanza" (*didaskalia*) la educación cristiana. El ministro debe ser un asiduo lector de buena literatura, especialmente de la Palabra de Dios y de las obras que pueden servir de ayuda para la correcta interpretación del texto sagrado. Timoteo desde la niñez sabía las Sagradas Escrituras, pero todavía las debía leer y escudriñar la verdad. Por tanto, el apóstol le insiste: *Ocúpate en estas cosas; permanece en ellas, para que tu aprovechamiento sea manifiesto a todos…* (1 Timoteo 4:15,16 a). Igualmente le recomienda: *No descuides el don que hay en ti* (v. 14). Ese *don* pudiera ser el de la exhortación y la enseñanza. Ambos dones aparecen juntos también en Romanos 12:7,8). En la segunda carta a Timoteo, el apóstol otra vez hace hincapié en ello: *Por lo cual te aconsejo que avives el fuego del don de Dios que está en ti por la imposición de mis manos* (2 Timoteo 1:6).

En segundo lugar, el apóstol le recomienda tener cuidado de la doctrina. El término doctrina en el Nuevo Testamento define fundamentalmente las verdades divinas que la iglesia debe saber y poner en práctica. Una iglesia sin doctrina sería como un cuerpo sin forma, como una casa sin columnas. Pablo dejó a Timoteo en Éfeso para que sirviera como un protector de la sana doctrina, mandando a algunos que no enseñaran diferente doctrina (1 Timoteo 1:3). Dios mismo mostró su amor a la iglesia de Éfeso enviándole cuatro epístolas: Le envió la carta de San Pablo a los Efesios, luego dos epístolas al pastor de esa misma iglesia, y finalmente la carta de Cristo al ángel de la iglesia en Éfeso, en el Apocalipsis. La iglesia es la casa de Dios. Esa identidad debe corresponderse con un constante exponer dentro de ella de las doctrinas que Dios ha dejado escritas en su Palabra. Eso hará de la iglesia un edificio fuerte en su fe, en su conducta y en su proyección ante el mundo donde Dios la ha puesto para brillar.

B. El resultado de atender bien al ministro y a la doctrina (1 Timoteo 4:15,16)

Pablo le dice a Timoteo que si tiene cuidado de sí mismo y de la doctrina se salvará a sí mismo y a los que le oyeren. El término *salvar* aquí se utiliza no para hablar de la salvación de un perdido que recibe a Cristo. Por el contexto podemos inferir que al seguir los requerimientos de la epístola, serían salvos de la apostasía mencionada en el versículo 1. La vida santa, así como la sana doctrina son fruto de la verdadera fe. Pablo aquí no se refiere a la fe que recibe el perdón de los pecados, sino al fruto de esa fe. Timoteo se salvaría a sí mismo de errores doctrinales y de caídas en su vida espiritual, si tenía cuidado de sí mismo y dedicaba tiempo a estar a solas con el Maestro. Es muy peligroso estar tan ocupado en la obra del Señor, que descuidemos al Señor de la obra. El tener un justo balance entre la vida espiritual personal y la práctica del ministerio, pudiera salvar al ministro de llegar a ser un instrumento vacío o un mero expositor intelectual de las verdades de la fe. Se necesita también que el aceptar la doctrina cristiana y el enseñarla a los demás, no sea una emoción pasajera sino el estilo de vida de los ministros. Se necesita hombres en el santo ministerio que puedan retener con toda fidelidad la Palabra. Por tanto, el obispo debe ser *retenedor de la palabra fiel tal como ha sido enseñada, para que también pueda exhortar con sana enseñanza y convencer a los que contradicen* (Tito 1:9). La exhortación es a transmitir el mensaje de Cristo tal como lo inspiró el Espíritu Santo. Cuando así se hace, se entregará una enseñanza sana a la iglesia y esa palabra de verdad tiene el poder de convencer a los que se oponen a ella. La Palabra tiene poder para quebrantar los corazones de piedra. Los corazones no pueden ser cambiados por el mero consejo de un maestro de la fe, pero sí por el poder de la Palabra. Entonces, la iglesia será salvada de que la cizaña la pueda minar completamente.

Cuando la iglesia tiene ministros cuidadosos de sus propias vidas y de la doctrina, las ovejas de Cristo se sienten seguras. Si el pastor se hiere, las ovejas son dispersadas (Ver Mateo 26:31). Los hermanos pueden ser afectados, negativa o positivamente, por el tipo de vida y de conducta ministerial de los obreros del Señor. Es por la predicación del Evangelio que los hombres se conectan con Cristo para salvación. Por tanto, si los voceros de esa salvación tomamos en serio nuestra responsabilidad de proclamar la sana doctrina de Cristo, los hombres llegarán a la salvación que Cristo ofrece por su muerte en la cruz. Dios se sirve del instrumento humano para otorgar a los hombres su gran salvación, pues *¿cómo oirán sin haber quien les predique?* (Romanos 10:14). Por último, la Biblia enseña que habrá galardón para los que enseñan con rectitud la Palabra de verdad (Ver Daniel 12:3).

Afianzamiento y aplicación
(1) Pregunte a la clase en qué sentido particular el ministro está vinculado con la salvación de los que le oyen.

(2) ¿Qué orden de prioridad amerita el cuidado de la doctrina y del ministro?
(3) ¿Qué se entiende por retenedor de la palabra fiel tal como ha sido enseñada?

III. LA CORRESPONDENCIA CRISTIANA ENTRE DOCTRINA Y PIEDAD (1 TIMOTEO 6:3-11)

Ideas para el maestro o líder
(1) ¿Qué importancia tiene que el conducto del agua esté limpio para poder ingerir agua limpia? Así la piedad en el obrero cristiano es indispensable para la administración de la doctrina.
(2) Planificar que cada estudiante investigue el significado del término piedad.

Definiciones y etimología
* *Delirar* (*noseo*), término del que se deriva "nosocomio", usado para referirse a un hospital, tiene que ver con un apetito enfermo. Esto implica su enfermedad espiritual, que los hace ser maestros enfermizos, en contraste con los maestros genuinos y sanos que enseñan la doctrina correcta.

* *Contumaz*. Del término griego, *anupótaktos*. Identifica a alguien no sometido, insubordinado, ya sea en hechos o en temperamento. El término se usa para describir la rebeldía y también para describir el carácter de un desobediente.

A. Qué ocurre cuando a la doctrina le falta piedad (1 Timoteo 6:3-5)
Pablo le advierte a Timoteo que puede ocurrir la aparición de aquellos que enseñan otra cosa y que no se conforman a las sanas palabras de Cristo y a la doctrina que es conforme a la piedad. En este tiempo postrero tales maestros del error se han amontonado conforme lo avisaban las profecías (1 Timoteo 4:3). Así que, parte del trabajo del maestro cristiano es enseñar al pueblo de Dios a discernir a los malos y a presentar defensa a su fe. Pablo describe tanto el carácter de quien enseña esa mentira, como lo que ocurre cuando a la doctrina le falta piedad.

Aquí se habla de los maestros impíos actuando también individualmente. Simón, el engañador de Samaria actuaba solo (Hechos 8:9). Elimas, el mago, quien quería apartar de la fe al procónsul actuaba solo (Hechos 13:8). Era uno solo Diótrefes el opositor al ministerio de Juan en la iglesia (3 Juan 1:9). Ya sea que actúen solos o amontonados (2 Timoteo 4:3) y como se evidencia en Judas 1:4, cuando a la doctrina le falta piedad los creyentes se enfrentan al combate que demanda retener su verdadera fe. Esto no solo debido al peligro de las herejías sino al carácter del que porta el error. Este falso maestro es alguien vano, ignorante, delirante acerca de algunas cuestiones, contencioso en las palabras. *Delirar* se refiere a ocuparse en cuestiones necias o asuntos sin importancia. Los dos primeros rasgos de estos farsantes, *está envanecido, nada sabe*, nos hace ver un cuadro de un ignorante arrogante. Quizás no haya compañeros más unidos que la ignorancia y la vanidad. Esta arrogancia vana convierte a la persona en un autosuficiente, lo cual le evita ser enseñado. Se requiere una humildad de carácter para poder recibir la sana doctrina. Estos falsos maestros: son hombres *habladores de vanidades* (Tito 1:10). *Son contumaces.* Una persona contumaz es alguien que se mantiene en su posición equivocada aun cuando haya recibido castigos y represiones por su error. Cuando a la doctrina le falta piedad, también se crea un ambiente nocivo, ajeno totalmente a la comunión que la verdad de Cristo trae entre los santos. Pablo describe este mal ambiente creado por el que enseña otra cosa como un *nacimiento*, un fruto del error. Dice: *de los cuales nacen…* , y a partir de ahí menciona cinco consecuencias de la falta de piedad en la doctrina. Primero es la envidia (*fthonos*) que es tristeza por el bien ajeno; segundo, los pleitos (*eris*) que son discordias por un espíritu de competencia malsana. Tercero, las blasfemias que tienen con ver con insultar o hablar maliciosamente sobre otros. Cuarto, malas sospechas (*uponoia*) *que son conjeturas nacidas de la desconfianza*, Quinto, disputas necias (*diaparatribe*) que habla de una constante fricción e irritación entre las personas. Estas personas viven en esa triste dimensión, porque están *privados de la verdad.* Cada maestro cristiano debe, por tanto, ser vigilante de un ambiente de paz en la enseñanza de la verdad.

B. El provecho de la doctrina que es conforme a la piedad (1 Timoteo 6:6-19)

Entre la doctrina cristiana y la piedad, hay áreas que se corresponden en forma perfecta. Por eso Pablo habla en 1 Timoteo 6:3 de *la doctrina que es conforme a la piedad*. Por el contexto del pasaje en sí sabemos que esta piedad que acopla con la doctrina está relacionada con el verdadero carácter de la fe cristiana. Esta piedad promueve la cualidad que busca honrar a Dios. El escritor sagrado expone en el versículo 6 la gran ganancia que es la piedad, cuando se acompaña de contentamiento. Cuando hay pureza doctrinal, la enseñanza traerá sanidad. La palabra pura de Dios siempre es sinónimo de salud. Dios *envió su Palabra y los sanó* (Salmos 107:20). Debemos huir de todo lo que hacen los falsos maestros y en su lugar, seguir la piedad: *huye de estas cosas y sigue la piedad, la fe, el amor, la paciencia y la mansedumbre.* Es imposible abrazar la doctrina sagrada, sin una disposición a ir tras la obediencia a Dios. No se puede obedecer a Dios sin una fe sincera, sin un amor genuino, sin una actitud paciente, y sin un carácter manso. Cada discípulo de Cristo debe rogar a Dios que le dé un amor por la verdad y que se pueda manifestar en su vida un carácter que se conforme a las sanas palabras de nuestro Señor Jesucristo y a la doctrina que es conforme a la piedad.

La definición sagrada de lo que significa ser rico es diferente al concepto netamente humano sobre ello. Debemos saber que rico no es quien más tiene, sino quien menos necesita. Las grandes ganancias de la vida no son de índole material, sino espiritual, por varias razones. Primero, porque *la vida del hombre no consiste en la abundancia de los bienes que posee* (Lucas 12:15). Segundo, porque lo de más valor en el hombre no es su entorno, su confort, sus riquezas materiales, sino su alma. Pues, ¿de qué aprovechará al hombre si ganare todo el mundo y perdiere su alma? (Mateo 16:26). Tercero, porque las verdaderas ganancias son aquellas que se puedan guardar en el cielo, donde no tienen peligro de corromperse ni de ser robadas. La doctrina piadosa, aunque para seguirla cuesta pelear la batalla de la fe, tiene recompensa eterna. Si se pelea esa buena batalla, se puede *echar mano de la vida eterna* (versículo 12). Esta expresión, echen mano de la vida eterna nos enseña que aunque la salvación es una dádiva de Dios, el hombre debe estar dispuesto a recibirla. En los versículos 14 y 15, vemos el clímax provechoso de la doctrina que es conforme a la piedad, en la aparición de nuestro Jesucristo. Este evento ocurrirá en el tiempo determinado por aquel que es el bienaventurado y solo Soberano, Rey de reyes y Señor de señores. De los versículos 17 – 19, aprendemos que las riquezas materiales no son dignas de que pongamos la esperanza en ellas. Por el contrario, es sabio poner la esperanza en el Dios vivo, quien *nos da todas las cosas en abundancia para que las disfrutemos.*

Afianzamiento y aplicación

(1) Enfatizar la necesidad de hombres fieles en el santo ministerio, conforme a 2 Timoteo 2:2.

(2) Animar a los estudiantes a amar la vida piadosa, como requisito para enseñar la sana doctrina.

(3) Comentar acerca de la manifestación de una vida piadosa en la iglesia de nuestros días.

RESUMEN GENERAL

En el presente estudio nos hemos ocupado de la doctrina que es conforme a la piedad. Es tan determinante el hecho de que la doctrina cristiana y la piedad se acoplan en sí mismas, que el énfasis de la transmisión de la verdad de Dios está repartido tanto sobre la necesidad de un maestro fiel como en la pureza misma de la doctrina. Necesitamos volvernos a los fundamentos. Cristo es la piedra que los edificadores desecharon, pero que ahora, ha venido a ser la cabeza del ángulo (Ver 1 Pedro 2:7). Las palabras de Cristo juzgarán a los hombres en el día postrero si hacen caso omiso a los requerimientos del Señor. Por tanto, es sabio atesorar sus Palabras y hacer que ellas moren en nuestros corazones. Cristo

requirió duramente a los que no creían en él, diciéndoles: *Mi palabra no halla cabida en vosotros* (Juan 8:37). Los falsos maestros sin ningún rasgo de pudor enseñan de su propia mente y logran seducir a las almas inconstantes. Esa amenaza está latente en la iglesia en todo tiempo y en todo lugar. Por tanto, debemos seguir manteniendo el celo de no colocar en el magisterio cristiano a aquellos que no viven en piedad. La pureza que hay en la Palabra de Dios debe ser también un distintivo de los maestros de ella. La gente oye lo que decimos, pero se queda con lo que somos. Debido a que lo que impartimos es vida y no solamente palabras debemos cuidar la vida para que las palabras puedan realmente vivificar a los oyentes.

Ejercicios de clausura

(1) Abra un espacio para que los estudiantes puedan reflexionar sobre sus propias vidas, y la necesidad de la piedad para ser portadores de la verdad divina.

(2) Cierre la clase repitiendo el texto áureo del estudio.

PREGUNTAS Y RESPUESTAS

1. ¿Qué producía en los oyentes las palabras de Jesús?

Conmovía sus corazones y se convertían a Dios.

2. ¿Qué define el término "doctrina" en el Nuevo Testamento?

Define las verdades divinas que la iglesia debe saber y practicar.

3. ¿Cuál es el resultado de que el ministro se cuide a sí mismo y la doctrina?

Se salvará de la apostasía, él y los oyentes.

4. ¿Cuál es la labor del maestro cristiano?

Enseñar al pueblo a discernir "al malo" y presentar defensa de su fe.

5. ¿Con qué se relaciona la piedad, que habla Pablo en 1 Timoteo 6:3?

Está relacionada con el verdadero carácter de la fe cristiana.

PARA LA PRÓXIMA SEMANA

El próximo estudio destaca la responsabilidad de la iglesia como portadora la verdad, y su proclamación como antídoto del error.

LA IGLESIA, COLUMNA Y BALUARTE DE LA VERDAD

ESTUDIO BÍBLICO 6

Base bíblica

Mateo 16:13-20;
1 Timoteo 2:1-7; 3:14,15; 5:1-23

Objetivos

1. Conocer la importancia de la revelación divina en cuanto al fundamento y establecimiento de la iglesia.
2. Evaluar la actitud frente a la responsabilidad de los ministros en cuanto a retener y proclamar la verdad.
3. Asumir la decisión de enseñar la Palabra como el antídoto eficaz contra el error.

Fecha sugerida:___/____/____

Pensamiento central

La iglesia tiene sentido de existencia en este mundo cuando cumple su papel de anunciar a Cristo y enseñar su verdad.

Texto áureo

Esto te escribo, aunque tengo la esperanza de ir pronto a verte, para que si tardo, sepas cómo debes conducirte en la casa de Dios, que es la iglesia del Dios viviente, columna y baluarte de la verdad (1 Timoteo 3:14,15).

LECTURA ANTIFONAL

Mateo 16:15 Él les dijo: Y vosotros, ¿quién decís que soy yo?

16 Respondiendo Simón Pedro, dijo: Tú eres el Cristo, el Hijo del Dios viviente.

17 Entonces le respondió Jesús: Bienaventurado eres, Simón, hijo de Jonás, porque no te lo reveló carne ni sangre, sino mi Padre que está en los cielos.

18 Y yo también te digo, que tú eres Pedro, y sobre esta roca edificaré mi iglesia; y las puertas del Hades no prevalecerán contra ella.

1 Timoteo 2:3 Porque esto es bueno y agradable delante de Dios nuestro Salvador,

4 el cual quiere que todos los hombres sean salvos y vengan al conocimiento de la verdad.

5 Porque hay un solo Dios, y un solo mediador entre Dios y los hombres, Jesucristo hombre,

6 el cual se dio a sí mismo en rescate por todos, de lo cual se dio testimonio a su debido tiempo.

7 Para esto yo fui constituido predicador y apóstol (digo verdad en Cristo, no miento), y maestro de los gentiles en fe y verdad.

3:14 Esto te escribo, aunque tengo la esperanza de ir pronto a verte,

15 para que si tardo, sepas cómo debes conducirte en la casa de Dios, que es la iglesia del Dios viviente, columna y baluarte de la verdad.

DATOS GENERALES ACERCA DEL TEMA

- **Enseñanza:** Cristo es el cimiento de la iglesia, solo edificados sobre él, podemos garantizar al mundo la proclamación de la verdad.
- **Autor:** Mateo y Pablo.
- **Personajes:** Mateo, Jesús, Pedro, Pablo, Timoteo.
- **Fecha:** Mateo, aproximadamente entre los años 50 y 60 d.C. 1 Timoteo, probablemente entre 65 y 66 d.C.
- **Lugar:** Mateo, desde la antigua Palestina; la primera carta a Timoteo, fue probablemente escrita desde Filipos.

BOSQUEJO DEL ESTUDIO

I. El fundamento de la iglesia como columna y baluarte de la verdad (Mateo 16:16-20)

  A. La importancia de la revelación divina en cuanto al fundamento (16:15-18 a)

  B. La autoridad asignada a la iglesia para cumplir su función (16:18b -20)

II. La influencia de la iglesia como columna y baluarte de la verdad (1 Timoteo 2:1-7)

  A. La influencia de la intercesión de la iglesia (2:1,2)

  B. La iglesia constituida para proclamar salvación y enseñar la verdad (2:3-7)

III. La responsabilidad de los ministros en cuanto a la verdad (1 Timoteo 3:14,15; 5:1-23)

  A. Los supervisores y su responsabilidad en la casa de Dios (3:14,15 a)

  B. Los ministros deben cuidar su conducta en la Iglesia (3:15 b; 5:1-23)

Fue en Cesarea de Filipo que Jesús preguntó a sus discípulos: ¿Quién dicen los hombres que soy yo? La confesión de Pedro será la piedra fundamental sobre la cual se edificará el nuevo pueblo de Dios. Tú eres el Cristo, el Hijo del Dios viviente.

LECTURAS DEVOCIONALES DIARIAS

Lunes: La función de la iglesia como sal y luz de este mundo (Mateo 5:13-16)

Martes: La iglesia como institución de justicia y verdad (Mateo 18:15-18)

Miércoles: Nadie puede poner otro fundamento (1 Corintios 3:10-15)

Jueves: En Cristo estamos completos (Colosenses 2:8-15)

Viernes: Los ministros de la iglesia deben combatir la herejía (1 Timoteo 1:3-7)

Sábado: La iglesia de Filadelfia, un ejemplo de iglesia verdadera (Apocalipsis 3:7-13)

INTRODUCCIÓN

La Iglesia como columna y baluarte de la verdad siempre ha tenido oposición por parte de Satanás. Las doctrinas de demonios no solo niegan al Señor Jesucristo, sino que también traen consigo una gran diversidad de herejías destructoras. El error doctrinal ha sido un enemigo común a todas las congregaciones locales desde el inicio mismo de la Iglesia. A medida que ha pasado el tiempo, Satanás sabe que le queda poco tiempo, y por ello ha lanzado sus peores dardos a la verdad, ha amontonado falsos maestros y ha llevado a una gran cantidad de adeptos en camino a una gran condenación.

La identidad de la Iglesia le hace erguirse para darle valor práctico a su carácter como portadora y anunciadora de la verdad de Cristo. Se necesita, tanto, sanar lo que está enfermo en cuanto a aquellos que han sido desviados de la sincera fidelidad a Cristo, como prevenir el mortífero daño del error dentro de las filas de la fe. La Iglesia necesita, cerrar la puerta para que no entre el error, y dentro, trabajar en la confirmación de los creyentes en su fe. Pablo les decía a los hermanos en Roma que quería verlos para comunicarles algún don espiritual para que estuviesen confirmados, y además, que Dios les podía confirmar según su evangelio y la predicación de Jesucristo (Romanos 1:11; 16:25). El mejor método para combatir el error es la enseñanza de la verdad. La Iglesia no está llamada a hacer todo su énfasis en la herejía, sino en la verdad. No estamos llamados a proclamar las desvirtuadas doctrinas del diablo, sino la verdad que está en Jesús. La luz es la que echa fuera la oscuridad, la luz en las tinieblas resplandece y las tinieblas no prevalecen contra ella. La Iglesia debe combatir el error, pero debido a su identidad como columna y baluarte de la verdad, debe enfocarse en enseñar lo que dice Dios. Ese es el sentido que le da propósito a este estudio, mostrar que debemos levantarnos cual columna, como portadores de una palabra fiel que es digna de ser oída por todos y como un baluarte desde el cual se vigila que el enemigo no pueda penetrar con su error.

DESARROLLO DEL ESTUDIO

I. EL FUNDAMENTO DE LA IGLESIA COMO COLUMNA Y BALUARTE DE LA VERDAD (MATEO 16:16-20)

Ideas para el maestro o líder
(1) Pregunte a la clase cuántas opiniones se oyen en el mundo religioso sobre quién es el fundamento de la iglesia.
(2) Comente con los estudiantes sobre el engaño de un tipo de revelación "divina", que no sea directamente de la Palabra de Dios.

Definiciones y etimología

* *Baluarte.* El uso que tiene baluarte aquí en 1 Timoteo es la palabra griega *gedraioma*, de gedraídos, tiene el sentido de algo que está asentado, inmovible, firme.

* *Pedro* (*Cefas*). Viene del término *Pétros,* que originalmente significa un pedazo de roca. Cefas es un término arameo que significa piedra. Es el sobrenombre puesto por Cristo a Simón, hijo de Jonás (Juan 1:42).

A. La importancia de la revelación divina en cuanto al fundamento (Mateo 16:15-18 a)

La Iglesia tiene un fundamento firme. Cristo le dijo a Pedro que sobre aquella roca edificaría su iglesia. La roca era la identidad suya como el Cristo, el Hijo del Dios viviente. Por tanto, fue Cristo mismo quien le dio a la Iglesia la identidad a la cual se refiere Pablo, *columna y baluarte de la verdad.* La verdad es inherente a la Iglesia porque ella está edificada sobre Cristo, quien es la verdad (Juan 14:6 b). Si Cristo es predicado a los no salvos y enseñado a los discípulos la fe de los tales será firme contra todo embate del enemigo.

Cuando Pedro respondió a Cristo la pregunta sobre quién decían los discípulos que era él, Cristo le llamó bienaventurado porque aquella verdad le había sido revelada por el Padre celestial. En estas palabras del Señor a Pedro, le menciona su nombre original, Simón, Hijo de Jonás, para recordarle que él por naturaleza era sencillamente un ser humano quien por su propia inteligencia no podía haber descubierto aquella realidad que acababa de pronunciar sobre la deidad del Señor, sino que le había sido revelada. Con esto concuerda el regocijo del propio Señor, quien en una oportunidad alabó al Padre porque había escondido estas cosas de los sabios y entendidos y se las había revelado a los niños (Mateo 11:25). En la cita del texto áureo de esta enseñanza, también la iglesia es *la iglesia del Dios viviente.* Esta coincidencia de identidad entre el Hijo de Dios y la iglesia le da un carácter invencible a la casa de Dios. Cuando Cristo escuchó las palabras inspiradas de Pedro, le dijo: *Y yo también te digo, que tú eres Pedro, y sobre esta roca edificaré mi iglesia.* Así muestra al discípulo que esa misma fuente de gracia que lo alumbró de tal manera le provee un nuevo nombre. Jesús, en forma intencional usa dos palabras griegas que, aunque no son idénticas, tienen un sentido estrechamente relacionado. Lo que dijo fue: "Tú eres *petros,* y sobre esta *petra* edificaré mi iglesia". Da la idea de que Pedro es una piedra, pero Cristo es la piedra principal, el acantilado, la roca sobre la cual se edifica la iglesia. Cristo no le dijo a Pedro: *Sobre ti edificaré mi iglesia*; se entiende que la iglesia está edificada sobre la inconmovible verdad de la divinidad del Señor. El Nuevo Testamento nunca presenta a Pedro como alguien exclusivo, sino como el primero entre iguales. En Pentecostés él se puso en pie con los once para explicar lo que realmente había sucedido en aquel aposento alto. El tipo de revelación que recibió Pedro es la gracia divina que irradia el corazón para producir un entendimiento espiritual de las cosas espirituales. Por eso, como Pablo pedía por los Efesios, necesitamos orar para que nuestros ojos espirituales sean alumbrados y que podamos ver lo que Cristo significa para nuestras vidas. Aun al leer las Sagradas Escrituras debemos hacerlo en oración, para que nuestro entendimiento se abra y podamos tener un discernimiento claro de lo que Dios nos dice en ellas.

B. La autoridad asignada a la iglesia para cumplir su función (Mateo 16:18b -20)

Cristo le ha dado autoridad a su iglesia. Él prometió que ni las puertas del Hades prevalecerán contra ella. Jesús habla de sí mismo como el edificador y propietario de la Iglesia: *edificaré mi iglesia.* Él la compró con su sangre. Como la Iglesia está fundada sobre esa roca inconmovible que es Cristo, nada hay que la pueda vencer, ni aun las puertas del Hades. En Mateo 16 el Señor le dice a Pedro: *Y a ti te daré las llaves del reino de los cielos; y todo lo que atares en la tierra será atado en los cielos; y todo lo que desatares en la tierra será desatado en los cielos.* Así explica este texto la Biblia de Estudio Senda de Vida en su página 1107 y en la página 1286 en la nueva "Biblia Ampliada": *Ciertamente Pedro fue quien hizo uso de las llaves para abrir el reino de los cielos cuando predicó en Pentecostés y tres mil judíos entraron por la puerta de la gracia de Dios. Posteriormente hizo lo mismo cuando presentó a Jesucristo en casa de Cornelio* (Hechos 10). En los primeros doce capítulos del libro de los Hechos el nombre de Pedro se menciona unas cincuenta veces, lo que demuestra que Pedro fue un eslabón o instrumento muy efectivo para el establecimiento de la iglesia. Pero también Pedro habló de Cristo como el Salvador, como el que hace los milagros, como la piedra desechada, que ahora ha venido a ser la cabeza del ángulo, como el único Nombre en el cual podemos ser salvos.

Cristo establece una conexión de las llaves del reino con el poder de atar y desatar. Cristo se refiere en forma impersonal a cosas: *todo lo que atares... todo lo que desatares. Atar y desatar* son expresiones rabínicas que tienen el significado de prohibir o permitir. En este sentido hay varias connotaciones de su aplicación. Por ejemplo, relacionado a la disciplina en la iglesia, si una persona se empecina en hacer lo que está prohibido sin mostrar arrepentimiento sería disciplinada. Pero

si se arrepentía sería perdonada y restaurada. Pablo mandó a disciplinar a un perverso que vivía en pecado de fornicación en Corinto. Mas luego que la persona se arrepintió, mandó perdonarle y restaurarle (Ver 1 Corintios 5; 2 Corintios 2:5-11).

Además, el privilegio dado aquí a los ministros de *atar y desatar* tiene también el sentido de una facultad declaratoria respecto a los que muestran arrepentimiento de pecados y los frutos de la fe en el Señor. Los ministros tienen el deber de anunciarles que habían sido salvos en Cristo. Una de las funciones de los sacerdotes en el Antiguo Testamento era declarar quienes quedaban limpios de lepra. Ellos no tenían el poder de quitar la lepra, pero al seguir las instrucciones de la Palabra de Dios al respecto, y al constatar a la luz de ella que la piel estaba libre de la plaga, podían declarar limpios de ella a los hombres. Los ministros no tenemos el poder de quitar el pecado, pero sí el de anunciar al hombre que ha creído y se ha arrepentido, la gran verdad de que sus pecados han sido perdonados por el nombre de Jesús.

Afianzamiento y aplicación

(1) Pregunte a la clase por qué Pedro no puede ser el fundamento de la iglesia.

(2) ¿Qué actitud debe asumir un cristiano para con los hermanos de la fe, aun cuando el primero tenga grandes revelaciones del Señor?

(3) Haga un breve comentario sobre la prudencia como virtud insustituible al ejercer el derecho a atar y desatar.

II. LA INFLUENCIA DE LA IGLESIA COMO COLUMNA Y BALUARTE DE LA VERDAD (1 Timoteo 2:1-7)

Ideas para el maestro o líder

(1) Comente el hecho, de que Pablo comienza casi todas sus epístolas, mencionando sus oraciones intercesoras a favor de los hermanos.

(2) Permita a los alumnos disertar sobre el deber que tiene la iglesia de orar por los gobernantes.

(3) Investigar sobre la connotación del término baluarte aplicado a la iglesia.

Definiciones y etimología

* *Rogativas*. Es el término griego *déesis* que habla de petición, súplicas y ruegos.

* *Acción de gracias*. Es la palabra griega *eycharistía*, tiene que ver con expresar gratitud. Tiene un sentido similar a *eukharistia*, dar gracias. Jesús empleó el término en la última cena (Mateo 26:26–29; Marcos 14:22–25; Lucas 22:15–20 y 1 Corintios 11:23 ss.).

A. La influencia de la intercesión de la iglesia (1 Timoteo 2:1,2)

El apóstol Pablo instruye a Timoteo sobre la responsabilidad que tiene la iglesia en cuanto a la oración intercesora y revela la influencia que esta tiene en las distintas esferas. Cuando Pablo usa la palabra *exhorto* al hablar de interceder da a entender que había un déficit notable en la congregación sobre esta función. Siempre es muy preocupante que una congregación se centre en sí misma y deje de orar por otros. El perito alude a estos aspectos: Los distintos tipos de oraciones, luego, por quienes orar, para qué, por qué, dónde, quiénes y finalmente cómo orar. Menciona primero las rogativas o súplicas por las diferentes necesidades. Después están las oraciones, a manera de plegarias. Luego, las peticiones o intercesiones que se deben hacer por otras personas. No de menor importancia son las acciones de gracias, pues muchos son los que piden, pero cuán pocos los que agradecen. Este ejercicio de agradecer está al final de la lista, como lo que concluye un proceso de oración ordenado.

Además, Pablo exhorta a que se ore por todos los hombres. En la lista se encuentran los reyes y todos los que están en eminencia. Esta carta a Timoteo fue escrita entre los años 65 y 66 y en ese período el emperador era Nerón quien gobernó entre el año 54 y el 68 d.C. El mandamiento del apóstol a orar por los reyes, entonces, incluía orar también por Nerón, quien en el año 64 incendió a Roma y tras culpar a los cristianos llevó a la muerte a innumerable cantidad de ellos. ¿Podemos imaginar a los cristianos orando por los mismos que los perseguían, encarcelaban y los podían llevar a la muerte? Pero Pablo quiere que los hermanos entiendan que no hay autoridad sino de parte de Dios y las que hay por Dios han sido establecidas para ser de algún provecho a ellos como ciudadanos.

Ahora, ¿para qué orar? Oramos para influenciar en estas tres esferas: 1) para que vivamos quieta y reposadamente, 2) en toda piedad, 3) y honestidad. Si oramos debemos esperar un efecto positivo por la respuesta de Dios a las oraciones constantes de su pueblo. Hay evidencia bíblica y de la historia de la iglesia de que el poder de Cristo y la oración de la iglesia influenció positivamente el Imperio romano. Desde el centurión que dirigió la crucifixión de Cristo, quien reconoció en el acto que Cristo era el Hijo de Dios y luego Cornelio, el centurión romano convertido al evangelio. Cada siervo fiel de Dios debe hacer énfasis en su radio de acción ministerial, para que la iglesia de este tiempo sea ferviente también en la oración. Ello está estrechamente ligado a su identidad como columna y baluarte de la verdad. Finalmente, Pablo nos da la respuesta acerca de dónde se debe orar, al decirnos en el versículo 8 que los hombres deben orar en todo lugar.

B. La iglesia constituida para proclamar salvación y enseñar la verdad (1 Timoteo 2:3-7)

El apóstol Pablo describe aquí a Dios como nuestro Salvador, y anota que la labor intercesora del pueblo de Dios es algo bueno y agradable delante de él. El pasaje vincula la oración con la voluntad de Dios de que todos los hombres sean salvos y vengan al conocimiento de la verdad. Esto quiere decir que no hay nadie excluido del plan salvador de nuestro Dios. Él amó de tal manera al mundo, que dio a su Hijo Unigénito, para que todo aquel que en él cree no se pierda, mas tenga vida eterna. Pablo dice de Cristo: *Y por todos murió…* (2 Corintios 5:14,15).

En los versículos 6 y 7 de 1 Timoteo 2, se habla del testimonio que debe acompañar a la verdad de que hay un solo Dios y un solo mediador para con Dios y los hombres, Jesucristo hombre, el cual se dio a sí mismo en rescate por todos. La realidad de que el hombre en su estado caído no tenía cómo restaurar por sí mismo la comunión con Dios, es una de las bases fundamentales de la redención de Cristo. Hizo falta un mediador, y Cristo es el único que media entre Dios y nosotros; fue él quien llevó nuestros pecados en su cuerpo sobre el madero. Cristo es quien nos rescató del lazo del diablo en que estábamos cautivos, al pagar con su propia vida el precio de tal rescate, y nos da acceso a Dios. Solamente por su sangre, tenemos libertad para entrar en el lugar santísimo celestial. Esta gracia salvadora de Cristo debe ser predicada a todos y Pablo dice haber sido constituido predicador de esa verdad. Cuando Cristo resucitó de entre los muertos comisionó a sus discípulos para que fueran en su nombre y predicaran en todas las naciones. Cuando la iglesia evangeliza proclama la gran verdad, digna de ser oída por todos, que Cristo Jesús vino al mundo para salvar a los pecadores. Dios eligió el ministerio de la predicación como el medio para alcanzar a los perdidos. Toda iglesia local debe tener, por tanto, un plan de evangelismo bien trazado, en cumplimiento de su llamado.

La iglesia tiene también la tarea de ayudar a que los hombres salvados puedan venir al conocimiento de la verdad. La salvación de Cristo faculta para poder entender el reino de Dios. Jesús le dijo a Nicodemo que el que no naciere de nuevo no puede ver el reino de Dios (Juan 3:3). Primero la salvación llega al hombre y lo regenera para inmediatamente colocarlo en el discipulado de la fe. Por tanto, una vez salvo el hombre necesita progresar en el conocimiento de la verdad. Enseñar esa verdad a los discípulos es responsabilidad de la iglesia. Como herramienta insustituible para cumplimentar ese trabajo tenemos la Palabra escrita de Dios. Y para enseñarla rectamente Cristo mismo constituyó a los maestros. Pablo vuelve a identificarse con esta responsabilidad al decir que no solo es predicador, sino apóstol y maestro de los gentiles en fe y verdad. Los maestros cristianos de hoy, harían mucho bien a los discípulos, si les enseñasen las doctrinas contenidas en las cartas apostólicas de la Biblia.

Afianzamiento y aplicación

(1) Explicar el peligro de una iglesia centrada en sí misma.

(2) Insistir en la importancia de una actitud humilde para recibir la sana enseñanza.

(3) Animar a los estudiantes a practicar diariamente la oración intercesora.

III. LA RESPONSABILIDAD DE LOS MINISTROS EN CUANTO A LA VERDAD (1 TIMOTEO 3:14,15)

Ideas para el maestro o líder

(1) Señale en un mapa la ciudad de Éfeso, donde Timoteo servía como pastor.

(2) ¿Qué sentido práctico tenía para Tito el establecer ancianos en cada ciudad?

Definiciones y etimología

* *Gobernar*. Es la palabra griega *proistemi*, que tiene la connotación de estar delante en cuanto a rango, presidir.

* *Cómo debes conducirte*. La expresión usa la palabra griega *anastrefo*, y está vinculada con *voltear, o regresar por un camino, ocuparse uno mismo, permanecer, conducirse uno* (en el sentido conductual).

A. Los supervisores y su responsabilidad en la casa de Dios (1 Timoteo 3:14, 15 a)

Hay un gran peso de responsabilidad en los ministros de Dios en relación a la enseñanza de la verdad. El libro de Los Hechos nos informa sobre la labor de plantación de iglesias llevada a cabo en el primer siglo por Pablo y sus compañeros de ministerio quienes a su vez, constituyeron ancianos en cada iglesia. Sabemos de Timoteo dejado en Éfeso para que mandase a algunos que no enseñaran diferente doctrina, de Tito, colocado en Creta, para que corrigiese lo deficiente y a su vez estableciese ancianos en cada ciudad. Así que Pablo es un supervisor ministerial de su hijo espiritual Tito y este, llegaría a supervisar a los otros ministros que estableciera en las distintas ciudades del entorno (Ver Hechos 14:23; 1 Timoteo 1:3; Tito 1:5).

Dios, en su sabiduría infinita ha puesto en su iglesia a aquellos que supervisen el trabajo de los ministros, y ayuden en las necesidades especiales que se les presentan. Pablo le escribe a Timoteo aludiendo a su propia responsabilidad como supervisor, y le dice que tiene la esperanza de ir pronto a verle. Una visita de este tipo, de un padre a su hijo en la fe, sería de gran bendición. El deseo de Pablo por ir a Éfeso en este caso tiene la connotación de ir a ver a Timoteo, *ir pronto a verte*. Sabe que el tiempo puede convertirse en un enemigo si no se aprovecha correctamente. Hay necesidades ministeriales que no pueden ser postergadas. El lenguaje con que se anuncia esta visita, parece describir compañerismo, un tipo de supervisión amigable. ¡Cuánto necesitan los obreros de Cristo que trabajan en lugares, una visita amable de un supervisor de la fe!

Pero Pablo sabía también que la necesidad que tiene Timoteo de su visita y la propia esperanza de lograrlo estaba sujeta a diferentes situaciones que no dependían absolutamente de sí mismo. Entonces, asume como supervisor su responsabilidad más inmediata en caso de que fuera estorbado a ir pronto; lo hace escribiéndole esta primera carta. En ella se evidencia que Timoteo no solamente necesitaba el amor filial de quien lo había instruido y colocado en aquella ciudad como ministro, sino también requería de ciertas instrucciones ministeriales para su trabajo en la casa de Dios. Obviamente una carta llegaría más pronto que la visita y así Pablo cumple una parte de su responsabilidad como supervisor. Hay una gran ventaja en la palabra escrita y el Espíritu Santo se sirvió de ella para hacer llegar en forma intacta no solo a Timoteo, sino a toda la iglesia a través de los siglos las verdades en que se fundamenta el carácter de los ministros en la iglesia del Dios viviente. Así que la primera carta a Timoteo, es una carta para saber, *si tardo, sepas…* Esta es una epístola repleta de instrucciones para un ministro en la Iglesia del Señor.

B. Los ministros deben cuidar su conducta en la iglesia (1 Timoteo 3:15 b; 5:1-23)

Pablo habla a Timoteo aquí sobre la forma de comportarse como obrero de la casa de Dios. La salud de la congregación local, está íntimamente relacionada con la salud moral y espiritual de sus ministros. El saber conducirse de acuerdo a la identidad y al trabajo al que Dios nos ha llamado es de primera línea en las demandas de Dios a sus siervos. Hay que cuidarse de no caer en descrédito y en lazo del diablo.

Pablo ha antecedido a su posible visita esta carta a Timoteo para hablarle sobre la conducta dentro de la iglesia. En el capítulo 5 de esta primera carta se enseña que el ministro debe cuidar su conducta entre los distintos grupos que componen la iglesia. Aquí se hace una lista de algunos de esos grupos: los ancianos, los jóvenes, las ancianas, las jóvenes, las viudas, los ancianos como oficiales de la iglesia, los esclavos y los ricos. El ministro debe evitar reprender al anciano, al cual debe tratar como a un padre. A los más jóvenes, debe tratar como a hermanos. Eso trata de evitar que el ministro sea altanero. Debía también tratar a las ancianas con la misma ternura que trataría a su anciana madre. A las jovencitas, les debía tratar como a hermanas, con toda pureza. Un trabajo de muchos años en el santo ministerio puede ser manchado si no se tiene en cuenta una conducta cuidadosa a este respecto.

Timoteo también debía honrar a las verdaderas viudas y considerar cada caso de viudas para saber cuáles de ellas necesitaban ayuda económica de la iglesia. La palabra honra describe un tipo de estima con manifestación palpable. Este cuidado lo debía tener el pastor en su conducta para con esta porción débil de la congregación. El ministro debía también tener en cuenta a los ancianos que gobernaban bien, y quienes trabajaban en predicar y enseñar y darles a estos una doble honra en la iglesia. Aquí se está refiriendo a ancianos de oficio que ejercían liderazgo en la iglesia. Muchos creen que Pablo se refiere aquí a aquellos ancianos que estaban a tiempo completo en la obra y merecían una compensación mejor por su ardua y dedicada labor. Debido al carácter de la iglesia como columna y baluarte de la verdad, Dios le concede mucha importancia y honor a la enseñanza de la Palabra en la congregación. Para finalizar, Timoteo recibe dos instrucciones respecto a su conducta, la de no hacer nada con parcialidad y la de conservarse puro. Al hacer juicios entre hermanos, debía hacerlo por el testimonio de testigos fieles y no dependiendo de ideas preconcebidas acerca de los acusados de infracción. Aquí el mandamiento de conservarse puro está dominado por el contexto donde se orienta no imponer con ligereza las manos, o sea, tener sumo cuidado en cuanto a la ordenación de alguien a las distintas eminencias ministeriales. Si la persona sobre la cual se imponen las manos para ordenarle es alguien que está persistiendo en pecar, el ministro está funcionando como cómplice de la maldad del otro y ello lo hace impuro a él también.

Afianzamiento y aplicación

(1) Pregunte a la clase el primer motivo de Pablo al tener la esperanza de ir pronto a Éfeso, donde ministraba Timoteo.

(2) ¿Qué lecciones podemos sacar de la actitud de Pablo al querer visitar a los ministros y a los hermanos en las nuevas congregaciones?

(3) ¿Cuáles son los retos que enfrenta un ministro en su trato con las distintas edades y sexos de los que componen la iglesia?

RESUMEN GENERAL

En el presente estudio hemos conocido la identidad de la iglesia como columna y baluarte de la verdad. Por tanto, se nos hace urgente el tomar una actitud de retención y defensa de la verdad divina. El momento presente exige a la iglesia una posición firme en cuanto a predicar y enseñar conforme a lo que está escrito en la Palabra. Los falsos maestros no desmayan en continuar enfermando el corazón de los incautos, y eso hace una demanda a la verdadera Iglesia del Señor, de ser como una columna firme y como un baluarte sólido en cuanto a la verdad sagrada. La manera de vencer el mal es a través del bien y si el pueblo de Dios tiene en puestos de gobierno y liderazgo a ministros comprometidos con la Palabra, las herejías no hallarán lugar entre los santos. La gloria del llamado a predicar y enseñar no está desprovista del dolor que se sufre al ser fiel a la encomienda celestial. Pero cuando se siembra con lágrimas es seguro que se ha de segar con regocijo. Debemos orar porque la iglesia sea la iglesia. Con esto queremos decir, que ella asuma su responsabilidad de levantar la verdad y ser valiente en retenerla a cualquier precio. Debemos orar por un discipulado auténtico, donde el mensaje de la cruz de Cristo sea presentado como la fórmula irreversible de ser salvo, y donde las enseñanzas del Maestro siguen siendo la guía del que ha decidido seguir a Cristo.

Ejercicios de clausura

(1) Permita que los estudiantes expresen sus puntos de vista sobre el frente de batalla que tiene la iglesia hoy en cuanto a mantener en alto la verdad de Cristo.

(2) Termine la clase en oración por los siervos de Dios de todas las naciones para que les sean dadas las fuerzas necesarias para su trabajo ministerial.

PREGUNTAS Y RESPUESTAS

1. ¿Cuál fue la importante revelación recibida por Pedro que tenía que ver con la Iglesia?

Que Jesús era el Cristo, el Hijo de Dios.

2. ¿Qué identidad le dio Cristo a su Iglesia, según 1 Timoteo 3:15?

Columna y baluarte de la verdad.

3. ¿Qué consejo dio Pablo a Timoteo en cuanto a la oración en la Iglesia?

Debían hacer rogativas, peticiones, acciones de gracias, y orar por todos los hombres.

4. ¿Qué significado tiene Juan 3:16 y cuál es el testimonio que debe acompañar a esta verdad?

Que no hay nadie excluido del plan salvador.

5. ¿Con quién se relaciona íntimamente la salud de una congregación local?

Está íntimamente relacionada con la salud moral y espiritual de sus ministros.

PARA LA PRÓXIMA SEMANA

La próxima semana vamos a estudiar sobre el poder purificador de la sangre de Cristo. Invite a los participantes a leer Juan capítulo 1, y Hebreos capítulos 9 y 10.

EL PODER DE LA SANGRE DE CRISTO

Base bíblica

Lucas 22:14-20; Hebreos 9:11-14; 1 Juan 1:6-9

Objetivos

1. Entender que la sangre de Cristo sustituyó los sacrificios de animales del Antiguo Testamento.
2. Desarrollar en los cristianos una actitud de gratitud a Dios por la obra de Cristo en la cruz.
3. Considerar el valor de la conducta cristiana, acorde a la santidad del Cordero redentor.

Pensamiento central

La iglesia necesita tener un entendimiento claro y una experiencia irrefutable sobre el poder redentor de la sangre de Cristo.

Texto áureo

Pero si andamos en luz, como él está en luz, tenemos comunión unos con otros, y la sangre de Jesucristo su Hijo nos limpia de todo pecado
(1 Juan 1:7).

Fecha sugerida:___/_____/_____

LECTURA ANTIFONAL

Lucas 22:17 Y habiendo tomado la copa, dio gracias, y dijo: Tomad esto, y repartidlo entre vosotros;
18 porque os digo que no beberé más del fruto de la vid, hasta que el reino de Dios venga.
19 Y tomó el pan y dio gracias, y lo partió y les dio, diciendo: Esto es mi cuerpo, que por vosotros es dado; haced esto en memoria de mí.
20 De igual manera, después que hubo cenado, tomó la copa, diciendo: Esta copa es el nuevo pacto en mi sangre, que por vosotros se derrama.
Hebreos 9:11 Pero estando ya presente Cristo, sumo sacerdote de los bienes venideros, por el más amplio y más perfecto tabernáculo, no hecho de manos, es decir, no de esta creación,
12 y no por sangre de machos cabríos ni de becerros, sino por su propia sangre, entró una vez para siempre en el Lugar Santísimo, habiendo obtenido eterna redención.
13 Porque si la sangre de los toros y de los machos cabríos, y las cenizas de la becerra rociadas a los inmundos, santifican para la purificación de la carne,
14 ¿cuánto más la sangre de Cristo, el cual mediante el Espíritu eterno se ofreció a sí mismo sin mancha a Dios, limpiará vuestras conciencias de obras muertas para que sirváis al Dios vivo?
1 Juan 1:8 Si decimos que no tenemos pecado, nos engañamos a nosotros mismos, y la verdad no está en nosotros.
9 Si confesamos nuestros pecados, él es fiel y justo para perdonar nuestros pecados, y limpiarnos de toda maldad.

DATOS GENERALES ACERCA DEL TEMA

- **Enseñanza:** Ya no necesitamos los sacrificios de animales para la expiación de los pecados; la sangre de Jesucristo es suficiente para ello.
- **Autor:** Lucas y el apóstol Juan, Hebreos, desconocido.
- **Personajes:** Lucas, Jesús y los doce discípulos.
- **Fecha:** Lucas, *ca.* 59 d.C., Hebreos, *ca.* 67 y 68 d.C. 1 Juan, *ca.* 90 d.C.
- **Lugar:** Lucas, escribe su evangelio quizás en Cesarea; Hebreos, se sugieren Éfeso, Antioquía y Roma; 1 Juan, quizás en Éfeso.

BOSQUEJO DEL ESTUDIO

I. La sangre de Cristo en la cena del Señor (Lucas 22:14-20)
   A. La sangre de Cristo es digna de ser agradecida (22:17,18)
   B. La sangre de Cristo es la base del nuevo pacto (22:20)
II. La superioridad de la sangre de Cristo (Hebreos 9:11-14)
   A. El sacerdocio de Cristo es a través de su sangre (9:11,12)
   B. La sangre de Cristo es superior a la de los sacrificios de animales (9:13,14)
III. La sangre de Cristo y su poder limpiador (Hebreos 9:14; 1 Juan 1:6-9)
   A. El ambiente de luz donde la sangre de Cristo se hace eficiente (1:5-7 a)
   B. La sangre de Cristo limpia de todo pecado (1:7 b, 9)

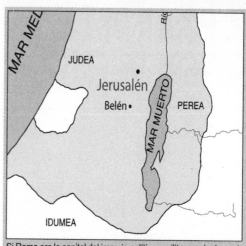

Si Roma era la capital del imperio político y militar en el primer siglo, Jerusalén era el centro del mundo religioso de donde saldría el mensaje de salvación y redención de la humanidad.

LECTURAS DEVOCIONALES DIARIAS

Lunes: Túnicas de pieles para la primera pareja al ser echados del Edén (Génesis 3:17-24)
Martes: La sangre animal rociada en el primer pacto (Éxodo 24:1-8)
Miércoles: Dios no quiere sacrificio, no quiere holocaustos (Salmo 51:15-19).
Jueves: La Santa Cena explica la sangre del Nuevo Pacto (1 Corintios 11:23-26)
Viernes: Nuestra entrada al Lugar Santísimo por la sangre de Cristo (Hebreos 10:19-25)
Sábado: El testimonio de la sangre de Cristo (1 Juan 5:6-12)

INTRODUCCIÓN

Desde la caída original cuando Adán y Eva fallaron en cuanto a la obediencia a Dios, las Sagradas Escrituras hacen énfasis en la necesidad de redimir a la criatura humana a través de un sacrificio expiatorio. Dios mismo vistió a los infractores de su mandamiento, y lo hizo con pieles de animales, lo que supone el sacrificio por el pecado donde la sangre habría sido derramada. Esa revelación de que la sangre de los sacrificios por el pecado, tendría un efecto propiciador se fue transmitiendo antes de que la Ley de Moisés fuera dada al pueblo. Luego la ley instituyó el orden sacrificial de las víctimas animales, cuya sangre sería rociada por los pecados del pueblo. La tribu de Leví fue escogida para el ministerio del tabernáculo y parte principal de sus funciones era precisamente aplicar la sangre de los sacrificios para remisión de los pecados de Israel. Una vez al año el sumo sacerdote hacía la ministración de aquella sangre detrás del velo, en el lugar santísimo frente al arca del pacto. Mientras que la primera parte del tabernáculo estuviese en pie, o sea, el lugar santo, aun no se había manifestado el camino al lugar santísimo. Pero cuando Cristo murió habiendo vertido su sangre como el Cordero de Dios, el velo del templo se rasgó en dos de arriba abajo y ahora los creyentes tenemos un camino nuevo y vivo por el cual acercarnos a Dios y la sangre de Jesucristo nos permite entrar al Lugar Santísimo celestial.

Es por la sangre de Cristo que tenemos libre acceso al trono de la gracia. La iglesia está asediada con tantas doctrinas de error que golpean a su puerta para brindarle un evangelio diferente donde el sacrificio del Calvario pareciera ser sustituido por las diversas formas que el hombre a través de los tiempos ha inventado para intentar salvarse. Pero es la Palabra de la cruz el mensaje de la sangre bendita de Cristo que habla mejor que la de Abel lo que puede salvar al hombre de su deplorable situación espiritual. Por tanto, la presente lección va a arrojar luz sobre el valor infinito de la sangre de nuestro Señor para propiciar limpieza y reconciliación con Dios.

DESARROLLO DEL ESTUDIO

I. LA SANGRE DE CRISTO EN LA CENA DEL SEÑOR (Lucas 22:14-20)

Ideas para el maestro o líder

(1) Realizar lectura comentada de algunos fragmentos de la Biblia referidos a las ofrendas ofrecidas a Dios en el Antiguo Testamento.

(2) Comentar acerca del Nuevo Pacto en Cristo y preguntar a los estudiantes: ¿Cómo sabe un creyente que ya ha entrado a participar del Nuevo Pacto?

Definiciones y etimología

* *Pacto*. La palabra *berith* en hebreo significaba unir o formar un lazo de unión. En el Nuevo Testamento es la palabra griega *diadséke*, que equivale a una disposición, un contrato, un testamento.

* *Mesías*. En hebreo, es el término *mashiakj*, que significa ungido, usualmente, persona consagrada (como un rey, sacerdote o santo). Cristo es el Mesías de Dios, el ungido de Dios.

A. La sangre de Cristo es digna de ser agradecida (22:17,18)

Una de las formas como el Señor Jesús nos enseñó acerca del valor de su sangre fue a través de la institución de la Santa Cena. Se acercaba el momento de ir a la cruz a consumar su obra expiatoria, y tenía la última oportunidad de reunirse con sus discípulos antes de ese evento extraordinario. Allí en el aposento alto con los doce, mientras comía la pascua con ellos, Cristo les enseña el significado especial que desde aquel día tendría el pan y la copa con el jugo de la vid. Lucas cita dos veces la copa, primero en el versículo 17, cuando Jesús la toma en su mano, da gracias, y les dice a sus discípulos: *tomad esto y repartidlo entre vosotros*, y luego en el versículo 20 cuando explica el significado de la copa en cuanto al nuevo pacto en su sangre. La vinculación tipológica de aquel jugo con la sangre expiatoria de Cristo tenía el propósito de darnos una visión clara del valor extraordinario de su sangre redentora. Lo primero que hizo el Señor fue dar gracias por aquella copa, luego ordenó repartirla entre sus discípulos. Esa acción de gratitud también se llevó a cabo cuando tomó el pan, en el versículo 19. Jesús estaba dejando en la mente de sus discípulos, que aquella sangre era una concesión divina, una dádiva digna de ser reconocida así por todos los que se beneficiaran de su valor expiatorio. Los creyentes deben practicar el dar gracias al Señor por su sacrificio vicario, no solo durante la celebración de la Santa Cena en las congregaciones, sino en forma cotidiana, como parte de nuestra vida devocional.

Cuando la Biblia nos manda a agradecer algo en forma precisa eso es una demostración de la dignidad y valor que tiene aquello por lo que se nos manda a agradecer. Ese deber de agradecer el indescriptible beneficio que hay en lo que Cristo hizo por nosotros, viene muy en paralelo con el nombre como se conoce a la Cena del Señor en griego, *eukharistia*, esto es dar gracias, acción de gracias. La iglesia del primer siglo, que es de la cual tenemos registros en la Biblia, practicaba reunirse cada primer día de la semana para celebrar su *eukharistia*, su acción de gracias a Dios, por la ofrenda del cuerpo y de la sangre de Jesucristo. Si el propio salmista le pidió a su alma que no olvidara ninguno de los beneficios divinos, sino que bendijera al Señor por cada uno de ellos, ¡cuánto más debemos nosotros agradecer al Señor el beneficio redentor de su preciosa sangre! Esta acción de gracias debe estar acompañada de conocimiento. Debemos saber el valor de la sangre de Cristo para poder dar una acción de gracias acorde al reconocimiento que tengamos de la sangre derramada por nuestros pecados. Al tomar la copa debemos dar gracias sabiendo que la sangre de Cristo es la que nos ha permitido entrar al lugar santísimo como lo expresa Hebreos 10:19. Con este concepto claro, ¡tengamos gratitud porque sin derramamiento de sangre, no hay remisión de pecados!

B. La sangre de Cristo es la base del nuevo pacto (22:20)

Después de haber cenado con sus discípulos, el Señor tomó la copa para decirles: *esta copa es el nuevo pacto en mi sangre.* Cualquier judío piadoso al oír aquella frase, *nuevo pacto*, hubiera recordado la cita de Jeremías 31:31 donde Dios prometió que vendrían días en que haría un nuevo pacto con la casa de Israel y de Judá. Lo que muchos no discernieron es que aquel nuevo pacto tendría relación con la muerte del Mesías. El judío clásico no aceptaba el concepto de un Mesías que pudiera sufrir y morir. Pero el sacrificio del Cordero de Dios benefició tanto a los judíos como a la iglesia, y a través de su sangre, de ambos pueblos hizo uno mediante la sangre de su cruz. Este nuevo pacto tendría varias diferencias con el antiguo pacto de la ley. Por ejemplo, en el nuevo pacto, ya la ley no estaría más escrita en tablas de piedra, sino en el corazón. Este nuevo pacto no es exclusivamente entre Dios y el pueblo de Israel, sino entre Dios y todos los creyentes en Cristo Jesús.

Ahora, debemos notar que la base de este nuevo pacto es la sangre de Cristo, derramada por muchos. En los cuatro relatos de la Institución de la Cena del Señor, Mateo, Marcos, Lucas y 1 Corintios, está establecida una estrecha relación entre la sangre del Señor y el nuevo pacto. Según los relatos de Mateo y Marcos, Jesús dijo: *mi sangre del pacto.* En Lucas, con casi ninguna diferencia en cuanto a significado, *el nuevo pacto en mi sangre.* Siempre la sangre ha estado relacionada con los pactos. La reconciliación de los hombres con Dios, siempre exige sangre. En Éxodo 24:8, Moisés tomó la sangre y roció sobre el pueblo, y dijo: *He aquí la sangre del pacto que Jehová ha hecho con vosotros…* Esta es la única vez que el pueblo fue rociado con sangre. Aquella sangre rociada sobre el pueblo, era la parte central de la ceremonia de confirmación del pacto, pues significaba la provisión de purificación y perdón del Señor a su pueblo. También la sangre del Nuevo Pacto fue derramada una sola vez en la cruz. Una de las bendiciones del nuevo pacto en la sangre de Cristo es que esa sangre tiene el poder de hacer aceptos ante Dios a todos los hombres que la reciban por fe. Ella fue derramada *por muchos.* Aquella sangre expiatoria les ayudaría a permanecer en el pacto, pues Jesús anuncia que volvería a comer con ellos aquella pascua cuando todo se cumpliera en el reino de Dios. Debido a que la base del nuevo pacto no son las buenas obras, Cristo promete que la aceptación de su sacrificio por parte de los creyentes, les daría la esperanza segura de participar con Él en su reino eterno. Los cristianos debemos siempre vivir confiados en el valor de la sangre de Cristo como nuestra garantía para entrar por las puertas de la ciudad celestial. La Santa Cena se debe hacer *hasta que él venga,* porque hasta que regrese por nosotros, siempre vamos a necesitar ir al lavacro de su sangre para mantenernos en la relación de pacto con Dios.

Afianzamiento y aplicación

(1) Pregunte a la clase por qué Cristo dio gracias por el pan y también por la copa.

(2) ¿Qué cuidado para con los judíos debemos tener los gentiles mientras disfrutamos los beneficios del Nuevo Pacto?

(3) Comente la importancia de tomar la Cena del Señor, con la esperanza firme en su venida cuando habrá una cena superior en el cielo.

II. LA SUPERIORIDAD DE LA SANGRE DE CRISTO (Hebreos 9:11-14)

Ideas para el maestro o líder

(1) Destaque las características que debía tener el cordero para el sacrificio.

(2) ¿Qué importancia tiene para el creyente que el mismo que fuera el Cordero perfecto, sea ahora nuestro Sumo Sacerdote?

Definiciones y etimología

* *Tabernáculo.* El término hebreo es *mishkán* y significa residencia. Cuando el término se usa para el *tabernáculo* del desierto o similares, significa algo que tiene sus paredes de madera, incluyendo *casa, cortina, habitación, morada, tienda.*

* *Santificación*. Viene del término griego *jagiasmós*, que tiene que ver con purificación. Viene del verbo *jagiázo*, que significa hacer santo, purificar o consagrar.

A. El sacerdocio de Cristo es a través de su sangre (9:11,12)

Diez días antes de la fiesta de Pentecostés, Cristo ascendió al Padre y se sentó a la diestra de la Majestad en las alturas. A partir de ahí comenzó su oficio como sumo sacerdote a favor de los creyentes. Los otros sacerdotes, por la muerte no podían continuar su oficio. Cristo permanece sacerdote para siempre. Además, el tabernáculo en donde oficia su ministerio sacerdotal, es el más amplio y más perfecto y no es hecho de manos, es decir, no es de esta creación. Corresponde a aquel verdadero tabernáculo celestial que levantó el Señor y no el hombre, del cual el tabernáculo de Moisés era figura. A diferencia del sumo sacerdote del Antiguo Testamento, quien entraba una vez al año al lugar santísimo terrenal, con sangre de machos cabríos y de becerros, nuestro Señor Jesucristo entró una vez para siempre en el Lugar Santísimo celestial, con su propia sangre.

En el Antiguo Testamento, uno era el cordero y otro el sumo sacerdote, pero en el Nuevo Pacto, Cristo es el Cordero y a la vez, el Sumo Sacerdote. Debido a que Él obtuvo eterna redención, ahora ministra los beneficios de su propia sangre. Es con la sangre de su cruz que ofrece un tipo de purificación que los ritos de la ley no podían jamás ofrecer. El hecho de que el propio Hijo de Dios sea nuestro Sumo Sacerdote a la diestra de Dios y que haya entrado a la presencia misma del Padre con su propia sangre es lo que valida la afirmación sagrada de que había obtenido eterna redención. No hará falta jamás otra ofrenda por el pecado, como si se necesitara añadir más expiación por el pecado. Debido a la sangre absolutamente pura, y por tanto, totalmente efectiva del Cordero de Dios, la redención se operó una vez y su valor dura por toda la eternidad. Ayer, hoy y por la eternidad, solo la sangre de Cristo será lo que tendrá recepción delante de la justicia de Dios, a favor de las criaturas humanas. Por la valía de su sangre y porque obtuvo eterna redención, Cristo puede salvar perpetuamente a los que por él se acercan a Dios. El orden sacerdotal establecido bajo la ley, ha caducado para con los que son de Cristo, y por tanto, ha desaparecido como medio de acercamiento a Dios. De aquí debemos aprender que toda práctica de expiar pecados, confesando los mismos a un hombre de rango religioso, para poder obtener el perdón es una contradicción a la suficiencia de la obra sacerdotal del Cordero de Dios. Tenemos un sacerdote que puede compadecerse de nuestras debilidades y por eso es misericordioso y fiel sumo sacerdote en lo que a Dios se refiere en relación con expiar los pecados del pueblo. Y Él presentó al Padre la prueba de su sacrificio, su sangre, como la licencia aprobada para entrar al Lugar Santísimo por siempre y para ofrecer la gracia divina a todo al que a Él se acerque por la fe.

B. La sangre de Cristo es superior a la de los sacrificios de animales (9:13,14)

La sangre de los toros y de los machos cabríos, así como las cenizas de la becerra, cuando eran rociadas por los sacerdotes a los hombres inmundos les santificaban para la purificación solamente de la carne. La mención a la purificación de los inmundos nos recuerda a los que eran *inmundos* por tocar un cadáver (Levítico 5:2) o por alguna enfermedad inmunda como la lepra y otras. Pero el problema principal del hombre es su inmundicia interior y allí no tenía ningún efecto la ministración de aquellos ritos, pues los corazones y las conciencias quedaban desprovistas en cuanto a la expiación. Por tanto, ni los mismos sacerdotes que rociaban aquella sangre sobre los inmundos tenían limpias sus conciencias. Tenían que ofrecer primero por sus propios pecados y luego por los del pueblo. Pero Cristo, por el Espíritu eterno, se ofreció a sí mismo sin mancha a Dios. Los animales tenían que ser atados y llevados a la fuerza, pero Cristo se ofreció voluntariamente. Él fue a la cruz por el poder del Espíritu Santo, aunque bebió el cáliz completo de la ira de Dios por el pecado de los hijos de los hombres que se cargaba sobre Él. Su sangre fue derramada en forma absolutamente voluntaria. Por eso, Hebreos dice: *Se ofreció a sí mismo*... Debemos apreciar su sangre como única, también por el hecho de que Él la dio por la vida del mundo.

Ahora desde el cielo el Señor Jesús ministra su sangre sobre los hombres que a Él se acercan, aunque estos estén en la peor condición moral y su sangre limpia sus conciencias de obras muertas. Los santificados de esta manera pueden servir al Dios vivo. La sangre del Nuevo Pacto ofrecida bajo un sacerdocio distinto al de la Ley es aplicada por el Espíritu Santo a través de la fe. El beneficio de su sangre es aplicado al espíritu del hombre arrepentido y quita la culpabilidad de la conciencia. El versículo 14 revela que la conciencia se puede manchar por el pecado y como ella funciona a manera de árbitro de la justicia divina dentro del hombre, cuando el pecado la mancha ella emite señales de condenación, dejando convicto al culpable de que ha violado las leyes morales de su Creador. Nada, ni nadie tiene el poder excepto la sangre de Cristo para limpiar esa mancha que el pecado ha puesto dentro de la conciencia. Cristo nació y vivió santo, por tanto, tiene la prerrogativa de emblanquecer la conciencia y como fruto de esa limpieza, traer una sensación de perdón al fuero interno del corazón humano. La sangre de Cristo es superior a la de los sacrificios de animales, pues ella tiene la misma naturaleza de pureza del que la derramó, del santo Cordero de Dios; por eso, hace igualmente ese efecto santificador dentro de la conciencia de quienes la reciben.

Afianzamiento y aplicación

(1) Comente cómo el cristiano que está en el Nuevo Pacto debe entender que el primer pacto ha envejecido, y ha desaparecido como fundamento de nuestra justificación.

(2) Pregunte a la clase sobre el valor de una conciencia limpia en el Nuevo Pacto, en comparación con la purificación de la carne en el antiguo pacto.

III. LA SANGRE DE CRISTO Y SU PODER LIMPIADOR
(Hebreos 9:14; 1 Juan 1:6-9)

Ideas para el maestro o líder

(1) Pregunte a la clase: ¿Por qué si Dios conoce nuestros corazones, pide que confesemos nuestros pecados, previo a recibir la limpieza de la sangre de Cristo?

(2) ¿Qué conducta debemos seguir en nuestra relación con el Espíritu Santo, teniendo en cuenta el peligro que es blasfemar contra él?

Definiciones y etimología

* *Blasfemar*. Es el término griego *blasféo* que tiene la connotación de hablar impíamente, injuriar, calumniar, decir mal. Cristo habló de la gravedad de blasfemar contra la persona del Espíritu Santo.

* *Pecado remitido*. El término *abar* (remitido) se usa en el hebreo en el sentido de cubrir, de apartar, de alejar, pasar. Dios puede, a través de la sangre de Cristo remitir nuestros pecados, ponerlos lejos de nosotros, quitarnos la culpabilidad y todos los efectos del pecado.

A. El ambiente de luz donde la sangre de Cristo se hace eficiente (1:5-7 a)

Cuando se predica el Evangelio, el Espíritu Santo redarguye la conciencia para hacer entender al hombre que necesita el beneficio del perdón que se ofrece en el Nuevo Pacto. Debemos orar para que el Señor conceda el arrepentimiento a los hombres, porque ese arrepentimiento abre la puerta para recibir la limpieza del corazón. La sangre de Cristo tiene más poder que la de los animales pues es eficaz para limpiar la conciencia. Dicha purificación se opera cuando el pecador reconoce y confiesa sus pecados. El llamado del Evangelio es que los hombres se arrepientan y se conviertan para que les sean borrados sus pecados (Ver Hechos 3:19).

Esta es la enseñanza que el apóstol Juan nos da acerca de andar en luz como el ambiente espiritual donde se manifiesta el poder de la sangre de Cristo. La doctrina de Juan al respecto es que Dios es luz y no hay ningunas tinieblas en Él. Por tanto, el pecador que se ha de beneficiar de la sangre del Cordero debe exponer voluntariamente sus pecados a la luz de Dios mediante el arrepentimiento y la confesión. Toda la eficacia de la gracia divina opera dentro de los límites de la luz donde el hombre convicto de su estado de condenación llega a Cristo confesando sus delitos y creyendo que solo su sangre lo puede librar del juicio venidero. En verdad, encubrir el pecado evita prosperar espiritualmente, pero cuando se confiesan las faltas y el pecador se aparta de ellas, alcanza misericordia (Ver Proverbios 28:13). En 1 Juan 1:6 se nos enseña que Dios ofrece comunión con él a todo el que sea alcanzado por la sangre de Cristo, pero deja claro que no podemos pretender tener comunión con Dios y a la vez vivir en tinieblas. Tal pretensión equivale a mentir y no practicar la verdad. En este mismo versículo aparece el término *verdad* como sinónimo de andar en la luz. La historia de la caída de David en el caso de Betsabé y su posterior restauración nos da una buena lección de que la gracia divina opera cuando se dice la verdad respecto al pecado cometido, esto es andar en la luz. Cuando el profeta Natán lo confrontó David confesó diciendo, *pequé contra Jehová*. Una vez que lo hizo, el profeta le respondió sobre la gracia que lo había alcanzado instantáneamente: *También Jehová ha remitido tu pecado; no morirás* (Ver 2 Samuel 12:13). Solo cuando andamos en luz, cuando estamos a cuentas con Dios, nos hacemos beneficiarios de la sangre de Jesucristo el Hijo de Dios. Los creyentes en Cristo también fallamos a veces en cuanto a hacer la perfecta voluntad de Dios. En esas ocasiones, vamos a necesitar en forma abundante la gracia de Cristo y para beneficiarnos del perdón, debemos ser claros con Dios y decirle exactamente cuál ha sido la falta, o sea, poner nuestros yerros a la luz de su rostro. El Señor siempre socorrerá a un corazón contrito y humillado que ruega su misericordia.

B. La sangre de Cristo limpia de todo pecado (1:7 b, 9)

La Palabra dice que la sangre de Cristo tiene el poder de limpiar de todo pecado. Para describir la gravedad de algunos pecados, la Biblia los describe por colores. Isaías nos dice que pudieran ser como la grana o rojos como el carmesí (1:18). Hay también pecado no de muerte y pecado de muerte (1 Juan 5:16), y menciona un pecado que no puede ser perdonado, que es la blasfemia contra el Espíritu Santo (Mateo 12:31). En el caso de este último, el que no sea perdonado, no es indicativo de que la gracia no lo puede cubrir, sino que se ha hecho afrenta directa al Espíritu que es quien en verdad convence al hombre y lo lleva al arrepentimiento. Al blasfemar contra el Espíritu Santo, el hombre se ha cerrado a sí mismo la puerta al arrepentimiento, y por ello, no puede recibir el perdón que siempre es la respuesta a lo primero. La sangre de Cristo, no obstante, es una provisión para limpiar todo pecado. La Biblia habla de pecado también en término singular. Cristo es el Cordero de Dios que quita el pecado del mundo. El pecado principal es el pecado de incredulidad y el Espíritu Santo convence al mundo de pecado. Cuando el hombre está en incredulidad ese mismo corazón endurecido es del cual salen los otros pecados. En la cita del texto áureo se da el detalle, que la sangre es de *Jesucristo su Hijo*, por tanto, es sangre divina y capaz de limpiar todos los pecados. Cuando la sangre de Cristo ejerce su poder limpiador sobre el corazón, el objetivo divino es no solo restablecer el estado moral del hombre en correspondencia a las demandas divinas, sino limpiar la casa al Espíritu Santo, para que more en un corazón limpio. Por eso, en el Antiguo Testamento encontramos a la sangre trabajando a la par del aceite (el aceite es símbolo del Espíritu Santo). En la regeneración del hombre, primero la sangre limpia el pecado y luego el Espíritu Santo viene a morar y convierte nuestros cuerpos en templos suyos.

La sangre de Jesucristo ejercería su poder también en manera retroactiva sobre aquellos justos que habían muerto en la esperanza del Mesías venidero. Ellos, al morir, iban al lugar conocido en el Hades como el seno de Abraham. Esto, debido a que aún no se había manifestado el camino al Lugar Santísimo. Pero cuando Cristo derramó su sangre en la cruz y resucitó de entre los muertos al ascender a los cielos hizo llevar cautiva la cautividad.

Cristo, trasladó el paraíso al cielo a donde entró con su propia sangre. Cuando venga por su iglesia los muertos en Cristo ya beneficiados por su sangre resucitarán primero y ascenderán al cielo junto con todos los santos en cuerpos glorificados y así estaremos para siempre con el Señor.

Afianzamiento y aplicación

(1) Animar a los estudiantes a caminar en la luz del Señor para continuar desarrollando una actitud de vivir siempre a cuentas con Dios.

(2) Insista en la importancia de considerarnos templos del Espíritu Santo y de desarrollar una verdadera comunión con él.

(3) Exhorte a los estudiantes a anunciar a los hombres perdidos que la provisión de la sangre de Cristo está disponible para ellos.

RESUMEN GENERAL

El ser humano que ha sido redimido por la sangre del Señor Jesús debe agradecer a Dios el no tener que depender de los sacrificios de animales para su expiación, ni tener que intentar guardar la Ley del Sinaí para procurar su salvación. El nuevo pacto de Cristo en su sangre es superior al antiguo pacto y la fe nos permite apropiarnos de las benditas promesas del Evangelio. Nuestro Señor después de pagar el precio como el Cordero expiatorio en nuestro lugar subió al cielo a través de su propia sangre y está a la diestra de Dios como nuestro Sumo Sacerdote y desde allí intercede por nosotros ante Dios. Allí es nuestro abogado para con el Padre cuando el acusador de los hermanos se presenta para acusarnos ante el eterno Juez. Ahora las leyes de Dios están escritas en nuestra mente y en nuestro corazón y el Espíritu Santo ha venido a morar en nuestra vida para producir allí su fruto, su carácter. El mismo Espíritu nos santifica y aplica la sangre de Cristo a nuestras almas cuando cometemos yerro y venimos a Dios arrepentidos. La eficacia de esa bendita sangre es tal, que puede purificar hasta de las acusaciones internas que sentimos cuando

hemos errado el blanco en cuanto a los designios de Dios. La manera como somos limpios es cuando traemos nuestras fallas a la luz de Dios en humilde confesión, entonces, su sangre nos limpia de todo pecado.

Ejercicios de clausura

(1) Permita que los alumnos tengan un tiempo de expresar sus conceptos sobre cómo ellos pudieran influenciar a otros a aprovecharse del valor de la sangre de Cristo.

(2) Terminen la clase suplicando al Señor que conceda a muchos alcanzar la salvación que Cristo ofrece a través de su sangre.

PREGUNTAS Y RESPUESTAS

1. ¿Cuál fue el primer sacrificio que se hizo por el pecado?

El primer sacrificio fue el que hizo Dios mismo, cuando tomó túnicas de pieles y vistió a Adán y Eva en el Edén.

2. ¿Qué dejó por sentado en la mente de los discípulos la institución de la Cena del Señor?

Que aquella sangre era digna de ser reconocida por su valor expiatorio.

3. ¿Cuál es una de las bendiciones del nuevo pacto?

Que la sangre de Cristo tiene poder de hacer aceptos en Cristo a todos los que la reciban por fe.

4. Anota algunas diferencias entre el sacerdocio del Antiguo Testamento y Jesucristo.

El del Antiguo Testamneto era temporal el de Cristo es eterno; Los sacerdotes hacían expiación una vez al año; Jesús una vez para siempre.

5. ¿Qué se nos enseña en 1 Juan 1:6?

Que Dios ofrece comunión con él a todo el que sea alcanzado por la sangre de Cristo.

PARA LA PRÓXIMA SEMANA

La próxima semana trazaremos la línea entre el mundo y la iglesia. Dios nos llama a tener una postura cuidadosa para con el mundo donde nos desenvolvemos, alumbrando en la oscuridad y evitando a la vez contaminarnos. Puede leer Juan 17:9-14 y 1 Juan 2:15-17.

EL MUNDO NO ES NUESTRO HOGAR

Base bíblica

Juan 15:18-21; 17:11-17; 1 Juan 2:15-17

Objetivos

1. Entender que los hijos de Dios debemos esperar un trato hostil de parte del mundo.
2. Desarrollar la confianza de los discípulos en las promesas divinas de protección.
3. Considerar la necesidad de una conducta definida en cuanto a amar al Señor y no al mundo.

Fecha sugerida:___/_____/_____

Pensamiento central

Los hijos de Dios deben fortalecer su convicción de que aunque viven en este mundo no son del mundo.

Texto áureo

No améis al mundo, ni las cosas que están en el mundo. Si alguno ama al mundo, el amor del Padre no está en él
(1 Juan 2:15).

LECTURA ANTIFONAL

Juan 15:18 Si el mundo os aborrece, sabed que a mí me ha aborrecido antes que a vosotros.

19 Si fuerais del mundo, el mundo amaría lo suyo; pero porque no sois del mundo, antes yo os elegí del mundo, por eso el mundo os aborrece.

20 Acordaos de la palabra que yo os he dicho: El siervo no es mayor que su señor. Si a mí me han perseguido, también a vosotros os perseguirán; si han guardado mi palabra, también guardarán la vuestra.

21 Mas todo esto os harán por causa de mi nombre, porque no conocen al que me ha enviado.

17:14 Yo les he dado tu palabra; y el mundo los aborreció, porque no son del mundo, como tampoco yo soy del mundo.

15 No ruego que los quites del mundo, sino que los guardes del mal.

16 No son del mundo, como tampoco yo soy del mundo.

17 Santifícalos en tu verdad; tu palabra es verdad.

1 Juan 2:15 No améis al mundo, ni las cosas que están en el mundo. Si alguno ama al mundo, el amor del Padre no está en él.

16 Porque todo lo que hay en el mundo, los deseos de la carne, los deseos de los ojos, y la vanagloria de la vida, no proviene del Padre, sino del mundo.

17 Y el mundo pasa, y sus deseos; pero el que hace la voluntad de Dios permanece para siempre.

DATOS GENERALES ACERCA DEL TEMA

- **Enseñanza:** Los creyentes deben estar advertidos tanto de la hostilidad del mundo como de las promesas de Dios para guardarlos del mal.
- **Autor:** El evangelio de Juan y 1 Juan son de la autoría del apóstol Juan.
- **Personajes:** Juan, Cristo, los hermanos de las iglesias.
- **Fecha:** El Evangelio de Juan como 1 Juan fueron escritas alrededor del año 90 d.C.
- **Lugar:** Juan escribe su Evangelio como su primera carta probablemente desde Éfeso.

BOSQUEJO DEL ESTUDIO

I. El mundo es hostil con los hijos de Dios (Juan 15:18-21)
  A. El mundo aborreció a Cristo (15:18b – 20)
  B. El mundo aborrece a los creyentes en Cristo (15:18 a – 21)
II. Cristo ruega por quienes estamos en el mundo (Juan 17:14-17)
  A. Cristo ruega que seamos guardados del mal (17:14,15)
  B. Cristo ruega que seamos santificados (17:14 a, 17,19)
III. La actitud de los hijos de Dios en el mundo (1 Juan 2:15-17)
  A. Los hijos de Dios no deben amar al mundo (2:15)
  B. El carácter pasajero de todo lo que es mundano (2:16,17)

Juan recoge las palabras de Jesús afirmando que el mundo, dirigido por Satanás, representa la oposición radical y sin cuartel a la misión de Jesús. Juan escribió su evangelio desde Éfeso.

LECTURAS DEVOCIONALES DIARIAS

Lunes: Acordaos de la mujer de Lot (Génesis 19:17-26)
Martes: Los jóvenes hebreos no quisieron contaminarse (Daniel 1:3-15)
Miércoles: Cristo venció la tentación del príncipe de este mundo (Mateo 4:1-11)
Jueves: El joven rico prefirió lo mundano antes que lo eterno (Mateo 19:16-22)
Viernes: El hijo pródigo amó el mundo (Lucas 15:11-24)
Sábado: Los 144 000 judíos que se guardarán sin mancha (Apocalipsis 14:1-5)

INTRODUCCIÓN

El mundo siempre ha sido enemigo de Dios y de sus hijos. Desde el momento en que Adán perdió su autoridad como señor sobre la tierra a causa del pecado existe una confrontación entre el reino de Dios y el mundo. El término *mundo* se usa muchas veces para identificar el ambiente en el cual Satanás opera sobre los hijos de los hombres bajo leyes totalmente alienadas o separadas de las leyes divinas. En los días de Noé todo designio de los pensamientos del corazón de los hombres era de continuo solamente el mal. Las relaciones entre los seres humanos se hicieron insoportables porque la tierra estaba llena de violencia. La influencia del mundo sobre la descendencia de los santos fue tan atroz que los hijos de Dios se unieron con las hijas de los hombres. El contraste lo hacía un hombre llamado Noé que era pregonero de justicia. Dios lo salvó a él y a su familia del juicio determinado del Diluvio y toda aquella malvada generación pereció anegada en agua. Luego que la raza humana se multiplicó nuevamente, otra vez brotó una rebelión del mundo contra Dios que tuvo su máxima expresión en la torre de Babel. Aquel proyecto estaba lleno de orgullo y de provocación al poder divino al decir *hagámonos una ciudad y una torre cuya cúspide llegue al cielo*. El Dios Todopoderoso descendió y confundió las lenguas de los que trabajaban en ello, a tal manera que la confusión los hizo desistir de la obra. Así, también encontramos el desatino moral de Sodoma y Gomorra y las ciudades vecinas quienes vivían practicando vicios contra naturaleza en un desenfreno tan terrible que Dios tuvo que consumirlos con fuego después de sacar a Lot y a su familia del lugar de destrucción.

A través de toda la historia encontramos a un mundo que vive al margen de la voluntad de Dios, y su príncipe que aun trata de engañar a los hombres a través de los placeres temporales del pecado para perderlos eternamente. En medio de ello siempre se han encontrado los hijos de Dios que han preferido vivir conforme a los estándares divinos de la fe. De esta realidad ha de tratar nuestro estudio para hacernos entender claramente que el mundo no es nuestro hogar.

DESARROLLO DEL ESTUDIO

I. EL MUNDO ES HOSTIL CON LOS HIJOS DE DIOS (Juan 15:18-21)

Ideas para el maestro o líder

(1) Pregunte a la clase quien abrió la puerta a Satanás para llegar a ser el príncipe de este mundo.
(2) Pregunte a los estudiantes qué cualidad de carácter necesita el cristiano para soportar la hostilidad del mundo.

Definiciones y etimología

* *Aborrecer*. Viene del vocablo griego *miséo* que significa aborrecido, odiado. También significa detestar, perseguir, amar menos.

* *Iscariote*. Es el término *Iskariótes*, alguien que era habitante de Queriot, queriotita. Este fue el epíteto de Judas el traidor del Maestro.

A. El mundo aborreció a Cristo (15:18 b – 20)

Nuestro Señor Jesucristo habló acerca de la hostilidad del mundo para con él y con sus verdaderos discípulos. Sus palabras definen al mundo como aquel sistema hostil que se opone a Dios y que es gobernado por el príncipe de este mundo, Satanás. El mundo puede tomar diferentes formas de expresión, pero siempre sus objetivos van dirigidos en contra de la santidad de Dios. Cristo les muestra a sus discípulos que el trato del mundo con ellos es un paralelo con la forma como el mundo lo ha tratado a él. Él fue aborrecido por el mundo antes que ellos. Las identidades de Cristo y del mundo se repelen la una a la otra; Cristo es el Santo de Dios y el mundo entero está bajo el maligno (Marcos 1:24; 1 Juan 5:19). El aborrecimiento que el mundo siente hacia Cristo está relacionado con una ausencia total de amor hacia él y con la subsecuente indiferencia que brota de un corazón frío en cuanto al amor. El mundo ha aborrecido a Cristo con manifiesta agresión. Él lo dijo así: *a mí me han perseguido.*

No fue solamente el desprecio que experimentó cuando fue a nacer, al no haber lugar en el mesón de modo que su primera cuna fuera un pesebre. No se trata de algo pasivo. El mundo persiguió a Cristo con terrible aborrecimiento durante todo su ministerio terrenal. El mundo político lo persiguió cuando Herodes mandó a matar a todos los niños menores de dos años que había en Belén y en todos sus alrededores con la intención de eliminar al recién nacido rey de los judíos. El mundo religioso lo persiguió hostilmente porque las sectas religiosas de su época no creían en él como el Mesías y procuraban sorprenderle en alguna palabra o acción que para ellos estuviese fuera de los límites religiosos y así poder acusarle y entregarle a la muerte. Aquel mundo ciego por la religión no recibió sus palabras, sino que las rechazó en forma enérgica. Finalmente, ambas representaciones del mundo, la religiosa y la política se pusieron de acuerdo para hacer la última embestida contra Cristo y llevarlo a la cruz. Uno de sus propios discípulos, Judas Iscariote, lo entregó por treinta piezas de plata a las autoridades religiosas. Primero Anás y luego su yerno Caifás sumos sacerdotes le declararon digno de muerte al juzgarle por lo que ellos entendían ser una blasfemia, a saber, que él dijo ser el Hijo de Dios. Estos líderes religiosos entregaron al Señor a la autoridad política en turno, a los representantes del Imperio romano el cual aborrecía al Dios de los israelitas y declaraba a Cesar ser Augusto o divino. Entonces, Poncio Pilato el gobernador romano autorizó que fuera crucificado. En verdad el mundo persiguió a Cristo.

B. El mundo aborrece a los creyentes en Cristo (18 a – 21)

El Señor advierte a sus discípulos que ellos también pudieran ser aborrecidos por el mundo: *Si el mundo os aborrece…* El Señor se refiere al momento cuando ellos comenzaran a sentir los embates de ese sistema anti Dios. Cristo luego les confirma que irreversiblemente el mundo les aborrece. La primera causa por la que son aborrecidos es porque ellos no son del mundo. Si ellos fueran del mundo, el mundo amaría lo suyo. No es que los mundanos sean verdaderamente amorosos con sus compañeros de maldad, sino que muestran una afabilidad enfermiza con ellos, a tal manera que se complacen con los practican la impiedad. Pero la concepción divina sobre el Evangelio es que los hijos de Dios estamos en este mundo, pero no somos de este mundo. Cristo nos ha escogido de entre ese sistema de impiedad, para que fuésemos santos y sin mancha delante de él. Los creyentes somos extranjeros y peregrinos sobre la tierra (Hebreos 11:13; 1 Pedro 2:11). Mientras caminamos entre los hombres mundanos, nuestra ética de vida es completamente diferente a la de ellos, porque respondemos a un llamado celestial que Cristo nos ha hecho. Es tal el aborrecimiento que el mundo nos tiene, que a aquellos que viven conforme al mundo, les parece cosa extraña que nosotros no corramos con ellos en el mismo desenfreno de disolución y hasta nos ultrajan (Ver 1 Pedro 4:4). Siempre los hijos de Dios sufren un aborrecimiento del mundo, manifestado no solo en desprecios, sino en palabras ultrajantes y hechos de persecución.

La segunda causa del rechazo del mundo hacia los discípulos, es porque estos son siervos del Señor Jesús y como el siervo no es mayor que su señor, tampoco puede evitar padecer las mismas cosas que su señor padece. Las *marcas* del Señor Jesús, sus persecuciones y rechazos por parte del mundo son parte del atuendo inevitable de los que le sirven en el ministerio y de sus seguidores en general. Los padecimientos por causa del Señor se cumplen en todos nuestros hermanos en todo el mundo. Aunque las agresiones sean diferentes en forma e intensidad, en realidad no existe algún lugar en que los cristianos estén exentos de sufrir con su Señor. La Biblia habla de sufrir con Cristo como algo inherente a la fe en él, pero promete también la participación de los santos en su reino (2

Timoteo 2:11,12). Los hijos de Dios debemos calcular *los gastos* o los costos de servir al Señor. Claramente el Señor nos advierte: *también a vosotros os perseguirán*, y afirma que el sistema mundano no recibirá nuestra palabra. Mas podemos estar seguros que el Señor no nos entregará por completo al deseo de los malos, porque ha prometido estar con nosotros siempre hasta el fin.

Afianzamiento y aplicación

(1) Comente con los estudiantes por qué el príncipe de este mundo odia la santidad de Dios.

(2) Insistir en que un verdadero discípulo de Cristo hoy también será perseguido de muchas maneras mientras sirve a su Señor.

(3) Haga un breve comentario sobre la muerte como mártires de los apóstoles del Señor.

II. CRISTO RUEGA POR QUIENES ESTAMOS EN EL MUNDO (17:14-17)

Ideas para el maestro o líder

(1) Pregunte a los estudiantes si recuerdan una de las intercesiones de Cristo a favor de alguien durante su ministerio terrenal.

(2) Pregunte a la clase: ¿Cómo debe influir en la fe de los cristianos el hecho de que el Padre sepa de antemano sobre la hostilidad del mundo para con ellos?

Definiciones y etimología

* *Majestad*. Cuando se refiere a la Majestad divina, es el sustantivo griego *Magalosúne*, que identifica grandeza, divinidad, referido a aquel que es más grande.

* *Interceder*. Viene del griego *entujáno* que está relacionado con surtir efecto, afectar, lograr o asegurar un propósito.

A. Cristo ruega que seamos guardados del mal (17:14,15)

Los cristianos sufridos a causa del desprecio y la agresión del mundo deben ser consolados con la realidad de la intercesión constante de Cristo a su favor. La noche de la última cena el Señor oró por sus discípulos. En aquella reunión se enlazaron gloriosamente su identidad como el Cordero de Dios con su ministerio sacerdotal a favor de los suyos. El Señor moriría como Cordero y cuarenta días después de su resurrección ascendería a la diestra de la Majestad del Padre como nuestro Sumo Sacerdote. En la oración que hace allí en el aposento alto, Cristo le dice al Padre acerca de sus discípulos algo semejante a lo que les había dicho a sus discípulos momentos antes, que ya de antemano *el mundo los aborreció*. Aquí el Señor pone el aborrecimiento del mundo en pasado, mientras que antes al advertirles a sus seguidores de la persecución les había hablado en presente y en futuro: *si el mundo os aborrece... también a vosotros os perseguirán*. La diferencia de tiempo acerca del mismo tema tiene su base en que ahora Cristo está hablando en una dimensión de eternidad, pues está orando al Padre celestial quien vive en la eternidad. Todo lo que pudiera acontecer a sus discípulos en su embate con el mundo en el presente, ya para Dios es una realidad desde el principio. Esta verdad de un Dios que conoce de antemano todo lo que nos pudiera ocurrir en el presente y en el futuro debe servir de mucha consolación a los seguidores del Maestro mientras sufren por causa de su Nombre. ¡Qué paz interior produce en el corazón en tales circunstancias saber que nuestro Padre celestial conoce desde la eternidad todos los peligros que sobrevienen a sus hijos en este mundo! Debemos vivir confiados en la protección de un Dios absolutamente previsor y que en forma obvia aún antes que el enemigo nos afrente ya él ha preparado nuestra protección.

Ahora, en la intercesión de Cristo por sus discípulos tenemos un principio que rige en el pre conocimiento y en las promesas de Dios, y este es: Aunque Dios sabe todo lo que necesitamos y ha prometido darnos su ayuda, respecto a las bendiciones y las promesas divinas hay que pedir su cumplimiento en oración. Por eso, Cristo pide al Padre: *no ruego que los quites del mundo, sino que los guardes del mal*. Dios nos ha puesto en el mundo para ser luz de él, por tanto, quitarnos antes del tiempo señalado para dar las recompensas a los santos y la paga a los enemigos de Dios, sería dejar este mundo totalmente en tinieblas. Lo que pide el Señor es que mientras estemos aquí seamos guardados del mal, de la maldad y de la contaminación de ese sistema ajeno al carácter de Dios. La petición es paralela con la que contiene el *padrenuestro*, que no nos deje caer en tentación, sino que nos libre del mal. Debemos confiar que, aunque la maldad venga como un río impetuoso contra nosotros, nuestro Padre celestial es poderoso para guardarnos sin caída y presentarnos santos e irreprensibles delante de él.

B. Cristo ruega que seamos santificados (17:14 a, 17,19)

En el versículo 14 Cristo le dice al Padre que les ha dado a sus discípulos su palabra. En el versículo 8 le había dicho al Padre que esas palabras que él les ha hablado hallaron tres reacciones en sus discípulos: Primero, *ellos las recibieron*, luego *han conocido verdaderamente que salí de ti*. Finalmente, *han creído que tú me enviaste*. Así que, recibir las palabras de Cristo causa conocimiento y fe respecto al Señor. Ahora en el versículo 17 ora por un favor añadido a los anteriores el cual también es un efecto de la Palabra, a saber, *santifícalos en tu verdad; tu palabra es verdad*. La Biblia de Estudio Senda de Vida comentando este pasaje dice: El término "santificar" tiene dos significados: (a) *separar a una persona para un uso especial*, y (b) *equipar a la misma con las cualidades espirituales, mentales, morales y físicas para dicho uso*.

Por el contexto podemos entender que Cristo está hablando aquí del último de estos significados. Lo que ruega al Padre es que en lugar de que el mal arrastre a sus discípulos, estos sean santificados, purificados espiritualmente. Y para ello la verdad de la Palabra tendría un rol imprescindible. Nadie puede ser santificado viviendo ajeno a la palabra de Dios. Lo que el Señor dijo en Juan 15:3 es que ellos estaban limpios por la palabra que él les había hablado. Es la misma idea que Pablo trasmite en Efesios 5:26, que Cristo se entregó a sí mismo por la iglesia, para santificarla, habiéndola purificado en el lavamiento del agua por la Palabra. Es la Palabra la que nos revela la santidad de Dios, es la Palabra la que nos muestra el carácter inmundo de la filosofía del mundo. Toda la verdad sobre quién es Dios y de qué manera el mundo está condenado por la justicia divina, nos es dada por la Palabra. Es la Palabra la que nos orienta en el camino de la consagración, es ella la que nos revela lo que Dios espera de nosotros en cuanto al carácter moral.

Los ministerios que trabajan con seriedad en la enseñanza de la Palabra se constituyen en una verdadera bendición para el pueblo de Dios porque la Palabra tiene poder santificador. El Espíritu Santo que inspiró las Sagradas Escrituras las usa para traer lavamiento a la vida del peregrino. En el versículo 19 Cristo deja claro que él se santifica a sí mismo para que también sus discípulos sean santificados en la verdad. La idea del texto es que Cristo mismo rechazó la tentación del príncipe de este mundo y decidió hacer la voluntad del Padre viviendo una vida moralmente perfecta. Dice que esa conducta personal tiene relación con sus discípulos, *para que también ellos sean santificados en la verdad.*

Afianzamiento y aplicación

(1) Pregunte a la clase qué valor tiene para los hijos de Dios la intercesión constante de Cristo a la diestra del Padre.

(2) Comente con los estudiantes qué sentido tiene el hecho de que estamos en el mundo, pero no somos del mundo.

(3) Haga un breve comentario sobre cuán importante es que los hermanos intercedamos los unos por los otros en oración.

III. LA ACTITUD DE LOS HIJOS DE DIOS EN EL MUNDO (1 Juan 2:15-17)

Ideas para el maestro o líder

(1) Comente con los estudiantes el balance que se necesita entre la posesión de bienes materiales y el mandamiento de amar a Dios sobre todas las cosas.

(2) Reflexione con la clase sobre la importancia de disciplinar nuestros ojos para evitar dejarnos llevar de la codicia.

Definiciones y etimología

* *Mundo*. Es el término griego *kósmos*, que en el Nuevo Testamento define el universo creado, pero algunas veces contiene la idea de orden o sistema (Ej. 1 Juan 5:19).

* *Betsabé*. Madre de Salomón. Su nombre hebreo es *Bat Shéba*, que significa, hija de un juramento.

A. Los hijos de Dios no deben amar al mundo (2:15)

El cuidado de Dios con sus hijos no les quita responsabilidad personal. Dios ha de guardarnos, pero a la vez él nos ordena tener una posición firme en cuanto al ejercicio de nuestras convicciones cristianas. El mismo Juan que escribió en su Evangelio las advertencias de Cristo a sus seguidores sobre el desprecio del mundo y su oración al Padre para que fuesen guardados y santificados, ahora dice a los cristianos en su primera Epístola: *No améis al mundo…* Esto lo dice inspiradamente el *discípulo amado*, aquel al que amaba Jesús. Su mandamiento del versículo 15 concerniente a que no amemos al mundo, tiene tres connotaciones principales:

1. Juan nos dice que no amemos el sistema mundano donde los hombres viven en contra de la voluntad de Dios. En obediencia a ello debemos rechazar los parámetros mundanos en cuanto a lo moral. Lo que Dios dijo ayer que es pecado, todavía lo debemos considerar pecado. Las costumbres de los pueblos que Dios consideró paganas, las debemos seguir considerando así. Aunque las leyes de las naciones "legalicen" ciertos vicios contra naturaleza, debemos seguir considerando tales cosas como abominación. Nunca el corazón de un justo se debe conformar a este mundo ni sentir simpatía por aquello que Dios aborrece.

2. También está el mandamiento de no amar las cosas que están en el mundo. Hay cosas que se usan en este mundo que no son propiamente malas, pero el amarlas sí se constituye en pecado. Por ejemplo, la Biblia

habla del dinero como algo que no es pecaminoso en sí mismo, por el contrario, sirve para todo (Eclesiastés 10:19). Pero el amor al dinero es raíz de todos los males. Debemos tener cuidado dónde ponemos nuestro corazón. Donde esté nuestro tesoro allí estará también nuestro corazón. Dios nos da todas las cosas en abundancia para que las disfrutemos y su voluntad es que seamos prosperados en todas las cosas, así como prospera nuestra alma. Pero debemos aprender a tener bienes materiales sin que esos bienes nos tengan a nosotros.

3. Finalmente, esta revelación: *Si alguno ama al mundo, el amor del Padre no está en él*. El amor al mundo y el amor a Dios son incompatibles. Si se ama al mundo es porque el corazón se ha ido lejos de Dios. Santiago dijo que la amistad del mundo es enemistad contra Dios (Santiago 4:4). El Evangelio no consiste solamente en decir, Señor, Señor, sino en hacer la voluntad de nuestro Padre que está en los cielos. Por tanto, para que el amor al mundo no sea una realidad para los que somos de Cristo, debemos amar al Padre con todo nuestro corazón. Eso desarrollará una conducta donde el mundo se nos hace despreciable y la voluntad del Señor se llega a convertir en el tesoro amado de nuestra vida. El mundo no es nuestro hogar; Cristo es nuestra herencia eterna.

B. El carácter pasajero de todo lo que es mundano (2:16,17)

En los dos versículos que apoyan este tópico se nos dice que todo lo que hay en el mundo, los deseos de la carne, los deseos de los ojos y la vanagloria de la vida no proviene del Padre sino del mundo. Al no provenir del Padre eterno obviamente no puede perdurar. Pero al venir del mundo ya justifica lo que dice el versículo 17 que el mundo pasa y sus deseos. Saber que este mundo no es eterno va a ayudar a los hijos de Dios a no enraizar aquí su corazón. Cristo dijo: *Ahora es el juicio de este mundo; ahora el príncipe de este mundo será echado fuera* (Juan 12:31). El mundo pasa porque las tres cosas de las que se sirve el mundo para esclavizar a los hombres también son pasajeras, a saber, los deseos de la carne, los deseos de los ojos y la vanagloria de la vida. Veámoslo aquí:

(1) La naturaleza pecaminosa que heredamos del pecado original de Adán, es a lo que se llama aquí *la carne*. Es una inclinación congénita hacia el mal y uno de los elementos que se conforman al mundo. El mundo tiene muchas cosas atractivas a esa naturaleza carnal con que nacemos. La carne tiene, entonces, sus propios deseos mundanos. Pero cuando Cristo murió en la cruz, nos redimió del poder de la carne y en Él que es el postrer Adán heredamos una naturaleza acorde a la voluntad de Dios. Aunque es cierto que el cristiano tiene una lucha entre la carne y el Espíritu hay otra verdad gloriosa y es que por el Espíritu podemos hacer morir las obras de la carne. (2) *Los deseos de los ojos* son otra debilidad que el hombre tiene y que el mundo usa para desenfocarlo de la voluntad de Dios. La naturaleza de pecado en el hombre no redimido le incita a mirar hacia lo engañosamente atractivo de este mundo. Los ojos tienen sus propios deseos. Si los deseos de los ojos no fueran frenados a través de la fe en el poder de Jesucristo, el mismo creyente pudiera ser engañado y llevado a pecados de muerte como le sucedió al rey David en el caso de Betsabé. Todo aquello que llame nuestra atención visual y que sea en contra de la pureza de la Palabra de Dios, es de este mundo y por tanto es fútil y pasajero. (3) *La vanagloria de la vida* es también de carácter fugaz. ¿Dónde están los que ayer vivían en holgura, en los placeres de esta vida y no se percataron que todo ello era vanidad? Satanás cual enemigo feroz de las almas, hace deslumbrar al hombre presentando al mundo como un espacio donde este puede crecer y llegar a todas las metas de glorias y riquezas que se proponga. Pero ello es vanagloria y debido a que pertenece al mundo, definitivamente pasará. Debemos procurar los deseos de Dios y no los de la carne y los ojos, y debemos también amar la gloria de Dios y no la de los hombres porque la apariencia de este mundo se pasa (1 Corintios 7:31).

Afianzamiento y aplicación

(1) ¿Qué balance debe haber en los hijos de Dios concerniente a no amar al mundo, pero amar las almas de los hombres que viven perdidos en el mundo?

(2) Analice con los estudiantes por qué el amor del Padre y el amor al mundo no pueden convivir juntos en el corazón de los discípulos de Cristo.

RESUMEN GENERAL

El mismo sistema basado en la rebeldía contra Dios es el que aborreció a Cristo y a los discípulos y es el mismo que lucha contra los hijos de Dios hasta el día de hoy. No podemos esperar ilusamente un trato cortés de los enemigos de Cristo. Pero alrededor de dos mil años de historia cristiana son suficientes para testificar que los cristianos de todas las generaciones han contado con la ayuda y protección del Padre celestial mientras batallan contra el príncipe de este mundo y sus seguidores hostiles. Debemos estar seguros que nuestro Sumo Sacerdote Jesucristo intercede por nosotros siempre a la diestra del Padre rogando que seamos guardados del mundo y santificados en la verdad.

Si Dios nos ha amado a nosotros de tal manera hasta entregar a su Unigénito Hijo en propiciación por nuestros pecados, nosotros también debemos tener un amor sólido hacia el Padre que nos haga conducirnos en desprecio por ese mundo saturado de engaño fatal. El mundo pasa porque lo eterno tiene que manifestarse. El mundo pasa porque viene el tiempo de la remoción de las cosas movibles para que queden las inconmovibles. El mundo pasa porque los santos triunfan sobre él a través de la victoria de Cristo en el Calvario. El mundo pasa porque su sistema es engañoso y al final la verdad triunfará para siempre. Por tanto, esta gran verdad debe ser el lema de aquellos para quienes el mundo no es su hogar: *El que hace la voluntad de Dios permanece para siempre.*

EJERCICIOS DE CLAUSURA

(1) Propicie un espacio de tiempo para escuchar testimonios de cómo los estudiantes han salido victoriosos de la tentación.

(2) Pida a los estudiantes hacer una oración para que el Señor los ayude a vivir guardados del mal y santificados en la verdad de su Palabra.

PREGUNTAS Y RESPUESTAS

1. ¿En qué sentido se usa muchas veces el término mundo en la Biblia?

Para identificar el ambiente en que opera Satanás, como enemigo de Dios y del creyente.

2. ¿Qué significó para los discípulos ser enviados como corderos en medio de lobos?

Entendieron el carácter manso y humilde que caracteriza al seguidor de Cristo y la hostilidad con que el mundo trataría a los mensajeros del Señor.

3. ¿Cómo se puede interpretar la expresión de Jesús mientras lo llevaban a crucificar: Si en el árbol verde hacen estas cosas, ¿en el seco que no se hará?

Cristo es, en esta figura retórica, el árbol verde, lleno del follaje espiritual, producto de la continua relación con el Padre y así el mundo lo persigue; cuanto más a Israel que estaba espiritualmente seca, le vendrían cosas peores.

4. ¿Cuál es el ruego que Jesús hace al Padre con relación a los discípulos?

Que en lugar de que el mal arrastre a sus discípulos, estos sean santificados, purificados espiritualmente.

5. ¿Conforme a quién es la corriente de este mundo según Efesios 2:2?

La corriente de este mundo es conforme al príncipe de la potestad del aire.

PARA LA PRÓXIMA SEMANA

La fórmula de Dios para que sus hijos no sean derrotados es la fe que vence al mundo. Ese será el tema de la próxima semana. Pida a los estudiantes que lean Hebreos 11 y 1 Juan 5, e invítelos a participar.

LA FE QUE VENCE AL MUNDO

Base bíblica

Mateo 4:1-11; Colosenses 2:13-15;
1 Juan 2:13,14; 5:1-5

Objetivos

1. Entender que nuestra victoria sobre el mundo está relacionada con la victoria que Cristo obtuvo por nosotros en la cruz.
2. Desarrollar una actitud de fe en el conocimiento del Padre y la retención de la Palabra.
3. Considerar la necesidad de una conducta firme en la fe para no negociar con el mundo.

Fecha sugerida:___/____/____

Pensamiento central

Los creyentes en Cristo han sido llamados no solo a triunfar sobre el mundo sino a plantar en esta tierra los principios del evangelio.

Texto áureo

Porque todo lo que es nacido de Dios vence al mundo; y esta es la victoria que ha vencido al mundo, nuestra fe (1 Juan 5:4).

LECTURA ANTIFONAL

Mateo 4:3 Y vino a él el tentador, y le dijo: Si eres Hijo de Dios, di que estas piedras se conviertan en pan.

4 El respondió y dijo: Escrito está: No sólo de pan vivirá el hombre, sino de toda palabra que sale de la boca de Dios.

5 Entonces el diablo le llevó a la santa ciudad, y le puso sobre el pináculo del templo,

6 y le dijo: Si eres Hijo de Dios, échate abajo; porque escrito está: A sus ángeles mandará acerca de ti, m y, En sus manos te sostendrán, Para que no tropieces con tu pie en piedra.

7 Jesús le dijo: Escrito está también: No tentarás al Señor tu Dios.

8 Otra vez le llevó el diablo a un monte muy alto, y le mostró todos los reinos del mundo y la gloria de ellos,

9 y le dijo: Todo esto te daré, si postrado me adorares.

10 Entonces Jesús le dijo: Vete, Satanás, porque escrito está: Al Señor tu Dios adorarás, y a él sólo servirás.

Colosenses 2:13 Y a vosotros, estando muertos en pecados y en la incircuncisión de vuestra carne, os dio vida juntamente con él, perdonándoos todos los pecados,

14 anulando el acta de los decretos que había contra nosotros, que nos era contraria, quitándola de en medio y clavándola en la cruz,

15 y despojando a los principados y a las potestades, los exhibió públicamente, triunfando sobre ellos en la cruz.

1 Juan 5:5 ¿Quién es el que vence al mundo, sino el que cree que Jesús es el Hijo de Dios?

DATOS GENERALES ACERCA DEL TEMA

- **Enseñanza:** Cada hijo de Dios ha sido llamado a ser victorioso sobre el mundo y la fe es la herramienta indispensable para lograrlo.
- **Autor:** El Evangelio según Mateo, Colosenses, Pablo, 1 Juan, el apóstol Juan.
- **Personajes:** Mateo, Jesús, Pablo, el apóstol Juan.

- **Fecha:** Mateo, alrededor de los años 50 y 60 d. C. Colosenses, alrededor del año 62 d. C. 1 Juan fue escrita alrededor del año 90 d.C.
- **Lugar:** Mateo, desde la Palestina. Colosenses, desde la casa de prisión en Roma. Juan escribe su primera carta desde Éfeso.

BOSQUEJO DEL ESTUDIO

I. Cristo ha vencido al mundo
(Mateo 4:1-11; Colosenses 2:13-15)
  A. Cristo ha vencido al tentador del mundo (Mateo 4:1-11)
  B. Cristo ha vencido al mundo en la cruz (Colosenses 2:13-15)
II. Los creyentes en Cristo vencen al mundo (1 Juan 2:13,14)
  A. Los creyentes que tienen conocimiento del Padre vencen al mundo (2:13,14 a)
  B. Los creyentes que retienen la Palabra de Dios vencen al mundo (2:14b)
III. Nuestra fe es la victoria sobre el mundo (1 Juan 5:1-5)
  A. Nuestra fe victoriosa es el fruto del nuevo nacimiento (5:1,4a)
  B. Nuestra fe victoriosa consiste en creer que Jesús es el Cristo (5:1, 4b, 5)

Fue en el desierto de Judea donde Jesús fue tentado por el diablo. Este desierto se encuentra al este de Jerusalén y desciende hasta el mar Muerto.

LECTURAS DEVOCIONALES DIARIAS

Lunes: Abraham salió victorioso de un mundo de idolatría (Génesis 12:1-7)

Martes: Por su fe José tuvo la victoria sobre la tentación (Génesis 39:7-12)

Miércoles: La gracia de Dios nos ayuda a renunciar al mundo (Tito 2:11-15)

Jueves: Por su fe Moisés dejó a Egipto (Hebreos 11:23-27)

Viernes: La religión pura es guardarse sin mancha del mundo (Santiago 1:21-27)

Sábado: La religión mundana será juzgada severamente (Apocalipsis 17:7-16)

INTRODUCCIÓN

Al estudiar las Sagradas Escrituras acerca del sistema alienado de Dios al que conocemos como el *mundo* es fácil darse cuenta que se trata de un ambiente sumamente nocivo que amenaza constantemente a los hijos de Dios. Es como un viento huracanado de maldad que se disfraza de placeres terrenales y todo tipo de satisfacción carnal desenfrenada. Todo hombre y mujer de Dios a través de las generaciones ha tenido que lidiar con ese feroz enemigo. El primer Adán se enfrentó a la oferta del mundo y cayó presa de sus garras. A través de la historia muchos han caído ante su engaño. Pero el postrer Adán, quien también fue tentado, venció y a través de él los hijos de Dios han vencido al mundo con la victoria de la fe. Los tiempos del fin son peligrosos y demandan velar y orar fervientemente para que no seamos engañados por la oferta del enemigo respecto a todo aquello que es temporal y vanidoso. Los creyentes en Cristo han sido llamados no solo a triunfar sobre el mundo sino a plantar en esta tierra los principios del Evangelio. La necesidad de ser vencedores contra el mundo está vinculada con la misión que Cristo nos ha dado de ir a todo lugar y predicar el Evangelio a toda criatura. Si no ganamos la batalla contra el mundo nos será imposible cumplir con la misión asignada. Necesitamos fortalecernos en el Señor y en el poder de su fuerza para estar firmes frente al ataque cruel del mundo representado en su príncipe Satanás.

Pueden existir muchos cristianos sinceros que están batallando diariamente contra el enemigo y quienes no saben de qué manera pueden echar mano de la victoria que la Palabra les ofrece. Para ayudarnos a defendernos victoriosamente, Dios nos ha dado todos sus recursos. Nos ha dado el ejemplo de nuestro Señor quien ha vencido al mundo, nos ha dado conocimiento sobre cómo trabaja el sistema mundanal, nos ha dado su Palabra y, además, nos ha dado la fe que es la victoria que ha vencido al mundo.

DESARROLLO DEL ESTUDIO

I. CRISTO HA VENCIDO AL MUNDO
(Mateo 4:1-1; 1; Colosenses 2:13-15)

Ideas para el maestro o líder

(1) Pregunte a los estudiantes por qué la identidad de Cristo como el Hijo de Dios fue el blanco de los ataques del diablo a Cristo en la tentación.

(2) Comente con la clase por qué la palabra de la cruz es descrita en 1 Corintios 1:18 como poder de Dios.

Definiciones y etimología

* *Tentado*. Es la palabra griega *peirázo*, que viene de peira. Da la idea de perforar a manera de prueba o experimento. Significa escudriñar, incitar, examinar.

* *Acta de los decretos*. Acta aquí es la palabra *jeirógrafon*. Identifica algo escrito a mano, manuscrito. Es un documento o bono legal. En su acta de decretos, la Ley nos condenaba.

A. Cristo ha vencido al tentador del mundo
(Mateo 4:1-11)

Dios no tienta a nadie, pero el Espíritu Santo llevó a Jesús al desierto para ser tentado por el diablo. La tentación es obra del tentador, pero la Biblia la llama *prueba* porque la tentación sirve a manera de examen para probar nuestra fe. La tentación de Cristo fue dirigida también a la identidad, *si eres hijo de Dios*... La primera tentación del Señor consistía en comer el pan proveniente de un milagro hecho para demostrarle al diablo su identidad como Hijo de Dios. Cristo venció esa tentación rechazando hacer un milagro que era totalmente posible para él, pues si Dios puede hacer que las piedras hablen, también puede convertir en pan un pedazo de pedernal. Él sabía que era Hijo de Dios, por tanto, no tenía que demostrarlo al Ene-

migo por su malvada instigación. Ese fue el mismo dardo que rechazó el Señor de parte de Herodes, cuando este le pidió que hiciera un milagro delante de él. Cuando sabemos y creemos nuestra identidad, no tenemos que demostrarla forzadamente, sino que a manera de luz la identidad alumbra por sí misma. Cristo venció al diablo en este caso al pronunciar lo que la Palabra escrita dice: *Escrito está: No solo de pan vivirá el hombre, sino de toda palabra que sale de la boca de Dios.* Aquí aprendemos que el hombre no debe poner su mirada solamente en las necesidades materiales inherentes a su humanidad, sino en la necesidad de su vida espiritual la cual solo se sacia de la Palabra de Dios. Los hijos de Dios deben seguir el ejemplo del Señor en cuanto a rechazar la tentación de poner lo material primero. La victoria consiste en darle prioridad a la Palabra pues ella tiene vida a tal manera que por ella fueron hechos los cielos y la tierra y todo lo que en ellos hay.

La segunda embestida del enemigo a Cristo fue querer hacerle dudar de su identidad divina poniendo como prueba que Dios debía librarlo aun de los peligros provocados por imprudencias. Pero Cristo lo venció al volverle a citar las Escrituras donde se enseña que la fe en el poder de Dios no nos da permiso para tentarlo y luego querer hacer a Dios responsable de las consecuencias. Los creyentes vencemos al enemigo cuando evitamos tentar a Dios exponiéndonos demasiado a los peligros y además cuando nos hacemos responsables de los fracasos que nos vienen por nuestras malas decisiones. La última tentación fue más violenta porque el diablo le pidió a Cristo que se postrara y lo adorara y a cambio le daría todos los reinos del mundo y la gloria de ellos. Pero otra vez el Señor citó la Palabra al mandar a irse al Tentador y decirle: *Escrito está: Al Señor tu Dios adorarás, y a Él solo servirás*. El Señor nos enseñó que la codicia de las cosas mundanales y sus glorias pasajeras tienen su origen en el maligno y que lo debemos reprender con autoridad y así adorar y servir solamente al Señor nuestro Dios.

B. Cristo ha vencido al mundo en la cruz (Colosenses 2:13-15)

El Señor avisó a sus discípulos que en el mundo tendrían aflicción, pero les mandó a confiar porque él había vencido al mundo. Su victoria era un hecho en el momento en que él les dice estas palabras, aunque todavía el mundo habría de llevarlo a la cruz. Pero fue en la cruz donde se consumó la victoria de Cristo sobre el príncipe de este mundo. Primero detalla cómo esa victoria nos beneficia. Cristo vino para morir en nuestro lugar y para darnos vida en su resurrección. Esta vida se obró al perdonar todos nuestros pecados. Él puede perdonar el pecado de los hombres porque al morir cargó sobre sí nuestro pecado y recibió el castigo que nos correspondía.

El triunfo de Cristo sobre el mundo en la cruz es también evidente porque Dios había decretado desde el principio que *el alma que pecare morirá* (Génesis 2:17; Ezequiel 18:4,20). Puesto que todos hemos pecado, todos estamos bajo sentencia de muerte. Cuando el hombre pecó originalmente se interpuso entre él y Dios una terrible barrera moral. Por tanto, esa acta de decretos que había contra nosotros, Cristo la anuló, la quitó del medio y la clavó en su cuerpo en la cruz. Por tanto, el divino Juez nos puede declarar sin culpa porque su propio Hijo fue declarado culpable en nuestro lugar. La frase *acta de los decretos* parece referirse figuradamente a un documento de culpabilidad donde se demuestra que somos deudores a la justicia de Dios. Estamos profundamente endeudados y no tenemos con qué pagar la deuda. La ley de Dios se vuelve contraria a nosotros cuando la quebrantamos. La idea de "clavar" el documento tiene relación probablemente a una costumbre que consistía en colocar en un lugar público el pagaré con la firma del acreedor en señal de liquidación de la deuda como aviso a todos de que el acreedor ya no tenía más demanda sobre el deudor. La manera normal de fijar el documento sería mediante clavos y al apóstol no pasa por inadvertido el hecho de que Cristo al pagar nuestra deuda fue colocado en alto en un lugar público, fijado allí por medio de clavos. Si el documento

fue clavado *en la cruz* es porque la muerte de cruz fue el medio por el cual nuestra deuda fue pagada. Esta victoria a nuestro favor concuerda con la verdad de que Cristo despojó a los principados y a las potestades y los exhibió públicamente al triunfar sobre ellos en la cruz. Los seres invisibles de las tinieblas causan esclavitud espiritual a los seres humanos a través de la incitación al pecado. Así que, el que estas huestes del mal están despojadas y exhibidas públicamente como derrotadas ante el triunfo de Cristo en la cruz tiene su base en el hecho de que Cristo llevó nuestros pecados sobre su cuerpo y con ello los demonios quedaron desarmados para siempre.

Afianzamiento y aplicación

(1) Pregunte a la clase: ¿Regula Dios la dimensión de la tentación que han de soportar sus hijos?

(2) ¿Consideras que todavía hoy es táctica del príncipe de este mundo hacernos dudar de nuestra identidad como hijos de Dios?

(3) Comente cómo el hecho que Cristo clavara en la cruz el acta de los decretos que había contra nosotros no es una licencia para el libertinaje moral, sino una verdad sobre la cual edificar nuestra fe victoriosa contra el mundo.

II. LOS CREYENTES EN CRISTO VENCEN AL MUNDO (1 Juan 2:13,14)

Ideas para el maestro o líder

(1) Pregunte a la clase: ¿Quién aparece como responsable en Oseas 4:6-9 de que el pueblo no tuviera conocimiento y que por ello fuera llevado cautivo?

(2) Lea Hechos 16:14 y pregunte a los estudiantes si el atender de corazón la Palabra es producto de una operación divina en el hombre o si es una virtud meramente humana.

Definiciones y etimología

* *Maligno*. Viene del griego *ponerós* que significa dañino, malo en efecto e influencia.

Porque el diablo tiene este mismo carácter, se le conoce como el *maligno*.

* *Potestad.* Es el término griego *exousia*. Tiene el sentido de privilegio, de influencia delegada, de derecho, y está relacionado con hacer lícito algo en forma pública.

A. Los creyentes que tienen conocimiento del Padre vencen al mundo (2:13,14 a)

La ignorancia acerca de Dios es una de las carencias más tristes del ser humano. En el mismo contexto donde el apóstol Juan menciona la victoria de los hijos de Dios sobre el maligno, dice que ellos han conocido al que es desde el principio. El haber conocido al Padre que vive *desde el siglo y hasta el siglo*, tiene una gran influencia en nuestra victoria sobre el mundo. Entre los versículos 13 y 14 el apóstol Juan dice dos veces que los destinatarios de su carta habían vencido al maligno y en la misma porción dice tres veces que ellos habían conocido al Padre eterno. Esta proporción revela que la victoria sobre el príncipe de este mundo tiene una causa fundamental en el hecho del conocimiento que ellos tenían sobre la persona de Dios. Los *padres*, los *jóvenes* y los *hijitos*, eran vencedores en la misma medida en que eran conocedores de Dios.

Ahora, el conocimiento que el apóstol Juan menciona aquí no es meramente intelectual. El verbo *conocer* Juan lo usa en el sentido de una estrecha identificación con la persona de Dios. Esto quiere decir que nuestra victoria sobre el mundo está determinada por haber tenido la experiencia de la adopción por parte del *Padre*. Ello supone la misma realidad que el escritor menciona en su Evangelio, que a todos los que recibieron al Hijo de Dios y han creído en su nombre, el Padre les dio potestad de ser hechos hijos de Dios. Esta relación que Cristo nos ha permitido tener con nuestro Padre celestial es una experiencia continua en la vida cristiana. La forma como se vincula el haber conocido al Padre con nuestra victoria sobre el mundo tiene también el hecho, que mientras permanezcamos en comunión con el Padre celestial y con su Hijo Jesucristo no practicamos el pecado. En forma clara el escritor dice que el que permanece en Él no

peca y todo aquel que peca es porque no le ha visto ni le ha conocido (1 Juan 3:6). Además de esto, el conocimiento de Dios como experiencia irrefutable de la fe cristiana, desarrolla un tipo de amor de naturaleza única porque es el amor de Dios. El cristiano que ha conocido a Dios en forma experimental tiene la bendición que el amor de Dios ha sido derramado en su corazón. El nuevo creyente ahora es de Dios y, por tanto, aquello que es de Dios viene a ser parte de su carácter a través del fruto del Espíritu. El fruto es del Espíritu, no del creyente y su primera manifestación es el amor. La experiencia del amor divino que el cristiano ha conocido es parte de su victoria contra el mundo. El amor de Dios desplazará toda atracción mundanal dentro de su corazón.

B. Los creyentes que retienen la Palabra de Dios vencen al mundo (2:14 b)

En la segunda parte del versículo 14 Juan menciona a los que son fuertes y que han vencido al maligno, lo cual también infiere que han tenido victoria sobre el sistema que ese maligno Satanás representa. Entre la mención a la fortaleza que poseen y el dato de que han vencido al maligno, aparece la causa de ambas ganancias: *y la palabra de Dios permanece en vosotros*. Cada creyente debe poner interés en alimentarse de la Palabra como el pan nutriente que lo hará fuerte para soportar la tentación del príncipe de este mundo. Cuando el creyente descuida alimentarse de la Palabra, está en peligro su victoria espiritual contra el sistema perverso que dirige Satanás.

No se trata de un efecto instantáneo que cause la Palabra al ser oída una vez. En el pasaje se habla de creyentes fuertes porque habían dejado asentar la Palabra en ellos. Estos hermanos habían disciplinado sus oídos para estar atentos a la voz de Dios. Debemos aprender a oír las Sagradas Escrituras, pues si la oímos primero con nuestros oídos físicos, a través de ello se producirán oídos espirituales. Quien abre los oídos del corazón para atender la Palabra es el Señor. Dios abrió el corazón de Lidia de Tiatira para que estuviese atenta a lo que Pablo decía, y como efecto, ella y su casa fueron salvos y bautizados (Hechos 16:13-15). Solo los que tienen *oídos para oír* pueden recibir y retener la Palabra. Juan reconoció en aquellos cristianos la virtud de ser retenedores de la Palabra dentro de sus corazones. No se trataba ahora de recién convertidos. Los niños espirituales son débiles y estos receptores de la carta de Juan eran fuertes. La Palabra de Dios guardada con perseverancia en el corazón se constituye en victoria contra el pecado. Si la palabra se guarda en el corazón será difícil que el pecado entre y domine al hombre. Esto nos advierte sobre la gran importancia de la ministración de la Palabra tal y cómo está escrita. La Palabra que había permanecido en ellos era, primeramente, las Escrituras del Antiguo Testamento. Y también se pudiera estar refiriendo a la Palabra de la cruz que es la verdadera Palabra de Dios, pues el Antiguo Testamento contiene muchas referencias acerca de la persona y la obra del Señor Jesucristo. Por eso, cuando leían y atesoraban profundamente esa palabra, era vida y producía fe en sus corazones para que pudieran vencer al maligno. Los tiempos han cambiado, pero los principios sagrados para ser vencedores no. Si hoy también la Palabra de Dios permanece en nosotros, seremos vencedores en la batalla que el mundo nos presenta.

Afianzamiento y aplicación

(1) Comente cómo la mención de padres, *hijitos y jóvenes*, en relación a los que vencen al maligno debe afectar la disposición de cada creyente a ser vencedor del mundo por la fe.

(2) ¿Cómo puede ayudar a nuestra conducta en el mundo el retener la Palabra en el corazón?

III. NUESTRA FE ES LA VICTORIA SOBRE EL MUNDO (1 Juan 5:1-5)

Ideas para el maestro o líder

(1) Permita a algunos estudiantes testificar brevemente sobre sus experiencias acerca del nuevo nacimiento y como a partir de ser regenerados fueron victoriosos sobre el mundo.

(2) Comente con la clase cómo la fe victoriosa que tenemos en Cristo como el Hijo de Dios está vinculada necesariamente con las Sagradas Escrituras.

Definiciones y etimología

* *Engendrar*. Es el término griego *gennáo* que significa primariamente procrear, pero también tiene el sentido de regenerar, hacer familia o hacer del mismo linaje.

* *Ortodoxos*. Del griego *orthódoxos*. Define al que está en conformidad con la doctrina. Se refiere a los que están de acuerdo con las creencias oficialmente aceptadas.

A. Nuestra fe victoriosa es el fruto del nuevo nacimiento (5:1,4 a)

La fe, el nuevo nacimiento y la victoria del cristiano ante el mundo, se relacionan maravillosamente entre sí. En 1 Juan 5 el escritor dice en el versículo 1 que todo aquel que cree que Jesús es el Cristo es nacido de Dios. Así que el nuevo nacimiento es el efecto de haber creído en Cristo. Y cuando el hombre ha nacido de Dios vence al mundo. La misma fe que lo llevó a ser regenerado es ahora su herramienta victoriosa para vencer. Así que, el nuevo nacimiento es fruto de la fe y la victoria sobre el mundo es también fruto de esa misma fe. Lo que establece, fundamentalmente, esta enseñanza es que para vencer al mundo se necesita haber nacido de Dios. El apóstol pone en términos absolutos la identificación de qué es lo que vence al mundo. Dice de ello en forma muy clara: *todo lo que es nacido de Dios vence al mundo*. Esta enseñanza tiene dos grandes verdades incluidas en ella.

Por un lado, nos hace ver que el mundo es un enemigo que no podemos ignorar. No habrá nadie que lo pueda vencer por sus propias fuerzas y no habrá mecanismo alguno ni físico ni psicológico ni experiencia en la vida que lo pueda vencer. Este es más fuerte que el hombre en su estado caído. El pecado original nos ha dejado ineptos en nuestras propias fuerzas para vencer un ambiente contra Dios tan adverso como el mundo. El mundo es tan atroz como sistema, que Dios personalmente ha tenido que intervenir varias veces en la historia para frenarlo. Así lo hizo respecto a la violencia y la maldad de los hombres mundanos en días del Diluvio, con el orgullo del mundo en los días de Babel y con la inmoralidad sexual y la violencia en días de Sodoma y Gomorra.

Por otro lado, la Palabra nos enseña aquí que para vencer al mundo se necesita haber sido engendrado de Dios. Ese concepto de que Dios engendra una criatura es la base sobre la cual descansa la doctrina del nuevo nacimiento. En Cristo Jesús hay una nueva creación. Dios crea un hombre nuevo y la vida de Dios mediante el Espíritu Santo, entonces, habita dentro del nuevo creyente. Lo que es nacido del Espíritu, espíritu es. Solo con la ayuda del Espíritu Santo quien nos hizo renacer divinamente, podemos vencer en la batalla contra el mundo. La victoria absoluta y rotunda de Cristo sobre el mundo está vinculada con que él fue engendrado de Dios. El día que Dios se manifestó en carne a través de la concepción de su Hijo en el vientre de María se hizo evidente que aquel milagro fue protagonizado por el Espíritu Santo. Cristo era todo hombre, pero también todo Dios. Solamente él ostenta ambas naturalezas. Nosotros los hijos de Dios, solamente somos seres humanos, pero hemos nacido de nuevo por la obra del Espíritu y por tanto, tenemos las garantías de que seremos vencedores sobre el mundo.

B. Nuestra fe victoriosa consiste en creer que Jesús es el Cristo (5:1, 4 b, 5)

El nuevo nacimiento, así como la victoria sobre el mundo dependen de que la fe esté firmemente cimentada en Jesús como el Cristo, como el Hijo de Dios. El uso del tiempo pasado para referirse a una victoria que ya la fe ha obtenido ... *la victoria que ha vencido al mundo*, revela que en cuanto a la fe nuestra victoria ya es un hecho consumado. El fruto de nuestra fe aparece en presente y en pasado; en presente porque dice que esta es la victoria que ha vencido al mundo, nuestra fe, pero en pasado respecto a su efecto victorioso frente al mundo. Cristo ya lo venció a nuestro favor en la cruz, pero debemos mantener hoy la mirada de la fe puesta en él para que podamos probar su victoria sobre el mundo en nuestro diario vivir.

Debemos comprender que la fe en que Cristo es el Hijo de Dios nos viene a través de la Palabra de Dios. Cristo como el Hijo de Dios es el tema central de las Sagradas Escrituras. El anuncio del Evangelio está revelado en toda la Biblia. Así que, la fuente de nuestra fe es Dios y él reveló esa fe en las Sagradas Escrituras. Al estudiar la vida del Padre de la fe, Abraham, vemos que él venció al mundo de su época. Él hizo las renuncias más grandes a lo terrenal que jamás otro haya hecho en la historia, por la fe que tuvo en su Dios. Estuvo dispuesto a dejar su tierra y su parentela y la casa de su padre para ir a la tierra que Dios le había de mostrar. Su fe le hizo salir sin saber a dónde iba. Cuando estuvo en la tierra que Dios le había prometido, su fe le hizo comportarse allí como extranjero, porque esperaba la ciudad que tiene fundamentos cuyo arquitecto y constructor es Dios. Abraham pudo vencer al mundo a través de la misma fe que nosotros lo podemos vencer hoy. El mismo Cristo dice que Abraham se gozó de que habría de ver su día y lo vio y se gozó.

Aun los judíos ortodoxos que creían en Moisés, si en verdad hubieran tenido luz sobre las Escrituras hubieran creído en Cristo porque el mismo Cristo dijo que de él escribió Moisés. Si queremos vencer al mundo tenemos que volvernos de todo corazón a la palabra de Dios porque ella es la fuente de la fe y la que nos muestra a Jesús como el Hijo de Dios. Los maestros de la Palabra de Dios tienen la alta responsabilidad de preparar cristianos que sean vencedores sobre el mundo y su príncipe a través de una enseñanza basada sobre la Palabra y presentando en ella la persona de Jesús el Hijo de Dios. A lo que Juan llama nuestra fe no es una fe infantil basada en una tradición recibida por generaciones. La fe no se hereda, sino que se experimenta individualmente y es la fe en Cristo Jesús que proviene absolutamente de la Palabra.

Afianzamiento y aplicación

(1) Comente a la clase cómo la misma fe que nos permite ser regenerados nos hace también vencedores frente al mundo.

(2) ¿Cuál debe ser nuestra actitud en la batalla al saber que la fe es presentada como la victoria que ya *ha vencido al mundo*?

(3) Anime a los estudiantes a escudriñar diariamente las Escrituras con el propósito de encontrar a Cristo a través de la Biblia y así fortalecer la fe en él.

RESUMEN GENERAL

Necesitamos estar conscientes de que la existencia del *mundo* se constituye en un reto tremendo para los hijos de Dios y mucho más en este tiempo del fin, cuando el adversario de Dios quiere hacer su cosecha final. El llamado definitivo al pueblo de Dios es vencer al mundo y caminar en una vida cristiana victoriosa en la Palabra. Hay promesas en la Palabra de que en breve el Señor aplastará al diablo debajo de nuestros pies. Pero no debemos olvidar que nuestra victoria está absolutamente vinculada con la persona de Cristo, quien venció al tentador al comenzar su ministerio y luego en la cruz le asestó una herida mortal. Él se guardó sin mancha del mundo y mediante su muerte y resurrección nos da el poder de ser vencedores también. En nuestro estudio ha sido evidente que para vencer al mundo se necesita haber sido hecho hijo de Dios mediante la fe en Cristo. El milagro de la adopción nos permite participar de la victoria de Cristo sobre el pecado, la carne y el mundo. Pero para ejercer esa autoridad en contra del maligno necesitamos ser retenedores de la Palabra de Dios. Ella nos dará el conocimiento acerca de las asechanzas del diablo y las estrategias para defendernos de sus ataques y vivir vidas victoriosas. Mas debemos recordar que solamente una persona nacida de nuevo puede entender las verdades de la Palabra de Dios y discernir a través de su mensaje que Jesús es el Cristo.

Ejercicios de clausura

(1) Permita que los estudiantes expresen algún testimonio sobre cómo su fe ha crecido para ayudarlos a ser victoriosos sobre el mundo.

(2) Termine la clase con una oración para que el Señor ayude a las iglesias locales a fortalecerse en la enseñanza de la Palabra y en la fe del Hijo de Dios.

PREGUNTAS Y RESPUESTAS

1. ¿Qué escritura del Antiguo Testamento citó Cristo al tentador en el momento en que le ordenó vete Satanás?

Deuteronomio 6:13; 10:20

2. ¿A qué se refiere la frase "Acta de decretos"?

A un documento de culpabilidad que demuestra que somos deudores ante la justicia divina.

3. Según Juan, ¿cuál es la causa fundamental de poder vencer al maligno?

La base de la victoria era el conocimiento que tenían de la persona de Dios.

4. ¿Cuáles son las dos grandes verdades que tiene la enseñanza "todo lo que es nacido de Dios vence al mundo"?

a) nos hacer ver que el mundo es un enemigo que podemos ignorar. b) La Palabra enseña que para vencer al mundo hay que ser engendrado por Dios.

5. ¿De qué dependen el nuevo nacimiento y la victoria sobre el mundo?

Dependen de que la fe esté firmemente cimentada en Jesús como el Cristo, el Hijo de Dios.

PARA LA PRÓXIMA SEMANA

La santidad es uno de los distintivos fundamentales de los hijos de Dios. Dios es tres veces santo y los que hemos nacido de él debemos ser un reflejo del carácter de nuestro Padre celestial. En el próximo estudio trataremos acerca de cómo la santidad conviene a la casa de Dios. Invite a los estudiantes a leer Isaías 6 y 1 Tesalonicenses 4.

LA SANTIFICACIÓN DEL CREYENTE

Base bíblica

1 Tesalonicenses 4:1-8;
Hebreos 12:1-6; 12-14

Objetivos

1. Entender el carácter práctico y divino de la santificación.
2. Desarrollar un carácter santo tanto en el matrimonio como en la hermandad cristiana.
3. Considerar la conducta santa de Cristo y proponernos andar por sendas de rectitud.

Fecha sugerida:___/____/____

Pensamiento central

La voluntad de Dios para sus hijos es que vivamos en santificación del Espíritu y ese modo de vida debe afectar positivamente todas nuestras relaciones.

Texto áureo

Pues no nos ha llamado Dios a inmundicia, sino a santificación. Así que, el que desecha esto, no desecha a hombre, sino a Dios, que también nos dio su Espíritu Santo (1 Tesalonicenses 4:7,8).

LECTURA ANTIFONAL

1 Tesalonicenses 4:1 Por lo demás, hermanos, os rogamos y exhortamos en el Señor Jesús, que de la manera que aprendisteis de nosotros cómo os conviene conduciros y agradar a Dios, así abundéis más y más.

2 Porque ya sabéis qué instrucciones os dimos por el Señor Jesús;

3 pues la voluntad de Dios es vuestra santificación; que os apartéis de fornicación;

4 que cada uno de vosotros sepa tener su propia esposa en santidad y honor;

5 no en pasión de concupiscencia, como los gentiles que no conocen a Dios;

6 que ninguno agravie ni engañe en nada a su hermano; porque el Señor es vengador de todo esto, como ya os hemos dicho y testificado.

7 Pues no nos ha llamado Dios a inmundicia, sino a santificación.

Hebreos 12:1 Por tanto, nosotros también, teniendo en derredor nuestro tan grande nube de testigos, despojémonos de todo peso y del pecado que nos asedia, y corramos con paciencia la carrera que tenemos por delante,

2 puestos los ojos en Jesús, el autor y consumador de la fe, el cual por el gozo puesto delante de él sufrió la cruz, menospreciando el oprobio, y se sentó a la diestra del trono de Dios.

3 Considerad a aquel que sufrió tal contradicción de pecadores contra sí mismo, para que vuestro ánimo no se canse hasta desmayar.

4 Porque aún no habéis resistido hasta la sangre, combatiendo contra el pecado;

14 Seguid la paz con todos, y la santidad, sin la cual nadie verá al Señor.

DATOS GENERALES ACERCA DEL TEMA

- **Enseñanza:** La santificación debe enseñarse con palabras y con el ejemplo, y esa santificación sólo se alcanza dependiendo de la gracia de Jesucristo.
- **Autor:** 1 Tesalonicenses, lo escribió Pablo. El autor de Hebreos es desconocido.
- **Personajes:** Pablo, Cristo, David, los hermanos de las iglesias.
- **Fecha:** 1 Tesalonicenses, entre 52 y 53 d. C. Hebreos, probablemente entre 67 y 68 d.C.
- **Lugar:** 1 Tesalonicenses, escrita probablemente en Corinto. Hebreos, es desconocido.

BOSQUEJO DEL ESTUDIO

I. Las instrucciones de los líderes sobre la santificación (1 Tes 4:1-3a; 7,8)

  A. La enseñanza sobre santificación a través de la palabra y del ejemplo (4:1,2)

  B. La santificación debe enseñarse como la voluntad de Dios (4:3a; 7,8)

II. La santificación en el matrimonio y en la hermandad (1 Tes 4:3b – 6,9,10)

  A. La santificación en el matrimonio (4:3b – 5)

  B. La santificación en la hermandad cristiana (4:6,9,10)

III. La santificación demanda una acción (Hebreos 12:1-4; 12-14)

  A. Debemos despojarnos del mal, ser buenos discípulos y pelear una batalla (12:1-4)

  B. Debemos hacer sendas derechas para nuestros pies (12:12-14)

Tesalónica fue fundada en el 315 a.C. por Casandro de Macedonia. Importante ciudad comercial y religiosa donde Pablo fundó una comunidad. El apóstol envió a Timoteo para que los animara y le informara de la situación de aquella joven iglesia.

LECTURAS DEVOCIONALES DIARIAS

Lunes: Una oración de David pidiendo santificación (Salmo 51:1-10)

Martes: Dios llama a Israel a la pureza espiritual (Isaías 1:10-18)

Miércoles: Siempre que hay arrepentimiento, Dios otorga el perdón (Joel 2:12-19)

Jueves: La iglesia de Corinto no debía tolerar la inmoralidad sexual (1 Corintios 5:1-7)

Viernes: Hay una nueva vida en Cristo (Efesios 4:22-32)

Sábado: Dios nos llama a una vida santa (1 Pedro 1:13-20)

INTRODUCCIÓN

En estos postreros días muchas de las doctrinas fundamentales de la fe cristiana parecen como impopulares a un sector de la iglesia profesante. La verdadera iglesia del Señor ama la verdad en forma plena, pero la iglesia apóstata prefiere no tratar con doctrinas como la santificación y otras similares, porque el contenido de esas doctrinas pertenece al mensaje de la cruz que Cristo nos enseñó. Él dijo que si alguno quería seguir en pos de Él debía negarse a sí mismo, tomar su cruz y seguirle.

Pero en verdad la iglesia necesita un avivamiento como el que menciona Habacuc cuando dice: *Oh Jehová, he oído tu palabra y temí… aviva tu obra en medio de los tiempos, en medio de los tiempos hazla conocer…* (Habacuc 3:2 a). El oír la Palabra con temor delante de Dios es sinónimo de consagración y en ello debemos estar avivados. La santificación es una doctrina fundamental de la fe cristiana y cada creyente en Cristo necesita considerarla con seriedad. El Evangelio debe afectar positivamente nuestra mente, nuestras actitudes y nuestras conductas en este mundo.

Ninguno de los cristianos en esta tierra podemos decir que hemos alcanzado un nivel de absoluta perfección, pero todos debemos tener la meta de caminar en la senda de la santificación y debemos saber que el llamado que Dios nos ha hecho no es sólo a entrar por la puerta de la salvación, sino a ingresar al discipulado auténtico que tiene a Cristo como el modelo a seguir. Dios espera que marquemos una diferencia entre aquellos que viven en inmundicia y los que estamos llamados por Dios mismo a la santificación. Sobre esta base necesitamos aceptar el desafío a ser vencedores frente al pecado, y tener la actitud correcta en cuanto a cumplir la misión que Dios nos ha asignado como lumbreras en este mundo. Para ello tenemos recursos divinos a nuestra disposición, pues Dios no se da por vencido en terminar la obra que ha comenzado en nuestros corazones.

DESARROLLO DEL ESTUDIO

I. LAS INSTRUCCIONES DE LOS LÍDERES SOBRE LA SANTIFICACIÓN (1 TESALONICENSES 4:1-3a; 7,8)

Ideas para el maestro o líder

(1) Pregunte a los estudiantes: ¿Quién pudo decir: Sed imitadores de mí, así como yo de Cristo? ¿Significa esto que el que lo dijo es nuestro modelo a seguir?

(2) Comente sobre la trascendencia que tiene para los discípulos de Cristo las tres características de la voluntad de Dios que aparecen en Romanos 12:2.

Definiciones y etimología

* *Inmundicia*. Es el término griego *akadsarsia*, que significa impureza, concupiscencia, que tiene que ver con lujuria y que puede incluir un espíritu demoniaco de inmundicia.

* *Santificación*. Es el vocablo griego *jagiasmós*, que tiene el sentido de purificación, un estado de pureza. Significa también *hacer santo o consagrar*.

A. La enseñanza sobre santificación a través de la palabra y del ejemplo (4:1,2)

La primera carta a los Tesalonicenses está escrita a una iglesia que vivía dentro de una sociedad sumamente pagana. Los hermanos necesitaban instrucciones precisas, pues todavía eran *niños*, acabados de convertir de los ídolos a Dios. Por eso, Pablo en esta carta usa términos más familiares como *hermanos amados de Dios* (1:4), *habéis llegado a seros muy queridos* (2:8). En la carta se establece una relación entre los escritores y la iglesia donde los ministros fungen para ellos *como una nodriza que cuida con ternura a sus pro-*

pios hijos (2:7), *y como padre a hijo* (2:11). De esta manera los ministros exhortaban y consolaban a los hermanos. Es importante establecer fuertes lazos de amor fraternal donde se ponga en práctica, no solo la instrucción verbal de los principios de la fe, sino el modelaje de los valores de santidad que todo líder espiritual debe *imprimir* en los discípulos. Por tanto, Pablo instruye a los hermanos en términos de ruego y exhortación. Además, los ruegos sobre el tema de la santificación provienen de quienes estaban en el Señor. Es importante que la iglesia reciba la enseñanza sobre la pureza de la vida cristiana como algo que está implícito en la relación entre los salvados y su Salvador. La expresión *el Señor Jesús* alude al hecho de que el mismo que los había salvado tenía el derecho ahora de ser el Señor de ellos. El evangelio no se vive a nuestra manera, sino a la manera que ha establecido el Señor Jesús.

Pablo, Silvano y Timoteo dan por hecho que los hermanos Tesalonicenses ya habían aprendido de ellos la manera de conducirse y agradar a Dios. Habían aprendido del ejemplo y no solamente de las palabras. Lo sabemos también porque en 2:10, les dicen a los hermanos sobre la manera santa, justa e irreprensible en que ellos, como ministros, se habían comportado con los hermanos. Todo obrero cristiano tiene la alta responsabilidad de ser un ejemplo digno de imitar ante los discípulos a quienes instruyen. Eso era ya un hecho entre los ministros y la iglesia de los Tesalonicenses, pues se les dice en el versículo 1, *aprendisteis de nosotros*, y en el versículo 2 se da el glorioso resultado, *ya sabéis*. Por aquel digno ejemplo y su resultado entre los santos, la intención de la carta es decirles que abunden en ello *más y más*. Nunca se es demasiado santo como para parar de serlo, nunca sobra la pureza como para mermar el brillo de los que estamos llamados a ser la luz del mundo.

B. La santificación debe enseñarse como la voluntad de Dios (4:3a; 7,8)

En el versículo 3 se enseña que la santificación de los creyentes es la voluntad de Dios.

La carta revela que estos hermanos se habían convertido de los ídolos para servir al Dios vivo y verdadero (1:9). Cuando adoraban a las imágenes muertas de los dioses paganos, no había voluntad expresa de parte de aquellas vanas deidades, porque un ídolo nada es en el mundo. Pero ahora les es presentado el Dios a quien han comenzado a servir, como el que vive eternamente y quien tiene absoluta pureza moral y un deseo para sus criaturas redimidas. Esa voluntad de Dios es la *santificación*. La *santificación* es el fruto de la obra que Cristo ha hecho en la cruz por nosotros. La sangre del Cordero de Dios se derramó para santificar al pueblo (Hebreos 13:12). La manera como se debe enseñar la vida piadosa en el Evangelio es mostrar la santificación como un principio divino que proviene de la voluntad expresa de Dios escrita en su Palabra.

En el versículo 7 se muestra que esa voluntad intrínseca en el ser de Dios respecto a la pureza, se ha convertido en su propio llamado a los redimidos: *No nos ha llamado Dios a inmundicia sino a santificación*. El llamado inicial del Evangelio es que todos los hombres se deben arrepentir de sus pecados y aceptar a Cristo como el único Salvador para salvación eterna. Pero el anuncio del Evangelio en cuanto al discipulado de los ya salvados, contiene un llamado de Dios a la vida consagrada. Los escritores aquí anotan que Dios no nos ha llamado a inmundicia sino a santificación. Los tesalonicenses estaban relacionados con esta diferencia porque cuando servían a los ídolos, la depravación sexual y todo tipo de prácticas lascivas era parte integral de aquellos cultos paganos. Ahora deben oír que la inmundicia se debe desechar por completo cuando se trata de servir al Dios vivo y verdadero porque no es a ella que Dios nos ha llamado. Por el contrario, él nos ha llamado a santificación y si alguien desecha la doctrina de la santificación, realmente no desecha a hombre alguno sino a Dios quien nos dio su Espíritu Santo. Esta es una de las citas sagradas donde la doctrina es presentada al mismo nivel de su creador divino. Es importante que aprendamos que la adoración a Dios tiene carácter genuino cuando se hace por los parámetros doctrinales que

Dios mismo ha dejado plasmados en su Palabra. Desechar la doctrina de Dios, equivale a desecharlo a él. El culto a Dios no es más importante que la verdad de Dios. Siempre se debe estimar a Dios al mismo nivel que su Palabra. Una iglesia es fuerte en Dios cuando es fuerte en la doctrina de Dios. Los hermanos de Tesalónica recibieron la revelación de esta gran verdad del Evangelio.

Afianzamiento y aplicación

(1) Abra un espacio para que los estudiantes comenten sobre la implicación que tiene desechar la doctrina y pretender seguir amando a Dios.

(2) Comente con los estudiantes cómo afecta nuestra actitud frente a la santificación el hecho de que la santificación misma es un llamado que Dios ha hecho a su pueblo.

II. LA SANTIFICACIÓN EN EL MATRIMONIO Y EN LA HERMANDAD (1 TESALONICENSES 4:3b – 6)

Ideas para el maestro o líder

(1) Comente con la clase cómo Cristo ratificó la monogamia como la voluntad de Dios para la santificación del matrimonio.

(2) Pregunte a los estudiantes: ¿Cuál será la causa por la cual no debemos presentar nuestras ofrendas en el altar si sabemos que hemos agraviado a nuestro hermano?

Definiciones y etimología

* *Fornicación*. En el griego es el término *porneía*. Está relacionado con la prostitución. Es el actuar de la prostituta. Toda lujuria sexual indebida es fornicación. Puede incluir a veces alusión también a un acto sexual homosexual.

* *Agraviar*. Es el término griego *juperbaíno*. Indica sobrepasarse, abarcar demasiado, llevar a alguien más allá de los límites.

A. La santificación en el matrimonio (4:3b – 5)

Aquí hay una exhortación a los hermanos a que se aparten de fornicación. Los cristianos deben evitar dar rienda suelta al instinto sexual cuando no sea exclusivamente dentro de los lazos santos del matrimonio. El término *apartéis* define el mandamiento de no fornicar como algo radical. La fornicación es un pecado de muerte. Tratarlo livianamente pone en peligro la pureza de los hijos de Dios. En otro pasaje se ordena: *huid de la fornicación* (1 Corintios 6:18), El principio es separarse en forma definitiva de esa práctica. Debemos aprender a dominar las pasiones carnales que intentan ensuciar nuestra vida después que Cristo nos ha lavado con su preciosa sangre.

Ahora se les dice a los hermanos *que cada uno sepa tener su propia esposa en santidad y honor*. Aquí tenemos varias lecciones sobre la santificación de la vida matrimonial.

1. El matrimonio acorde a los principios de la santidad de Dios, es entre un hombre y una mujer. Esto aparece evidenciado por la connotación de géneros distintos en la cita: cada uno (género masculino) *sepa tener su propia esposa* (género femenino).

2. Se enseña que el proyecto santo de Dios para el matrimonio es la monogamia, o sea, un solo marido para una sola mujer. Este principio aparece por el uso del singular al citar la fórmula de la voluntad de Dios al respecto: *cada uno... su propia esposa*. Los cristianos tenemos los principios de Dios y debemos acatarlos exactamente en la forma que venga de acuerdo con la santificación.

3. La santificación del matrimonio exige la existencia de un pacto de fidelidad en el cual un hombre cristiano se compromete con una mujer también cristiana, a tal modo que él la pueda llamar *su esposa*. Por eso se usa el término *tener* para referirse al hombre que está legítimamente casado. Pablo habló también del matrimonio al defender el derecho que tenían tanto él como Bernabé de *traer* con ellos una hermana por mujer (1 Corintios 9:5).

4. El matrimonio está dentro de los parámetros de la santificación cuando el hombre tiene a su esposa en santidad y honor. El versículo 5 aclara que el matrimonio no debe existir sobre la base únicamente del disfrute sexual, no debe ser una pasión concupiscente lo que sujete los lazos matrimoniales de los

cristianos. Estamos llamados a santificación y ello incluye no proceder en cuanto al sexo en el matrimonio igual que lo hacen los gentiles que no conocen a Dios. Por supuesto, que en el diseño de Dios para el matrimonio el sexo tiene un papel fundamental, pero aun en su uso, se requiere tener a la esposa en santidad y honor y así considerarla con la dignidad que Dios le ha concedido a ella.

B. La santificación en la hermandad cristiana (4:6,9,10)

En el versículo 6 el tema de la santificación va orientado hacia las relaciones fraternales con los hermanos de la fe. No podemos ser verdaderamente santos si no vivimos una vida que manifieste el fruto del Espíritu, el amor. El amor es santo porque el Dios, que es tres veces santo, es amor (Isaías 6:3; 1 Juan 4:8). En 1 Tesalonicenses 4:6 se enseña que los hermanos de la fe son una de nuestras propiedades más preciadas. Por eso, se traza este orden: *que ninguno agravie ni engañe en nada a su hermano*. Cada uno debe ver a otro creyente como su hermano. Caín quiso deshacerse de su hermano Abel, arguyendo a Dios que él no era guarda de su hermano, pero el Señor le dijo que la voz de la sangre de su hermano Abel clamaba a él desde la tierra (Génesis 4:9,10).

Cada creyente debe evitar agraviar y engañar a un hermano. Es contra la santificación hacer sentir mal a nuestro hermano, herirlo u ofenderlo. No podemos levantar manos santas si tenemos iras y contiendas en el corazón. La oración que Dios recibe está condicionada a la santidad del corazón en cuanto a las relaciones con el hermano. No se puede traer la ofrenda al altar y pretender que Dios la reciba si se ha agraviado al hermano. Igualmente, se debe evitar engañar al hermano. El que ha sido santificado en Cristo debe hablar verdad en todo para con su hermano. Debemos proceder con santidad aun cuando vendemos algún producto. No debemos exagerar su calidad, porque el proceder justo en el comercio, es conforme a la justicia de Dios (Ver Proverbios 16:11). La advertencia a un proceder agraviador y engañoso para con los hermanos contiene el hecho que el Señor es vengador de todo ello. Si alguien procede injustamente con su hermano de la fe, el Señor le retribuirá con venganza. La iglesia de Tesalónica tenía un alto concepto del amor fraternal. Ellos habían aprendido de Dios que se amaran los unos a los otros. Aquí aprendemos que Dios siempre es el modelo de un amor perfecto. Él hizo el acto de amor más grande y sublime que jamás la humanidad experimentó antes, esto es, darnos a su propio Hijo en propiciación por nuestros pecados. Esa Palabra infiere que el amor fraternal debe ser un amor sacrificial para que esté dentro de los estándares de la santificación. La santificación incluye un sacrificio y esto es cierto también en cuanto al amor a los hermanos. La sección termina con un ruego de Pablo porque los amados hermanos abundaran en ese amor más y más. Nunca amamos lo suficiente como dejar de crecer en amor. Siempre el llamado será a abundar en amor los unos con los otros, porque esto corresponde a la verdadera santificación.

Afianzamiento y aplicación

(1) Comente con la clase cómo en 1 Corintios 7:1,2 se presenta el matrimonio como una salida en la lucha contra el pecado de fornicación.

(2) ¿Cómo puede desarrollar el carácter santo de los discípulos, la obediencia al mandamiento de abundar en amor para con los hermanos?

(3) ¿Cómo el ejemplo del amor de Cristo por los suyos debe afectar nuestra conducta en relación a sacrificarnos por nuestros hermanos de la fe?

III. LA SANTIFICACIÓN DEMANDA UNA ACCIÓN (Hebreos 12:1-4; 12-14)

Ideas para el maestro o líder

(1) Comente con la clase la importancia que tiene un propósito definido en cuanto al caminar piadoso del creyente.

(2) Permita a los estudiantes contar acerca de renuncias que han hecho en sus vidas para poder seguir a Cristo.

Definiciones y etimología

* *Despojar*. En el sentido en que se usa en Hebreos 12:1 es la palabra griega *apotidsemi,* que significa poner lejos, separar, alejar, dejar, desechar.

* *Consumador*. Es el término griego *teleiotés*. Identifica literalmente a un completador, cuya labor es consumar, perfeccionar, acabar, cumplir.

A. Debemos despojarnos del mal, ser buenos discípulos y pelear una batalla (12:1-4)

El llamado divino a la santificación contiene una acción de varias dimensiones:

1. Debemos despojarnos de *todo peso* y del pecado que nos asedia. La frase todo peso puede estar relacionada con aquellas cosas que son superfluas o que carecen de sustancia espiritual. Representa aquello que se lleva innecesariamente. El joven rico no estuvo dispuesto a correr con Cristo hacia la perfección porque estaba cargado de amor a los bienes materiales. Igualmente debemos despojarnos del pecado que nos asedia. Las puertas del Hades se nos enfrentan en el camino de la vida eterna y el mundo y los dardos de fuego del maligno funcionan como constantes asedios a nuestra meta de consagración. Pero el Señor nos da la autoridad para echar de nosotros el asedio malicioso del pecado. Tenemos la autoridad para reprender las obras infructuosas de las tinieblas. Si ejercemos esa autoridad en cada ocasión que el pecado nos asecha, estamos actuando de acuerdo a la santificación.

2. También debemos correr la carrera que tenemos por delante, haciendo lo más importante que un discípulo ha de hacer en su camino, poner los ojos en Jesús. Él es el autor de la fe y también su consumador. Él obró nuestra santificación en la cruz y es él quien nos ha de coronar en gloria. El mismo Jesús quien comenzó en nosotros la buena obra, la perfeccionará hasta el día de Jesucristo. Por tanto, debemos caminar mirando fijamente a Cristo a través de la fe. Los héroes de la fe fallaron todos en alguna área, pero Cristo no falló en nada. Él es nuestro único precursor, digno de ser seguido hasta el fin. El hecho que se use el nombre Jesús para decirnos en quien tenemos

que poner nuestros ojos, muestra claramente que se está hablando de seguir al Salvador, de seguirlo en su ejemplo mientras caminó por esta tierra. Habla también de poner nuestra mirada en lo que él hizo en la cruz por nosotros, donde realmente se hizo posible nuestra santificación. El poner nuestros ojos en él hará que nuestro ánimo no se canse hasta desmayar.

3. La vida de consagración exige un combate frontal contra el pecado. Jesús sufrió una gran contradicción de pecadores contra sí mismo, pero se mantuvo firme en la misión que el Padre le había encargado. Eso debe alentar a los cristianos que batallan contra el pecado. El uso del verbo combatir en gerundio, *combatiendo*, da la imagen de una lucha constante. Los cristianos vivimos en contra de la corriente que el sistema mundano ha establecido en oposición a Dios. El escritor habla de un límite cuando el cristiano pudiera luchar hasta la sangre contra el pecado. Pero la única forma en que podemos salir vencedores, es en el poder del Señor. La comunión con Cristo constante, es la garantía del triunfo permanente de los hijos de Dios en su batalla contra el pecado. La comunión con el Señor es fuente de santificación.

B. Debemos hacer sendas derechas para nuestros pies (12:12-14)

La obra de la santificación es iniciativa de Dios, pero no prescinde de una actitud y una acción por parte de sus hijos. Debemos decidir tomar un camino hacia la consagración. El hacer sendas derechas para nuestros pies incluye la idea que nuestro caminar en Dios no debe ser desordenado, sino debe ser a manera de un camino recto que trazamos en nuestro corazón. Esto tiene que ver con fortalecer las convicciones acerca de la santidad de Dios. Dios nos ha dado espíritu de dominio propio. Tenemos en Cristo todo el recurso de su poder para que el andar torcido en cuanto a la fe, sea sanado. No le debemos permitir a nuestra carne llevarnos por un rumbo equivocado de maldad. Debemos levantar las manos caídas y las rodillas que han quedado paralizadas, y levantarnos del desaliento a causa de algún fracaso mientras queríamos hacer la voluntad de Dios, porque Dios no nos ha lla-

mado a inmundicia sino a santificación. Los cristianos pueden experimentar un tiempo en su vida cuando se cojea al querer vivir santamente. Podemos haber sido salvos de aquella vana manera de vivir en el pasado, pero aun después experimentar que haya áreas en nuestra vida que no están totalmente acordes a la voluntad de Dios. Esta cojera espiritual de que habla Hebreos no se refiere al cometimiento de pecados de muerte, pero sí está relacionada con un caminar tortuoso, donde no se disfruta aun el hacer la buena voluntad de Dios que es agradable y perfecta. Ahora, el peligro está advertido en el mismo pasaje, a saber, si lo cojo no es sanado, ese defecto puede sacar al creyente del camino de Cristo.

Judas Iscariote tenía un defecto en su forma de caminar con Cristo, se trataba de la cojera de robar de las finanzas que guardaba. Por tres años y medio caminó con el Señor y hasta fue enviado a hacer milagros con uno de sus condiscípulos. Pero él no estuvo dispuesto a ser operado por la gracia de Jesús, y su cojera no sanada lo llevó a perderse eternamente. Tenemos la alta responsabilidad de trazar líneas rectas para cada día de nuestra vida, para cada acción de nuestro obrar, para cada palabra de nuestra boca, para cada pensamiento de nuestra mente, para cada decisión de nuestro corazón. Esto nos traerá paz y nos asegurará estar siguiendo la santidad, sin la cual nadie verá al Señor. La corona de nuestro peregrinar por este mundo es poder ver a Dios en gloria, y seguir la paz con todos y la santidad son imprescindibles en ese glorioso logro final. Solamente que ese camino recto no lo caminaremos con nuestras propias fuerzas, sino con el poder que resulta de poner los ojos en nuestro Salvador Jesús.

Afianzamiento y aplicación

(1) Hay una grande galería de los héroes de la fe en Hebreos 11, ¿Por qué Cristo es el único en quien se nos manda a poner nuestros ojos mientras corremos la carrera cristiana?

(2) Anime a los estudiantes a tomar una postura definida en cuanto a mejorar su caminar en Cristo.

RESUMEN GENERAL

En nuestro estudio hemos visto la calidad del llamado divino a los redimidos, el cual se relaciona armoniosamente con la santidad de Dios y con la identidad de su pueblo en este mundo. Dios inspiró a hombres santos para que escribieran las doctrinas de la consagración y de la santificación de los creyentes, y ellos enseñaron estas verdades con las palabras y con su ejemplo. El modelaje de la vida cristiana todavía hoy es una necesidad en la formación sana de las nuevas generaciones de discípulos de Cristo. La santificación es la expresa voluntad de Dios para con sus hijos. Así que, si amamos la voluntad de Dios, no nos será gravoso vivir en santificación. También aprendimos que tanto en el matrimonio como en la hermandad cristiana se necesita aplicar la doctrina de la santificación. La esposa no es un objeto de placer carnal, sino una corona que Dios ha diseñado para el hombre, y por tanto, debe tenerse en santidad y honor. A ese mismo principio de santificación responde el cuidar las buenas relaciones para con nuestros hermanos de la fe.

Igualmente, en el camino de la santificación debemos ser valientes en despojarnos de todo lo que pese sobre nuestra alma que nos cause atraso en alcanzar lo que Dios ha preparado para nosotros. Esto incluye mirar el ejemplo de nuestro Señor, quien nunca pecó ni hubo engaño en su boca, y con el poder de su resurrección enfrentar la batalla contra el pecado que nos asedia, hasta vencer. Y finalmente, el Señor nos ha llamado a no quedarnos postrados y desanimados por haber fracasado algunas veces en vivir en plena santificación, sino levantarnos y preparar nuestros corazones con buenos propósitos y convicciones firmes hasta que el defecto de nuestro caminar, sea corregido y podamos seguir la santidad y ver a Dios en gloria.

Ejercicios de clausura

(1) Permita a los estudiantes que expresen su experiencia sobre cómo la santificación ha sido una realidad en su vida.

(2) Termine la clase con una oración para que el Señor permita a los discípulos andar por sendas de rectitud.

PREGUNTAS Y RESPUESTAS

1. ¿Cuál es la manera de enseñar la vida piadosa en el Evangelio?

Mostrando la santificación como un principio divino que proviene de la voluntad expresa de Dios escrita en su Palabra.

2. ¿Qué enseñanza obtenemos de esta orden "que ninguno agravie ni engañe en nada a su hermano" de 1 Tesalonicenses?

Que los hermanos de la fe son una de las propiedades más preciadas.

3. Al correr la carrera que tenemos por delante, ¿qué es lo más importante que un discípulo debe hacer?

Poner los ojos en Jesús.

4. ¿A qué se refiere la expresión "hacer sendas derechas para nuestros pies"?

Incluye la idea de que nuestro caminar en Dios no debe ser desordenado, sino a manera de un camino recto que trazamos en nuestro corazón.

5. ¿Qué puede haber en el corazón de alguien que desecha la doctrina de la santificación?

Desechar la santificación es sumamente peligroso porque tal doctrina proviene del mismo carácter santo de Dios, así que desechar la santificación es desechar a Dios mismo.

PARA LA PRÓXIMA SEMANA

Son muchos los beneficios que tenemos en Cristo y uno de ellos es la sanidad de las heridas emocionales. En el próximo estudio trataremos sobre las heridas del alma y cómo Cristo hace posible la curación interior. Recomendamos leer Lucas 4:16-27.

SANIDAD PARA EL ALMA HERIDA

Base bíblica

Isaías 61:1-3; Jeremías 33:6;
Lucas 4:16-21

Objetivos

1. Comprender que la sanidad del alma herida ha sido siempre el propósito de Dios.
2. Reflexionar en el hecho de que la sanidad del alma se reflejará en el carácter.
3. Establecer un compromiso de llevar el Evangelio aun en los pueblos más hundidos en el pecado y la religión vana.

Fecha sugerida:___/____/____

Pensamiento central

El Evangelio de Cristo ofrece sanidad y medicina curativa al alma de los hombres, no importando cuán golpeados y heridos pudiera estar por el pecado.

Texto áureo

He aquí que yo les traeré sanidad y medicina; y los curaré, y les revelaré abundancia de paz y de verdad (Jeremías 33:6).

LECTURA ANTIFONAL

Isaías 61:1 El Espíritu de Jehová el Señor está sobre mí, porque me ungió Jehová; me ha enviado a predicar buenas nuevas a los abatidos, a vendar a los quebrantados de corazón, a publicar libertad a los cautivos, y a los presos apertura de la cárcel; 2 a proclamar el año de la buena voluntad de Jehová, y el día de venganza del Dios nuestro; a consolar a todos los enlutados; **3 a ordenar que a los afligidos de Sion se les dé gloria en lugar de ceniza, óleo de gozo en lugar de luto, manto de alegría en lugar del espíritu angustiado; y serán llamados árboles de justicia, plantío de Jehová, para gloria suya.** Jeremías 33:6 He aquí que yo les traeré sanidad y medicina; y los curaré, y les revelaré abundancia de paz y de verdad.

Lucas 4:16 Vino a Nazaret, donde se había criado; y en el día de reposo[a] entró en la sinagoga, conforme a su costumbre, y se levantó a leer. 17 Y se le dio el libro del profeta Isaías; y habiendo abierto el libro, halló el lugar donde estaba escrito: **18 El Espíritu del Señor está sobre mí, Por cuanto me ha ungido para dar buenas nuevas a los pobres; me ha enviado a sanar a los quebrantados de corazón; a pregonar libertad a los cautivos, y vista a los ciegos; a poner en libertad a los oprimidos;** 19 A predicar el año agradable del Señor. **20 Y enrollando el libro, lo dio al ministro, y se sentó; y los ojos de todos en la sinagoga estaban fijos en él.** 21 Y comenzó a decirles: Hoy se ha cumplido esta Escritura delante de vosotros.

DATOS GENERALES ACERCA DEL TEMA

- **Enseñanza:** Debemos creer con todo nuestro corazón que Cristo tiene todo el poder para sanar y libertar las almas y ser proclamadores alegres de esa verdad.
- **Autor:** El profeta Isaías, Jeremías, y el evangelista Lucas.
- **Personajes:** Isaías, Jeremías, Lucas, Cristo.
- **Fecha:** Isaías, ministró por unos 60 años, entre el 740 y 680 a.C. Jeremías, entre el año 627 y 585 a.C. Lucas, alrededor del año 59 d.C.
- **Lugar:** Isaías y Jeremías en Judá también. Lucas, probablemente en Cesarea.

BOSQUEJO DEL ESTUDIO

I. Profecía de Isaías sobre sanidad del alma (Isaías 61:1-3)
  A. La profecía sobre la unción del sanador (61:1 a)
  B. La mención de los beneficiarios de la sanidad (6:1-3 a)
II. la obra asignada al sanador del alma (Isaías 61:1-3)
  A. La obra que hará el sanador (61:1-3a; Jeremías 33:6)
  B. El fruto evidente de la sanidad del alma (61:3 b)
III. Cristo dijo ser el sanador anunciado (Lucas 4:16-21)
  A. Nazaret, un escenario propicio para el sanador (4:16)
  B. La relación entre el sanador y las Sagradas Escrituras (4:17-21)

Es en la sinagoga de Nazaret donde Lucas señala un momento cumbre de la historia. Jesús se presenta como el Mesías, el Único que da pleno sentido y cumplimiento a la profecía de Isaías.

LECTURAS DEVOCIONALES DIARIAS

Lunes: Jesús consoló a la viuda de Naín (Lucas 7:11-17)

Martes: Cristo consoló a la familia de Jairo (Lucas 8:49-56)

Miércoles: Jesús trajo libertad a una hija de Abraham (Lucas 13:16)

Jueves: Cristo no necesitó que se llorara por él (Lucas 23:26-31)

Viernes: Cristo quitó el luto de María y Marta en Betania (Juan 11:20-45)

Sábado: La verdad de Cristo hace escapar del lazo del diablo (2 Timoteo 2:25,26)

INTRODUCCIÓN

A través de la historia la raza humana ha dado evidencia del daño que el pecado hace en el alma. La consecuencia del pecado de los padres de la humanidad es contundente. El pecado no solo dejó el espíritu del hombre muerto respecto a la comunión con Dios, sino que afectó el alma dejando secuelas terribles en la mente, en las emociones, en los sentimientos, en los recuerdos. El pecado ha enfermado a las criaturas humanas de una forma tan letal, que hace falta una obra sobrenatural para su cura y si no se recibe ese único medio de curación a tiempo, el alma de estos enfermos está en un verdadero peligro de corrupción total. La Biblia no riñe con la ciencia, por eso, no es contra la Biblia acudir a ella para obtener algún tratamiento que trate ciertos tipos de desequilibrios nerviosos o de otra índole. Pero la Biblia sí condena el uso de la hipnosis y otros medios que intentan sanar males emocionales, porque en algunos casos, tratan de sacar al enfermo de su conciencia y llevarlo a un mundo fuera de los normal para desde ahí tratar de "operar".

El Evangelio de Jesucristo ofrece sanidad obrada directamente por el Señor y a través de la ministración de su palabra y los dones que Dios ha dejado a su iglesia. El Señor, quien es nuestro Creador, sabe en forma singular cómo estamos formados internamente. Por tanto, Él conoce cuáles son las necesidades de nuestras almas, sus dolencias y, a la vez, cuál es el remedio oportuno que se debe aplicar. Necesitamos, entonces, volvernos a Dios y rogarle que obre en nosotros mismos y en aquellos a quienes intentamos ayudar espiritualmente. Podemos estar seguros que los métodos curativos de Dios que vamos a analizar en nuestro estudio son totalmente efectivos para el equilibrio emocional y espiritual del hombre. El testimonio de la Palabra y su aplicación a millones a través de todas las generaciones aseveran esta alentadora realidad. La sanidad del alma herida no consiste necesariamente en un cambio en el entorno donde el alma se desenvuelve diariamente, sino en la obra de Dios dentro del creyente que le hará sentir seguridad y paz, a pesar del medio adverso en que viva.

DESARROLLO DEL ESTUDIO

I. PROFECÍA DE ISAÍAS SOBRE LA SANIDAD DEL ALMA (Isaías 61:1-3)

Ideas para el maestro o líder

(1) Leer Isaías 61:1-3 y que los estudiantes aporten sus comentarios sobre esa porción bíblica.
(2) Permitir a los estudiantes comentar sobre la "salud mental" de las personas en el mundo moderno de hoy.

Definiciones y etimología

* *Abatidos*. Es el término hebreo *ańav*, que identifica a un deprimido, alguien que está siendo humillado. A veces, se refiere a personas sometidas a estados de inmensa pobreza.

* *Ungido*. Es la palabra hebrea *mashákj*, que primariamente significa frotar con aceite. Implica la acción de consagrar, de elegir, ungir, untar.

A. La profecía sobre la unción del sanador (61:1 a)

El libro del profeta Isaías contiene muchas profecías concernientes a la venida del Mesías en sus dos etapas, cuando vendría como Cordero y cuando venga como Rey. En la primera sección del capítulo 61, se describe al Mesías como el sanador de las almas. En reconocimiento de su identidad divina, el Mesías hace consciente a todos de su vinculación armoniosa con la divinidad, al mencionarse a sí mismo y su obra en perfecta relación con el Espíritu de Jehová el Señor y con Jehová mismo. Dios existe en tres personas, Padre, Hijo y Espíritu Santo. Es maravillo-

so cómo a través de todo el ámbito profético concerniente a la venida del Mesías se habla de su divinidad y su inseparable comunión con Dios y con el Espíritu. Aquí se presenta a sí mismo en reconocimiento, primero, de que el Espíritu del Señor está sobre él. Con esto debemos aprender que el Espíritu Santo es una de las personas de la Deidad, pero a la vez es revelado en las Escrituras como el Espíritu de *Jehová el Señor*, porque en cuanto a esencia divina y a su obra, existe y trabaja en una inseparable unidad con Dios mismo. Ahora el Mesías expresa que en cuanto a su misión entre los hombres a quienes viene a redimir, el Espíritu Santo está sobre él. En el Antiguo Testamento los hombres escogidos para una labor especial, recibían de parte del Señor y a través de una autoridad espiritual la investidura para la obra encomendada. El Cristo recibiría su investidura directamente de Jehová el Señor, a través de su Espíritu. Deja claro que el Espíritu del Señor sobre Él, representa la unción con que Jehová le ha ungido. Aquella redoma de aceite que se derramaba sobre los ungidos de Dios, era la representación o el tipo de la unción divina que viene a través del Espíritu. El Padre no unge al Hijo con aceite, sino con el Espíritu Santo para sanar las almas y predicar el Evangelio. Es singular el hecho que la profecía de Isaías concerniente a la labor del Mesías no habla de un descender del Espíritu en forma súbita e intermitente como ocurría con los escogidos de Dios en la historia de Israel. El Mesías presenta su vida y su ministerio como aquel sobre quien está el Espíritu del Señor. Antes que esta profecía de Isaías 61 se cumpliera en forma plena, a Juan el Bautista le había sido revelado exactamente esto: *Sobre quien veas descender el Espíritu y que permanece sobre él, ése es el que bautiza con el Espíritu Santo* (Juan 1:33). Debemos aprender que la obra de Dios no se puede hacer efectivamente sin la unción del Espíritu Santo y el poder de Dios. Las almas heridas por el pecado necesitan hombres y mujeres que proclamen con unción el Evangelio del Ungido de Dios, Jesucristo el Salvador.

B. La mención de los beneficiarios de la sanidad (6:1-3 a)

Desde la segunda parte del versículo 1 se anuncia que el Mesías sería un enviado de Dios. No vendría por su propia cuenta. Ese acuerdo eterno entre el Padre que envía a su Hijo y a la vez el Hijo aceptando voluntariamente cumplir la misión asignada, pertenece a un misterio maravilloso que la mente humana no lo puede discernir.

Isaías nos da una lista de aquellos que se beneficiarían de la llegada del Ungido de Dios. Comienza por los *abatidos*. Son aquellos que están sumidos en la humillación y la miseria. Es un abatimiento que incluye la causa de una extrema pobreza. El pueblo había pasado por períodos de deportaciones y humillaciones indescriptibles, las cuales habían dejado una huella profunda de menoscabos e ignominias en sus almas. También el trabajo del enviado de Dios sería con los *quebrantados de corazón*. Nadie mejor que el *experimentado en quebranto* para tratar con los que padecían de un corazón herido y sangrante. Los quebrantados de corazón son quienes han recibido los golpes que el pecado asesta en lo interior del ser humano hasta dejarlo roto y <u>herido</u>. *Golpeados y quebrantados* sería la condición espiritual de los hombres a quien el Ungido de Dios habría de ser enviado. Hoy millones están sangrando en sus corazones y sin esperanzas humanas de una vida mejor. Pero ellos son beneficiarios directos del ministerio del Cristo. En tercer lugar, aparecen los cautivos. Están completamente indefensos. Han sido encarcelados y no tienen poder alguno en sí mismos para soltarse de sus prisiones. Pero no son presos en lo físico, sino cautivos espirituales, encadenados con cadenas invisibles, esclavos de sus captores espirituales. Los demonios pueden atar a los humanos cuando les engañan a través del pecado. La primera venida del Mesías ocurriría en un tiempo de doble esclavitud para los hijos de Israel; estaban cautivos de Roma como Imperio, y esclavos del pecado (Juan 8:31-35). Los cautivos no pueden avanzar, están estancados en sí mismos y viven en oscuridad, por eso en la cita que hace Lucas en 4:18 sobre Isaías 61, añade

que los cautivos están ciegos. La versión de la Septuaginta traduce *cautivos* como ciegos. ¡Cuantas personas viven hoy cautivos por el pecado y en una densa oscuridad espiritual! Pero ellos son también depositarios directos del ministerio curativo del Señor. La iglesia debe dirigir su trabajo también a este grupo de la sociedad. Finalmente se cita a los *enlutados y afligidos*, son los que no se han podido recuperar de la pérdida de algo muy querido, que les ha generado sufrimiento y aflicción. Los judíos llevados a Babilonia se sentaban junto a los ríos de la ciudad y lloraban acordándose de Sion (Salmos 137:1). Hoy la iglesia trabaja en un escenario semejante a este, y debemos ver esta situación como el escenario donde Cristo ofrece su esperanza de sanidad para el alma.

Afianzamiento y aplicación

(1) Evaluar la importancia que tuvo en el ministerio de Cristo, el acto cuando el Espíritu descendió sobre él en forma corporal como paloma (Lucas 3:22).

(2) Indagar en el grupo qué están haciendo para ayudar y apoyar a las personas a su alrededor que han sido heridas emocionalmente.

II. LA OBRA ASIGNADA AL SANADOR DEL ALMA (Isaías 61:1-4)

Ideas para el maestro o líder

(1) Comentar con los estudiantes el rol imprescindible que tiene la Palabra de Dios en la obra de sanidad de las almas.

(2) Preguntar: ¿Cómo glorifica a Dios el hecho que las almas sean sanadas y llevadas a fructificación espiritual?

Definiciones y etimología

* *Consolar*. La palabra hebrea es *nakjám*, que significa suspirar, respirar fuertemente. Se relaciona con aliento, alivio. En griego es parakaléo, que connota el llamar cerca, invitar, alentar, animar, confortar.

* *Vendar*. En hebreo es la palabra *kjabásh*, que en el sentido que Isaías 61 la usa significa *envolver firmemente, ajustar, ceñir con cuida-*

do, detener, ligar. En griego es katadéo e identifica la venda para curar una llaga o herida.

A. La obra que hará el sanador (61:1-3 a; Jeremías 33:6)

El Dios Todopoderoso habría de enviar al Mesías con una obra gloriosa que ha de beneficiar a cada uno de los que han sido maltratados por el pecado.

Con respecto a los abatidos Él tiene la encomienda de predicarles buenas nuevas. El mismo Cristo que les predica el bien de Dios, tiene el poder de impartirlo. El hecho de que se ha de predicar estas buenas nuevas, deja sentado que es la Palabra lo que el Mesías usa en su trato para animar a los abatidos. El mundo hoy está lleno de abatidos que escuchan continuamente un mensaje de incertidumbre, procedente de la misma realidad desesperante en donde se han desenvuelto. La iglesia, por tanto, debe predicarles el Evangelio de las buenas noticias de Dios para ellos, y anunciarles el gozo y la paz que Cristo les ofrece.

En relación a los quebrantados de corazón, la obra del Mesías es vendarlos. Este vendar es una obra de sanidad del alma donde el Señor trata directamente con el área que ha sido golpeada y herida. El buen samaritano vendó las heridas del hombre moribundo, a través de la aplicación del aceite y del vino (Lucas 10:34). El Mesías ofrece su unción sanadora sobre el corazón quebrantado con el objetivo de vendar y curar el corazón para que haya salud emocional. Esta obra es propia de la Palabra de Dios: *Envió su Palabra, y los sanó, y los libró de su ruina* (Salmo 107:20). Los ministros del Evangelio debemos usar la Palabra de Dios para a través de ella hacer efectivo el vendaje de las almas heridas.

En cuanto a los cautivos, el Ungido viene a publicar su libertad, por el precio pagado por su redención. Su sangre en la cruz sería el precio del rescate. Al publicar esa verdad los hombres serían libres de la Ley, libres del pecado, libres de la culpa del pecado. La cárcel espiritual habría de ser abierta en favor de ellos. La iglesia cristiana en su función evangelizadora debe usar este mismo principio y hacer público a través de la Palabra que el Señor también hoy liberta a los cautivos.

(4) En relación a los enlutados y afligidos, la obra del Mesías es consolarlos y ordenar que se les dé gloria en lugar de ceniza, óleo de gozo en lugar de luto, manto de alegría en lugar del espíritu angustiado. El enlutado está conectado fuertemente a su pasado, pero la consolación de Cristo le permitiría mirar hacia el futuro con una nueva perspectiva. Las figuras de gloria, óleo y manto en el atuendo espiritual de los consolados, evidencia que la consolación del Señor produce una transformación total de condición y un cambio de actitud ante la vida. Pero nuevamente, estos beneficios vienen a través de la Palabra. Los mensajeros del Evangelio debemos proclamar esa verdad para beneficio de todas las criaturas humanas.

B. El fruto evidente de la sanidad del alma (61:3 b)

El tratamiento divino con el alma herida no se limita a cambiar la condición de abatimiento, quebranto, prisión espiritual y luto en que se encuentran las almas. Además, la obra mesiánica inmiscuye un cambio de identidad. La cura divina en el alma está relacionada con un nombre nuevo. Lo primero que se evidencia como fruto de la curación es que serán llamados árboles de justicia. Ello revela que los cuadros tan horribles en los que se encontraban antes de la cura divina, eran la consecuencia de la herencia de impiedad que habían recibido. En su estado caído, el hombre es injusto. No hay justo, ni aun uno. Cuando los seres humanos viven aún bajo el poder de la naturaleza pecaminosa donde nacen naturalmente, son congénitamente pecadores y el pecado trae consecuencias semejantes a las descritas en los versículos 1 al 3 de Isaías 61. Pero por el ministerio sanador del Mesías, a los hombres salvados les es imputada la justicia de Dios de tal manera que son llamados árboles de justicia. Ello significa que pasaron a ser justos y, por tanto, han de producir el fruto correspondiente a esa naturaleza espiritual. Debemos aprender que el Evangelio trata con el pecador y a la vez con el pecado.

En el Antiguo Testamento, los ritos y los sacrificios de aquellos animales, solo cubrían el pecado con respecto a la mirada santa de Dios, pero no había remedio interior. Así que había que volver a presentar ofrendas y sacrificios, porque otra vez el hombre pecador cometía pecados. Pero en el Evangelio que Isaías anuncia, Dios hace del pecador arrepentido y creyente, una nueva criatura, un árbol de justicia y por su nueva naturaleza ahora producirá frutos de justicia. En esta cita de Isaías se ve que Dios mismo planta esos árboles, son plantío de Jehová. La regeneración es un cambio interior en el corazón del hombre, obrado por Dios mismo. Su semilla dentro del corazón ya lavado por la sangre de Cristo y sanado espiritualmente, es la persona del Espíritu Santo viviendo dentro del creyente. Este plantío de Dios es para gloria de su nombre. El apóstol Pablo al hablar de este tema con los hermanos de Filipos presentó el amor como un fruto de esa justicia y oró para que abundaran en ese amor más y más en cuanto a ciencia y a todo conocimiento. Les dijo que debían saber aprobar lo mejor a fin de que fueran sinceros e irreprensibles para el día de Cristo. Al concluir el tema les refirió la importancia de estar llenos de esos frutos de justicia que les mencionó y les enseñó que dichos frutos son por medio de Cristo para gloria y alabanza de Dios (Ver Filipenses 1:9-11). Toda esa reparación tan maravillosa que el Ungido hace en las almas, aparece aquí en Isaías 61 como un trofeo a su propia gloria. En verdad la sanidad que hace en las almas heridas es en sí misma una gloria para Él porque es Él quien único puede dar un tratamiento efectivo al corazón del hombre.

Afianzamiento y aplicación
(1) ¿Cómo pueden los hijos de Dios ministrar hoy la cura que Cristo promete a los quebrantados de corazón?
(2) Comente con los estudiantes cómo el nuevo nacimiento se relaciona estrechamente con el buen fruto espiritual y la conducta de los hijos de Dios.

III. CRISTO DIJO SER EL SANADOR ANUNCIADO
(Lucas 4:16-21)

Ideas para el maestro o líder
(1) Reflexionar, tomando como referencia a Nazaret, cómo la gracia de Dios sobreabunda donde el pecado abunda.

(2) Enfatizar cómo debemos seguir el ejemplo de Jesús en citar las Escrituras para predicar el Evangelio, porque ellas son las que dan testimonio de nuestro Salvador.

Definiciones y etimología
* *Capernaum*. Ciudad en la ribera del mar de Galilea, al norte de la Antigua Palestina, hoy Israel.
* *El libro*. El libro que se dio a Cristo en la sinagoga es la palabra griega *biblíon*, que identifica un rollo, carta o pergamino, hecho de la corteza interior de la planta de papiro.

A. Nazaret, un escenario propicio para el sanador (4:16)
Al iniciar su ministerio público cuando Jesús tenía aproximadamente unos treinta años de edad, entró en la sinagoga de su pueblo de crianza, en Nazaret y allí se presentó a sí mismo como el cumplimiento de la profecía de Isaías 61. Por su conocimiento sobrenatural junto a las vivencias de aquellos treinta años como uno de los habitantes de aquel pueblo, Jesús sabía que Nazaret era un escenario donde coincidían en forma abrumadora los mismos síntomas del pecado que Isaías había profetizado. Allí no sería difícil encontrar a los abatidos, a los quebrantados de corazón, a los cautivos del pecado y a los enlutados. Nazaret era un pueblo de tan mala fama moral que Natanael dudó que de allí pudiese salir algo de bueno (Juan 1:46). Cuando el Señor leyó la profecía de Isaías donde su persona y obra mesiánica era presentada, dio a entender que los desventurados que mencionaba el profeta también se encontraban aquel día entre los asistentes a la sinagoga de Nazaret y que aquel era un lugar y tiempo de coincidencia entre el sanador y ellos. Esto lo indica su afirmación de, *Hoy se ha cumplido esta Escritura delante de vosotros*.

El hecho que el discurso de presentación de Jesús ocurriera en Nazaret, en la sinagoga y que coincidiera con el día de reposo tiene una connotación especial en cuanto a su ministerio como el ungido sanador de las almas. La condición de inmoralidad del pueblo era una de las causas que había traído tanta desgracia a sus habitantes. Pero también, la mención de la observancia del día de reposo nos daría el dato que una de las causas que quebrantan a las almas y las dejan tristes y vacías es la ausencia de vida espiritual propia de la religión sin Cristo. Los escribas y fariseos que ministraban en las sinagogas fueron tildados por Cristo mismo como hipócritas (Mateo 23:13) y aun la gente que luego oyó a Jesús ministrar la Palabra comparó la autoridad con que lo hacía con la ausencia de esa misma autoridad en los maestros de la ley de sus días. Debemos aprender que la letra de la Ley tenía un efecto mortífero en los hombres y eso traía luto espiritual porque les revelaba su pecado ante la justicia inmaculada de Dios, pero les revelaba también que eran impotentes espiritualmente para satisfacer esas demandas de la justicia de Dios. Por eso, Nazaret con su sinagoga y su culto religioso vacío era el escenario donde podía aparecer el sanador de las almas y el redentor de ellas. El Mesías se presentó en dicho escenario aquel sábado frente a la vista de todos los asistentes a la reunión, como la solución a tan triste condición. Nuestro rol como iglesia del Señor incluye amar a los pecadores como Cristo los amó, sin importar su estratos sociales ni cuán hundidos pueden estar en el pecado.

B. La relación entre el sanador y las Sagradas Escrituras (4:17-21)

Lo primero que hizo Cristo el día que se dio a conocer a sí mismo en su pueblo como el Mesías, fue levantarse a leer. Todos los sábados se leía un rollo de la Ley y otro de los Profetas en las sinagogas. Ese día la participación que le fue asignada a Jesús fue la lectura de los profetas y le dieron el libro del profeta Isaías. Cuando abrió el libro, halló el lugar donde Isaías describe su obra restauradora para con los hijos de Sion. La repetida mención sobre la Escritura en este caso, hace ver el valor supremo que tenía la Escritura para el Señor. Primero se menciona que se le dio *el libro del profeta Isaías*. Luego abrió *el libro*. Enseguida se dice que halló el lugar donde estaba escrito. Después de leer, enrolló el libro y se lo dio al ministro, se sentó y les dijo: *Hoy se ha cumplido esta Escritura delante de vosotros*. En el breve discurso que pronuncia, el Señor cita dos pasajes del Antiguo Testamento. El primero era el de la viuda de Sarepta de Sidón a la cual fue enviado Elías y cómo Dios la sustentó a ella, a su hijo y al profeta por tanto tiempo. El segundo fue la curación de Naamán el sirio, un extranjero sanado de lepra por la intervención del profeta Eliseo.

Con estas dos citas y el refrán que asegura le dirán sus coterráneos, *Médico, cúrate a ti mismo*, el Señor está remarcando el nivel de incredulidad tan grande que había en Nazaret. El *cúrate a ti mismo* significaba que les diera evidencias allí de los milagros que ellos habían oído que él había hecho en Capernaum, para usarlos como prueba de que él tendría realmente poderes sobrenaturales. Cristo reprocha la intención de pedir milagros para comprobar su dignidad como Mesías, pues la ley de la fe no es *veo para creer*, sino *creo para ver*. La cita de ambos gentiles beneficiados de provisión y sanidad divina, respectivamente, revela que si ellos no creían en él, no recibirían los beneficios de su unción sanadora y restauradora. Entonces, otros que no eran de su pueblo, pero creían se habrían de beneficiar de su gracia salvadora. Cuando el Señor terminó su discurso se hizo patente la incredulidad de los hombres de Nazaret, tal y como él lo había predicho aquel día. Los presentes echaron al Señor fuera de la ciudad y le llevaron a la parte más alta del monte para despeñarle. Pero Él pasó por en medio de ellos y se fue. En todo se ha evidenciado que el Señor usaba continuamente la Palabra escrita para mostrar por ella que la Ley y los profetas revelaban que él era el Cristo. El Señor fue rechazado en Nazaret. Pero ahora, a todos los que lo recibieron, a los que creen en su nombre Él les ha dado la potestad de ser llamados hijos de Dios. Sidonios y sirios y de todas las latitudes del planeta que han vivido en abatimiento, quebranto, cárcel espiritual y luto, se han beneficiado de Aquel sobre el cual vino el Espíritu del Señor y le ungió para proclamar el evangelio y dar sanidad al alma herida.

RESUMEN GENERAL

En nuestro estudio hemos comprobado que las profecías del Antiguo Testamento concernientes a la obra sanadora del Mesías, contienen la verdad que la voluntad de Dios es sanar y liberar las almas de las consecuencias dolorosas del pecado. Como dijo Pedro en su discurso en casa de Cornelio, *Dios ungió con el Espíritu Santo y con poder a Jesús de Nazaret y... este anduvo haciendo bienes y sanando a todos los oprimidos por el diablo porque Dios estaba con él* (Hechos 10:38). Cristo vino a ser el cumplimiento también de la profecía de Jeremías donde se ofrece que Dios mismo traería sanidad y medicina a su pueblo y lo curaría y le revelaría abundancia de paz y de verdad. El Cristo que presentan las Escrituras es efectivo, no solamente a la aristocracia y los sectores más elevados de la sociedad. Él es también para aquellos que viven en pueblos moralmente pervertidos y para los que están en las tinieblas de las religiones vacías de verdad. Por tanto, los predicadores del evangelio deben presentar a Cristo a todos, a toda criatura y deben darlo a conocer como el único que tiene la unción y el poder para sanar, libertar y consolar a los seres humanos. Pero, sobre todo, presentarlo como aquel en cuya fe los hombres pueden nacer de nuevo y llegar a ser árboles de justicia para gloria del Señor mismo. ¡Que la misión de anunciar al Cristo sanador sea gozosamente cumplida por parte de cada hijo de Dios!

PREGUNTAS Y RESPUESTAS

1. ¿Quiénes serían los beneficiados con la llegada del ungido de Dios, según Isaías?

Los abatidos, los quebrantados de corazón, los cautivos y los enlutados.

2. Gracias al ministerio sanador del Mesías ¿qué les fue imputada a los hombres?

Les fue imputada la justicia de Dios y fueron llamados "árboles de justicia".

3. ¿Con qué pasajes del Antiguo Testamento y qué refrán remarca el Señor el nivel de incredulidad que había en Nazaret?

El de la viuda de Sarepta de Sidón, el de la curación de Naamán el sirio y el refrán: "médico, cúrate a ti mismo".

4. ¿Qué nos enseñan, en cuanto a consolación, los pasajes de aquellos a quienes Cristo resucitó?

Que Cristo no solo quita el luto de las almas, sino la causa de ese luto, al haber triunfado sobre la muerte y sacar a luz la vida y la inmortalidad por el Evangelio.

5. ¿Qué requisito necesita el pecador para que pueda llegar a conocer la verdad libertadora?

Necesita arrepentirse para que conozca la verdad y entonces escape del lazo con que el diablo le ha cautivado.

PARA LA PRÓXIMA SEMANA

Los nacidos de nuevo, ahora somos la iglesia, la familia de Dios. Tenemos a nuestro Padre celestial, nuestro hermano primogénito, que, a la vez, es el mediador entre Dios y los hombres, Jesucristo. Y por esa gracia divina, somos conciudadanos de los santos. En nuestro próximo estudio vamos a saber más de nuestra identidad, nuestros deberes y derechos dentro de la familia de Dios. Recomendamos estudiar Efesios 2:16-22.

LA IGLESIA, LA FAMILIA DE DIOS

Base bíblica
Hechos 2:44-47; Efesios 2:17-19; 4:1-6

Objetivos
1. Identificar el ejemplo familiar de la primera iglesia de Jerusalén.
2. Desarrollar el sentido de pertenencia entre los discípulos a pesar de sus diferencias.
3. Considerar la firme decisión de guardar la unidad del Espíritu en la Iglesia.

Fecha sugerida:___/_____/_____

Pensamiento central
La Iglesia es la familia de Dios compuesta por judíos y gentiles, y procurar la armonía entre los miembros de ella es algo en lo cual debemos ser diligentes.

Texto áureo
Así que ya no sois extranjeros ni advenedizos, sino conciudadanos de los santos, y miembros de la familia de Dios (Efesios 2:19).

LECTURA ANTIFONAL

Hechos 2:44 Todos los que habían creído estaban juntos, y tenían en común todas las cosas; 45 y vendían sus propiedades y sus bienes, y lo repartían a todos según la necesidad de cada uno. **46 Y perseverando unánimes cada día en el templo, y partiendo el pan en las casas, comían juntos con alegría y sencillez de corazón,** 47 alabando a Dios, y teniendo favor con todo el pueblo. Y el Señor añadía cada día a la iglesia los que habían de ser salvos. **Efesios 2:17 Y vino y anunció las buenas nuevas de paz a vosotros que estabais lejos, y a los que estaban cerca;** 18 porque por medio de él los unos y los otros tenemos entrada por un mismo Espíritu al Padre. **19 Así que ya no sois extranjeros ni advenedi-** zos, sino conciudadanos de los santos, y miembros de la familia de Dios.

4:1 Yo pues, preso en el Señor, os ruego que andéis como es digno de la vocación con que fuisteis llamados, **2 con toda humildad y mansedumbre, soportándoos con paciencia los unos a los otros en amor.** 3 solícitos en guardar la unidad del Espíritu en el vínculo de la paz; **4 un cuerpo, y un Espíritu, como fuisteis también llamados en una misma esperanza de vuestra vocación;** 5 un Señor, una fe, un bautismo, **6 un Dios y Padre de todos, el cual es sobre todos, y por todos, y en todos.**

DATOS GENERALES ACERCA DEL TEMA

- **Enseñanza:** Debemos procurar no sólo el crecimiento numérico de las congregaciones, sino la comunión en amor de los miembros de la iglesia como la familia de Dios.
- **Autor:** Lucas y Pablo.
- **Personajes:** Lucas, Pablo, Cristo, los judíos y los gentiles.
- **Fecha:** Hechos, entre el 62 y el 64 d.C. Efesios, alrededor del año 62 d.C.
- **Lugar:** Probablemente Hechos fue escrito desde Cesarea y Efesios desde Roma.

BOSQUEJO DEL ESTUDIO

I. El ejemplo de familia en la primera Iglesia (Hechos 2:44-47)
   A. La iglesia, una comunidad de creyentes atenta a las necesidades de todos (2:44,45)
   B. La iglesia coincidía en la congregación, en la comunión y en la alabanza (2:46,47 a)
II. La Iglesia como familia de Dios es obra de Cristo (Efesios 2:17-19)
   A. Por medio de Cristo, judíos y gentiles tienen entrada al Padre (2:17,18)
   B. Somos conciudadanos de los santos y miembros de la familia de Dios (2:19)
III. La Iglesia solícita en guardar la unidad del Espíritu (Efesios 4:1-6)
   A. El andar digno de la vocación cristiana (4:1,2)
   B. Los componentes de la unidad espiritual de la familia de Dios (4:3-6)

Lucas describe en Hechos el alcance universal del evangelio. El mensaje de Salvación saldrá de Jerusalén, y será proclamado por los misioneros hasta lo último de la tierra.

LECTURAS DEVOCIONALES DIARIAS

Lunes: Los hermanos de la fe se dirigen a Dios como Padre nuestro (Mateo 6:9-13)

Martes: Cristo oró por la unidad de sus discípulos (Juan 17:11-23)

Miércoles: Pedro y Juan se congregaban para orar juntos (Hechos 3:1-10)

Jueves: Todas las cosas en común (Hechos 4:32-37)

Viernes: El pecado de Pedro y Bernabé en Antioquía (Gálatas 2:11-20)

Sábado: La multitud multicultural de los redimidos en el cielo (Apocalipsis 7:9-17)

INTRODUCCIÓN

Vivimos en medio de una sociedad que da culto al independentismo. Las personas quieren ser independientes la una de la otra, y vivir como quienes no tuviesen deberes para con los demás, y por ello, viven carentes de los derechos que vivir en familia puede otorgar. Pero la Iglesia fue concebida en la eternidad como una gran familia de carácter espiritual y filial donde sí somos responsables de nuestros hermanos. La metáfora de la *familia* aplicada a la iglesia nos ayuda a entender que somos el pueblo de Dios, que tenemos un Padre en los cielos y que somos llamados hermanos los unos a los otros. La Palabra de Dios habla de la Iglesia como el pueblo de Dios, como la comunidad de los redimidos, pero la identidad de la Iglesia como la familia de Dios, no solo habla de su carácter sobrenatural, sino del tipo de compañerismo que se espera entre los que la componen.

El enemigo de los creyentes asecha violentamente esta verdad práctica de la iglesia, trayendo disensiones y pleitos entre hermanos, porque sabe que ello representa una debilidad en la misión que Dios mismo ha asignado a los creyentes. El espíritu de Caín ha querido penetrar siempre en la casa de Dios, queriendo disfrazar ausencia de responsabilidad en el maltrato al hermano de la fe. Pero los hijos de Dios debemos saber que no solo tenemos el deber *vertical* de servir a nuestro Padre celestial, sino el deber *horizontal* de amar a nuestros hermanos. En las Sagradas Escrituras el amor a Dios tiene una relación obvia e irreversible con el amor a la familia de Dios, pues se establece: *El que ama a Dios, ame también a su hermano.* En esa hermandad debe estar ausente la acepción de personas, porque cada uno de los miembros de la familia tiene un lugar especial en la casa de Dios. De ese amor se desprende la doctrina del perdón, cuya práctica es esencial para la convivencia de los santos. Debemos perdonar siempre, como también Dios nos perdonó a nosotros en Cristo Jesús, pues si no viviésemos en paz aquí, no estaríamos aptos para la convivencia eterna en el cielo. Debemos orar y trabajar para comportarnos como miembros dignos de la familia de Dios.

DESARROLLO DEL ESTUDIO

I. EL EJEMPLO DE FAMILIA EN LA PRIMERA IGLESIA (Hechos 2:44-47)

Ideas para el maestro o líder

(1) Explique a los estudiantes el porqué de la diversidad de naciones representadas en Jerusalén el día de Pentecostés.

(2) Pregunte a la clase si cree que es aplicable hoy en forma exacta el vender las propiedades personales y repartir el dinero a los hermanos pobres.

Definiciones y etimología

* *Unánimes*. Es la palabra griega *jomodsumadón* que define un acuerdo, algo que es común a todos. Define aquello en que se es similar, en lo que se tiene el mismo sentir.

* *Templo*. Es la palabra *jierón*, que se traduce como lugar sagrado. A veces se refiere a los precintos enteros y a veces denota el santuario central del templo de Jerusalén.

A. La iglesia, una comunidad de creyentes atenta a las necesidades de todos (2:44,45)

La respuesta al mensaje de Pedro el día de Pentecostés fue contundente, como tres mil personas recibieron su palabra y fueron bautizados y añadidos a la Iglesia, a la familia de Dios. Los hijos de Dios en aquella ciudad desarrollaron una relación de compañerismo muy especial que los hacía convivir en una comunidad cristiana familiar. Las tenencias personales de los hermanos habían dejado de estar en la primera prioridad. Debemos aprender que cuando se recibe a Cristo, Él viene a ser para el creyente como la perla de gran precio, y todo lo material ocupa un lugar secundario. Ese fue el sentido de la primera iglesia que la

hizo practicar el compartir los bienes con sus hermanos de fe. Ellos no amaban solo de palabras, sino de hecho y en verdad. El sentido de comunidad cristiana también era el fruto de la verdad que habían recibido, tal y como Pedro la había entregado, a saber, que si se arrepentían y convertían, serían borrados sus pecados. Cuando los pecados son borrados el corazón alcanza limpieza y el amor, entonces, nace de un corazón limpio (1 Timoteo 1:5). Siempre que haya amor genuino manifestado a los hermanos, ello es el fruto de la pureza del corazón. La iglesia primitiva vivía en santidad, por eso vivía en amor.

Pero aquel sentido de familia cristiana llegaba más lejos. Los hermanos que tenían propiedades, heredades o casas las vendían y repartían el dinero a los hermanos que tenían necesidades. Esta actitud de desprendimiento de lo personal para atender a las necesidades de la familia de la fe es algo singular del Evangelio de Cristo. Desde el Antiguo Pacto Dios había enseñado a los hijos de Israel que tuvieran cuidado del pobre y que extendieran sus manos al necesitado (Deuteronomio 15:4, 7, 9, 11). Ahora, la Iglesia en sus inicios, tenía en Cristo un concepto mucho más elevado en cuanto a ser sensible a las necesidades personales de los santos. Debemos imitar el hecho de que, aunque era una iglesia de varios miles de hermanos, cada uno era atendido personalmente, la necesidad de cada uno era cubierta. Los creyentes deben ser conscientes hoy también de sus deberes para con cada uno de los hermanos de la fe. En la iglesia como la familia de Dios nadie es insignificante. Todos somos importantes para el enaltecimiento del reino de Dios y en la edificación mutua de los cristianos. La obra de amor de aquella familia fue tan evidente que en este mismo libro Lucas cita posteriormente que *ya no había entre ellos ningún necesitado* (Hechos 4:34). Cuando las necesidades básicas de la vida humana están cubiertas, se puede ser más útil en la misión que el Señor nos ha entregado. Dios no nos manda a ambicionar riquezas, pero su voluntad es suplir todo lo que nos falte, conforme a sus riquezas en gloria en Cristo Jesús (Filipenses 4:19).

B. La iglesia coincidía en la congregación, en la comunión y en la alabanza (2:46,47 a)

El carácter de la iglesia de Jerusalén como familia de Dios se hizo patente también porque los hermanos perseveraban unánimes cada día en el templo. Aquí aprendemos cuatro aspectos fundamentales de la familiaridad cristiana de la iglesia: (1) El verbo *perseverar* en el pasaje nos enseña que la iglesia tomaba en serio el amor fraternal entre los hermanos, a tal manera que hacía de su práctica algo en lo cual perseverar. La familia de Dios debe aprender que una de las características del amor es que este nunca deja de ser (1 Corintios 13:8). (2) La condición de *unánimes* en que estaban los hermanos muestra que todos tenían un mismo propósito en Cristo. Estar unánimes es una de las evidencias de que verdaderamente el amor de Dios ha sido derramado sobre una congregación. Debemos orar a Dios por ser de una misma mente en Cristo y de un mismo parecer en él. (3) La expresión *cada día* nos enseña que la vida familiar de aquella asamblea de hijos de Dios no ocurría esporádicamente, sino en forma cotidiana y periódica. Para ellos era grato encontrarse diariamente con sus familiares de fe. (4) El hecho de que esta perseverancia unánime y diaria ocurriera *en el templo* da a entender que la casa de Dios tenía una relevancia muy grande en sus corazones. El templo era el lugar de oración y de enseñanza de la Palabra. Jesús muchas veces enseñó en el templo, y Pedro y Juan subían juntos al templo a la hora de la oración. Así que el sentido de congregarse para escuchar la Palabra y para la oración conjunta, era una práctica por la cual se podría medir la salud espiritual de aquella familia cristiana.

El otro aspecto de coincidencia de los santos era la comunión entre ellos. Cuando hay amor en la familia cristiana, ninguna práctica ocurre forzadamente. Ellos se reunían a comer en las casas. En la Biblia, la mesa representa un lugar de comunión. Los cristianos partían el pan entre ellos y comían *con alegría y sencillez de corazón*. La Iglesia de hoy no debe descuidar estos gestos de amor fraternal. Hacerlos hablará positivamente del concepto de hermandad cristiana que se haya alcanzado entre los hijos

de Dios. Finalmente, aquella gloriosa iglesia no sustituía la adoración por ninguna de las prácticas amorosas anteriormente descritas. Ellos practicaban la alabanza a Dios. Pablo les dice a los Efesios que Dios ha escogido a sus hijos *para alabanza de su gloria* (Efesios 1:12). Por tanto, debemos dar a Dios en el culto público también la alabanza debida a su nombre. Los que han sido redimidos de la condenación, tendrán siempre muchos motivos para vivir alabando a Dios. Como resultado de aquella vida en congregación, en comunión y en alabanza, los hijos de Dios tenían favor con todo el pueblo y el Señor añadía cada día a la Iglesia los que habían de ser salvos. Si la Iglesia de estos tiempos cumple los principios revelados en el libro de Los Hechos, Dios también la hará avanzar y multiplicarse para su gloria.

Afianzamiento y aplicación

(1) Recordar a los estudiantes la necesidad de imitar los principios que hicieron poderosa la iglesia de Jerusalén en cuanto a su familiaridad cristiana.

(2) ¿Qué lección de conducta nos ofrece el hábito que tenía la primera iglesia de congregarse en el templo, de comer juntos los hermanos y de alabar a Dios en comunión?

II. LA IGLESIA COMO FAMILIA DE DIOS ES OBRA DE CRISTO (Efesios 2:17-19)

Ideas para el maestro o líder

(1) ¿Qué consecuencias tenía para los gentiles el hecho que estuviesen ajenos a los pactos de la promesa?

(2) Lea con los estudiantes Filipenses 3:20 y comente a la clase la manera plural como se habla de los beneficiarios de la ciudadanía celestial.

Definiciones y etimología

* *Entrada*. Del griego *prosagôgê* que significa literalmente conducido de la mano. Se aplicaba al ingreso de súbditos al rey por medio de alguien que los llevara a la presencia real (Ver Hebreos 10:19–22).

* *Paz*. En Efesios 2:17 el griego usa la palabra *eirene*, del verbo *eiro* que significa unir. Cristo anunció nuevas de paz, de unirnos con el Padre.

A. Por medio de Cristo, judíos y gentiles tienen entrada al Padre (2:17,18)

Cristo vino del cielo como el enviado del Padre para anunciar las buenas nuevas de paz a todos. Cristo es la dádiva amorosa de Dios para todo el mundo y todo el que se arrepiente y cree en Él se salva (Ver Juan 3:16). Cristo vino para anunciar las buenas noticias que todo hombre a través de Él puede hacer las paces con el Padre celestial. El Evangelio es absolutamente inclusivo, es para todo aquel que en él cree.

El apóstol Pablo enseña acerca de cómo Cristo anunció las buenas nuevas de paz. Primero se dan las buenas noticias a *vosotros que estabais lejos*, y luego a *los que estaban cerca*. La Escritura enseña que después que Cristo vino a lo suyo y los suyos no le recibieron, *a todos los que le recibieron, a los que creen en su nombre, les dio potestad de ser hechos hijos de Dios* (Ver Juan 1:11,12). Pero el orden en que Pablo dice que fueron dadas las buenas nuevas, es para resaltar la misericordia que Dios tuvo para los receptores de su carta y para con todos los gentiles, quienes estando tan lejos, las buenas nuevas de paz también se les predicaron a ellos. La expresión *a vosotros que estabais lejos* no se refiere solamente a distancia física. Ello es una descripción de lo separado de Dios que estaban los gentiles. Dios le dijo a Pablo, *te enviaré lejos a los gentiles* (Hechos 22:21). En el contexto mismo de Efesios 2 se dan cinco aspectos de lo lejano que estaban los gentiles respecto a la posibilidad de venir a formar parte de la familia de Dios: 1) Estaban sin Cristo (v. 12), 2) alejados de la ciudadanía de Israel (v. 12 b), 3) Ajenos a los pactos de la promesa (v. 12 c), 4) sin esperanza (12 d) 5) y sin Dios en el mundo (12 e). Pero fue tan grande el amor del Padre celestial que, a pesar de esa condición tan desafortunada, hasta esos gentiles despreciados llegó la noticia de un Salvador que les podía reconciliar con Dios. La primera iglesia de Jerusalén estaba compuesta mayoritariamente por hermanos judíos, pero para la fecha cuando la carta a los Efesios se escribe, ya era una vasta experiencia lo que había sido propiciado en el Calvario, que judíos y gentiles tenían entrada por un mismo Espíritu al Padre. Los judíos estaban más cerca porque Dios había tratado con ellos por muchos siglos y tenían la Ley, el templo, el culto y las promesas. Pero los gentiles también vinieron a formar parte de la familia de Dios, y ahora judíos y gentiles tenemos a través de Cristo entrada al Padre, o sea, comunión directa con él, entrada libre al Lugar Santísimo celestial. Cristo hizo la provisión para que viniésemos a ser miembros de la familia de Dios, y el Espíritu nos hace participar de ese regalo a través de la fe en el Señor Jesús. Judíos cristianos y gentiles que también siguen a Cristo, ahora son parte de la iglesia, la familia de Dios. Nunca debemos menospreciar a ningún hermano en la fe debido a su nacionalidad u otra condición, pues ahora en Cristo somos hermanos.

B. Los gentiles salvos son conciudadanos de los santos y miembros de la familia de Dios (2:19)

Esta porción de la Palabra revela la identidad de los creyentes gentiles en cuanto a su lugar entre los hermanos de la fe en todo el mundo. Los gentiles que son hijos de Dios ya no deben sentirse como extranjeros y advenedizos. En Cristo, no tienen un grado menor en la familia. La salvación viene de los judíos, pero no es una posesión única de ellos. Los gentiles están dentro del plan eterno de la conformación de la iglesia. Pablo les dice a los gentiles efesios que ellos fueron conocidos por Dios en Cristo y amados desde antes de la formación del mundo. Además, los gentiles no son advenedizos. El término *advenedizo* define a alguien que se ha introducido en un lugar o ambiente donde no le pertenece estar por condición. De modo que Pablo dice a los hermanos que en Cristo ellos no están fuera de los derechos de venir a ser parte de la Iglesia como la familia de Dios. Así que, no se deben sentir menos que los judíos cristianos, porque en verdad los gentiles son conciudadanos de los santos, y miembros de la familia de Dios. Estos dos rangos en la identidad de la iglesia gentil revelan más profundamente la bendición enorme que se recibe cuando se es un hijo de Dios y cuando se es parte de su familia, la iglesia. Miremos la connotación de esta bendición:

Debemos saber que los hijos de Dios somos ciudadanos del cielo. El mundo nos ve como extranjeros a ellos. No somos extranjeros para Dios ni para los demás hermanos de la fe, pero para el mundo sí lo somos. Los cristianos deben saber que son peregrinos en esta tierra, que van a su hogar celestial. Su ciudadanía está en los cielos, sus nombres están escritos en el libro de la vida, las buenas dádivas y todos los dones perfectos descienden de lo alto, del Padre de las luces. Cristo fue al cielo a preparar lugar para su pueblo y ha prometido volver y tomarlos a sí mismo para que donde Él ahora está, ellos también estén con Él para siempre.

La ciudadanía celestial; sin embargo, tiene un carácter plural en cuanto a su alcance. Todos los salvados en Cristo Jesús, al ser individualmente redimidos, a la vez, somos conciudadanos de los demás hermanos en la fe. Cuando el creyente entiende que su hermano cristiano tiene su nombre escrito en el mismo libro de la vida donde está el suyo, y que va a vivir eternamente en el mismo cielo donde él también ha de vivir, ello le ayuda a discernir mejor su membresía en la grande y diversa familia de Dios. Debemos pedir al Señor que desarrolle nuestra visión respecto a la familia de la fe para disfrutar de esa membresía especial en ella en la cual Dios no hace acepción de personas ni tampoco la hacen los verdaderos miembros de esa comunidad gloriosa. Ser miembros de la familia de Dios indica que tenemos todos los derechos y las responsabilidades asignadas por el Padre celestial a sus hijos y que tenemos en Cristo un destino divino de eternidad en la casa del Padre.

Afianzamiento y aplicación

(1) Recuerde a los estudiantes el deber de apreciar la misericordia de Dios para con los gentiles, que se manifestó al anunciarnos también las buenas nuevas, aunque estábamos lejos.

(2) ¿Cómo debe afectar nuestra conducta para con los hermanos el saber que tanto judíos como gentiles creyentes en Cristo somos conciudadanos del cielo y miembros de la familia de Dios?

III. LA IGLESIA SOLÍCITA EN GUARDAR LA UNIDAD DEL ESPÍRITU (Efesios 4:1-6)

Ideas para el maestro o líder

(1) Explique a los estudiantes por qué la humildad, la mansedumbre y la paciencia de los hermanos entre sí, es considerada por Pablo como un andar.

(2) Permita a los estudiantes recordar un ejemplo en el libro de los Hechos donde el Espíritu ayudó a los líderes a ponerse de acuerdo en asuntos importantes de la iglesia.

Definiciones y etimología

* *Vocación*. Es el término griego *klésis*, que significa *invitación o estado en que fue llamado*. Tiene la connotación de llamar o convidar en voz alta.

* *Solícitos*. Es la palabra griega *spoudázo* que significa *usar velocidad, hacer esfuerzo, ser pronto o ferviente, procurar con diligencia*.

A. El andar digno de la vocación cristiana (4:1,2)

Desde la cárcel donde se encontraba por causa de la predicación, el apóstol Pablo enseñó que la unidad en la familia cristiana es un pilar importante en la casa de Dios. Pablo presenta la práctica del amor cristiano como una conducta que se debe asumir. Por eso, les dice: *Os ruego que andéis como es digno de la vocación con que fuisteis llamados*.

También el mantener la comunión con los hermanos responde a la vocación a la cual el creyente es llamado. Los estándares de vida en Cristo son superiores a los que tenía el hombre cuando estaba sin salvación. Ahora estamos llamados a vivir en amor y a compartir ese amor que es del Espíritu, con los otros miembros de la familia de Dios. Así que, cuando el creyente vive en amor, su caminar está de acuerdo con la dignidad a la que el Señor lo llamó. Ahora Pablo da tres ingredientes que se deben tener en cuenta en la familia de Dios. Se debe andar *con toda humildad y mansedumbre, soportándoos con paciencia los unos a los otros en amor.*

Cristo anduvo humildemente en esta tierra. Al ser miembros de la familia de Dios, los cristianos deben conducirse de acuerdo a los principios divinos. El andar con toda humildad hará posible que no haya orgullo y vanagloria en el corazón. Esa humildad permitirá que los hermanos estimen a los demás como superiores a ellos mismos y que al ser usados por Dios en los dones y ministerios, el propósito siempre sea glorificar a Dios y edificar a los santos.

El andar con la mansedumbre que la vocación cristiana merece, permitirá a los hijos de Dios soportar con paciencia los vejámenes a los cuales son sometidos en este mundo. El contexto donde se nos dice que Moisés era más manso que todos los hombres que había sobre la tierra, revela que esa mansedumbre lo ayudó a no defenderse por sí mismo de las murmuraciones de María y de Aarón contra él (Ver Números 12:1-3). Cuando los hijos de Dios sufren calumnias y afrentas, siempre deben recordar que la venganza es del Señor y que no deben vengarse por sí mismos, sino dar lugar a la ira de Dios.

Para mantener la concordia entre los hermanos de la fe, estos deben soportarse con paciencia, en amor. En la familia de Dios hay niños espirituales y hay también hermanos que han alcanzado cierto grado de madurez. La paciencia permitirá soportarse mutuamente en sus diferencias de temperamentos, edades, grados de desarrollo espiritual y otros aspectos en los cuales se evidencia la diversidad que existe en los miembros de la familia de Dios. Pablo enseña que ese soportarse de los hermanos en forma paciente, es en amor. El amor cubre multitud de pecados, el amor perdona, el amor todo lo espera, todo lo soporta, el amor nunca deja de ser (Ver 1 Corintios 13:4-8).

B. Los componentes de la unidad espiritual de la familia de Dios (4:3-6)

Pablo ruega a los hermanos ser *solícitos en guardar la unidad del Espíritu en el vínculo de la paz.* Proteger la unidad entre los santos es algo que no se debe postergar. Ayudará a proteger esa unidad el saber que el Espíritu Santo es el protagonista de ella. Es *la unidad del Espíritu.* El Espíritu es garante de la afinidad entre los hijos de Dios. Los cristianos que andan conforme al Espíritu tendrán ese celo por garantizar el sentido de pertenencia entre los hermanos. La paz entre hermanos es un vínculo que sujetará las relaciones de la familia cristiana y las hará robustas y perdurables. Ahora Pablo detalla los componentes de la unidad del Espíritu.

Esa unidad tiene el elemento de *un cuerpo,* y obviamente se refiere al cuerpo de Cristo. Cristo es la cabeza de la iglesia y los creyentes son miembros distintos, con funciones específicas, pero deben trabajar en plena armonía con la cabeza y con los otros miembros del cuerpo. (2) Luego habla de un *Espíritu.* Hay un solo Espíritu con el cual los creyentes son sellados para el día de la redención, el cual les permite la comunión con el Padre a través de Cristo. Aunque los hermanos tienen diferentes dones, estos son dados por un mismo Espíritu. Es el mismo Espíritu que ayuda a los santos en su debilidad. (3) También todos los hijos de Dios tienen *una misma esperanza* de su vocación. Los filósofos griegos no creían en la esperanza como una virtud sino como una ilusión. Pero el Evangelio enseña a todos los hijos de Dios, *que es Cristo en vosotros la esperanza de gloria* (Colosenses 1:27). (4) Todos los creyentes tienen un Señor. Son siete componentes, pero este está en el centro. La iglesia nació visiblemente en Pentecostés donde Cristo fue presentado como el Señor y fue en Él que los oyentes depositaron su confianza para perdón de pecados y para obtener la vida eterna. Los hijos de Dios son muchos, pero tienen un solo Señor, Jesucristo. (5) Todos los hijos de la Casa tienen *una fe.* Todos los que creen en Cristo como Salvador, tienen en Él acceso con confianza al trono de la gracia. No hay dos maneras de llegar a Dios. No se llega a Dios a través de guardar la Ley y además por la fe en Cristo, sino que solamente los que en Él creyeren recibirán perdón de pecados por su nombre. (6) *Un bautismo*. Aquí la referencia parece ser al bautismo en aguas. Cada creyente debe recordar que la única manera de certificar el ingreso al Nuevo Pacto es a través del bautismo. La circuncisión era para el pacto con Abraham lo que el bautismo es para los cristianos. Cristo dijo: *El que creyere y fuere bautizado será salvo* (Marcos 16:16). (7) Todos en la familia de Dios tienen *un Dios y Padre de todos, el cual es sobre todos y por todos y en todos*. Él es el Padre de los que creen en Cristo para salvación. Ellos conforman una familia que está formada por los hijos de Dios de todo linaje, pueblo y nación. Debemos aprender que la unidad de la iglesia es un producto del trino Dios. Es *la unidad del Espíritu*, que tiene como centro *un Señor*, Jesucristo, y que tiene a *un Dios y Padre* que está sobre todos sus hijos y a favor de todos y manifiesta su vida en todos los que abracen la fe del Salvador.

Afianzamiento y aplicación

(1) Pida a la clase memorizar los siete componentes de la unidad espiritual de la familia cristiana.

(2) Reflexione con la clase sobre la absoluta humildad del Señor Jesús durante su ministerio público y especialmente frente a sus entregadores y matadores.

(3) Abra un espacio para que los estudiantes ofrezcan sus iniciativas sobre cómo ellos pueden cooperar hoy día con la armonía entre los miembros de sus respectivas congregaciones.

RESUMEN GENERAL

Según lo declara nuestro texto áureo, ya no somos extranjeros ni advenedizos sino conciudadanos de los santos y miembros de la familia de Dios. Por tanto, en el estudio hemos considerado el modelo familiar de la primera Iglesia, la de Jerusalén, donde el Espíritu Santo manifestó su unidad dándole un carácter de comunidad a la vida eclesiástica

y donde hubo un precioso derramamiento del amor de Dios. No se consideraban extraños los unos a los otros, sino que cada familia, estaban atentos a las necesidades de todos. Así desarrollaban la comunión entre ellos y alababan juntos al Señor quien los había ingresado a su familia. La Iglesia de nuestros días debe mirar a aquel principio para evitar que se enfríe el amor entre los hermanos y cultivar hoy también una relación de pertenencia entre los discípulos del Señor que coinciden en una comunidad.

Vimos además que la Iglesia como familia de Dios es una obra de Cristo, pues es por medio de Él que tanto judíos como gentiles tienen entrada a la participación de la gracia de Dios. Y ahora, en la familia de Dios todos debemos asumir la responsabilidad de guardar la unidad del Espíritu en el vínculo de la paz. Los hijos de Dios deben tener una conducta pacificadora para con sus hermanos de la fe, porque la Palabra dice que a paz nos llamó Dios.

Ejercicios de clausura

(1) El maestro o líder debe retar a los estudiantes a arreglar cualquier desavenencia que tengan con algún hermano en su comunidad cristiana.

(2) Terminen la clase con unas palabras de oración, en las cuales se ruegue a Dios que su Espíritu traiga unidad a la iglesia de nuestros días.

PREGUNTAS Y RESPUESTAS

1. ¿Cuál fue el fruto observado en la iglesia primitiva, como resultado de la verdad recibida por medio del apóstol Pedro? Explique.

Desarrollaron una relación de compañerismo que los hacía convivir en una comunidad cristiana familiar.

2. Según Hechos 2:46,47, ¿cuál era lo fundamental en la familiaridad cristiana de la iglesia? Explique

Su perseverancia: tomaban en serio el amor fraternal. Estaban unánimes: Muestra que tenían el mismo propósito en Cristo. Diariamente: Su vida familiar era cotidiana. El templo: tenía relevancia para ellos.

3. ¿Cuál era la condición de los gentiles, respecto a la posibilidad de formar parte de la familia de Dios, según Efesios 2:12?

1) Estaban sin Cristo; 2) Alejde la ciudadanía de Israel; 3) Ajenos a los pactos de la promesa; 4) Sin esperanza; 5) Sin Dios en el mundo.

4. ¿Cuáles son los tres ingredientes que se deben tener en cuenta en la familia de Dios?

1) Se debe andar con toda humildad. 2) Se debe andar con mansedumbre. 3) Se debe soportar con paciencia las diferencias individuales.

5. ¿Cuál fue el resultado que tuvo la iglesia por la vida de congregación, de comunión y de alabanza, según Hechos 2:47?

Tenían favor con todo el pueblo y el Señor añadía cada día a la iglesia los que habían de ser salvos.

PARA LA PRÓXIMA SEMANA

La iglesia es el cuerpo de Cristo, donde Cristo es la cabeza y cada uno de los creyentes es un miembro de ese cuerpo con propósitos específicos que Dios ha asignado a cada cual. La próxima semana vamos a estudiar esta verdad, y para ello, se recomienda a los estudiantes leer y escudriñar 1 Corintios 12.

LA IGLESIA COMO CUERPO DE CRISTO

Base bíblica

1 Corintios 12:12-27; Efesios 1:19-23

Objetivos

1. Analizar el concepto de la Iglesia como *cuerpo de Cristo* y la manera como los creyentes son colocados en ese cuerpo.
2. Concientizar a los miembros del cuerpo de Cristo respecto a su deber para con los demás hermanos de la fe.
3. Estimular a los hermanos a que salgan a cumplir su misión en el mundo usando la autoridad que Cristo les ha dado como su cuerpo.

Pensamiento central

La Iglesia es mucho más que una mera institución fraternal. La Iglesia es el cuerpo de Cristo donde Él se hace pleno en los que lo reciben como Salvador y Señor.

Texto áureo

Vosotros, pues, sois el cuerpo de Cristo, y miembros cada uno en particular (1 Corintios 12:27).

Fecha sugerida:____/_____/_____

LECTURA ANTIFONAL

1 Corintios 12:12 Porque así como el cuerpo es uno, y tiene muchos miembros, pero todos los miembros del cuerpo, siendo muchos, son un solo cuerpo, así también Cristo.

13 Porque por un solo Espíritu fuimos todos bautizados en un cuerpo, sean judíos o griegos, sean esclavos o libres; y a todos se nos dio a beber de un mismo Espíritu.

14 Además, el cuerpo no es un solo miembro, sino muchos.

15 Si dijere el pie: Porque no soy mano, no soy del cuerpo, ¿por eso no será del cuerpo?

16 Y si dijere la oreja: Porque no soy ojo, no soy del cuerpo, ¿por eso no será del cuerpo?

17 Si todo el cuerpo fuese ojo, ¿dónde estaría el oído? Si todo fuese oído, ¿dónde estaría el olfato?

18 Mas ahora Dios ha colocado los miembros cada uno de ellos en el cuerpo, como él quiso.

27 Vosotros, pues, sois el cuerpo de Cristo, y miembros cada uno en particular.

Efesios 1:19 ... y cuál la supereminente grandeza de su poder para con nosotros los que creemos, según la operación del poder de su fuerza,

20 la cual operó en Cristo, resucitándole de los muertos y sentándole a su diestra en los lugares celestiales,

21 sobre todo principado y autoridad y poder y señorío, y sobre todo nombre que se nombra, no sólo en este siglo, sino también en el venidero;

22 y sometió todas las cosas bajo sus pies, y lo dio por cabeza sobre todas las cosas a la iglesia,

23 la cual es su cuerpo, la plenitud de Aquel que todo lo llena en todo.

DATOS GENERALES ACERCA DEL TEMA

- **Enseñanza:** Los hijos de Dios somos un solo cuerpo en Cristo, donde Cristo es la cabeza y donde cada hermano es un miembro en particular.
- **Autor:** Pablo.
- **Personajes:** Pablo, Cristo, la Iglesia.
- **Fecha:** 1 Corintios, alrededor del año 56 d.C. Efesios, alrededor del año 62 d.C.
- **Lugar:** 1 Corintios, desde Éfeso. Efesios, probablemente desde Roma.

BOSQUEJO DEL ESTUDIO

I. La definición del cuerpo de Cristo y la inserción del creyente en él (1 Corintios 12:12-14; 19-20)

   A. La semejanza espiritual del cuerpo humano con el cuerpo de Cristo (12:12,14,19,20)

   B. La inserción del creyente en el cuerpo de Cristo (12:13)

II. La interrelación de los miembros del cuerpo de Cristo (12:15-17; 21-26)

   A. Los miembros del cuerpo de Cristo no se deben automenospreciar (12:15-18)

   B. Los miembros del cuerpo de Cristo no se deben sentir independientes de los otros (12:21-26)

III. La grandeza del poder dado al cuerpo de Cristo (Efesios 1:19-23)

   A. La supereminente grandeza del poder de Dios en Cristo (1:19-22 a)

   B. La iglesia como cuerpo de Cristo tiene bajo sus pies todas las cosas (1:22 b, 23)

LECTURAS DEVOCIONALES DIARIAS

Lunes: La unidad entre un cuerpo y un Espíritu (Efesios 4:1-6)

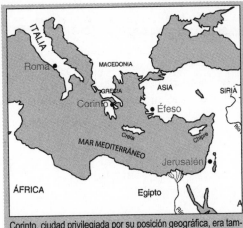

Corinto, ciudad privilegiada por su posición geográfica, era también cosmopolita, de gran prosperidad económica y lugar de placer. Allí llegó Pablo y fue recibido por Priscila y Aquila.

Martes: Los gentiles son miembros del mismo cuerpo (Efesios 3:1-6)

Miércoles: Los ministros que Dios ha puesto en el cuerpo (1 Corintios 12:28-31)

Jueves: Dios proveyó a los gentiles el mismo don que a los judíos (Hechos 11:5-18)

Viernes: Pentecostés, la gran añadidura al cuerpo de Cristo (Hechos 2:36-42)

Sábado: Cristo es la cabeza del cuerpo que es la Iglesia (Colosenses 1:15-23)

INTRODUCCIÓN

El apóstol Pablo le hizo la primera carta a los Corintios para corregir algunos errores de vida y práctica cristianas que estaban ocurriendo en la iglesia. La familia de Cloé había informado a Pablo sobre esas irregularidades y la intención del apóstol es poner en orden lo que estaba desarreglado en la congregación. Una de las áreas que tenía problemas serios en Corinto era la comprensión de ellos acerca del cuerpo de Cristo. Era una iglesia donde abundaban los dones espirituales, pero a la vez, los hermanos eran carnales y había pleitos y celos entre ellos. Aun el liderazgo apostólico era visto en forma distorsionada. Unos decían que eran de Pablo, otros que eran de Cefas, otros de Apolos y otros de Cristo. Pero el apóstol les escribe la maravillosa enseñanza acerca del cuerpo de Cristo, y para desarrollar su enseñanza les dice que Pablo no fue crucificado por ellos, sino Cristo. Por tanto, les hace ver

que las operaciones de Dios, los ministerios que da Cristo y los dones del Espíritu Santo a la iglesia no engrandecen a los depositarios de esas dádivas, porque la Iglesia es un cuerpo donde cada miembro funciona de acuerdo al don que ha recibido, y lo hace para gloria de Dios y para edificación de los otros miembros. La primera carta a los Corintios es un tratado sobre la unidad de la Iglesia y sobre cómo funciona armoniosamente el cuerpo de Cristo. Específicamente en el capítulo 12 el escritor, con la inspiración del Espíritu Santo, revela que la Iglesia es un cuerpo de creyentes donde Cristo ocupa un lugar de preeminencia. Es acerca de él de quien se trata cuando se quiere definir la naturaleza de la Iglesia.

Debemos estar confirmados en cuanto a la verdad que la Iglesia es del Señor pues Él la ganó por su propia sangre. Toda postura doctrinal que intenta desplazar a Cristo de su preeminencia, está fuera del propósito de Dios para su Iglesia. En nuestro estudio vamos a probar que Cristo y la Iglesia son un cuerpo, donde Él es la cabeza y todos los creyentes que en Él hayan sido redimidos y nacidos de nuevo, son su cuerpo. Y en ese cuerpo, cada cristiano es un miembro en particular.

DESARROLLO DEL ESTUDIO

I. LA DEFINICIÓN DEL CUERPO DE CRISTO Y LA INSERCIÓN DEL CREYENTE EN ÉL (1 Corintios 12:12-14; 18-20)

Ideas para el maestro o líder
(1) Pida a los estudiantes hacer sus comentarios acerca de la similitud entre el cuerpo humano y el cuerpo de Cristo.
(2) ¿Qué connotación tiene el hecho de que a todos se nos dio a beber de un mismo Espíritu en relación a nuestra inserción en el cuerpo de Cristo?

Definiciones y etimología

* *Compungidos.* Es el término griego *katanússo*, que tiene el significado de *perforar hasta atravesar, agitar violentamente. Da la idea de herir a manera de una cortadura.*

* *Bautizados en un cuerpo.* El término *bautizado* aquí usa la palabra griega *baptízo*, que infiere *dejar abrumado, completamente mojado, inundar, cubrir completamente.*

A. La semejanza espiritual del cuerpo humano con el cuerpo de Cristo (12:12,14,19,20)

En estos versículos de 1 Corintios 12, el apóstol Pablo menciona la figura de un cuerpo humano. La primera similitud que Pablo usa es el hecho de que el cuerpo siendo uno, tiene muchos miembros y cómo todos los miembros del cuerpo siendo muchos son un solo cuerpo. Entonces, dice: *así también Cristo.* Ello nos revela que la definición del cuerpo de Cristo es Cristo mismo. Él es la cabeza del cuerpo, y los miembros del cuerpo le pertenecen y se dirigen por Él. La iglesia no existiera sin Él. Esta definición presenta el carácter divino de la Iglesia como cuerpo de Cristo.

Pablo también, definiendo la Iglesia como cuerpo de Cristo, hace entender que el *cuerpo*

no es un solo miembro sino muchos. Esta congruencia entre el sentido singular del *cuerpo* y el sentido plural de *muchos*, expone la verdad que cada miembro del cuerpo se debe ver a sí mismo como parte de un todo, como miembro importante dentro de los otros miembros también importantes del cuerpo de Cristo. En el versículo 19 Pablo dice que, *si todos fueran un solo miembro, ¿dónde estaría el cuerpo?* Así que el concepto bíblico de la Iglesia como cuerpo de Cristo es también que Dios le ha dado asignaciones distintas de funciones a cada hermano. Todos no pueden ejercer el mismo don porque si así fuese, todos serían un solo miembro y ello le quitaría totalmente la naturaleza de cuerpo a la Iglesia. En la iglesia los miembros ejercen sus funciones específicas para bien de otros miembros, pero a la vez, ellos mismos obtienen beneficios espirituales para sí mismos a través de los dones que Dios ha dado a otros hermanos.

El versículo 20 amplía la idea: *ahora son muchos los miembros, pero el cuerpo es uno solo.* O sea, Dios ha concebido a la iglesia para que, en Cristo, todos los creyentes desarrollen los dones y las capacidades que hayan recibido. Esto siempre será el fruto de la permanencia en Cristo y de la interrelación entre todos los creyentes, aunque provengan de cualquier nación y de cualquier condición social. Cada creyente debe, por tanto, definirse a sí mismo como un miembro de Cristo y por consecuencia lógica, también de la Iglesia del Señor. Cualquier definición personal que el creyente haga fuera de estos parámetros divinos, donde apunte a uno solo de estos dos componentes, sería una clara evidencia de la no comprensión de Cristo. La Iglesia es el cuerpo de Cristo, por ello, la comunión con la cabeza y con los otros miembros es por naturaleza, un deber irreversible del cristiano para su buen funcionamiento, crecimiento y provecho dentro de la Iglesia del Señor.

B. La inserción del creyente en el cuerpo de Cristo (12:13)

El agente de la inserción de los creyentes en el cuerpo de Cristo es el Espíritu Santo:

Por un solo Espíritu fuimos todos bautizados en un cuerpo. La figura de ser bautizados en el cuerpo de Cristo, debe diferenciarse del bautismo en agua. El bautismo en el cuerpo de Cristo es una obra sobrenatural que ningún hombre la puede ministrar a otro, sino que es obra del Espíritu Santo. Pero, además, debemos entender que el Espíritu bautiza al creyente *en un cuerpo*, o sea, en la iglesia. Cuando una persona cree y acepta a Cristo como Salvador, el Espíritu Santo lo hace parte de la iglesia. El día de Pentecostés como tres mil personas recibieron el mensaje de Cristo a través de Pedro; ellos se arrepintieron de sus pecados, se convirtieron al Señor y fueron bautizados en las aguas. Lucas relata acerca del efecto de aquella conversión: *Y se añadieron aquel día como tres mil personas* (Hechos 2:41). Ellos fueron bautizados por el Espíritu Santo en un cuerpo. Cuando dice que *fueron añadidos*, debemos entender que se está refiriendo a haber sido añadidos a Cristo, por tanto, fueron añadidos también a la iglesia, la cual es su cuerpo. Por esta interrelación entre Cristo y su iglesia es que luego leemos el testimonio de que el Señor añadía cada día a la iglesia los que habrían de ser salvos (2:47). El mensaje que Pedro predicó en Pentecostés no fue acerca de la iglesia, sino acerca de Cristo. Lo que Pedro brindó fue arrepentirse y creer en Cristo para salvación. Así que el mismo contexto nos hace claro el hecho que fueron añadidos a Cristo, y por consecuencia directa, a su iglesia.

El Espíritu Santo es el Espíritu de Cristo y Cristo es la cabeza del cuerpo, o sea, de la iglesia. Por tanto, cuando el Espíritu de Cristo viene a morar en el creyente, su presencia en el cristiano es una inmersión en el cuerpo de Cristo. Por ello Pablo dice en Romanos 8:9, que *si alguno no tiene el Espíritu de Cristo no es de Él*, o sea, no pertenece a Cristo, entonces, no pertenece al cuerpo de Cristo. Debemos entender que el Espíritu que nos sumerge en el cuerpo de Cristo no es patrimonio de un tipo especial de la raza humana. La expresión, *fuimos todos bautizados* revela que el Espíritu Santo viene a morar en todos los que reciben a Cristo como el Salvador. Y el mismo versículo 13 da una lista de los que componen por acción del Espíritu el cuerpo de Cristo: *sean judíos o griegos, sean esclavos o libres*. El Espíritu Santo viene a vivir en creyentes tanto judíos como gentiles y de todo rango social; para Dios no hay acepción de personas. *A todos se nos dio a beber de un mismo Espíritu*. El mismo Espíritu que está en nosotros está también en millones de hermanos nuestros en toda la faz de la tierra. La Iglesia del Señor debe tener una visión amplia sobre el amor de Cristo y su deseo de salvar a todos para que todos puedan ser insertados espiritualmente en Cristo, en su cuerpo, en su iglesia.

Afianzamiento y aplicación

(1) Comente con los estudiantes cuán peligroso es para el cuerpo de Cristo un hombre como Diótrefes, a quien le gustaba tener el primer lugar (3 Juan 1:9).

(2) ¿Por qué la religión no puede introducir a los hombres al cuerpo de Cristo y el Espíritu Santo sí?

II. LA INTERRELACIÓN DE LOS MIEMBROS DEL CUERPO DE CRISTO (12:15-17; 21-26)

Ideas para el maestro o líder

(1) Pregunte a la clase: ¿Por qué el pie no se debe sentir menos importante que la mano ni la oreja que el ojo en el cuerpo de Cristo?

(2) Abra un espacio para que los estudiantes cuenten un relato bíblico donde los hermanos mostraron preocupación los unos por los otros.

Definiciones y etimología

* *Imputación*. Significa atribuir, reconocer o achacar algo a alguien. En el hebreo es la palabra *ḥāšaḇ*, que se traduce de varias maneras: imputar, considerar, estimar, designar, contar por, tener por, legar.

* *Desavenencia*. El término se traduce del griego *sjísma* que habla de una división o brecha, de rotura, de disensión. Significa también *partir, cortar, rasgar, romper*.

A. Los miembros del cuerpo de Cristo no se deben auto menospreciar (12:15-18)

En el versículo 18 Pablo sienta las bases acerca del lugar que cada miembro del cuerpo de Cristo ocupa en él, al decir: *Mas ahora Dios ha colocado los miembros cada uno de ellos en el cuerpo, como él quiso.* No es prerrogativa del creyente colocarse en el lugar que le pareciere mejor en el cuerpo. Por tanto, debe haber absoluta satisfacción en cada creyente en cuanto a cumplir la misión asignada por Dios de acuerdo al lugar que Dios le ha dado en el cuerpo. Esta es la conclusión de la verdad que ha tratado antes en la sección de los versículos 15 – 17 donde el apóstol hace mención a que ningún miembro se debe sentir inferior a otro miembro, porque ciertamente es Dios quien lo ha colocado en esa posición y para esa función en la iglesia. Tomando la figura del *pie* que se pudiera creer inferior a la *mano* y de la *oreja* que se pudiera creer inferior al *ojo*, Pablo explica que en realidad el pie es del cuerpo al igual que la mano lo es, y la oreja es del cuerpo, así como el ojo lo es. Nadie es mejor que el pie para caminar y nadie mejor que la oreja para oír. A la vez, el pie no sirve para lo que la mano sirve y la oreja no sirve para lo que el ojo sirve. La enseñanza aquí es que Dios no tiene miembros de inferior categoría en el cuerpo de Cristo, en la iglesia. Dios no habla acerca de los creyentes en Cristo como pudiera hablar el pie o la oreja en este pasaje. Ningún hermano se debe sentir inferior a otro por razón de la función que se le ha asignado en el cuerpo, porque nadie hace mejor que él aquello que Dios le ha mandado a hacer. Por ejemplo, los pies de aquel obrero personal que va a los campos blancos a hacer la obra de evangelismo, son de una importancia insustituible en la Iglesia del Señor. Ese hermano nuestro que va de puerta en puerta llevando las buenas nuevas de salvación, es tan útil en el reino de Dios, que la propia Biblia exalta su valor diciendo, *cuán hermosos son sobre los montes los pies del que trae alegres nuevas…* (Isaías 52:7). Ese misionero, a veces en anonimato, no debe menospreciarse ante aquel a quien Dios usa en imponer las manos y que ocurran sanidades y milagros. Dios sabe que tanto el misionero como el que hace milagros, ambos son de gran utilidad al cuerpo de Cristo. Ninguno de los miembros de la iglesia del Señor está llamado a ser igual que otro, pero sí a mantener una armonía sana con todo el cuerpo. Todos somos miembros de Cristo y, por tanto, todos somos miembros los unos de los otros. Saber la identidad personal que Dios nos ha dado en el cuerpo es el primer paso para desarrollar efectivamente la labor que Dios nos ha dado a realizar. Y sentirse parte no inferior, sino funcionalmente singular, dentro de la iglesia es el segundo paso para vivir vidas fructíferas en la iglesia.

B. Los miembros del cuerpo de Cristo no se deben sentir independientes de los otros (12:21-26)

Los hermanos que tienen una posición de cierta estima en la iglesia no deben considerar que no necesitan de los otros hermanos del cuerpo. Los miembros del cuerpo de Cristo no deben sentir orgullo por la posición que Dios le haya dado en el cuerpo, porque, aunque se esté en una posición de eminencia, todavía todos los miembros se necesitan los unos a los otros. *Ni el ojo puede decir a la mano: No te necesito, ni tampoco la cabeza a los pies: No tengo necesidad de vosotros.* Los miembros de la iglesia tienen necesidades y Dios ha provisto en el mismo cuerpo la satisfacción de ellas. Hay miembros de la iglesia que parecen más débiles, pero que en realidad son los más necesarios. Así que se pudiera estar haciendo un juicio equivocado cuando se menosprecia a un hermano porque aparentemente no sea tan fuerte. A su vez, Pablo enseña que esos creyentes que parecen más débiles pudieran ser los *más necesarios.* Ellos tienen un tipo de aporte al cuerpo de Cristo que pudiera ser de mucha bendición a otros en lo que a beneficio espiritual de los demás hermanos se refiere.

Debemos también aprender a *vestir más dignamente* a aquellos hermanos que nos pudieran parecer menos dignos. El hecho de que nos parezcan menos dignos a nosotros no quiere decir que le parezcan menos dignos al Señor. La dignidad en el Evangelio no está determinada por la clase social o por el tipo de don que se ejerce en la iglesia, sino por la inserción en el cuerpo de Cristo. Cuando el Espíritu Santo nos sumerge en el cuerpo de Cristo, toda la dignidad del Señor viene a ser nuestra por imputación. El amor que emana de Cristo debe ser practicado en la iglesia en cuanto a vestir más dignamente a quienes parezcan menos dignos y a tratar con más decoro a los que parezcan menos decorosos. Pablo usa tres frases para hablar de la responsabilidad que tienen los hermanos en cuanto a armonizar con los que parecen más débiles o menos dignos o menos decorosos o que les falte un poco de honor. Con respecto a ellos orienta, vestirlos más dignamente, tratarlos con más decoro y darles más abundante honor. Esto evitará desavenencia en el cuerpo y conducirá a que los miembros se preocupen los unos por los otros. Esto incluye que, si un miembro padece, todos los miembros se duelen con él. Si un miembro es capaz de sentir como suyo el dolor de su hermano, este es un miembro del cuerpo que ha participado del amor de Cristo. Pablo añade que, si un miembro recibe honra, todos los demás miembros se deben gozar con él. Una congregación que cumpla estos principios de unidad cristiana, no solamente será armónica entre sí, sino que podrá cumplir con eficacia la misión que Cristo le ha asignado de evangelizar al mundo, discipular y enseñar a los nuevos discípulos y confirmar en la fe a todos los creyentes.

Afianzamiento y aplicación

(1) Pregunte a la clase: ¿Cómo mejoraría nuestra contribución al Evangelio el sentirnos satisfechos con la colocación que Dios nos ha dado en el cuerpo de Cristo?

(2) ¿Cómo debe influir en nuestra conducta el que Cristo mismo necesitara en su ministerio terrenal el servicio de dueños de barcas, de cabalgadura, de aposentos y de administradores para cubrir ciertas necesidades que tenía?

(3) ¿Qué aplicación puede tener hoy en la iglesia el dar más abundante honor en el cuerpo de Cristo a quien le falta?

III. LA GRANDEZA DEL PODER DADO AL CUERPO DE CRISTO (Efesios 1:19-23)

Ideas para el maestro o líder

(1) Si Cristo está sentado a la diestra de Dios sobre todo principado de maldad, ¿por qué todavía su cuerpo, su iglesia tiene una lucha férrea contra estos principados y potestades?

(2) ¿Qué experiencia dice Pablo en Efesios 3:19 que debe procurar cada miembro del cuerpo de Cristo en relación a la plenitud de Dios?

Definiciones y etimología

* *Plenitud.* Es el término griego *Pléroma,* que significa *lo que llena, cumple o completa algo.* *Pléroma* era la totalidad de los recursos y poderes divinos que residían en Cristo (Juan. 1:16; Efesios. 3:19), recursos que él suministra a su cuerpo.

* *No solo en este siglo.* La palabra *siglo* aquí es el término griego *aión* que identifica una duración continuada. Habla de una edad, de una era, de perpetuidad.

A. La supereminente grandeza del poder de Dios en Cristo (1:19-22 a)

El apóstol Pablo habla ahora a la iglesia de los Efesios para hacerle entender el poder de Dios que se ha dado al cuerpo de Cristo, a la iglesia. Dice que ora para que los hijos de Dios puedan conocer la supereminente grandeza del poder de Dios para con nosotros los que creemos. El creer en Cristo para salvación da acceso al creyente a participar de Dios como hijo, y por ello, a participar del poder de Dios. No hay alguien en el cuerpo de Cristo que reciba menos de ese poder. El poder de Dios es para *todos.* Todos los creyentes en Él vienen a ser partícipes de ese grande y eminente poder de Dios. Aquí se está hablando de beneficios recibidos de Dios por la administración de su poder. En Cristo, la buena voluntad de Dios para con los hombres, está respaldada por su grande y supereminente poder.

El poder de Dios para con los creyentes es según la operación del poder de su fuerza. Es el poder de Dios a favor de los creyentes. Es la operación de la fuerza de Dios que actuó en Cristo al resucitarle de los muertos y sentarle a su diestra en los lugares celestiales. El poder de Dios es tan supereminentemente grande, que su fuerza operó en Cristo y lo resucitó. La expresión *lo resucitó de los muertos* no sólo se está definiendo el acto mismo de vivificar su cuerpo que estaba muerto. También la expresión contiene la singularidad de esa resurrección en relación con los otros muertos que habían resucitado en la historia bíblica. En Hebreos 13:34 la Palabra dice que Dios *le levantó de los muertos para nunca más volver a corrupción.* Por la operación del poder de la fuerza de Dios en Cristo, Él vino a ser el *primogénito de entre los muertos*, o sea, el primero de los que resucitan para nunca más morir. Debe también alentar a los creyentes el testimonio de la ascensión de Cristo cuarenta días después de haber sido levantado de los muertos. Dios sentó a Cristo a su diestra en los lugares celestiales, y ahora, Pablo ofrece cinco rangos de autoridad espiritual sobre los cuales Cristo ejerce autoridad en su posición a la diestra de Dios: *sobre todo principado y autoridad y poder y señorío, y sobre todo nombre que se nombra, no sólo en este siglo, sino también en el venidero.* Cristo está sobre toda autoridad angelical y humana, sobre todo poder espiritual y humano, sobre todo señorío y está por encima de todo nombre que se nombre, tanto ahora como en el siglo venidero. Pablo quiere que los hermanos entiendan que Cristo como cabeza de la Iglesia que tiene el rango más alto y la más grande dignidad en los cielos y en la tierra, y que de él hemos venido a participar cuando somos insertados en la iglesia por el Espíritu Santo.

B. La Iglesia como cuerpo de Cristo tiene bajo sus pies todas las cosas (1:22 b,23)

El poder de Dios en Cristo se constituye en un beneficio indescriptible para los creyentes en Él. Cuando el Padre resucitó a Cristo y lo ascendió a su diestra, en el mismo acto Dios también sometió todas las cosas bajo sus pies. Aquí tenemos dos operaciones extraordinarias del poder de Dios que tienen íntima rela-

ción con nosotros. No solo lo ascendió sobre todos; también, dice el versículo 22, que Dios hizo someter todas las cosas bajo los pies de Cristo. Siglos antes que Él naciera el Salmista había dicho: *Todo lo pusiste debajo de sus pies* (Salmos 8:6). Ahora a Cristo están sujetos ángeles, autoridades y potestades. Dios no dejó nada que no fuese sujeto a Él. No es sólo que todas las cosas están debajo de sus pies, sino que todas las cosas están sometidas a Él. Aquí sus pies ilustran su poder para destrozar las fuerzas del mal.

El mismo Dios que puso todas las cosas sometidas bajo los pies de Cristo, lo dio como cabeza sobre todas las cosas a la Iglesia. Dos veces en el mismo versículo 22 de Efesios 1 ocurre la frase *todas las cosas*. La primera vez que aparece es para decirnos que Dios sometió *todas las cosas* bajo los pies de Cristo, y la segunda, para enseñarnos que Dios lo dio como cabeza sobre todas las cosas a la Iglesia. El significado de esta verdad es que la Iglesia participa con Cristo de la victoria que el Padre le dio sobre todas las cosas, y, por tanto, la Iglesia puede erigirse en vencedora de las mismas fuerzas con que Cristo venció. El versículo 23 concluye la verdad que, así como el cuerpo es uno con la cabeza, también acontece en la relación entre Cristo y su Iglesia, son uno igualmente. Este misterio es tan real como maravilloso, pues Cristo (la cabeza) está en el cielo, y está también en todo el organismo (el cuerpo, la Iglesia), y también está en cada parte que compone ese cuerpo (los miembros). Cada creyente en Cristo que es parte de su cuerpo cuando mira a su hermano debe ver a Cristo en él. Como Cristo está en nosotros y nosotros en Él, el Padre juntamente con Cristo nos resucitó y nos hizo sentar en lugares celestiales con Él (Efesios 2:6). Igual es la promesa a sus discípulos cuando los envió a todas las naciones a hacer su obra. A ellos les dijo: *Y he aquí yo estoy con vosotros todos los días y hasta el fin del mundo, Amén* (Mateo 28:20). La Iglesia es el cuerpo de Cristo, por tanto, es la plenitud de Él. Así que, la Iglesia está llena de Él. Cristo llena a la Iglesia totalmente y la llena en todo. Al ser la cabeza de la Iglesia y saturarla de sí mismo, la Iglesia lo tiene todo de Él. Los miembros del cuerpo deben dar tal lugar a Cristo, que estén llenos de toda la plenitud de Dios. Deben crecer a la medida de la estatura de la plenitud de Cristo.

Afianzamiento y aplicación

(1) Dé oportunidad a los estudiantes para testificar brevemente acerca de victorias que Cristo les haya dado sobre las fuerzas del enemigo.

(2) Pregunte a los estudiantes: ¿De qué sirviera profesar ser de Cristo y exhibir una vida derrotada y dominada por los poderes del maligno?

RESUMEN GENERAL

La Iglesia es el cuerpo de Cristo y cada creyente un miembro en particular. El Espíritu Santo reveló a Pablo el misterio de la Iglesia como cuerpo de Cristo y él fue inspirado divinamente para escribir ese misterio, fundamentalmente en dos de sus epístolas, 1 Corintios y Efesios. Ahora sabemos mejor qué es realmente la Iglesia en su unión indivisible con Cristo. La operación del poder de Dios en resucitar a Cristo de los muertos y sentarlo a su diestra en los lugares celestiales, es la base del sustento y el cuidado que desde el cielo Cristo ejerce a favor de su Iglesia. Cada miembro de la iglesia se debe sentir igualmente importante, así como ninguno se debe auto menospreciar. Los hermanos no se deben sentir independientes de los que parecen más débiles dentro del cuerpo, porque en verdad, todos tienen una función asignada por Dios y todos se necesitan los unos a los otros. A medida que la Iglesia extiende su mensaje por el mundo y enseña la Palabra a los nuevos discípulos, debe también trabajar en sí misma para mantener la concordia armónica entre los distintos miembros del cuerpo de Cristo. Finalmente, la Iglesia debe ejercer la autoridad que disfruta de parte de su Señor, a quien el Padre ha colocado en un lugar de eminencia absoluta sobre los ángeles, sobre los demonios, sobre todas las autoridades y los nombres que han existido desde que el tiempo se cuenta y aun, en el siglo venidero.

Ejercicios de clausura

(1) Termine la clase con una oración, y rueguen juntos al Dios Todopoderoso para que cada hermano pueda *verse a sí mismo* en el cuerpo de Cristo y conocer para qué Dios lo ha colocado en él.

(2) Después de la oración, permita a los estudiantes expresar su amor en Cristo para con sus hermanos en la clase a través de saludos fraternales y palabras de confirmación.

PREGUNTAS Y RESPUESTAS

1. ¿Quién es el agente de la inserción de los creyentes en el cuerpo de Cristo?
Es el Espíritu Santo.

2. ¿Cómo sienta las bases Pablo, acerca del lugar de la ubicación de cada miembro del cuerpo de Cristo?
Al decir en 1Corintios 12: 18: "Mas ahora Dios ha colocado los miembros cada uno de ellos en el cuerpo, como él quiso".

3. ¿Por qué razón debe haber interdependencia en el cuerpo de Cristo?
Porque todos los miembros se necesitan mutuamente.

4. ¿Qué es lo que los hijos de Dios deben conocer, según la petición de Pablo?
La supereminente grandeza del poder de Dios para con nosotros los que creemos.

5. Además de la ascensión, ¿cuál fue otra operación extraordinaria del poder de Dios con Cristo según el versículo 22?
Dios hizo someter todas las cosas bajo los pies de Cristo.

PARA LA PRÓXIMA SEMANA

La familia de este nuevo milenio enfrenta enormes desafíos frente a los cambios que se están dando en los distintos campos del quehacer humano. Por esta razón, la próxima semana comenzaremos un nuevo ciclo de estudios sobre el tema: "Edificando familias saludables". Recomendamos la lectura de Génesis 6:1-22; 8:20-22, Hebreos 11:7 y 2 Pedro 2:5.

INTRODUCCIÓN AL CUARTO TRIMESTRE

En estos tiempos en que la familia está pasando por momentos de crisis en todos los aspectos de la vida, incluido el espiritual, es oportuno traer a la reflexión de la iglesia temas bíblicos que conduzcan a la reconquista de la vida familiar. Con ese fin se ha elaborado esta serie titulada "Edificando familias saludables". Es de suponer que si dicha situación continúa, los valores de la familia van a seguir desapareciendo. Es alarmante observar lo que sucede en los hogares de hoy. Existe tal desenfreno en las generaciones jóvenes, que los padres parecen haber perdido el control en su hogar. Los que han tratado de imponerse y aplicar cierta disciplina han sido acusados, aun por sus mismos hijos, de maltrato de menores; y muchos hasta han guardando prisión injusta, por disposición de tribunales indulgentes, ajenos a los principios morales de la fe bíblica. Por otra parte, hay también casos de verdadero maltrato, abuso y descuido de padres irresponsables, egoístas y faltos del verdadero amor filial. Necesitamos urgentemente volvernos a los fundamentos bíblicos.

Por eso, iniciamos nuestro recorrido con el cuadro del arca de Noé, porque en medio de aquel cataclismo extermi¬nador de la justicia divina, Jehová proveyó un medio eficaz para la salvación de toda su familia. De ahí que sea una necesidad imperiosa que cada padre cristiano se convierta en un incesante luchador por la salvación de su familia. Luego basados en las experiencias de Abraham veremos la importancia de la "Dirección espiritul de la familia", quien invocaba el nombre del Señor, construyendo altares, donde quiera que iba y se convirtió en el "padre de todos los creyentes". Abraham y su familia, fueron guiados por la mano de Dios; en cambio, Lot y los suyos se guiaban por lo que veían sus ojos. Los resultados de estas dos familias ilustran lo que está sucediendo en nuestros días.

Para el presente trimestre hemos escogido ejemplos que son de por sí elocuentes y fáciles de aplicar a la realidad familiar de hoy: la intercesión de Job por los suyos (Job 1); la importancia de la Palabra de Dios en el hogar (Deuteronomio 6:6-9); la demostración de amor y la lealtad de Rut por Noemí (Rut 1: 1-22); la entrega de David al ayuno y la oración por su hijo recién nacido (2 Samuel 12:16¬-25); los secretos de los Salmos y los Proverbios para el bienestar de la familia; la proteccion contra el estrés y la ansiedad, la protección contra la inmoralidad; y muchos otros recursos de las Escrituras, que serán de incalculable valor para padres e hijos durante estas semanas. Rogamos a los maestros, líderes y pastores que adapten estos materiales a sus necesidades particulares y las presenten de tal manera que todos sean beneficiados. Enriquezcan cada lección con sus propias experiencias y las de sus alumnos; y, sobre todo, déjense usar por el Espíritu Santo, nuestro Maestro y Guía en la tarea de la docencia cristiana.

LA PROMESA DE SALVACIÓN PARA LA FAMILIA

ESTUDIO BÍBLICO 14

Base bíblica

Génesis 6:1-22; 8:20-22

Objetivos

1. Destacar que Dios está interesado en la salvación de todos los miembros de la familia.
2. Comprender que la pérdida de los valores tradicionales conduce al caos y al juicio divino.
3. Motivar a cada participante para que haga realidad su salvación y la de su familia.

Pensamiento central

La promesa de Dios de salvar a Noé y a sus hijos por medio del arca es una prueba de que Él está interesado en la salvación de toda la familia.

Texto áureo

Por la fe Noé, cuando fue advertido por Dios acerca de cosas que aún no se veían, con temor preparó el arca en que su casa se salvase (Hebreos 11:7).

Fecha sugerida:___/____/____

LECTURA ANTIFONAL

Génesis 6:9 Estas son las generaciones de Noé: Noé, varón justo, era perfecto en sus generaciones; con Dios caminó Noé.

10 Y engendró Noé tres hijos: a Sem, a Cam y a Jafet.

11 Y se corrompió la tierra delante de Dios, y estaba la tierra llena de violencia,

12 Y miró Dios la tierra, y he aquí que estaba corrompida; porque toda carne había corrompido su camino sobre la tierra.

13 Dijo, pues, Dios a Noé: He decidido el fin de todo ser, porque la tierra está llena de violencia a causa de ellos; y he aquí que yo los destruiré con la tierra.

14 Hazte un arca de madera de gofer; harás aposentos en el arca, y la calafatearás con brea por dentro y por fuera.

15 Y de esta manera la harás: de trescientos codos la longitud del arca, de cincuenta codos su anchura, y de treinta codos su altura.

16 Una ventana harás al arca, y la acabarás a un codo de elevación por la parte de arriba; y pondrás la puerta del arca a su lado; y le harás piso bajo, segundo y tercero.

17 Y he aquí que yo traigo un diluvio de aguas sobre la tierra, para destruir toda carne en que haya espíritu de vida debajo del cielo; todo lo que hay en la tierra morirá.

18 Mas estableceré mi pacto contigo, y entrarás en el arca tú, tus hijos, tu mujer, y las mujeres de tus hijos contigo.

DATOS GENERALES ACERCA DEL TEMA

- **Enseñanza:** Noé y su familia constituyen un testimonio de que sí se puede mantener una familia temerosa de Dios en medio de una sociedad impía y corrupta.
- **Autor:** Moisés
- **Lugar:** El área del golfo Pérsico en la antigua Mesopotamia,
- **Fecha:** Desconocida
- **Personajes:** Noé, su familia y la generación impía.

BOSQUEJO DEL ESTUDIO

I. Una generación impía y condenada (Génesis 6:1-7)
  A. La mezcla de lo sagrado y lo profano (6:1-5)
  B. Un castigo justo y merecido (6:6,7)
II. Una familia justa en un mundo impío (Génesis 6:8-16)
  A. Un creyente ejemplar en un mundo impío (6:8,9)
  B. La salvación una obra de gracia, fe y obediencia (6:10,13)
III. El plan divino de salvación para la familia (Génesis 6:14-22; 8:20-22)
  A. El arca de Noé un tipo de la salvación en Cristo (6:14-22)
  B. La adoración de una familia salvada (8:20-22)

El monte Ararat, en Turquía, es testigo mudo de algunos de los acontecimientos más dramáticos de la historia bíblica: el diluvio universal, el pacto entre Dios y Noé y la salvación de su familia.

LECTURAS DEVOCIONALES DIARIAS

Lunes: La corrupción y perversión de la familia (Génesis 6:1-5)

Martes: El pesar divino por la corrupción humana (Génesis 6:6-8)

Miércoles: Un hombre justo y obediente en un mundo impío (Génesis 6:8-22)

Jueves: Una familia agradecida por el cuidado divino (Génesis 8:15-22)

Viernes: La fe y el testimonio de Noé condenaron al mundo (Hebreos 11:7; 2 Pedro 2:5).

Sábado: Una familia salvada por la fe en el Señor Jesús (Hechos 16:29-34)

INTRODUCCIÓN

La familia al comienzo de este nuevo milenio enfrenta enormes desafíos frente a los cambios acelerados que se están dando en todos los campos del quehacer humano. Es alarmante observar lo que sucede en los hogares de hoy: la pérdida de valores, la falta de autoridad de los progenitores, el desenfreno de las nuevas generaciones. Existe tal desorientación en la sociedad, que parece que la institución de la familia ha perdido el rumbo y el control. Iniciamos esta serie de estudios yendo en el tiempo a una época también muy convulsionada en la cual una sola familia sobrevive a una crisis generacional. Noé y su familia a quienes les correspondió vivir en una época muy difícil; donde el pecado sobreabundaba, la sociedad estaba corrompida y cuando nadie buscaba agradar a Dios. Dice el registro bíblico: *Todo designio de los pensamientos del corazón de ellos era de continuo solamente el mal.* Tanta era la necedad del hombre de hacer lo malo, que llegó al grado de entristecer a Dios. Él había espe-

rado por años a que la humanidad cambiara, se arrepintiera y volviera hacia Él, pero no fue así, entonces, decidió poner punto final a la situación. Dios dijo que raería no solo al hombre, sino todo lo que había creado. Pero cuando justamente había dicho esto, *Noé halló gracia ante los ojos de Jehová.* Dios miró que aún quedaba alguien fiel a su creador, un padre de familia que se esforzaba día y noche por enseñar a sus hijos, que sin importar lo que los demás hicieran, él mantendría su fe en Dios. Noé sabía que lo único bueno que había para sus hijos en esa sociedad que lo rodeaba era permanecer fiel en los caminos de su Dios. Jehová proveyó un medio eficaz para la salvación de toda su familia, y preservó a Noé y los suyos de la destrucción total. Al parecer la situación en el día de hoy no es mejor que en los días de Noé, Jesús le dio un sentido escatológico al diluvio: *Porque como en los días antes del diluvio estaban comiendo y bebiendo, casándose y dando en casamiento, hasta el día en que Noé entró en el arca y no entendieron hasta que vino el diluvio y se los llevó a todos, así será también la venida del Hijo del Hombre* (Mateo 24:37,38). Es urgente salvar la familia, y Él ha prometido guardar a los que les buscan y se refugian en su presencia. Sigue resonando la promesa: *Cree en el Señor Jesucristo, y serás salvo, tú y tu casa* (Hechos 16:31).

DESARROLLO DEL ESTUDIO

I. UNA GENERACIÓN IMPÍA Y CONDENADA (GÉNESIS 6:1-7)

Ideas para el maestro o líder

(1) Señale en un mapa la antigua Mesopotamia, el golfo Pérsico, los cuales constituyeron el área del diluvio.

(2) Comparen la violencia y corrupción del mundo en los días de Noé, con las críticas condiciones del mundo actual.

Definiciones y etimología

* *Los hijos de Dios* (v.1). Algunos han sugerido que los "hijos de Dios', eran los ángeles que no guardaron su dignidad (Judas 6), pero en el Nuevo Testamento se dice de manera expresa que los ángeles no se dan en casamiento (Mateo 22:30), la interpretación judeo-cristiana señala la mezcla y el fracaso del linaje piadoso de Set, con el linaje impío de Caín.

* *Estaba la tierra llena de violencia* (v.11). El término "tierra" se refiere a aquella región del mundo antiguo, ya poblada por gente, que se había corrompido en su maldad.

A. La mezcla de lo sagrado y lo profano (6:1-5)

El ambiente moral y espiritual de los antediluvianos en medio del cual vivió Noé y le correspondió educar a su familia, empieza a describirse desde los primeros capítulos del Génesis. La expresión "los hijos de Dios" de 6:2 designa a los hombres justos, descendientes de la familia de Set; mientras que "las hijas de los hombres" correspondía a la descendencia impía de Caín, con quienes se mezclaron e hicieron alianzas. Desde el principio el enemigo ha promovido en forma sutil la mezcla de lo que es de Dios con lo que es del mundo para manchar y debilitar el testimonio del creyente. Esta alianza podría tener la apariencia de algo deseable, civilizado, ventajoso pues leemos que, como resultado de esta mezcla, surgieron *los valientes que desde la antigüedad fueron varones de renombre* (6:4), pero Dios no le dió su aprobación. En la narración biblica, vemos que estas uniones tuvieron consecuencias desastrosas. *Y vió Jehová que la malicia de los hombres era mucha en la tierra, y que todo designio de los pensamientos del corazón de ellos era de continuo solamente el mal.* Es cierto que Él no mira como el hombre mira. Sus pensamientos no son como nuestros pensamientos. Eso sucede cuando se mezcla lo sagrado con lo profano. Si la semilla buena no se conserva buena y pura, pierde su derecho de ser fiel y de propagar la verdad. Como dijera Jesus: *Si la sal pierde su sabor no sirve mas para nada....* El esfuerzo de Satanás siempre se ha dirigido hacia la destrucción de la semilla santa, y en su frustrado intento, la procura corromper, como la cizaña en medio del trigo. Es de suma importancia comprender bien lo que la historia biblica nos quiere dar a entender por esta unión entre "los hijos de Dios" y "las hijas de los hombres." Existe hoy el peligro en los esfuerzos de algunos para comprometer la verdad en aras de la armonía y la unidad, al promover un "ecumenismo disfrazado". Suavizamos la doctrina, negociamos los principios y valores bíblicos, nos volvemos complacientes ante el pecado y aceptamos formas liberales de conducta, con el pretexto de que los tiempos han cambiado. Es preciso defendernos contra estos compromisos diabólicos. El lema del cristiano debe ser siempre: *Contender ardientemente por la fe que ha sido una vez dada a los santos* (Judas 3).

B. Un castigo justo y merecido (6:6,7)

La mezcla de los justos con los impíos llamados aquí "gigantes", "valientes" y "varones de renombre"; desencadenó toda clase de violencia, maldad y corrupción. No menos de siete veces se deplora en Génesis 6

(vv. 3,5,11,12,13), la condición degenerada y violenta en que habían caído los pobladores antediluvianos, todo apuntaba a una total y desastrosa ruina de la humanidad. En momentos como estos la justicia de Dios no sólo se hace necesaria sino urgente. La difícil expresión de 6:6: *Se arrepintió Jehová de haber hecho hombre en la tierra*, no debe tomarse como si Dios no supiera qué hacer en medio de una crisis, o como si las circunstancias lo hicieran cambiar de parecer (véase 1 Samuel 15:29). Esta es una expresión antropomórfica, con la que se denota el dolor de un Dios ofendido y decidido a derramar sus juicios. La veracidad histórica del diluvio es un hecho irrefutable. La catástrofe universal del tiempo de Noé fue una inigualable tormenta huracanada que provocó el más terrible maremoto con el cual exterminó Dios a la degenerada, corrupta y violenta generación de aquellos días. Las pruebas materiales de dicho juicio se han venido corroborando con el testimonio de la arqueología y la literatura universal. El mensaje del terrible juicio del diluvio es relevante para el mundo de hoy, y también lo son los medios que Dios provee para la salvación de los que creen y le obedecen. Esta ilustración se ve de dos maneras: (1) La asombrosa analogía que hay entre lo sucedido en los días de Noé y lo que estamos viviendo ahora, una sociedad totalmente depravada, cínica, apóstata, mezclada, confusa y peligrosamente violenta. La corrupción y la violencia del mundo moderno es una multiplicación de lo que sucedió en aquel tiempo. (2) Los "hijos de Dios" se están enredando con los hijos del diablo; los "gigantes" han vuelto a aparecer y manejan la televisión, la radio, la prensa, el cine, las drogas, las armas, el sexo y todo lo que pudiéramos mencionar. No obstante, existe en Génesis 9:11-17 la promesa de que Dios no destruirá más al mundo con diluvio. Ahora los juicios serán diferentes, y, aunque ningún culpable escapará de la mirada escrutadora del Juez eterno, los que se refugien en Jesucristo serán salvos. Dios ha provisto los medios de gracia para salvar al pecador hoy. El arca es un tipo maravilloso de la salvación obrada por Jesucristo, en la cual se ha hecho provisión para toda la familia.

Afianzamiento y aplicación

(1) Reflexionen que a pesar de que el hombre ha mejorado su entorno y calidad de vida, la corrupción y la maldad no han disminuido, al parecer tenemos nuevos "gigantes".

(2) ¿Cómo probamos que Dios estaba interesado en salvar a toda la familia de Noé?

II. UNA FAMILIA JUSTA EN UN MUNDO IMPÍO (GÉNESIS 6:8-13)

Ideas para el maestro o líder

(1) Lean nuevamente este pasaje y pida a la clase que señale lo que hizo Dios y lo que tuvo que hacer Noé en este plan salvador.

(2) Provoque comentarios acerca de estos hechos para que destaquen cuáles pertenece a la gracia de Dios, cuáles a la fe y cuáles a la obediencia.

Definiciones y etimología

* *Perfecto en sus generaciones*. Las generaciones contemporáneas de Noé, podían ser sus bisabuelos, abuelos, padres, hijos nietos y biznietos.

* *Y engendró Noé tres hijos: a Sem, a Cam y a Jafet*. Ellos con Noé, su padre y sus respectivas esposas, en total ocho personas, fueron los únicos que creyeron y entraron en el arca.

A. Un creyente ejemplar en un mundo impío (6:8-13)

Aprendemos aquí que Jehová es: *fuerte, misericordioso y piadoso; tardo para la ira, y grande en misericordia y verdad* (Éxodo 34:6). Estas características divinas se ven manifestadas en el juicio del diluvio. Por ciento veinte años en la persona de Noé y la construcción del arca, los antediluvianos tuvieron un mensaje claro acerca del inminente juicio de Dios (6:3). Noé hacía dos cosas. Una era la construcción del arca o barco, y otra, era la de testificar a la gente sobre lo que ocurriría (2 Pedro 2:5). Dios encontró en la persona de Noé, un hombre fiel a quien le compartió su plan de juicio para los pecadores, pero también de salvación para los creyentes. Aquí aprendemos que Jehová es un Dios personal, racional y comunicativo, que toma en cuenta al hombre, al que anda con Él, como Noé, para la realización de sus planes. Igual que como lo hizo con Abraham cuando iba a destruir a Sodoma y Gomorra, Dios le comunicó a Noé su decisión inalterable de acabar con la humanidad perdida (6:13). Dice la Escritura que Noé hizo todo conforme lo que Dios le mandó, sufrió sin duda alguna el rechazo de sus vecinos y de todo el que lo veía o escuchaba. A este padre, lo único que le importaba era la aprobación y bendición de Dios para él y su familia. No cuestionó absolutamente nada de lo que Dios le pidió. ¿De qué sirve una fe teórica? ¿Qué hubiera sucedido si se hubiese puesto a razonar y filosofar con Dios; o si la influencia de sus paganos contemporáneos lo hubiese hecho dudar y rechazar el mandato del Señor? Definitivamente, no habría habido arca, ni tampoco hubiera habido posibilidad de salvación. Dios le encomendó la tarea de construir una "casa flotante", enorme, en medio de un territorio seco y aunque esto no parecía tener sentido, Noé obedeció, sin ver, ni entender totalmente lo que sucedería. Ese barco era el único medio que Dios puso para la salvación y solo había un camino para poder entrar y solo tenía una puerta. Aun cuando nadie se arrepintió de su pecado, él siguió haciendo el trabajo que Dios le había encomendado. La gracia de Dios, su fe y obediencia, fueron suficientes para salvarse él, su familia y las muchas criaturas de diferentes especies.

B. La salvación una obra de gracia, fe y obediencia (6:14-16)

Tenemos que reaccionar ante el despliegue de la gracia divina que no permitió la extinción total del género humano ni de la fauna original. La gracia de Dios se ha manifestado en medio de las tormentas de sus juicios. La salvación de Noé y su familia, el rescate de Lot y sus hijas, la protección de los israelitas en Egipto en medio de las plagas, la promesa mesiánica: "Caerán a tu lado mil, y diez mil a tu diestra; mas a ti no llegará" (Salmo 91:7) y muchas otras citas bíblicas son ejemplos de la bondad salvadora de Dios. Uno de

los escritores del Nuevo Testamento no vaciló en elogiar la fe del héroe del cataclismo de Génesis: *Por la fe Noé, cuando fue advertido por Dios acerca de cosas que aún no se veían, con temor preparó el arca en que su casa se salvase; y por esa fe condenó al mundo, y fue hecho heredero de la justicia que viene por la fe* (Hebreos 11:7). Se requería de una fe firme para actuar como él lo hizo. Cuando Dios le dijo a Noé que entrara en el arca, él, su esposa, sus tres hijos y las esposas de sus hijos, junto con los animales vemos una vez más, la obediencia a Dios. Pues dice la Escritura que Noé sabía que faltaban siete días antes de que todo comenzara, por lo que Noé entró al arca sin ver algo que le hiciera pensar que todo lo que Dios dijo sucedería (7:1-5). Este paso, solo se logra con una fe firme y segura en la Palabra, como la de Noé. Quizá el viaje no fue lo más cómodo, pero era el único medio seguro para no perecer. Ese mismo grado de fe se necesita hoy para proclamar el evangelio, y entrar en el arca de Jesucristo para la salvación de todo aquel que cree (Romanos 1:16). Dios continúa interesado en la familia y ha provisto los medios para su salvación. El versículo 18 nos habla de un "pacto" con el propósito de salvar a Noé, su mujer, sus hijos y las mujeres de sus hijos. Esta es una figura de la salvación de toda la familia. Él está invitando a la familia a subir al arca y preservarla en medio de las tormentas. De igual manera se le da al carcelero de Filipo el arca espiritual para su salvación y la de los suyos: *Cree en el Señor Jesucristo, y serás salvo, tú y tu casa* (Hechos 16:31). Hagamos nuestro el gozo de Noé y su familia en el arca: entremos con toda nuestra familia al arca de la gracia, antes que la puerta se cierre y sea sellada la ventana de arriba.

Afianzamiento y aplicación

(1) Reflexionen que a pesar de que las condiciones que vivió Noé y su familia dentro del arca no fueron las mejores, era preferible estar dentro que estar afuera.
(2) ¿Qué tipificó el arca y qué parte nos toca a nosotros en el antitipo (Cristo) de ella?

III. EL PLAN DIVINO PARA LA SALVACIÓN DE LA FAMILIA (GÉNESIS 6:14-22; 8:20-22)

Ideas para el maestro o líder

(1) Intente hacer un recuento del tiempo que Noé estuvo dentro del arca. Del Diccionario Ilustrado de la Biblia, adaptamos la siguiente cronología: Llueve por 40 días y noches (7:17), las aguas crecen y prevalecen durante 110 días más (7:24). El agua desciende y el arca encalla, por 74 días (8:5). Noé espera 40 días y suelta un cuervo (8:6,7); espera 7 días más y suelta una paloma (8:8); a los siguientes 7 días vuelve a soltarla (8:10); Esperó 7 días más y envió de nuevo la paloma, la cual no regresó (8:12). A los 29 días siguientes Noé quita la cubierta del arca (8:13), finalmente 57 días después, por orden de Dios, salieron todos del arca (8:14-19); el tiempo total que permanecieron en ella fue de 371 días. ¿Qué opinión les merece?

(2) Comente la expresión bíblica de Hebreos 11:7, que dice: *Por la fe Noé... condenó al mundo?*

Definiciones y etimología

* *Hazte un arca.* La palabra hebrea tebháh es traducida por la Septuaginta como *kibotos* y designa una "casa flotante"; no precisamente un barco.

* *Madera de gofer.* La única equivalencia que hallan los eruditos es el ciprés, una madera resinosa y resistente al agua.

* *Harás aposentos.* Estas divisiones darían albergue a las cuatro familias: la de Noé y las de sus hijos y a todos los animales.

**La calafatearás.* Para que fuera impermeable, el arca habría de ser cubierta con asfalto, el cual era muy abundante en el valle arenoso y desértico de la Mesopotamia.

A. El arca de Noé un tipo de la salvación en Cristo (6:14-22)

Los versículos 14 al 16 dicen que esa casa flotante, de madera de ciprés, sellada con asfalto, medía 150 metros de largo, 25 de an-

cho y 15 de alto; tenía tres pisos, divididos en cuartos y tenía una sola ventana viendo hacia arriba. Es indiscutible que el evangelio es una obra... *conforme al propósito del que hace todas las cosas según el designio de su voluntad* (Efesios 1:11), pero si el hombre es desobediente, no recibirá los beneficios de su amor. El arca es un cuadro revelador del amor de Dios y de nuestra salvación en Cristo. Dios fue el que planeó la salvación y así mismo el arca, no las inventó ningún ser humano. Hay sólo un camino de salvación, Jesús dijo: *Yo soy el camino, y la verdad, y la vida; nadie viene al Padre, sino por mí* (Juan 14:6). Y había una sola puerta en el arca, también añadió: *Yo soy la puerta; el que por mí entrare, será salvo; y entrará, y saldrá, y hallará pastos* (Juan 10:9). El arca fue hecha de madera, lo cual habla de la humanidad de Jesucristo, quien se hizo hombre para salvarnos (Juan 1:14). La palabra que se usa para "calafatear" en 6:14 es la misma que posteriormente se usa para "expiación". La madera por si sola no podia retener el agua, debía cubrirse, igualmente la expiacion de Cristo ha hecho que nuestros pecados sean totalmente cubiertos. Dios invitó a Noé y a su familia a entrar en el arca (7:1); como Dios invitó a través del apóstol Pablo al carcelero de Filipos: *Cree en el Señor Jesucristo, y serás salvo, tú y tu casa* (Hechos 16:31). Luego, una vez dentro, los encerró para que estuvieran seguros (7:16). Es la seguridad que tiene el creyente al estar en "Cristo", ¿Quien puede abrir cuando Dios ha cerrado? No habrían fuerzas en todo el universo, ni celestial, ni terrenal, ni infernal, que pudiesen abrir la puerta, ni hundir en las aguas el arca de salvación. El arca salvó a Noé y a su familia del juicio debido a que creyeron en la promesa de Dios (Hebreos 11:7); Cristo nos salva de la ira venidera al creer en Él, las aguas sepultaron el viejo mundo pero elevaron a Noé a una nueva vida. Cristo enseña que los días antes del rapto y la tribulación será como en los días de Noé (Mateo 24:37-39). Estamos viviendo hoy en "los días de Noé", donde la indiferencia, el materialismo, el amor a sí mismo, los afanes de este siglo, la violencia y la corrupción moral de todo tipo, son sus principales características. Pero al igual Dios advierte que el juicio se avecina pero ya no por agua sino por fuego (2 Pedro 3:7).

B. La adoración de una familia salvada (8:20-22)

Desde el momento que Noé entró en el arca (Génesis 7:11) hasta el momento de su salida (Génesis 8:13-16) habían pasado alrededor de un año y 10 días. No tenemos manera de saber que pasaba dentro del arca durante ese tiempo, aparte de mirar hacia arriba por la ventana que había sido puesta en lo alto (6:16), lo cual habla de que mientras dure nuestro peregrinar debemos… *Poner la mira en las cosas de arriba, no en las de la tierra. Porque habéis muerto, y vuestra vida está escondida con Cristo en Dios* (Colosenses 3:2,3). Pero lo interesante es saber qué pasó cuando Noé salió. Había llegado a un lugar desconocido y vacío. Pudo haber hecho muchas cosas antes de hacer lo que hizo. El lógico pensar que como humano se hubiera detenido a pensar ¿y ahora qué hago? Pero, Noé buscó a Dios. Antes que construir un techo para él y su familia, primero pensó en Dios. Dice la Biblia, que Noé, *edificó un altar a Jehová y ofreció holocausto.* Esto agradó en gran manera a Dios. Nadie le enseñó a Noé como hacer un altar, pues es la primera vez que se menciona. Aquí vemos a un Padre que de corazón y con espontaneidad, decide agradecer a Dios por todos sus cuidados. Esto, fue lo primero que recibió Dios de un hombre, olor grato. Dice la Biblia que tan agradecido quedó Dios con este "acto de gratitud" que decidió no volver a inundar al mundo. Con este gesto Noé, estaba enseñando a sus hijos a ser agradecidos con Dios, que a pesar de lo mucho que se tiene por hacer, uno debe tener siempre tiempo para Dios. Y fue así que gracias a la obediencia de este padre, su familia fue salvada del diluvio. La preservación de los animales y los recursos alimenticios no entraron al arca sólo para conservar la fauna de aquel mundo. Dios estaba proveyendo con todo esto lo que necesitaría la nueva generación para su subsistencia. Dios plantó un huerto y puso allí a Adán y a Eva; preservó la vida animal en el arca para la conservación de la descendencia de Noé; le proveyó hijos a Abraham para el establecimiento de un pueblo indestructible; y sigue proveyendo recursos a la humanidad y especialmente a las familias que le honran y le sirven cada día. Sin embargo, las provisiones más importantes son las que no perecen. Las obras más maravillosas son las que el Señor realiza en nuestro corazón. Jesús invitó enfáticamente a sus seguidores a… *buscar primeramente el reino de Dios y su justicia, y todas estas cosas os serán añadidas* (Mateo 6:33). Noé se salvó del diluvio y salvó a su familia porque él caminó con Dios. ¡Que el Señor nos ayude a caminar con Él para que nuestra familia no sea arrastrada por el cataclismo en que estamos viviendo ahora!

Afianzamiento y aplicación

(1) ¿En qué sentido Cristo es nuestra arca de salvación?

(2) ¿Qué parte correspondió a "la gracia", ¿cuál a "la fe" y cuál a "la obediencia" en este plan salvador?

(3) ¿Qué se pude pensar de la cita que hizo Jesús del hecho histórico del diluvio en Mateo 24:37,38?

RESUMEN GENERAL

Sabemos que los días en que vivimos son muy difíciles, especialmente, para la institución de la familia, cuando se han levantado fuerzas que tratan de desintegrar el núcleo familiar y más aún cuando son los mismos gobiernos que aprueban leyes que afectan esta sagrada institución. Esto no es nuevo, eso mismo sucedió en la época de Noé, cuando la corrupción y la degradación moral inundaron su generación. En la época de Noé seguramente no existían familias unidas y estables, la crisis familiar que vemos ahora también era normal en la época de Noé, conceptos como los de hoy, el matrimonio no funcionaba, es mejor la unión libre, las uniones homosexuales son normales, la promiscuidad sexual es parte de la naturaleza, ya había sucedido en la antigüedad, y por eso vino el juicio de Dios. Quiere decir que cuando la familia tradicional es afectada, el juicio de Dios viene. Vimos que en medio del caos: Noé halló gracia ante los ojos de Jehová, y el mismo Señor le da las instrucciones precisas acerca del tipo de arca que debía hacer. Noé "le creyó a Dios", y trabajó en ella y cuando ya estuvo terminada fue el mismo Señor que le dijo: "entra tú y toda tu casa en el arca".

Es interesante lo que dice Hebreos 11:7, que Noé... *por su fe condenó al mundo*, ¿y cómo fue que Noé condenó al mundo? Todos decían: no es posible tener una familia sólida en este tiempo, pero Noé les estaba demostrando lo contrario; decían que los matrimonios no funcionaban, pero, Noé les estaba demostrando que los matrimonios si funcionaban, ustedes dicen que los hijos son rebeldes y yo les estoy demostrando que los hijos son sometidos a sus padres, y este hombre con su testimonio condenó a un mundo entero.

Tú puedes ser como Noé. Si entras en el arca de salvación y determinas servir al Señor con todo el corazón, y determinas que tu hogar será el mejor hogar del mundo y no te dejas influenciar por la crisis que hay a tu alrededor, ni sigues lo que hacen los "hijos del mundo", sino que te sometes a lo que dice la Palabra de Dios. Si tienes un hogar sólido y estable, con tu testimonio condenarás al mundo, porque has entrado al arca y te has convertido en otro Noé.

Ejercicios de clausura

(1) Indague cuántos de los presentes tienen familiares que no han entrado al arca de la salvación.

(2) Culmine la clase con una oración de intercesión, con una actitud de fe y obediencia, como la de Noé.

PREGUNTAS Y RESPUESTAS

1. ¿A quién corresponde la expresión los "hijos de Dios" y las "hijas de los hombres"?

La expresión "los hijos de Dios" designa a los hombres justos, descendientes de la familia de Set; mientras que "las hijas de los hombres" correspondía a la descendencia impía de Caín.

2. ¿Por qué Dios no aprobó esta alianza a pesar de que el resultado fue, "gigantes y varones de renombre?

Porque al parecer la capacidad para el mal fue mayor y se desencadenó toda clase de violencia, maldad y corrupción.

3. Cómo podemos interpretar la expresión: ¿Se arrepintió Jehová de haber hecho hombre en la tierra?

Es una expresión que atribuye características humanas a Dios, con la que se denota el dolor de un Dios ofendido y decidido a derramar sus juicios

4. ¿De qué manera el anuncio del diluvio era a la vez una muestra de la misericordia de Dios?

Durante ciento veinte los antediluvianos tuvieron un mensaje claro acerca del juicio de Dios y un llamado al arrepentimiento.

5. ¿De qué manera el arca es un cuadro revelador del amor de Dios y de nuestra salvación en Cristo?

Porque el arca era el único medio de salvación, como lo es Jesucristo para el mundo de hoy.

PARA LA PRÓXIMA SEMANA

El próximo estudio se titula "La dirección espiritual de la familia" y está basado en pasajes tomados de Génesis 12, 13 y 15. Lea esos tres capítulos, y observa cómo Abraham edificó un altar a Jehová en cada sitio en que levantaba su tienda.

LA DIRECCIÓN ESPIRITUAL EN LA FAMILIA

ESTUDIO BÍBLICO 15

Base bíblica
Génesis 12:1-9; 13:14-18; 15:1-6.

Objetivos
1. Enfatizar sobre la urgencia de una dirección espiritual adecuada en la familia.
2. Reconocer que el fracaso familiar en muchas ocasiones se debe, a la falta de dirección y autoridad de los padres.
3. Tomar acciones que promuevan cambios para mejorar la administración y dirección espiritual de la familia.

Pensamiento central
La familia que se deja guiar por el Espíritu Santo siempre contará con la ayuda y la bendición de Dios.

Texto áureo
Y apareció Jehová a Abram, y le dijo: A tu descendencia daré esta tierra. Y edificó allí un altar a Jehová (Génesis 12:7).

Fecha sugerida:___/____/____

LECTURA ANTIFONAL

Génesis 12:1 Pero Jehová había dicho a Abram: Vete de tu tierra y de tu parentela, y de la casa de tu padre, a la tierra que te mostraré.
2 Y haré de ti una nación grande, y te bendeciré, y engrandeceré tu nombre, y serás bendición.
3 Bendeciré a los que te bendijeren, y a los que te maldijeren maldeciré; y serán benditas en ti todas las familias de la tierra.
5 Tomó, pues, Abram a Sarai su mujer, y a Lot hijo de su hermano, y todos sus bienes que habían ganado y las personas que habían adquirido en Harán, y salieron para ir a tierra de Canaán; y a tierra de Canaán llegaron.

7 Y apareció Jehová a Abram, y le dijo: A tu descendencia daré esta tierra. Y edificó allí un altar a Jehová, quien le había aparecido.
8 Luego se pasó de allí a un monte al oriente de Bet-el, y plantó su tienda, teniendo a Bet-el al occidente y Hai al oriente; y edificó allí altar a Jehová, e invocó el nombre de Jehová.
15:4 Luego vino a él palabra de Jehová, diciendo: No te heredará éste, sino un hijo tuyo será el que te heredará.
5 Y lo llevó fuera, y le dijo: Mira ahora los cielos, y cuenta las estrellas, si las puedes contar. Y le dijo: Así será tu descendencia.
6 Y creyó a Jehová, y le fue contado por justicia.

DATOS GENERALES ACERCA DEL TEMA

- **Enseñanza:** La desorientación de las familias modernas se debe principalmente a la falta de dirección espiritual y de propósitos claros por parte de sus progenitores.
- **Autor:** Moisés
- **Lugar:** Ur de Caldea o Babilonia, Harán y la tierra de Canaán, especialmente Bet-el, al occidente, y Hai al oriente.
- **Fecha:** 2000 años a.C.
- **Personajes:** Abraham y Lot

BOSQUEJO DEL ESTUDIO

I. El llamamiento de Dios exige una separación total (Génesis 12:1-6)
  - A. Dios nos llama para ser diferentes (12:1)
  - B. Dios nos llama para bendecirnos (12:2-6)

II. La morada del creyente exige un altar de adoración (Génesis 12:7-9; 13:12-18)
  - A. Abraham levantó una tienda y edificó un altar (12:7-9)
  - B. Lot abandonó el altar y descendió al mundo (13:12-18)

III. Dios tiene un plan para cada familia (Génesis 15:1-6)
  - A. Dios promete cuidar las familias que le buscan (15:1-5)
  - B. Creerle a Dios es indispensable para el éxito de la familia (15:6)

Más de cinco mil kilómetros recorrió Abraham en obediencia al llamado de Dios. Desde Ur hasta Canaán.

LECTURAS DEVOCIONALES DIARIAS

Lunes: Dios llama a Abraham y su familia (Génesis 12:1-9)

Martes: Dios guarda a Abraham y su familia en Egipto (Génesis 12:10-20)

Miércoles: Abraham y Lot se separan (Génesis 13:1-13)

Jueves: Dios se le aparece a Abraham nuevamente (Génesis 13:14-18)

Viernes: Melquisedec bendice a Abraham (Génesis 14:17-24)

Sábado: Dios le promete a Abraham una familia innumerable (Génesis 15:16)

INTRODUCCIÓN

A lo largo de la historia, la familia ha sido la institución más antigua de la tierra y desempeña un papel fundamental en la sociedad humana. Ella es el "pilar fundamental de la sociedad"; sin embargo, tenemos que reconocer que la familia como la hemos concebido históricamente está en crisis, en grave riesgo. Esto se debe entre múltiples razones a los constantes cambios tecnológicos y sociales, al ritmo acelerado de la vida moderna, la violencia producto de la insatisfacción y el inconformismo, la falta de comunicación real entre sus integrantes, el impulso consumista global, la vanalización de los sentimientos y al creciente escepticismo religioso. La situación actual está poniendo a prueba una vez más a la familia, la cual, con sus características propias, necesita ser fortalecida y reforzada para mantenerse firme.

La desorientación de las familias modernas se debe principalmente a la falta de dirección espiritual y de propósitos claros por parte de sus progenitores. Son numerosos los casos de madres solteras, parejas divorciadas, niños abandonados y hogares resquebrajados por los efectos de un estilo de vida sin fe, sin amor y sin temor de Dios.

El estudio de hoy está basado en el ejemplo de Abraham, a quien Dios le dio órdenes específicas de abandonar su lugar de origen en la legendaria ciudad de Ur de Caldea o Babilonia, hoy Irak y un estilo de vida idólatra en medio de su parentela. Analizaremos las cualidades de Abraham como padre de familia, sobresaliendo su dependencia a la dirección divina a lo largo de su peregrinación. Su constante comunión con el Dios que lo había llamado y le había ofrecido una gran familia. En cada lugar donde llegaba, después de levantaba su tienda, lo primero que hacía era erigir un altar para adorar a Jehová y santificar la tierra de su herencia. Hermoso ejemplo de lo que necesita cada familia; y que es la labor principal de los padres, levantar una tienda para la protección material y edificar un altar para procurar la bendición espiritual.

DESARROLLO DEL ESTUDIO

I. EL LLAMAMIENTO DE DIOS EXIGE UNA SEPARACIÓN TOTAL (GÉNESIS 12:1-6)

> Ideas para el maestro o líder
> (1) En el mapa de la Mesopotamia, trace la trayectoria de Abraham desde Ur hasta Harán, y luego, hasta Canaán. (Use el mapa de Senda de vida)
> (2) Sugieran algunas razones por las que esta familia se fue de Ur y de Harán.

Definiciones y etimología

* Pero Jehová había dicho a Abram. El llamamiento no fue para Taré (11:31) sino para su hijo, pero éste parecía olvidarlo.

* Y el cananeo estaba entonces en la tierra. Esta es una indicación de que la tierra prometida a Abraham no estaba desocupada sino dominada por los de Canaán.

A. Dios nos llama para ser diferentes (12:1)

En la lección pasada vimos cómo, *Noé halló gracia ante los ojos de Jehová* y fue preservado con su familia de una destrucción segura en el gran cataclismo del diluvio. El exterminio de aquella sociedad antediluviana se debió a su corrupción y violencia. Sin embargo, en medio de la justicia divina, Dios manifestó su gracia salvadora. Ahora nos encontramos frente a un hecho que revela la voluntad de Dios de tener un pueblo que glorificara su nombre y le sirviera. Con este fin le *…había dicho a Abram: Vete de tu tierra y de tu parentela, y de la casa de tu padre, a la tierra que te mostraré* (Génesis 12:1). Algunos datos circunstanciales hacen suponer que la tribu de la que Abraham formaba parte era una comunidad pastoril nómada que vivía en las afueras de la legendaria ciudad de Ur, capital de Caldea, hoy Irak, al sur de la Mesopotamia. Otros pasajes bíblicos hacen referencia a la idolatría de esta tribu semita (Josué 24:2). Esa fue la razón por la que

Dios había llamado a Abraham para que se separara de su tribu. No obstante, la acción la tomó Taré, el padre de Abraham, quien guio a la familia hasta la tierra de Harán (Génesis 11:31,32). Esto no era lo que se le había mandado a Abraham, por lo que en Génesis 12 Dios le vuelve a hablar para confirmar su llamamiento y ampliar su visión. Cuando Dios llama al hombre no dejará lugar a dudas ni carecerá de pruebas y promesas. La separación de la familia de Abraham de su parentela quizá parezca cruel, pero nos ha sido dada como ejemplo de la separación de los creyentes de un mundo pecaminoso e incrédulo. Años más tarde cuando el pueblo de Israel se encontraba pronto a tomar posesión de la tierra prometida Moisés le recuerda al pueblo la importancia de la separación, *…cuando Jehová tu Dios las haya entregado delante de ti, y las hayas derrotado, las destruirás del todo; no harás con ellas alianza, ni tendrás de ellas misericordia… porque desviaras a tu hijo de en pos de mi* (Deuteronomio 7:2,4). Lamentablemente por su falta de celo y compromiso con su Dios el pueblo fracasó y pagó las consecuencias de su pecado. La falta de separación del mundo ha producido también mucho dolor y situaciones embarazosas a muchos creyentes. Matrimonios fracasados, hijos abandonados, pérdidas económicas, situaciones de frustración y amargura, naufragio de la fe. También el apóstol Pablo amonestó: *Por lo cual, salid de en medio de ellos, y apartaos, dice el Señor, y no toquéis lo inmundo; y yo os recibiré, y seré para vosotros por Padre, y vosotros me seréis hijos e hijas, dice el Señor Todopoderoso* (2 Corintios 6:17, 18). Esta declaración de la Biblia nos da a entender que Dios no recibirá un pueblo que no está separado del mal.

B. Dios nos llama para bendecirnos (12:2-6)

La promesa de Jehová a Abraham está integrada por seis puntos de importancia no sólo para la familia natural del patriarca, sino también para toda la familia de la fe. (1) "Haré de ti una nación grande". Es maravilloso cómo Dios puede convertir a una familia pequeña, derivada de una tribu pequeña y nómada en "una nación grande". (2) "Te bendeciré". Esta sería una gran bendición, porque, aunque Abraham era un personaje sobresaliente entre su parentela, no se dice que hubiera hecho grandes esfuerzos para adquirir tales beneficios. (3) "Engrandeceré tu nombre". Si hay algo que el ser humano estima es su nombre. Sabemos que de Abram "padre es exaltado", su nombre fue cambiado a Abraham "padre de multitudes". Pero lo más grande de todo es que sería padre de todos los creyentes. (4) "Bendeciré a los que te bendijeren", ha sido honrada por Dios a lo largo de la historia. Desde los relatos bíblicos en que fueron bendecidos los que favorecieron al pueblo de Israel, hasta lo que estamos viviendo hoy, al inicio del siglo veintiuno, nos prueba que Dios es fiel a lo que promete. (5) "A los que te maldijeren maldeciré". Esto lo han experimentado con terrible amargura los países árabes, los alemanes, los comunistas y todos los que han querido exterminar a la raza que Dios escogió como pueblo suyo. (6) "Y serán benditas en ti todas las familias de la tierra". Esto no se puede interpretar aparte de la gran realidad del evangelio de Jesucristo. *Y la Escritura, previendo que Dios había de justificar por la fe a los gentiles, dio de antemano la buena nueva a Abraham, diciendo: En ti serán benditas todas las naciones* (Gálatas 3:6-9). Aunque nosotros estamos incluidos en todas estas promesas, se nos dan otras de mayor alcance en el Nuevo Testamento como parte de nuestra herencia "en Cristo": nos dice el Apóstol Pablo en su carta a los Efesios 1:3-14, que... *Hemos sido bendecidos con toda bendición espiritual en los lugares celestiales con Cristo.* Subráyese "toda bendición". (1) El Padre nos ha escogido (v.3,4), fue Él quien inició el plan de redención en conexión con Cristo. Nos ha adoptado (v.5), como parte de su familia, como verdaderos hijos suyos. Nos ha aceptado (v. 6), dándonos libre acceso a su presencia. (2) El Hijo nos ha redimido y perdonado (v.7), nos rescató de la esclavitud, librándonos de toda culpa. Nos ha revelado la voluntad del Padre (v. 7,8) y nos ha dado herencia en su reino (v. 11,12). (3) El Espíritu Santo nos ha sellado (v. 13), y nos

ha dado la garantía que todo esto es y será una realidad en nuestras vidas (v. 14), y todo para alabanza de su gloria. ¡Gloria a nuestro Dios!, tenemos promesas maravillosas para nosotros y nuestras familias.

Afianzamiento y aplicación

(1) ¿Cómo se ve la intervención de Taré en Génesis 11:31 ante el llamado de Dios a Abraham en 12:1?
(2) ¿Por qué, a veces, tiene que haber una separación de la parentela para poder servir a Dios?

II. LA MORADA DEL CREYENTE EXIGE UN ALTAR DE ADORACIÓN (GÉNESIS 12:7-9; 13:12-18)

Ideas para el maestro o líder

(1) Ayude a la clase a localizar los lugares donde Abraham levantó altares para adorar a Jehová en estos dos pasajes.
(2) Discuta el papel sacerdotal de todo padre cristiano al frente de su familia.

Definiciones y etimología

* *Y apareció Jehová a Abram.* Estas apariciones de la Divinidad se conocen como "teofanías". (Una manifestación de Dios, que es tangible para los sentidos humanos. En su sentido más restrictivo, es una aparición visible de Dios en el Antiguo Testamento).

* *Edificó allí un altar.* La palabra "altar" viene del hebreo misbách ("lugar de sacrificios"), y lleva el sentido de degollar y ofrecer víctimas.

* *Lot escogió para sí toda la llanura del Jordán.* Su ambición lo llevó en dirección del peligro y la ruina.

* *Abraham [...] vino y moró [...] en Hebrón, y edificó allí altar a Jehová.* Las rocosas montañas de Hebrón no eran la mejor opción terrenal, pero Abraham y su familia iban en busca de tesoros imperecederos.

A. Abraham levantó una tienda y edificó un altar (12:7-9)

Después de la segunda orden de separarse de su parentela, este siervo de Dios salió hacia el sur, ...*a tierra de Canaán; y a tierra de Canaán llegaron.* En cuanto estableció sus tiendas en Siquem, ya en la tierra prometida, aunque todavía sin recibirla formalmente, *edificó allí un altar a Jehová, quien le había aparecido* (12:7). Abraham se caracterizó por ser un edificador de altares. Dios había enseñado a su pueblo que debían adorarlo edificando altares, estos debían ser de tierra y con piedras que no podían ser cortadas ni labradas, ni moldeadas de ninguna manera (Éxodo 20:24-26), dando a entender que la adoración debe ser natural, espontánea, sin adornos, ni acomodos, que salga del corazón. Encontramos por lo menos cuatro ocasiones específicas en las que Abraham edificó altares (12:7,8; 13:4; 13:18; 22:9). Estos altares eran la confirmación absoluta de que Dios le había aparecido y de lo que le había prometido. Eran testimonios visibles de un encuentro genuino y transformador. Estos altares le recordarían la promesa de la protección divina, y renovaban su experiencia con aquel que le había llamado. Abraham no hubiera podido sobrevivir sus largos trayectos de fe si no hubiera sido un edificador de altares. Cada altar era un testimonio del amor y la lealtad de Dios para con él. Construir altares le recordaba que Dios era el centro de su vida. Cada vez que edificaba un altar le ayudaba a recordar lo que Dios desea y le impulsaba a obedecerle. Deberíamos imitar a Abraham y convertirnos en edificadores de altares en cada circunstancia de nuestra vida. Luego se pasó de allí y plantó su tienda... *y edificó allí altar a Jehová, e invocó el nombre de Jehová* (v.8). A donde quiera que Abraham iba, plantaba una tienda y edificaba un altar. La tienda habla de una vida en peregrinación, en movimiento, del que confía en Dios día a día, que tiene su mirada en "las cosas de arriba y no en las de la tierra", que marcha confiado hacia una patria celestial, como dice Hebreos 11:9,10, acerca del mismo Abraham: *Por la fe habitó como extranjero en la tierra prometida como en tierra ajena, morando en tiendas con Isaac y Jacob, coherederos de la misma promesa; porque esperaba la ciudad que tiene fundamentos, cuyo arquitecto y constructor es Dios.* La familia cristiana debe ser una vida de altar y tienda, es decir que es responsabilidad de los padres proveer una "tienda" para su familia, un techo que dé seguridad y protección material; pero, igualmente es responsabilidad edificar un altar espiritual, crear y mantener una atmósfera de adoración y devoción. No debería haber una tienda sin un altar. Dios quiere que en la tierra sus hijos tengan una tienda, pero en su presencia tengan un altar.

B. Lot abandonó el altar y descendió al mundo (13:12-18)

Después de una breve estadía en Egipto, a consecuencia de la sequía y el hambre que azotaban la tierra de Canaán, Abram y su familia volvieron a la tierra de promisión con abundantes riquezas. Ante las dificultades con Lot, Abram dejó que su sobrino escogiera a dónde ir, mostrando amor por él y una gran madurez espiritual. La mirada de Lot, se dirigía siempre a los valles, a lo bajo, a lo material; en cambio "el amigo de Dios", Abraham, mantenía su vista siempre levantada al cielo, en busca de la dirección divina para él y su familia. *Y alzó Lot sus ojos y vio toda la llanura del Jordán* (v. 10), la explanada en que se asentaba la gran ciudad de Sodoma, y que toda ella era de riego. Seguramente pensó que le proveería una cómoda residencia, un ambiente agradable y provechoso para su familia y posibilidades de aumentar sus riquezas. No vemos que Lot hubiese orado buscando la direccion de Dios o que hubiese pedido consejo a su tío. Él fue poniendo sus tiendas hasta Sodoma, dejando atrás el altar. Es interesante notar que el lugar de Abraham, Bet-el, que significa "casa de Dios", estaba al oeste, mientras que Hai, que significa "montón de ruinas", estaba al oriente (13:11) y mientras Abraham avanzaba hacia "la casa de Dios". Lot le daba la espalda y avanzó hacia el este, de regreso al mundo, con resultados desastrosos. También, siempre que Abraham se apartó de la voluntad de Dios, perdió su tienda y su altar. Es lamentable la historia de Lot, primero miró a Sodoma, luego se fue acercando a ella, y antes que pasara mucho tiempo se hallaba viviendo allí. Nadie cae súbitamente, es un proceso de endurecimiento progresivo. Mientras Lot se alejaba cada vez más del Señor, Abraham se acercaba más. Mientra Lot se convertía en amigo del mundo (Santiago 4:4); Abraham se convertía en amigo de Dios (Santiago 2:23). Este ambicioso escogió la llanura del Jordán poniendo en peligro su vida y la de los suyos. En cambio, el hombre espiritual, el escogido para ser "padre de multitudes" no habría de arriesgar el bienestar moral y espiritual de su familia buscando solo cosas materiales. Al parecer Abraham oró a Dios y Él le respondió indicándole a donde ir: "Alza ahora tus ojos y mira…". La gente del mundo pide lo que sus ojos ven, mientras que el creyente de fe pide lo que ven los ojos de Dios. Él siempre da lo mejor a los que confían y esperan en Él (Mateo 6;33). Dios bendijo la familia de Abraham con tremendas cosas, pero la familia de Lot fue destruida y terminó mancillada, viviendo en una cueva (19:12-18).

Afianzamiento y aplicación

(1) ¿Qué lecciones espirituales recibimos de la costumbre de Abraham de erigir un altar a Jehová cerca de su tienda?

(2) ¿Qué aprendemos de la ambiciosa selección que hizo Lot ante la reposada actitud de Abraham, a quien no le quedó más que montañas desérticas?

III. DIOS TIENE UN PLAN PARA CADA FAMILIA (Génesis 15:1-6)

Ideas para el maestro o líder

(1) Precisar ¿Cuáles eran los temores y argumentos de Abraham en cuanto a su familia?

(2) Comentar ¿Qué consejo se puede dar a una pareja sin hijos, a la luz del caso de Abraham y Sara?

Definiciones y etimología

* *Después de estas cosas*. Lo más probable es que "estas cosas" sean las experiencias que tuvo en la persecución y derrota de los reyes de oriente cuando fue a rescatar a Lot.

* *No temas, Abram; yo soy tu escudo*. Estas consoladoras palabras podrían indicar que Abraham temía que los reyes orientales regresaran para tomar represalias contra él.

A. Dios promete cuidar las familias que le buscan (15:1-5)

El piadoso Abraham aunque vivía en una tienda, estaba en un lugar seguro, (la voluntad de Dios) y seguía construyendo altares. Al oír de las dificultades de su sobrino Lot hizo algo valiente y fue a rescatarlo (Génesis 14:1-16). Sólo el creyente consagrado tiene el poder de rescatar al descarriado y es al cristiano fiel que el perdido busca cuando está en problemas. El mensaje del versículo uno pareciera revelar algún temor oculto en el corazón del patriarca ante la posibilidad de un ataque masivo de parte de los enemigos orientales a quienes acababa de derrotar. Pero Dios vino a consolarlo y garantizarle que Él era su "escudo" y que su "galardón" sería grandioso. Igualmente, el verdadero creyente puede esperar en Cristo, sabiendo que Él ha prometido guardar a los suyos hasta el fin… *Porque él dijo: No te desampararé, ni te dejaré* (Hebreos 13:5). Abraham aprovechó la oportunidad para hablarle de otros temores, aún más en línea con las múltiples promesas que su Dios le había hecho. Él había sido llamado para ser "padre de multitudes", pero, ya casi de cien años de edad, no había podido procrear con Sara ni siquiera un hijo, porque ella era estéril. Su lamento "ando sin hijo" y el temor de dejar toda su herencia a su "mayordomo… Eliezer" son una prueba de que el corazón de Abraham estaba lleno de serias y difíciles preguntas. Lo único que podía traerle calma era una manifestación del que "todo lo sabe y todo lo puede". Él es quien edifica la casa. El salmista escribió: *Si Jehová no edificare la casa, En vano trabajan los que la edifican… He aquí, herencia de Jehová son los hijos; cosa de estima el fruto del vientre* (Salmo 127:1, 3). Dios contestó a la súplica de Abraham al hacer que quitara sus ojos de sí mismo y de su mayordomo y los levantara al cielo y contara las estrellas. Y le dijo: *Así será tu descendencia* (v. 5). Dios le aseguró a su siervo que no sería su heredero ese extraño que le había nacido en casa; Sara le daría, no sólo un hermoso hijo sino un pueblo tan numeroso como las estrellas del cielo. El apóstol Pablo, menciona la fe de Abraham que ante toda posibilidad humana, le creyó a Dios para tener una gran familia: *El creyó en esperanza contra esperanza, para llegar a ser padre de muchas gentes, conforme a lo que se le había dicho: Así será tu descendencia. Y no se debilitó en la fe al considerar su cuerpo, que estaba ya como muerto (siendo de casi cien años , o la esterilidad de la matriz de Sara. Tampoco dudó, por incredulidad, de la promesa de Dios, sino que se fortaleció en fe, dando gloria a Dios, plenamente convencido de que era también poderoso para hacer todo lo que había prometido* (Romanos 4:18-21). ¿Tenemos la fe de Abraham de tener una familia para la gloria y honra de Dios?

B. Creerle a Dios es indispensable para el éxito de la familia (15:6)

Las familias de hoy están siendo dirigidas por padres incrédulos, supersticiosos, ambiciosos, sin visión y por eso estamos cosechando unos hijos rebeldes, desobedientes, amadores más del mundo que de Dios. La mayoría de los desvíos sexuales, las aberraciones y problemas que presentan los jóvenes y niños hoy, se debe a la mala formación, la falta de orientación y la ausencia de fe en sus hogares. Algunos se refugian en las drogas, los vicios y otros recursos peligrosos para borrar de su mente el vacío que provocaron los malos ejemplos de sus progenitores. Génesis 15:6 encierra el secreto del éxito de la familia: *Y creyó a Jehová, y le fue contado por justicia.* Muchas cosas buenas había hecho este hombre de Dios, pero lo único que le fue contado por justicia, es decir, con lo que agradó a Dios, fue haberle creído a la promesa de tener una gran familia y ser padre de multitudes. El apóstol Pablo le prometió al carcelero de Filipo: *Cree en el Señor Jesucristo, y serás salvo, tú y tu casa* (Hechos 16:31). El carcelero creyó, los llevó a su casa, reunió su familia, escucharon la Palabra y se convirtieron y fueron salvos. Tenemos que creerle a

Dios, ¿quién no quiere ver a sus hijos, padres, hermanos convertidos y sirviendo al Señor? Pero para esto nuestra vida tiene que ser de altar y tienda, orientada hacia Betel, "casa de Dios". No podemos permitir que nuestra tienda se vaya deslizando hasta Sodoma, y terminemos en la ciudad del juicio. En 2 Pedro 2:6,7 se dice que Dios destruyó a Sodoma y a Gomorra... *y libró al justo Lot, abrumado por la nefanda conducta de los malvados.* Allí se hace claro lo que no podemos ver en el relato de la vida de Lot en Génesis. Él era, aparentemente, "un creyente", pues el texto suguiere que por la maldad de esas ciudades afligía su alma. El corazón regenerado de Lot, no se amoldaba a Sodoma. El pecado de allí lo hacía miserable; aun lo que logró allí, no cuadraba con el nuevo corazón que le había sido dado por fe. Así que, la historia de Lot, es la triste historia de los fracasos de un cristiano, y las consecuencias que se desencadenaron sobre su propia familia y sobre la ciudad entera donde vivía. Lamentablemente, es la situacion de cientos de hogares cristianos que han abandonado el "altar familiar", y han ido colocando sus tiendas en la llanura, y muchos terminando en Sodoma , bajo la ira de Dios.

Afianzamiento y aplicación

(1) ¿En qué se parecen los temores de Abraham a los de los padres hoy en día?

(2) Reflexione sobre las promesas de Dios acerca de la familia y particularmente de los hijos.

(3) ¿Qué significa la frase: "Creyó... y le fue contado por justicia"?

RESUMEN GENERAL

No es posible comentar la vida de Abraham sin tomar en cuenta el punto de vista del libro de los héroes de la fe: *Por la fe Abraham, siendo llamado, obedeció para salir al lugar que había de recibir como herencia; y salió sin saber a dónde iba. Por la fe habitó como extranjero en la tierra prometida como en tierra ajena, morando en tiendas con Isaac y Jacob, coherederos de la misma promesa... Por la fe también la misma Sara, siendo estéril, recibió fuerza para concebir; y dio a luz aun fuera del tiempo de la edad, porque creyó que era fiel quien lo había prometido* (Hebreos 11:8-11). Muchos se quejan de que "es difícil conocer o distinguir la voluntad de Dios. Algunos se preguntan por qué Dios no da a sus hijos un plan, un mapa y un calendario en los cuales se anticipe cada una de las cosas que les habrán de acontecer. Dicen muchos: "Si Dios lo sabe todo y si somos sus hijos, ¿por qué no se nos dice de antemano todo lo que nos vendrá, a fin de evitar los fracasos?" A estos debemos recordarles el ejemplo de Abraham, a quien Dios no le dio explicaciones, planes, mapas ni calendarios. *Él salió sin saber a dónde iba* (Hebreos 11:8), pero supo depender de la dirección de Dios y fue sensible y obediente a la voluntad divina. El consejo cristiano es: *Corramos con paciencia la carrera que tenemos por delante, puestos los ojos en Jesús, el autor y consumador de la fe* (Hebreos 12:1,2). Si la familia es guiada por el Espíritu Santo y la Palabra de Dios, todo le saldrá bien. Taré el padre de Abraham inició la marcha desde Ur, pero él no era la persona llamada. En Génesis 12 Dios le habla de nuevo a Abraham, y de allí en adelante él fue la cabeza de su familia. Dios quiere que cada padre se constituya en jefe y guiador de su hogar; siempre y cuando sepa recibir y obedecer la dirección dada por el Espíritu Santo y la Palabra de Dios. La costumbre de Abraham de erigir siempre un altar cerca de su casa es un ejemplo para que los padres sirvan como sacerdotes de su familia y no descuiden el culto del hogar. La actitud de Abraham de creer la promesa de Dios de que le daría una gran familia nos enseña dos cosas: (1) que la familia es dada por Dios para que la conduzcamos bajo su dirección y (2) que a los que creemos, su fe les hace aceptos ante Dios.

Ejercicios de clausura

(1) Exhórtese a los padres para que sean los jefes y sacerdotes de su familia, bajo la dirección del Señor.

(2) Oren y dispónganse a ayudar a las parejas jóvenes de la iglesia que necesitan orientación y consejo en la edificación de sus hogares.

PREGUNTAS Y RESPUESTAS

1. ¿Por qué razón Dios le pide a Abraham que salga de su tierra y de su parentela?

Porque habitaba en una comunidad que eran idólatras, adorando otros dioses.

2. ¿Cuál fue el propósito del llamamiento de Dios a Abraham?

Con el fin de tener un pueblo que glorificara su nombre y le sirviera, en una tierra que Él le mostraría.

3. ¿Qué característica sobresale en el peregrinar de Abraham?

Abraham se caracterizó, porque donde quiera que iba edificaba un altar, símbolo de su dependencia de Dios.

4. ¿Cuál fue la diferencia entre Abraham y Lot en la forma de escoger a dónde ir?

Lot escogió lo que sus ojos vieron, Abraham escogió lo que vieron ojos de Dios.

5. De todas las cosas que hizo Abraham ¿Cuál fue la que le agradó a Dios?

Que a pesar de ser una anciano y Sara su esposa estéril, le creyó a la promesa de que tendría una gran familia como las estrellas en multitud.

PARA LA PRÓXIMA SEMANA

El siguiente estudio se basará en el primer capítulo de Job, bajo el título: "La intercesión de los padres por la familia". Lean el pasaje de Job 1, así como las lecturas correspondientes a cada día de la semana.

LA INTERCESIÓN DE LOS PADRES

Base bíblica

Job 1:1-22.

Objetivos

1. Destacar el papel sacerdotal que los padres deben desempeñar ante su familia.
2. Motivar a los estudiantes para que anhelen de corazón el bienestar espiritual de sus familias.
3. Tomar el ejemplo de Job como guía en la intercesión ante Dios a favor de su familia.

Pensamiento central

Interceder en oración por los hijos es demostrar por ellos un amor paternal y espiritual.

Texto áureo

Y acontecía que habiendo pasado en turno los días del convite, Job enviaba y los santificaba, y se levantaba de mañana y ofrecía holocaustos conforme al número de todos ellos
(Job 1:5).

Fecha sugerida:___ /____ /____

LECTURA ANTIFONAL

Job 1:1 Hubo en tierra de Uz un varón llamado Job; y era este hombre perfecto y recto, temeroso de Dios y apartado del mal.

2 Y le nacieron siete hijos y tres hijas.

3 Su hacienda era siete mil ovejas, tres mil camellos, quinientas yuntas de bueyes, quinientas asnas, y muchísimos criados; y era aquel varón más grande que todos los orientales.

4 E iban sus hijos y hacían banquetes en sus casas, cada uno en su día; y enviaban a llamar a sus tres hermanas para que comiesen y bebiesen con ellos.

5 Y acontecía que habiendo pasado en turno los días del convite, Job enviaba y los santificaba, y se levantaba de mañana y ofrecía holocaustos conforme al número de todos ellos. Porque decía Job: Quizá habrán pecado mis hijos, y ha-

brán blasfemado contra Dios en sus corazones. De esta manera hacía todos los días.

18 Entre tanto que éste hablaba, vino otro que dijo: Tus hijos y tus hijas estaban comiendo y bebiendo vino en casa de su hermano el primogénito;

19 y un gran viento vino del lado del desierto y azotó las cuatro esquinas de la casa, la cual cayó sobre los jóvenes, y murieron; y solamente escapé yo para darte la noticia.

20 Entonces Job se levantó, y rasgó su manto, y rasuró su cabeza, y se postró en tierra y adoró,

21 y dijo: Desnudo salí del vientre de mi madre, y desnudo volveré allá. Jehová dio, y Jehová quitó; sea el nombre de Jehová bendito.

22 En todo esto no pecó Job, ni atribuyó a Dios despropósito alguno.

DATOS GENERALES ACERCA DEL TEMA

- **Enseñanza:** Ante la avalancha de pecado y corrupción en la sociedad, la principal función de los padres es interceder permanentemente por sus hijos.
- **Autor:** La tradición hebrea propone a Moisés, otros apuntan a Salomón.
- **Lugar:** La tierra de Uz, probablemente, al sur de Palestina.
- **Fecha:** La época de Job puede identificarse en la era patriarcal (2000 a 1800 años a.C.)
- **Personajes:** Job, sus hijos, Dios y Satanás.

BOSQUEJO DEL ESTUDIO

I. Un padre comprometido por el bienestar de sus hijos (Job 1: 1-5)
  A. Un hombre temeroso de Dios y apartado del mal (1:1-3)
  B. Un padre que mantiene la unidad de su familia (1:4)
II. Un padre comprometido en la vida espiritual de los hijos (Job 1:5)
  A. Un padre que santifica a sus hijos y mantiene un altar familiar (1:5)
  B. Un padre que intercede continuamente por sus hijos (1:5)
III. Un padre preparado para enfrentar las crisis de la vida (Job 1:6-22)
  A. Las pruebas y tribulaciones de una familia (1:12-19)
  B. La actitud correcta ante las crisis de la vida (1:20-22)

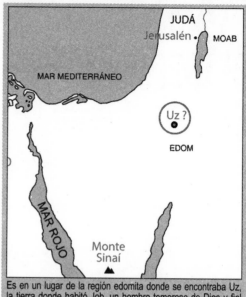

Es en un lugar de la región edomita donde se encontraba Uz, la tierra donde habitó Job, un hombre temeroso de Dios y fiel intercesor delante del Altísimo por su familia.

LECTURAS DEVOCIONALES DIARIAS

Lunes: Esfuerzos por rescatar a un familiar (Génesis 14:11-16).

Martes: Intercesión por una ciudad (Génesis 18:16-33).

Miércoles: Agar intercede por su hijo Ismael (Génesis 21:8-21).

Jueves: Jacob intercede por su familia ante Esaú (Génesis 33:1-20).

Viernes: José intercede por su familia ante Faraón (Génesis 47:1-2).

Sábado: Job intercede por sus hijos delante de Dios (Job 1:1-22).

INTRODUCCIÓN

Encontramos en la Biblia muchos hombres de Dios valientes, esforzados, grandes adoradores, pero que no siempre fueron buenos padres. ¿Qué sucede cuando mostramos una aparente santidad sin una dedicación familiar, ni un buen testimonio? Podemos perder la familia. Creemos que el mayor desafío de un hombre es su realización como padre. Todos sus demás éxitos se verán eclipsados si fracasa en esta empresa. Vemos en Job el fiel retrato de un padre comprometido. Calificado por Dios como "ningún otro en la tierra" (1:8), lleno de una piedad inigualable, pero a su vez rico en bienes materiales. Con una familia ideal, siete hijos y tres hijas, con un gran sentido de responsabilidad por el cuidado de todos sus hijos. Job fue un hombre realizado y triunfador. Él es uno de esos casos donde se puede ser piadoso y rico a la vez. Como creyente nadie pudo objetar su integridad. Su biógrafo dijo que era "perfecto y recto, temeroso de Dios y apartado del mal". Y en medio de estas cualidades morales y espirituales, su compromiso como padre fue excepcional. Le hemos conocido como un ejemplo de sufrimiento y de paciencia, pero muy poco se le conoce como padre. Su modelo en esa área no tuvo competidores. Él, a excepción de Elí, Samuel y David, tuvo una mayor dedicación por sus hijos, junto con una gran influencia sobre ellos. Él fue un padre comprometido. Le preocupaba que sus hijos tuvieran todas las cosas necesarias, pero sobre todo que amaran a Dios y vivieran una vida santificada para él. La gente de la ciudad de Uz conocían a un hombre santo, apartado del mal, pero también a un padre modelo. Algunos han negado la historicidad del libro de Job porque les es difícil aceptar la realidad de los hechos que en él se describen: sus riquezas, su integridad moral, su capacidad de soportar las pruebas, su concepto acerca de Dios, la teología de sus diálogos con sus interlocutores y, sobre todo, su esperanza de restauración temporal y eterna. No obstante, el concepto generalizado entre los eruditos es que Job no sólo fue un personaje real y su libro una obra auténtica, sino que los valores espirituales y didácticos de su contenido ofrecen enormes dosis de enseñanzas sobre el carácter de Dios, la fe patriarcal, ética familiar y escatología bíblica. Descubramos su impacto en la vida de sus hijos y tracemos el curso donde los padres debieran estar más comprometidos.

DESARROLLO DEL ESTUDIO

I. UN PADRE COMPROMETIDO POR EL BIENESTAR DE SUS HIJOS (JOB 1:1-4)

Ideas para el maestro o líder

(1) Use un mapa de la era patriarcal para localizar a Uz, el supuesto país de Job, al sur de Palestina. (Puede usar el mapa de Senda de Vida).

(2) Hable de la ubicación del libro de Job en el período del Pentateuco, a pesar de que en nuestra Biblia aparece después del libro de Ester.

Definiciones y etimología

* *En tierra de Uz*. Con este nombre se designan dos lugares: uno al sur de Palestina y otro al oriente, entre Edom y Siria. El del sur pareciera más propio, aunque no se puede negar que aun así son predominantes en el libro de Job las culturas orientales.

* *Un varón llamado Job*. La altura ética y la fe patriarcal que este personaje manifiesta en su vida lo ubica en una época previa al Pentateuco, pero lo hacen parecer un creyente maduro y bien informado acerca de los tratos de Dios con los humanos.

A. Un padre temeroso de Dios y apartado del mal (1:1-3)

Según la usanza oriental, Job era el patriarca de su familia y comunidad. Sus siete hijos y tres hijas, su caudalosa hacienda, la multitud de sus empleados y su fama entre los terratenientes de su tiempo lo distinguieron como un hombre afortunado. La historia de Job es un vivo e irrefutable ejemplo de que una persona puede estar rodeada de fama y fortuna sin dejar de ser recta, temerosa de Dios y apartada del mal. La Septuaginta traduce los conceptos originales hebreos que describen las cualidades de Job con varios términos: "veraz, "íntegro", "justo" y "temeroso de Dios". Estas características lo hicieron un personaje destacado y famoso en toda la región oriental. También nos demuestra que no todos los orientales eran tan corruptos como para llevar la vida corriente del harén y la propagación irresponsable de una familia promiscua. Este personaje se supo rodear de los más abundantes recursos materiales y gozar del respeto social de sus contemporáneos sin perder la integridad de una familia organizada y controlada. Por esa razón escogimos a Job como otro campeón de la familia. En su ejemplo podamos hallar elementos de juicio para abogar por una familia estable y sólida, temerosa de Dios a pesar de las circunstancias de los días conflictivos que vivimos hoy.

En primer lugar, Job fue *un padre comprometido con la formación espiritual de sus hijos*. El texto no habla de la niñez de sus hijos. Simplemente se nos dice que tenía diez hijos. Sin embargo, deducimos que tuvieron una formación completa. Job, ejerciendo la función de un sacerdote familiar, seguramente se aplicó en sus hijos desde su temprana edad hasta verlos responsables. Esto tuvo que ser su mayor satisfacción. Un auténtico padre se siente realizado cuando lleva a sus hijos hasta el punto de una independencia segura. Cuando después de haber trabajado en su formación, los puede ver triunfantes en sus estudios, trabajo y en la formación de su propio hogar. Pero al parecer también fue un padre comprometido en la formación secular de ellos. Seguramente los hijos de Job recibieron del padre la visión por los negocios, pues al estar ya separados de él, habían alcanzado tal prosperidad que podían compartir unos a otros en sus respectivas reuniones. Se deduce por el pasaje mismo que cada uno tenía su propia casa, con sus propias pertenencias. Tenían una vida económica muy estable. Aquí podemos ver que Job, como un padre comprometido, se aseguró que sus hijos vivieran bien y les ayudó hasta este punto de sus vidas. Los judíos glorificaban el trabajo, decían, que aquel que no le enseña a su hijo un oficio es como si le enseña a robar.

B. Un padre que mantiene la unidad de su familia (1:4)

Una de las cosas que logró Job fue la unidad de la familia. El texto sugiere que sus diez hijos pasaban mucho tiempo juntos. ¡Qué cuadro más significativo es este! Job pudo mantener a su familia unida. En varias ocasiones, "cada uno en su día", seguramente los cumpleaños, el nacimiento de algún hijo, eran oportunidades para invitarse a sus casas y disfrutar del calor de la familia. Fíjese que el texto no dice que ellos invitaban a extraños o a sus amigos. La invitación era entre ellos mismos con muy buenos resultados, pues las reuniones terminaban en completa paz, pues había continuidad para futuros encuentros. Felices las familias cuyos padres han logrado mantenerlas unidas, a pesar de ser tan numerosas. Pero esto no siempre sucede así. Son más comunes las discusiones, peleas y hasta tragedias que se suscitan en muchos hogares. Tenemos que dar mucho crédito a la figura del padre, dotado con el temor de Dios, para lograr esa armonía familiar. *E iban sus hijos y hacían banquetes en sus casas*. Por alguna razón este texto ha sido mal interpretado, aduciendo que los hijos de Job vivían vidas disipadas. Pero la idea de la palabra "banquete" acá no da lugar para hablar de fiestas desenfrenadas, o que los hijos de Job vivían de "parranda en parranda", como dice la expresión. Eran las típicas reuniones orientales donde la alegría y el respeto formaban parte de la cotidianidad. Esto se dice porque a tales fiestas eran invitadas las tres hermanas. Las culturas orientales tomaban muy en cuenta el respeto que merecían las hijas. Los hijos varones no expondrían a sus hermanas en situaciones donde ellas expusieran su reputación. Entre todos ellos había respeto. Y ese respeto se construía sobre las bases de un auténtico amor filial. Nada le hace más bien a la relación entre hermanos que el respeto mutuo. Que contraste con los hijos de Eli (1 Samuel 2:12), quien, a pesar de ser un sacerdote en Israel, sus hijos, no llegaron a conocer al Señor, antes se descarriaron, cometiendo toda clase de actos inmorales al punto de que el juicio de Dios vino sobre ellos. Al parecer Eli no tuvo tiempo para la formación de sus hijos, nunca estaba en casa. Él estuvo juzgando a todo Israel, sacrificando e intercediendo para todo, mientras su familia se perdía. Ofni y Finees eran solo muchachos que cuidaban el templo diariamente, pero al parecer nadie cuidaba a ellos (1 Samuel 2:22). ¡Qué tragedia!, ellos estaban tan cerca de Dios y a la vez tan lejos de Él. ¿No se parece esto al padre moderno que intenta suplir todo lo material, pero poco o nada se ocupa de la formación espiritual y emocional de su familia?

Afianzamiento y aplicación

(1) Comente acerca de las dificultades modernas que se presentan para dar una buena educación tanto moral como espiritual a los hijos.

(2) ¿Qué se puede hacer hoy día para mantener y promover la unidad familiar?

II. UN PADRE COMPROMETIDO EN LA VIDA ESPIRITUAL DE LOS HIJOS (JOB 1:5)

Ideas para el maestro o líder

(1) Indague sobre la importancia que los participantes (padres) le están dando a la oración, principalmente la intercesión por los hijos.

(2) Comente que muchos hombre y mujeres de Dios fueron producto de las oraciones de sus padres (el profeta Samuel, los humanos Wesley, San Agustín, otros).

Definiciones y etimología

* *Job enviaba y los santificaba*. Job mantuvo su autoridad siendo el sacerdote de la familia, y a su altar venían sus hijos los cuales apreciaban participar de sus oraciones más que de sus riquezas.

* *Se levantaba de mañana y ofrecía holocaustos*. Es cierto que los padres no pueden

dar a sus hijos ni la gracia, ni la salvación (es Dios quien lo hace), pero deben fomentar su acercamiento Dios por medio de su testimonio, amonestaciones y sus oraciones

A. Un padre que santifica a sus hijos y mantiene un altar familiar (1:5)

Un padre no puede estar feliz mientras sabe que sus hijos pudieran estar siendo alcanzados por el pecado. Y esto es lo más fácil que ocurra. Hay un "bombardeo" continuo contra la mente y el alma de la juventud hoy en día. Su propósito es destruir sus valores y la pureza de sus más nobles sentimientos. La amenaza que pretende ensuciar su vida es muy grande, de allí la necesidad de padres que se levanten como sacerdotes intercesores para buscar su santificación. Job tuvo la percepción que después que sus hijos tenían "sus banquetes en sus casas" (v.4), deberían ser santificados, como una forma de "ponerlos aparte, lejos del pecado". La expresión: *Quizá hayan pecado mis hijos…*, era una manera de hacerles examinar sus conciencias e invitarles a limpiarse de todo lo malo. Tenemos una misión santificadora con nuestros hijos.

Además, Job, haciendo las veces de un auténtico sacerdote, ofrecía sacrificios por ellos. Él sabía que tales sacrificios tenían la función perdonadora y restauradora. Ese acto de adoración tenía como finalidad preservar a sus hijos de toda influencia del pecado y del mundo. Los hijos de Job, al ser invitados por él a su altar, apreciarían sus enseñanzas más que los bienes materiales de su propia hacienda. Ninguna cosa podrá producir una huella más indeleble en los hijos que las oportunidades cuando ellos fueron invitados por sus padres al altar familiar. Las canciones, oraciones, lectura y testimonios hechos en tal lugar, jamás podrán olvidarse, aun cuando se llegue a la edad de un adulto. Nada impacta más a un hijo que ver a sus padres postrados orando y clamado a Dios, o al verle con sus manos extendidas en adoración. Un padre comprometido sabe cuán importante es que los hijos aprendan el conocimiento de la Palabra. Una y otra vez la Biblia habla de la necesidad de instruir al niño en su camino. Y no habrá mejor manera de instruirlos que poner en su temprana vida la palabra de Dios en sus corazones. Recuerda el mandamiento de Dios a los padres: *Y estas palabras que yo te mando hoy, estarán sobre tu corazón; y las repetirás a tus hijos, y hablarás de ellas estando en tu casa, y andando por el camino, y al acostarte, y cuando te levantes. Y las atarás como una señal en tu mano, y estarán como frontales entre tus ojos; y las escribirás en los postes de tu casa, y en tus puertas* (Deuteronomio 6:7-9).

B. Un padre que intercede continuamente por sus hijos (1:5)

Padres, ¿cuántas veces al día oramos por nuestros hijos? ¿Hasta dónde sus necesidades ocupan nuestras agendas intercesoras? Mire lo que hacía Job. Se dice que se levantaba de mañana para interceder a Dios por sus hijos. Y el mismo texto añade: *De esta manera hacía todos los días.* La actitud de Job nos ilustra que no es suficiente traer nuestros hijos a Dios, y hasta dedicarlos, si no estamos dispuestos a seguir ofreciéndoselos a Él día a día. Nos dice que no es suficiente que nuestros hijos cumplan con ciertas tradiciones religiosas, si no los instruimos de forma continua en los caminos divinos. No podemos dejar que solo la escuela o la iglesia formen a nuestros hijos. Somos responsable por un ministerio de intercesión cotidiano antes que otros lo hagan también. Como padres-sacerdotes estamos involucrados en presentar a nuestros hijos ante Dios, de modo que ellos no sólo sean librados de la influencia del pecado en sus vidas, sino que también sus vidas sean una influencia y bendición para otros.

Además, Job, *ofrecía holocaustos conforme al número de todos ellos.* Todo padre sabe que cada hijo es diferente, en su carácter, en sus anhelos, el propósito de Dios para cada uno de ellos también es diferente. Por lo tanto, se debe ocupar tiempo para presentarlos al Señor nombre por nombre. No hay mayor gozo que hablar con Dios acerca de los hijos. No es un tiempo para quejarse y lamentarse sobre su comportamiento. Debe ser un tiempo para expresar gratitud, por lo que Dios está haciendo y hará en ellos, intercediendo por cada área de sus vidas delante del Señor. Allí en su presencia se debe orar por su salvación, si todavía no han sido salvos; por su bautismo, si todavía no lo han hecho; y sobre todo, por la carrera a la que se están inclinando, y por los sentimientos que se les están despertando. Los padres han sido colocados en el hogar como cabeza. No pierda esta posición ni este privilegio. Recuerde que entre sus muchas responsabilidades está el saber que "herencia de Jehová son los hijos", y como tal debo cuidar este tesoro divino. Tenga el gozo de traer al Señor a sus hijos, sea en intercesión por ellos o en la salvación para sus vidas. Cada uno de sus hijos es de supremo valor. Necesitamos presentarlos por sus nombres y sus necesidades delante del Padre celestial. No deje que otros sean los que intercedan por sus hijos. Es con cada padre con quien Dios quiere entenderse respecto a la vida de su hijo. Ese es su privilegio.

Afianzamiento y aplicación

(1) Plantee, ¿por qué los padres han delegado la dirección espiritual de sus hijos a otros? (madres, pastores, lideres, etc.).

(2) ¿Qué se puede hacer para recuperar el importante ministerio del sacerdocio de los padres?

III. UN PADRE PREPARADO PARA ENFRENTAR LAS CRISIS DE LA VIDA (Job 1:6-22)

Ideas para el maestro o líder

(1) Provocar comentarios acerca de la maligna lucha de Satanás contra los justos y su intromisión en la junta de los ángeles de Dios.

(2) Precisar con los estudiantes los conceptos de tentación, prueba y castigo y discutir la diferencia entre ellos.

Definiciones y etimología

* *Vinieron los hijos de Dios*. Esta frase difiere totalmente de la de Génesis 6:2, donde se aplica a los descendientes de la línea de Set, aquí se aplica a seres angélicos. Esto se deduce fácilmente del contexto y el propósito de cada caso.

* *Todo lo que tiene está en tu mano*. Esto demuestra que: (1) "el acusador de los hermanos", el diablo (Apocalipsis 12:10), no puede hacer nada sin la voluntad permisiva de Dios; y (2) que la tragedia de Job fue una prueba de parte de Dios, no un castigo.

A. Las pruebas y tribulaciones de una familia (1:12-19)

El tener una familia temerosa de Dios, no la excluye de las situaciones difíciles de la vida. La experiencia de Job nos ha sido dada como aviso de precaución. Todos estamos en la mirada del maligno acusador, que no está nada contento con que nos esforcemos por servir a Dios. He ahí la importancia de la oración y la entrega personal al Señor para que Él nos haga sentir cuándo nos estamos apartando de la senda estrecha, y no sólo nos hará regresar, como el pastor que usa su cayado para atraer a la oveja errabunda, sino también intercederá por nosotros y por nuestra familia. ¿Recuerda cómo libró a Pedro de una situación como la de Job? "Dijo también el Señor: Simón, Simón, he aquí Satanás os ha pedido para zarandearos como a trigo; pero yo he rogado por ti, que tu fe no falte" (Lucas 22:31,32). Algunos han sido muy crueles con Job y han sugerido que los males que le sobrevinieron tuvieron su origen en sus temores y falta de confianza en Dios. Se apoya esta teoría en las propias palabras del patriarca: *El temor que me espantaba me ha venido, y me ha acontecido lo que yo temía* (Job 3:25). Sin embargo, en su evaluación, Dios no calificó a Job como un cobarde ni permitió su prueba como un castigo por su falta de fe; por el contrario, lo identificó como "perfecto" (1:8). Las medidas de precaución de Job obedecían, más bien, a su conciencia temerosa de Dios y a su ferviente anhelo de no ofender al Dios que lo había colmado de tanto bien. Pero aun a los más fuertes les llega el momento de prueba; y entonces empiezan las conjeturas y evaluaciones prejuiciadas, como el trato que recibió Job de sus supuestos "amigos". En pocos días le llegó a Job una ruina espantosa: (1) los sabeos mataron a sus criados y robaron los bueyes; (2) rayos cayeron sobre las ovejas y sus pastores; los caldeos se llevaron los camellos; (3) y lo peor, una tormenta mató a todos sus hijos en una de sus fiestas. Si la esperanza del hombre está en lo que posee, de un momento a otro puede verse destrozado.

B. La actitud correcta ante las crisis de la vida (1 20-22)

Si Job hubiera sido un hombre falto de fe y con una vida espiritual mediocre, se habría desplomado ante estas alarmantes noticias. Cualquiera, ante una serie de desgracias como estas, blasfemaría contra Dios y culparía a medio mundo por su mal. Pero el campeón de la fe y la cordura, "se levantó", en lugar de desmayarse; "rasgó su manto" en señal de dolor; "rasuró su cabeza" como muestra de humillación; "se postró en tierra y adoró", como un creyente que sabe que Dios es más grande que cualquier problema. Reflexionando como un filósofo de la vida de fe, dijo: *Desnudo salí del vientre de mi madre, y desnudo volveré allá*. Reconoció que todo lo que tenía se lo había dado Dios, quien también se reservaba el derecho de quitárselo. Su conclusión fue: "Sea el nombre de Jehová bendito". La frustración y la amargura surgen solamente en los que piensan que son dueños de las cosas que tienen; no reconociendo que "de Jehová es la tierra y su plenitud; el mundo, y los que en él habitan" (Salmo 24:1).

Una de las cosas que más impactan del libro de Job, es la forma cómo termina. Sin duda que la pérdida de sus primeros diez hijos tuvieron que ser muy dolorosa. Pero note la recompensa de su obediencia y su lealtad a Dios. Los últimos versículos del libro nos dicen: *Y bendijo Jehová el postrer estado de Job más que el primero... y tuvo siete hijos y tres hijas... y no había mujeres tan hermosas como las hijas de Job en toda la tierra; y les dio su padre herencia entre sus hermanos* (Job 42:12-17). Dios sabía cuánto amaba Job a sus hijos, por eso le devolvió el mismo número, pero con mayores bendiciones. Amados padres, la inversión que hagamos con nuestros hijos hoy nos llenará de enormes satisfacciones en el mañana. Necesitamos comprometernos como padres.

Debemos apostar al progreso, armonía y a la salud espiritual de nuestros hijos. ¿Qué tipo de padre soy? ¿Qué tan responsable he sido en esta exclusiva tarea?

Afianzamiento y aplicación

(1) ¿Podemos calificar como "prueba" o "castigo" lo que le sobrevino a Job?

(2) ¿Puede hacer algo el diablo sin la voluntad permisiva de Dios?

(3) ¿Cómo reaccionó Job ante las crisis?

RESUMEN GENERAL

A manera de conclusión mencionaremos algunos consejos para los padres retomados del contenido del estudio de hoy: (1) Procura ser un ejemplo de integridad. Los padres son el primer modelo de una vida cristiana para los hijos. La forma de amar y servir a Dios se convierte en la mayor influencia para ellos. Lo que hablamos y lo que hacemos es lo que al final quedará como enseñanza para los hijos. (2) Edifica a tus hijos con tus palabras. El cariño no solo debe ser demostrado, sino expresado con palabras. Las palabras de afirmación son parte importante para la personalidad de un hijo. Sin importar la edad que tengan, las palabras de los padres tienen un impacto directo en su identidad y autoestima. (3) Sé diligente en conocer el estado espiritual y emocional de los hijos. Nunca se debe asumir que todo está bien. Presta atención a sus palabras, actitudes y reacciones. Habla con ellos, hazles preguntas, comparte tiempo con ellos y asegúrate que no haya nada que ponga en riesgo su salud espiritual y emocional. (4) Ora por ellos. La oración más poderosa y efectiva por un hijo, viene a través de los padres. Intercede por ellos en todo tiempo decretando protección sobre sus vidas, declarando las promesas y el propósito de Dios sobre sus vidas. (5) Ora "con" ellos. Esta es quizás una de las más importantes enseñanzas que se les imparte. El devocional o altar familiar deben ser parte de la formación de los hijos. (6) Pasa tiempo de calidad. Los padres son la primera y más importante influencia en la formación de un individuo, es importante invertir tiempos de calidad juntos. Los padres deben de manera deliberada o intencional provocar momentos para fomentar la comunión. Ya sea tiempos para conversar, para divertirse o aún para emprender proyectos juntos. Finalmente alguien dijo: "En cada hogar debe haber un lugar para descansar, un lugar para comer, un lugar para recreación y un lugar para orar".

Ejercicios de clausura

(1) Haga una lista de peticiones, especialmente, por los hijos que no han conocido al Señor.
(2) Tenga un momento de oración, pidiéndole al Señor que ayude a cada padre a convertirse en un sacerdote-intercesor por su familia.
(3) Dediquen un tiempo para interceder en oración por cada uno de sus hijos.

PREGUNTAS Y RESPUESTAS

1. ¿Cómo describe el escritor sagrado en el versículo 1, el carácter de Job?

Job era un hombre perfecto y recto, temeroso de Dios y apartado del mal.

2. ¿Cómo podemos ver que Job era un padre preocupado por la vida espiritual de sus hijos?

Dice la Biblia que Job se levantaba cada día de mañana y santificaba sus hijos, y ofrecía holocaustos por cada uno de ellos.

3. ¿Por qué Dios permite que el enemigo ataque a sus hijos?

Porque todavía estamos en el mundo y el enemigo continúa atacando para desalentarnos y sacarnos del camino.

4. ¿Cómo pudo Job sobreponerse a una prueba tan dura?

Reconoció que todo lo que tenía se lo había dado Dios, quien también se reservaba el derecho de quitárselo.

5. Mencione algunos consejos para los padres que se desprenden del estudio de hoy.

Procura ser un ejemplo de integridad. (2) Edifica a sus hijos con tus palabras (3) Sé diligente en conocer su estado espiritual (4) Ora por ellos (5) Ora "con" ellos (6) Pasa tiempo de calidad.

PARA LA PRÓXIMA SEMANA

La lealtad es una cualidad esencial para la conservación de la familia y de cualquier relación de amistad. La veremos reflejada en la historia de Rut, que es uno de los más bellos ejemplos de lealtad, fidelidad y compromiso. Motive a la clase a estudiar el tema.

LA LEALTAD Y EL AMOR SOPORTES DE LA FAMILIA

ESTUDIO BÍBLICO 17

Base bíblica

Rut 1:8-10, 16-19, 22; Marcos 3:24,25.

Objetivos

1. Comprobar que la Biblia exige que los miembros de la familia sean leales unos a otros.
2. Reconocer que el fundamento de la lealtad es un amor sincero y profundo.
3. Cultivar la lealtad y la buena convivencia entre los miembros de la familia para superar los conflictos que siempre se presentan.

Pensamiento central

La lealtad es la mejor demostración de un amor sólido, permanente e invariable, el cual no depende de las circunstancias.

Texto áureo

Si un reino está dividido contra sí mismo, tal reino no puede permanecer. Y si una casa está dividida contra sí misma, tal casa no puede permanecer (Marcos 3:24,25).

Fecha sugerida:___/____/_____

LECTURA ANTIFONAL

Rut 1:8 Y Noemí dijo a sus dos nueras: Andad, volveos cada una a la casa de su madre; Jehová haga con vosotros misericordia, como la habéis hecho con los muertos y conmigo.

9 Os conceda Jehová que halléis descanso, cada una en casa de su marido. Luego las besó, y ellas alzaron su voz y lloraron,

10 y le dijeron: Ciertamente nosotras iremos contigo a tu pueblo.

11 Y Noemí respondió: Volveos, hijas mías; ¿Para qué habéis de ir conmigo? ¿Tengo yo más hijos en el vientre, que puedan ser vuestros maridos?

16 Respondió Rut: No me ruegues que te deje, y me aparte de ti; porque a dondequiera que tú fueres, iré yo, y dondequiera que vivieres, viviré. **Tu pueblo será mi pueblo, y tu Dios mi Dios.**

17 Donde tú murieres, moriré yo, y allí seré sepultada; así me haga Jehová, y aun me añada, que sólo la muerte hará separación entre nosotras dos.

18 Y viendo Noemí que estaba tan resuelta a ir con ella, no dijo más.

19 Anduvieron, pues, ellas dos hasta que llegaron a Belén; y aconteció que habiendo entrado en Belén, toda la ciudad se conmovió por causa de ellas, y decían: ¿No es ésta Noemí?

22 Así volvió Noemí, y Rut la moabita su nuera con ella; volvió de los campos de Moab, y llegaron a Belén al comienzo de la siega de la cebada.

DATOS GENERALES ACERCA DEL TEMA

- **Enseñanza:** Es necesario hacer un compromiso serio de lealtad y fidelidad en nuestras relaciones personales, si no queremos ver una sociedad desintegrada.
- **Autor:** La tradición judía reconoce a Samuel como autor del libro de Rut.
- **Lugar:** Los campos de Moab, al oriente del mar Muerto y la ciudad de Belén.
- **Fecha:** 1200 años a.C.
- **Personajes:** Rut, Nohemí, Orfa, Booz.

BOSQUEJO DEL ESTUDIO

I. La lealtad puesta a prueba por las circunstancias (Rut 1:8-13)
   A. Una relación saturada del amor de Dios (1:1-9)
   B. Un amor probado en la adversidad (1:10-13)
II. La lealtad una promesa de fe y amor (Rut 1:14-22)
   A. Una decisión inquebrantable hasta la muerte (1:14-18)
   B. Una decisión de andar el mismo camino y con la misma visión (1:19-22)
III. La lealtad sostiene a los reinos y a las familias (Rut 2:10-12; Marcos 3:24,25)
   A. La lealtad una expresión del amor de Cristo (Rut 2:10-12)
   B. La falta de lealtad destruye la familia (Marcos 3:24,25)

El territorio de Moab fue asignado a Rubén después de la conquista israelita. Los moabitas eran descendientes de Sem y de allí fue originaria Rut, antepasada de Jesús.

LECTURAS DEVOCIONALES DIARIAS

Lunes: Una familia efratea busca refugio en Moab (Rut 1:1-5).
Martes: Tres mujeres viudas piensan en trasladarse a Judá (Rut 1:6-14).
Miércoles: Rut la moabita le promete lealtad a su anciana suegra (Rut 1:15-22).

Jueves: Rut se encuentra con un hombre rico y bueno (Rut 2:1-12).
Viernes: Rut y Booz forman una familia mesiánica (Rut 4:9-12).
Sábado: Rut llegó a ser la bisabuela del rey David (Rut 4:13-22).

INTRODUCCIÓN

La lealtad es una cualidad esencial para la conservación de la familia y de cualquier relación de amistad hoy, como lo ha sido a lo largo de las generaciones. La falta de lealtad es una de las razones por las que las familias se están desmoronando. La deslealtad genera desconfianza y dudas entre los integrantes de una familia. Los secretos, la intimidad, las necesidades y también las posibilidades de una familia se echan a perder porque algunos de sus miembros son indiscretos, ingratos, egoístas e hipócritas. Mantener una familia unida en estos tiempos modernos, donde las demandas sociales, laborales son demasiadas, se está haciendo cada vez más difícil.

Hoy día las parejas se están divorciando y separando por problemas económicos, por celos e infidelidad, por pérdida de comunicación, pero también por causas tan insignificantes, como; "se me acabó el amor", "ya no

nos entendemos", "pensé que todo era color de rosa", "ganas tan poco dinero", "me enamoré de otra persona", situaciones que denotan un total grado de deslealtad, inmadurez, falta de amor y espíritu de sacrificio por el bien familiar. Parece mentira, pero hemos llegado al extremo de parejas que se divorcian simplemente por cuestiones de hábitos cotidianos molestos, como desayunar comida con olores fuertes, poner la radio a todo volumen, la tapa del inodoro levantada, la pasta de dientes chorreada, el espejo del baño salpicado o las toallas mojadas desparramadas por la casa.

La historia de Rut y Noemí son una ilustración práctica de lealtad y fidelidad, de cariño entrañable y sobre todo de un gran espíritu de sacrificio que es capaz de vencer hasta las más adversas circunstancias en favor de la unidad familiar. Esta joven moabita se casó con un joven hebreo, hijo de Elimelec y Noemí en

Moab. No sabemos cómo murieron el esposo y los hijos de Noemí, dejando a las mujeres viudas en condiciones deplorables. Desesperada, Noemí después de diez años decidió regresar a su tierra, sola. Pero entonces Rut, sin esperar nada, pues no había nada que ofrecer, arriesgándose a todo, demostró su amor y lealtad a su anciana suegra, lo cual le produjo bendiciones gloriosas y la convirtió en modelo para todas las relaciones familiares y de amistad.

DESARROLLO DEL ESTUDIO

I. LA LEALTAD PUESTA A PRUEBA POR LAS CIRCUNSTANCIAS (RUT 1:8-13)

Ideas para el maestro o líder

(1) Use un mapa del tiempo de los jueces de Israel para señalar la tierra natal de Noemí (Belén de Judá) y la de Rut (Moab).
(2) Refiera a la clase algo sobre la época de Rut, probablemente en la última parte del período de los jueces.
(3) Comente sobre la prohibición de la ley de no permitir a ningún extranjero (amonita, moabita), participar en la congregación de Jehová (Deuteronomio 23:3), y como la fe de Rut lo logró.

Definiciones y etimología

* *En los días que gobernaban los jueces.* Los jueces gobernaron dentro de los años 1400 y 1000 a.C., pero los diez años que cubren la historia de Rut deben haber transcurrido al final de esos cuatro siglos.

* *Los campos de Moab.* El valle oriental del mar Muerto, a unos 75 km de Belén.

A. Una relación saturada del amor de Dios (1:1-9)

Es significativo el contraste que hay entre el libro de los Jueces y el de Rut, a pesar de que ambos reflejan la misma época. El primero está lleno de conflictos, ocasionados por el pecado de Israel, y sus respectivos castigos divinos: plagas, sequías y guerras. En cambio, Rut es una bella narración del cuidado de Dios hasta de las personas más humildes e insignificantes

del pueblo, pero que mantuvieron una fe sencilla y firme en Jehová.

Las primeras palabras del libro nos fijan la fecha de esta historia: "Aconteció en los días en que gobernaban los jueces, que hubo hambre en la tierra" (v. 1). Había hambre en el país, que fluía leche y miel. Esta era una de las consecuencias por causa de los pecados del pueblo (Levítico 26:19, 20). La historia es acerca de una familia azotada por el hambre, que abandona el lugar de bendición, por la prueba que ha sobrevenido. Ellos habitaban en Belén, que significa "casa de pan", pero el pan escaseaba. Elimelec, que significa "Dios es mi rey", su mujer se llamaba Noemí, que significa "amable", y sus dos hijos Mahlón y Quelión, que significan, respectivamente, "enfermizo" y "consumido", quizá por alguna enfermedad congénita. Deciden trasladarse al país pagano de Moab, al otro lado del Jordán a unos 75 kilómetros, en busca de medios para sobrevivir al hambre que azotaba a Israel (vv. 1, 2). Al parecer no era la mejor decisión, como dijo alguien: "Mejor morirse de hambre en la voluntad de Dios que comer del pan del enemigo". Planearon ir por poco tiempo, pero en lugar de eso se quedaron allí hasta que murió Elimelec. Luego sus dos hijos se casaron con mujeres moabitas (v. 4), transgrediendo así la palabra de Dios al tomar mujeres extranjeras (Deuteronomio 23:3). Poco después murieron los dos hijos (v. 5), quedando Noemí con sus dos nueras, desconsolada y desamparada. Pasados diez años Noemí recibió, buenas noticias de que en Belén había pan; así que pensó volver de inmediato allá. Decide despedirse de sus nueras, pero ellas insisten acompañarla. Una de ellas regresa pero Rut, insiste en ir con ella, haciendo una de las más bella declaraciones de compromiso y lealtad de permanecer con aquella viuda, desposeída, con un futuro incierto, sin nada que ofrecerle, aparte de un profundo amor y una fe en el Dios de Israel.

B. Un amor probado en la adversidad (1:10-13)

Las tres mujeres quedaron viudas y pobres. No obstante, los años que vivieron como familia fue un tiempo en que el amor se profundizó entre ellas. Esto se comprueba por la intención de ambas de seguir a su suegra, y especialmente por la determinación de Rut de serle leal hasta la muerte. Aprendemos aquí que los suegros ocupan un lugar especial en la familia; y que las nueras y los yernos son como hijos. En el amor de Jesucristo esta relación se hace aún más noble y fuerte. El diálogo entre Noemí y sus nueras está lleno de dulzura y consideración. Las despidió: (1) Con agradecimiento: *Jehová haga con vosotros misericordia, como la habéis hecho con los muertos y conmigo* (v. 8). (2) Con bendición, a fin de exhortarlas a que alcen sus ojos a Jehová, *y halléis descanso* en el Dios de Israel, quien es la única fuente de todo bien (Santiago 1:17). (3) Y con gran afecto las besó. Pero las dos jóvenes viudas no querían separarse de su buena suegra, quien tan fuertemente las había ganado por el buen testimonio de esta piadosa mujer. ¡Cuán importante es el testimonio para que otros quieran seguir al Señor! Ella planteó a las jóvenes las ventajas de quedarse en su tierra y volver a casarse, mientras ellas porfiaban en seguirla para demostrarle su lealtad y cariño. Los argumentos de la anciana tenían mucha fuerza. ¿Cómo podría ella procrear nuevos hijos para darlos como esposos a estas robustas moabitas? Por otro lado, ¿qué futuro les esperaba en un país en que se había prohibido que un moabita fuera incorporado a la congregación de Israel? (Deuteronomio 23:3). Orfa, finalmente, fue persuadida a volverse a su país, a la casa de su padre, a su parentela y a sus dioses falsos. Aunque sentía mucho separarse de Noemí, pero no lo suficiente como para dejarlo todo. Así como muchos tienen cierta admiración por Cristo y sienten algún afecto hacia Él, pero nunca llegan a conocerle por falta de decisión a dejarlo todo por seguirle. Le aman, pero no lo suficiente para preferirlo sobre todo lo demás. Todo esto conmovió a la razonable Orfa, quien después de llorar, besó a su suegra y regresó a su pueblo. Siempre vendrán momentos de tomar decisiones en circunstancias difíciles: seguir o retroceder. Igualmente, en las relaciones familiares existirán conflictos familiares, si deseamos lo mejor, debemos esforzarnos, perseverar, renunciar y negarnos a nosotros mismos por el bien

común, que es la fórmula para obtener siempre la victoria en el Señor.

Afianzamiento y aplicación

(1) ¿Por qué se trasladó la familia belemita de Elimelec a Moab?

(2) Describan la situación de Noemí en tierra ajena, viuda y sin sus hijos.

(3) ¿Cómo se consideran los argumentos de Noemí y sus nueras?

(4) ¿Cómo reaccionamos en situaciones de crisis? ¿Abandonamos, culpamos a otros, permanecemos firmes?

II. LA LEALTAD ES UNA PROMESA DE FE Y AMOR (RUT 1:14-22)

Ideas para el maestro o líder

(1) Dé lugar para que la clase aporte ideas en torno a la decisión de Orfa. ¿Tuvo razón de no seguir en pos de su ex suegra?

(2) Pida que alguien tenga localizado el pasaje de Nehemías 13:1,2 para leerlo cuando sea necesario.

Definiciones y etimología

* *Tu pueblo será mi pueblo, y tu Dios mi Dios*. Esta es una aspiración cuya base tenía que ser únicamente la fe; pues contra ella existían órdenes expresas, como Deuteronomio 23:4 y Nehemías 13:1,2.

* *Al comienzo de la siega de la cebada*. La llegada de estas dos mujeres a Belén tuvo lugar en el mes de abril, que es cuando se empieza a cosechar la cebada.

A. Una decisión inquebrantable hasta la muerte (1:14-18)

El caso de Rut es muy especial, pues ni las palabras de su ex suegra, ni la actitud de su cuñada, ni el riesgo de ser rechazada por los hebreos por ser moabita, ni siquiera el hecho de pertenecer a un pueblo que estaba bajo la maldición divina (Nehemías 13:1,2) la hicieron desistir de su propósito de ser leal a Noemí hasta el fin. Las palabras finales del versículo 14, *más Rut se quedó con ella* es el testimonio innegable de la fe y la determinación de esta hermosa joven en el Dios de Noemí y la esperanza que tenía de ser admitida por el pueblo de Dios y de mantener una relación familiar. Esos riesgos son necesarios cuando estamos frente a disyuntivas que tienen que ver con el futuro y especialmente con el desarrollo de los planes de Dios en nuestras vidas. Es necesario que tengamos fe y confianza en los demás, para que ellos también las tengan en nosotros. La lealtad está basada en la fe, porque se aferra a la esperanza de ser de alguna manera recompensada. El versículo 15 contiene la última prueba que Noemí le puso al amor y a la lealtad de Rut: *He aquí tu cuñada se ha vuelto a su pueblo y a sus dioses; vuélvete tú tras ella.* Pero en lugar de disuadirla, lo que logró fue arrancar desde el fondo de su alma una de las declaraciones más nobles y tiernas del amor filial: *No me ruegues que te deje y me aparte de ti; porque…* (1) *Dondequiera que tú fueres iré yo,* aunque sea a un país que nunca ha visto, por muy lejos que esté y por difícil que sea el camino que toque emprender. (2) *Dondequiera que vivieres, viviré,* aunque sea en una sencilla cabaña o en un alojamiento rústico y humilde. (3) *Tu pueblo será mi pueblo,* compartirá los intereses, los gozos y las penas de su nueva patria. (4) Lo que es más importante, renuncia para siempre a los ídolos y abraza la fe del verdadero Dios, el Dios de Israel: *Tu Dios será mi Dios.* (5) No sólo quiere estar unida a su suegra en vida, sino también en la muerte, en la sepultura y aún más allá: *Donde tú mueras, moriré yo.* (Rut 1:17). Si la joven y su anciana suegra habían conversado acerca de la maldición que pesaba sobre los moabitas y la prohibición de que fuesen aceptados en "la congregación de Jehová" (Nehemías 13:1,2), no lo sabemos. No obstante, se puede detectar en ella una fe profunda e inconmovible, la cual le ganó un lugar especial en el plan de Dios para la salvación de Israel y del mundo.

B. Una decisión de andar el mismo camino y con la misma visión (1:19-22)

Al final del versículo 18 leemos que cuando Noemí no logró desvanecer la decisión de la muchacha, "no dijo más". Así fue como emprendieron la marcha desde Moab a Belén de Judá, unos 75 kilómetros de distancia. Aparte de la fe y la esperanza en un Dios que hace milagros, estas mujeres no tenían más a qué aferrarse. Y pensar que hoy en día los matrimonios se desintegran por situaciones tan vanales y superficiales, que denotan una total falta de compromiso y sacrificio. La anciana estaba llegando al final de sus días y, aunque sus difuntos habían dejado propiedades en Belén diez años atrás, ya ninguno de ellos estaba vivo para redimirlas. Eso bastaba para que Noemí no viera más que un tiempo de miseria por delante. La otra, aunque joven y llena de optimismo y mucho amor, no tenía posibilidades de formar parte del "pueblo" ni de ser adoradora del "Dios" de Noemí, que era toda su esperanza. No obstante, como dijo el profeta: *Mis pensamientos no son vuestros pensamientos, ni vuestros caminos mis caminos, dijo Jehová* (Isaías 55:8). Desde su entrada en la pintoresca y legendaria ciudad de Belén, las dos viudas causaron gran impacto. *¿No es ésta Noemí?,* preguntaba la gente. *No me llaméis Noemí* (amable), respondía la pobre anciana. *Llamadme Mara* (amarga); *porque en gran amargura me ha puesto el Todopoderoso.* Por su parte, Rut observaba aquella bienvenida y esperaba confiada que la visión que Dios había puesto en su alma no sería nublada, aunque por el momento ni siquiera imaginara lo que iba a suceder. Es importante que como esposos o esposas, hijos o padres visualicemos siempre en el Señor un futuro mejor, no mirar tanto las circunstancias adversas, sino mirar las promesas que Él nos ha hecho en su Palabra. Como dice el apóstol Pablo: *No mirando nosotros las cosas que se ven, sino las que no se ven; pues las cosas que se ven son temporales, pero las que no se ven son eternas* (2 Corintios 4:18).

Además, para Ruth, la madre de su esposo era como su propia madre y no renunciaría a su responsabilidad sobre ella. A lo largo de la historia vemos en Ruth a una mujer generosa, que cuida de Noemí, preocupándose por su bienestar y trayéndole el sustento, que hermoso ejemplo, para todos aquellos que abandonan tan fácilmente una relación sentimental. Pero Noemí también se hace responsable de Ruth y vela por su porvenir. Es ella quien trama el futuro matrimonio de Ruth con su pariente Booz. Su nuera ha sabido serle fiel; ella también procurará su felicidad. Así es como Ruth, que ha renunciado a su familia de sangre, a su tierra y a sus creencias, es acogida en una nueva patria, recibe una nueva familia y un nuevo esposo. La historia de Ruth es un relato del amor y de la abnegación recompensados. Nos muestra cómo todo sacrificio hecho por amor, toda renuncia asumida por fidelidad, no deja de tener su recompensa.

Afianzamiento y aplicación

(1) ¿Que opinión les merece la decisión inquebrantable de Rut por seguir a su suegra? ¿Cómo podemos interpretarlo en una relación matrimonial?

(2) Comente sobre las razones tan vanas y superficiales por las cuales las parejas se están divorciando.

III. LA LEALTAD SOSTIENE A LOS REINOS Y A LAS FAMILIAS (RUT 2:10-12; MARCOS 3:24,25)

Ideas para el maestro o líder

(1) Analice el plan que tenía Dios con Rut la moabita, y cómo lo fue llevando a cabo, si ella no hubiera tomado la decisión de continuar lo hubiera perdido.

(2) Hable de la cantidad de familias que se desintegran por falta de un espíritu de sacrificio, de madurez y de responsabilidad y probablemente se están perdiendo de las bendiciones de Dios.

Definiciones y etimología

* *Booz.* Su nombre significa: "en el hay fuerza", era un pariente rico, de la familia de Elimelec, el difunto marido de Nohemí y quien podía rescatar la herencia y casarse con Rut.

* *Nuestro pariente redentor es aquel varón* (2:20). La palabra "Redentor", viene la palabra hebrea Goel, que significa redimir, rescatar o comprar de nuevo y se usaba para referirse al "pariente más cercano". El pariente redentor era un benefactor rico, o persona que libera al deudor mediante el pago del precio del rescate.

A. La lealtad una expresión del amor de Cristo (Rut 2:10-12)

Frente a la muerte de su esposo, Rut era una mujer totalmente libre, pues no había pariente cercano con quien ella podía casarse de nuevo; irse a su casa era una decisión razonable, pero al contrario, Rut demostró lealtad con su suegra y decidió ir con ella y acompañarla. Una rápida lectura del resto de esta linda historia nos demuestra que Rut, quizá conocedora de la provisión bíblica del libro de Levítico que dice: *Cuando siegues la mies de tu tierra, no segarás hasta el último rincón de ella... para el pobre y para el extranjero lo dejarás,* (19:9,10), fue a recoger las espigas que quedaban en el campo después de la cosecha. En Rut 2:10-12 tiene lugar el emocionante encuentro entre Rut y el hacendado Booz, hombre muy respetado y que resultó ser el único pariente cercano de Elimelec y Noemí. Ante la humildad de la bella Rut, Booz respondió con generosidad y prometió recompensar la lealtad de la joven a su suegra. Era Jehová quien daba entrada no sólo a su pueblo sino al linaje mesiánico a una extranjera. Rut llegó a ser bisabuela de David, cuyo descendiente según la carne (Jesús) daría entrada a la congregación de Dios a toda criatura por medio del glorioso evangelio. Bien podríamos aplicar aquí la siguiente promesa: *Sé fiel hasta la muerte, y yo te daré la corona de la vida* (Apocalipsis 2:10).

Booz es un prototipo del Señor Jesús, quien se convirtió en nuestro Redentor. Y nosotros somos como Rut, hemos sido redimidos del pecado y de la muerte y hemos colocado nuestra mirada en Él. Jesús es el agente perfeccionador y consumador de nuestra fe quien nos ayuda a caminar sin mirar las circunstancias. Por causa de nuestro anhelo y nuestra fe logramos llamar la atención del Señor, quien extiende sus alas para brindarnos amparo, sustento y cuidado, como Booz extendió su capa sobre Rut la moabita. Si Jesús dio su vida por nosotros también debemos dar nuestras vidas por otros, cuanto más cuando son nuestros seres queridos. *Este es mi mandamiento: Que os améis unos a otros, como yo os he amado. Na-*

die tiene mayor amor que este, que uno ponga su vida por sus amigos (Juan 15:12,13).

B. La falta de lealtad destruye las familias (Marcos 3:24,25)

Jesús habló de los temas de la lealtad y la unidad, aunque desde otro punto de vista. Se refirió a lo que sucede, aun a las instituciones más poderosas, cuando no hay lealtad. Los judíos lo acusaban de liberar a los endemoniados con el poder del diablo; por eso les preguntó: "¿Cómo puede Satanás echar fuera a Satanás?" Aquí Jesús indica que ni siquiera el reino de Satanás podía permanecer si estaba dividido. Siguiendo esta misma línea de pensamiento aseveró: "Si un reino está dividido contra sí mismo, tal reino no puede permanecer" (Marcos 3:24). En efecto, la caída de los imperios y el derrocamiento de los gobiernos, aun los más fuertes, ha sido causado por la falta de lealtad de sus súbditos. Por supuesto, en ocasiones esa deslealtad queda justificada, porque hay gobiernos opresores y dictatoriales que no se ganan el respeto ni la lealtad de sus ciudadanos.

En el versículo 25 Jesús se acercó más al tema de la unidad de la familia cuando dijo: "Si una casa está dividida contra sí misma, tal casa no puede permanecer. " Estas palabras del Señor, aunque usadas en otro contexto, tienen un sentido real para la conservación y la unidad de la familia cristiana. Es deber de los padres permanecer unidos, aunque para ello tengan que sacrificar sus gustos, su carácter y otras cosas. El divorcio es un invento carnal que divide los hogares. Los hijos de una pareja divorciada casi siempre terminan divorciándose ellos mismos o son personas que probablemente arrastren rasgos de frustración por el resto de su vida. Recordemos lo que dijo Jesús: *¿No habéis leído que el que los hizo al principio, varón y hembra los hizo, y dijo: Por esto el hombre dejará padre y madre, y se unirá a su mujer, y los dos serán una sola carne? Así que no son ya más dos, sino una sola carne; por tanto, lo que Dios juntó, no lo separe el hombre.* (Mateo 19:4-6). Si los padres dan ejemplo de unidad y lealtad, los hijos también lo harán, aun en medio de circunstancias difíciles y dolorosas.

Afianzamiento y aplicación
(1) ¿Qué tipifica la entrada de Rut la moabita no sólo al pueblo de Israel sino también al linaje de David?
(2) ¿Por qué pudo Booz restituir las propiedades de Noemí y casarse con Rut?
(3) Digan cómo se puede cultivar la lealtad y el amor en la familia.

RESUMEN GENERAL

Rut es un ejemplo de lealtad a toda prueba. Podemos preguntarnos ¿Qué tan leales somos con las personas que nos rodean? ¿Qué tan leales estamos siendo a nuestros familiares y amigos? ¿Estamos allí para ellos o somos de los que abandonan en dificultades? ¿Qué tan dispuestos estamos a sacrificarnos? También sobresale su capacidad de servicio. Cuando Rut aceptó ir con Noemí, estaba aceptando proveer, cuidar y proteger a su suegra, para ella no fue difícil salir y trabajar para proveer para ambas, ya que le movía un amor fuerte y sincero. Mantuvo siempre una buena actitud, nunca se quejó, nunca protestó. ¿Qué tan dispuestos estamos a la hora de servir? ¿Se nos hace difícil trabajar para suplir las necesidades de otros, primero que las nuestras? También demostró obediencia. Rut siguió las instrucciones de su suegra al pie de la letra, no hizo las cosas como bien le parecieran; sino que, se dejó guiar por ella, mostrando el respeto debido. Noemí se había ganado la total confianza de Rut, por lo que obedecerla era prudente y sensato. ¿Cómo estamos en el área de la sujeción y obediencia? ¿Estamos sujetos unos a otros en el Señor como recomienda el apóstol Pablo? *Someteos unos a otros en el temor de Dios* (Efesios 5:21).

El libro de Ruth también es un canto a la confianza y a la lealtad. Las dos mujeres confían una en la otra. Noemí confía su ancianidad y su vida en manos de Ruth, y recibe un gran consuelo de su nuera, "la cual te ama y es para ti mejor que si tuvieras siete hijos" (4:15), le dicen sus parientes. Ruth confía también en Noemí y sigue sus consejos e instrucciones. Así es como rehace su vida, se desposa con un hombre bueno y tiene un hijo. Porque no temió perderlo todo, por fidelidad a la madre de su esposo, Ruth alcanza de nuevo una vida plena y dichosa. Confiar nuestra felicidad en manos de Dios y de quienes sabemos nos ama es tal vez una de las experiencias más hermosas y gratificante.

Ejercicios de clausura

(1) Fomente la lealtad y el amor entre los miembros de las familias de la iglesia.

(2) Promuevan cualquier tipo de ayuda para las viudas y los desamparados que estén al alcance de la iglesia.

PREGUNTAS Y RESPUESTAS

1. ¿Habrá sido la mejor decisión de esta familia haber abandonado su lugar de residencia en medio de la prueba?

Al parecer no fue la mejor decisión, por las consecuencias que vivieron.

2. Que decía la palabra de Dios en Deuteronomio 23:3, respecto a casarse con mujeres moabitas?

No entrará amonita ni moabita en la congregación de Jehová.

3. Mencione las palabras de Rut que expresan su total decisión de acompañar a su suegra de forma incondicional.

No me ruegues que te deje, y me aparte de ti; porque a dondequiera que tú fueres, iré yo, y dondequiera que vivieres, viviré. Tu pueblo será mi pueblo, y tu Dios mi Dios. Donde tú murieres, moriré yo...

4. Explique las palabras de Jesús en Marcos 3: 25: "Si una casa está dividida contra sí misma, tal casa no puede permanecer", y ¿cómo aplican al matrimonio?

Los hijos de una pareja divorciada casi siempre terminan divorciándose ellos mismos o son personas que probablemente arrastren rasgos de frustración por el resto de su vida.

5. ¿Cuál fue la recompensa de la fidelidad y lealtad de Rut?

Rut llegó a ser bisabuela del rey David, de cuya descendencia vino Jesús el Salvador.

PARA LA PRÓXIMA SEMANA

¿Ayúdeme que soy padre? Es una expresión con que la que muchos pueden identificarse. Ser un buen padre, obviamente no es una tarea fácil. Pero la Palabra de Dios nos da consejos prácticos para lograrlo. El próximo tema: "Instrucciones para edificar la familia", será de gran ayuda. Anime al grupo a participar.

INSTRUCCIONES PARA EDIFICAR LA FAMILIA

Base bíblica

Deuteronomio 6:4-9;
Proverbios 23:12-15; Efesios 6:1-4.

Objetivos

1. Promover el papel predominante de la Palabra de Dios en la edificación de la familia.
2. Evaluar la importancia que tiene el tipo de disciplina, en la formación del carácter de los hijos.
3. Hacer que se opte por un equilibrio entre "castigar" y "no provocar a ira" a los hijos, según el modelo de la Palabra de Dios.

Pensamiento central

La Palabra de Dios es el único e insuperable manual de la familia; si se aplica como es debido, sus efectos serán siempre positivos.

Texto áureo

Oye a tu padre, a aquel que te engendró; y cuando tu madre envejeciere, no la menosprecies
(Proverbios 23:22).

Fecha sugerida:___/_____/_____

LECTURA ANTIFONAL

Deuteronomio 6:4 Oye, Israel: Jehová nuestro Dios, Jehová uno es.
5 Y amarás a Jehová tu Dios de todo tu corazón, y de toda tu alma, y con todas tus fuerzas.
6 Y estas palabras que yo te mando hoy, estarán sobre tu corazón;
7 y las repetirás a tus hijos, y hablarás de ellas estando en tu casa, y andando por el camino, y al acostarte, y cuando te levantes.
8 Y las atarás como una señal en tu mano, y estarán como frontales entre tus ojos;
9 y las escribirás en los postes de tu casa, y en tus puertas.

Proverbios 23:12 Aplica tu corazón a la enseñanza, y tus oídos a las palabras de sabiduría.
13 No rehúses corregir al muchacho; porque si lo castigas con vara, no morirá.
14 Lo castigarás con vara, y librarás su alma del Seol.
15 Hijo mío, si tu corazón fuere sabio, también a mí se me alegrará el corazón.
Efesios 6:1 Hijos, obedeced en el Señor a vuestros padres, porque esto es justo.
4 Y vosotros, padres, no provoquéis a ira a vuestros hijos, sino criadlos en disciplina y amonestación del Señor.

DATOS GENERALES ACERCA DEL TEMA

- **Enseñanza:** La guía de la Palabra bajo la dirección del Espíritu Santo son los instrumentos más necesarios para impartir una correcta educación a nuestros hijos.
- **Autor:** Moisés, Salomón y el apóstol Pablo.
- **Lugar:** Deuteronomio, en la entrada de la tierra prometida; Proverbios en Jerusalén y Efesios desde una cárcel en Roma.
- **Fecha:** Deuteronomio año 1400 a.C.; Proverbios 1000 a.C.; Efesios 62 d.C.
- **Personajes:** El pueblo de Dios en todas las épocas.

BOSQUEJO DEL ESTUDIO

I. La Palabra de Dios en la edificación de la familia (Deuteronomio 6:4-9)
   A. El reconocimiento del Dios único y verdadero (6:4,5)
   B. La aplicación constante y práctica de la Palabra (6:6-9)
II. El lugar de la disciplina en la corrección de los hijos (Proverbios 23:12-15)
   A. La corrección es parte esencial de la disciplina (23:12-14)
   B. La corrección debe aplicarse con inteligencia (23:15,22,23)
III. El lugar del amor en el desarrollo de la familia (Efesios 6:1-4)
   A. Lo que se espera de los hijos (6:1-3)
   B. Lo que se espera de los padres (6:4)

El Shemá sigue vigente. El hogar es la primera escuela para el niño y el lugar ideal para la formación de la familia. El ejemplo de los padres es vital para vivir de acuerdo a la voluntad de Dios.

LECTURAS DEVOCIONALES DIARIAS

Lunes: El Shemá de los israelitas es la base de su fe (Deuteronomio 6:4-9).

Martes: Instrucciones finales de un padre creyente (1 Crónicas 28:9).

Miércoles: Se estima el valor de la Palabra de Dios (Salmo 119:79-104).

Jueves: La Palabra de Dios como lámpara y guía (Salmo 119:105-112).

Viernes: El lugar de la corrección en la familia cristiana (Proverbios 23:12-15).

Sábado: Mandamientos para cada integrante de la familia (Efesios 6:1-4).

INTRODUCCIÓN

La familia moderna se está deteriorando y existen dos extremos que están contribuyendo en ese proceso de desintegración. (1) La falta de disciplina. Frente al deterioro moral, a la tolerancia de leyes conformistas y el desenfreno de la actual generación, los padres ya no pueden aplicar casi ninguna disciplina ni ejercer su papel sagrado de corregir a sus hijos. Hay padres que guardan prisión hoy, o se encuentran implicados en juicios e investigaciones legales por haber querido corregir a su familia. Muchos padres viven bajo la amenaza de que cualquiera los denuncie por abuso de menores, sólo porque tratan de imponer el orden y aplicar la disciplina en su propia casa. Eso se debe a la actitud permisiva, tolerante de las autoridades que sobreprotegen a los niños, hasta hacer de ellos muchachos incontrolables. (2) Por otra parte el abuso de algunos padres, como producto de una vida de pecado, vicios y desamor, miles de niños son víctimas de maltrato y abuso cruel. Padres que consciente o inconscientemente ridiculizan a sus hijos subestimando sus actitudes y capacidades. Padres ausentes que no dan importancia a los problemas de los hijos. También hay algunos padres autoritarios y maltratadores que tienen un alto grado de control y de exigencia, pero hacen poca demostración de afecto y tienen una pobre comunicación con sus hijos. Otros con tendencia a sermonear a sus hijos destacando el valor de su sabiduría y su experiencia y desdeñando la experiencia personal del propio hijo. Muchos padres irresponsables que traen hijos al mundo, sin tomar en cuenta la responsabilidad que asume todo el que engendra un hijo. El aumento del maltrato al cónyuge también ha llegado a proporciones alarmantes. Si no damos lugar a la intervención de la Palabra de Dios y al Espíritu Santo en la vida de la familia, cosas peores tendremos que ver y oír.

DESARROLLO DEL ESTUDIO

I. LA PALABRA DE DIOS EN LA EDIFICACIÓN DE LA FAMILIA (DEUTERONOMIO 6:4-9)

Ideas para el maestro o líder

(1) Discutan la importancia del libro de Deuteronomio para el momento en que Israel estaba a punto de entrar a Canaán.

(2) Enfatice que muchos judíos han dado a estas instrucciones una interpretación demasiado literal, con lo cual se pierde el verdadero sentido de las mismas.

Definiciones y etimología

* *Oye Israel*. La expresión verbal hebrea *Shemá* ("Oye"), encabeza y sirve de título al pasaje que los judíos usan para iniciar sus servicios de cada día. El Shemá podría llamarse el credo de los hebreos.

* *Jehová uno es*. Esta declaración enfatiza que Jehová es el Dios único y absoluto. Este concepto tenía que constituirse en la base de la vida del pueblo de Dios para transmitir la pureza de la fe a futuras generaciones.

A. El reconocimiento del Dios único y verdadero (6:4,5)

Dios llamó a Abraham para que abandonara a su parentela idólatra y pagana. Era de esperarse que, siguiendo el ejemplo de su progenitor, el pueblo de Israel fuera fiel a la fe monoteísta. Sin embargo, las francas narraciones de la Biblia cuentan que los hebreos siempre caían en las reprochables costumbres de sus vecinos, adorando ídolos y deshonrando al Dios que los sacó de Egipto. Este pasaje de Deuteronomio es una corroboración enfática del primero de los Diez Mandamientos y presenta la esencia de la fe: *Yo soy Jehová tu Dios, que te saqué de la tierra de Egipto, de casa de servidumbre. No tendrás dioses ajenos delante de mí* (Éxodo 20: 2,3). El versículo 4 no debe leerse por sí solo; es necesario complementarlo con el 5, porque cualquiera puede admitir y declarar teóricamente la creencia en un solo Dios, pero sólo los que lo creen de verdad pueden probarlo con hechos. El amor

verdadero se prueba con el "corazón" que es el asiento de la inteligencia, el "alma" que es el centro de las emociones y las "fuerzas" que son la expresión de la voluntad.

Esta enfática exhortación al pueblo de Israel es también la base fundamental para la formación de la familia cristiana. El concepto que tengamos de Dios y seamos capaces de transmitirles a nuestros hijos determinará el tipo de vida que ellos cultivarán. No podemos dar a nuestros hijos lo que nosotros no poseemos. Nadie más puede hacerlo por nosotros. Los programas de la Escuela Dominical y la escuela pública no pueden asumir esa responsabilidad, es nuestra responsabilidad como padres. Debemos amar al Señor *con todo nuestro corazón, con toda nuestra alma, con todas nuestras fuerzas*, y compartir ese amor y experiencia con nuestros hijos. Ellos nos observan y modelan nuestras actitudes y comportamientos. Están repitiendo de nuevo nuestras actitudes acerca de Cristo y su iglesia. No podemos entrenar a nuestros hijos a amar al Señor con todo su corazón, si nosotros no lo amamos a Él primero. No podemos ser verdaderos padres hasta que Dios no sea nuestro padre. Ya vimos en las declaraciones finales del párrafo anterior que es necesario aplicar las tres fases esenciales de la personalidad a la realización de la fe en nuestra vida. No podemos decir que creemos en Dios y en su Palabra con el corazón sin sentirlo en el alma y vivirlo con toda nuestra fuerza. Una religión teórica es la que ha producido estas generaciones apóstatas y materialistas. La familia entera necesita sumergirse en esta fe cristiana que demanda toda la personalidad.

B. La aplicación constante y práctica de la Palabra (6:6-9)

Es evidente que la instrucción de la familia ocupa un lugar prioritario en el Pentateuco. El arca de Noé nos ilustró el plan de salvación para cada uno de los miembros de la familia de los justos. Las peregrinaciones de Abraham nos enseñaron que junto a la morada de los santos es indispensable que se levante un altar al Señor. En la complicada vida del patriarca Job, los hijos eran objeto de profunda preocupación y grandes esfuerzos por conservarlos dentro del temor de Dios. En el caso de Rut fue necesaria una determinación inquebrantable para experimentar las bendiciones del Señor. Aquí en el quinto libro de Moisés encontramos la misión ineludible de cada padre de comunicar la verdad de Dios a sus hijos por todos los medios posibles.

Moisés insiste en que los padres "hablen" acerca de las cosas espirituales en un estilo conversacional. Él no dice dar una conferencia o sermonearles con una Biblia. La idea es que en las charlas o conversaciones cotidianas informe acerca de las cosas de Dios. Que sea parte de su estilo de vida. Estar preparados para aprovechar la oportunidad de la enseñanza en el desayuno, las interrupciones normales durante el día, con las comidas y al acostarse. No los presione o intimide, pero por otro lado no tenga miedo de hablar y aprovechar el momento. Hable con ellos de la misma forma que lo hace sobre el juego de fútbol de anoche, o el juego de béisbol, o el tiempo de la diversión que acaban de tener. Moisés dice que amar al Señor sea una parte natural de su vida diaria. No somos buenos ejemplos para nuestros hijos si lo único que escuchan acerca de Dios, es cuando lo hacen en la iglesia. Enseñe a sus hijos a amar al Señor en todo lo que hacen todos los días. *Las atarás como una señal en tu mano, y estarán como frontales entre tus ojos.* Rabinos judíos durante los días de Jesús tomaban literalmente el versículo ocho y lo ataban como amuleto en su ropa. Estas eran pequeñas cajas de cuero en que se colocaron los versículos de las Escrituras escritas en pergamino. Moisés no está hablando de adornarnos nosotros mismos con objetos religiosos. Una vez más, se está haciendo hincapié en la necesidad de enseñar continuamente la Palabra de Dios. Permita que la Palabra de Dios esté ligada a todo lo que hacemos y pensamos. Su vida es un libro abierto que es leído diariamente por su familia.

Lo que se manda en este pasaje de Deuteronomio 6:6-9 es una aplicación constante y práctica de la Palabra de Dios. (1) En primer lugar, la sana doctrina debe estar bien arraigada en el corazón de los mayores. ¿Cómo podrán enseñar a sus hijos lo que ellos mismos no entienden cabalmente? (2) Una vez afirmados en la verdad, los padres deben ser insistentes, repetitivos y exigentes en que su familia conozca la verdad que cambió su vida. ¡Qué bellas oportunidades de cumplir con este mandato bíblico nos ofrece el culto familiar!

Afianzamiento y aplicación

(1) Repitan el primer mandamiento de Éxodo 20 y compárenlo con este pasaje.
(2) Aquí es donde debemos implementar medios modernos de comunicación, entre otros, literatura y música cristiana, mensajes inspiradores en las redes sociales.

II. EL LUGAR DE LA DISCIPLINA EN LA CORRECCIÓN DE LOS HIJOS (PROVERBIOS 23:12-15)

Ideas para el maestro o líder

(1) Comente que el libro de "Proverbios" es una compilación de dichos, comparaciones, sentencias y apotegmas de varios sabios de Israel, siendo el principal y más prolijo el rey Salomón.
(2) Deje que la clase discuta el problema de una interpretación de la frase: Si lo castigas con vara, no morirá (Proverbios 23:13). ¿Qué opinarían los que abogan por una disciplina liviana y tolerante, especialmente en Estados Unidos?

Definiciones y etimología

* *Los proverbios.* La palabra hebrea *mishle* tiene más sentido de "parábola" o "comparación", aunque muchos de los apotegmas que contiene el libro no tienen esa estructura.

* [...] *de Salomón.* Para tener una idea de la sabiduría de Salomón y su producción literaria, lean 1 Reyes 4:29-34. Salomón escribió 3000 proverbios (1 Reyes 4:32), pero sólo una selección de ellos aparece en nuestro libro, que tiene únicamente 800 versículos.

A. La corrección es parte esencial de la disciplina (23:12-14)

Los que provenimos de países latinos fuimos criados con estilos de disciplina y corrección paternal muy distintos al sistema de los países que se consideran "desarrollados". Nosotros, por ejemplo, tenemos en gran estima la rigidez de nuestros padres y sus métodos disciplinarios, bastante fuertes y dominantes. En cambio, en países que han sido afectados por la influencia modernista, liberal y permisiva, la corrección ha tomado otro carácter y se ve de otra manera. Es cierto que se dan muchos casos de abuso de menores y de maltrato familiar, pero en algunos lugares se ha ido al extremo. Por ejemplo, los padres no pueden corregir, ni siquiera con palabras a sus hijos porque estos han aprendido que no deben dejarse dominar.

Muchos hijos, en Estados Unidos, llaman a las autoridades por cualquier represión de sus padres y se quejan de que estos los están "maltratando". El problema está en que los que han caído en rebeldía y obstinación consideran como maltrato cualquier tipo de corrección en el hogar. Esto ha producido, por un lado, padres tolerantes, indiferentes e irresponsables; y por el otro, hijos insubordinados y hogares desintegrados. El secreto del éxito en la corrección de la familia está en poner en un lado de la balanza los preceptos de Proverbios 23:12-14, de corregir, disciplinar a los hijos y castigarlos siempre que sea necesario; y en el otro, el cuidado de no *provocarlos a ira* ni humillarlos hasta producir amargura en su corazón (Efesios 6:4). Nuestro consejo es que, como padres cristianos, aprendamos a evitar el "machismo" latinoamericano; pero no por eso se debe perder el control y el lugar que le corresponde a cada uno en el hogar.

Hay dos maneras de causar daño real a los hijos. En primer lugar, el abuso físico es perjudicial. Utilizar una herramienta para golpearles es malvado. Si no se puede corregir a sus hijos sin perder los estribos, entonces, no debería hacerlo. Pero, la segunda manera de dañar realmente a los niños de acuerdo con Proverbios es dejar de disciplinarlos. *El que detiene el castigo, a su hijo aborrece; Mas el que lo ama, desde temprano lo corrige* (Proverbios 13:24). Esa es la sociedad en que vivimos hoy en día, lamentablemente. Uno no hace lo correcto por sus hijos si no

corrige la conducta autodestructiva. Todos sabemos que la disciplina es buena, incluso la disciplina que es ligeramente dolorosa en el momento oportuno y en el lugar correcto. Sí, golpear a un hijo con un objeto hasta el punto de maltratarle es abuso, pero también es abuso descuidar la disciplina. Al parecer la enseñanza de Proverbios puede parecer tonta y fuera de sintonía con la cultura contemporánea, pero haríamos bien en prestar atención a la Palabra de Dios (Proverbios 19:18; 22:15). La exigencia de la corrección por parte de los padres, no debe faltar en su formación, sin que ello implique abusos violentos.

B. La corrección debe aplicarse con inteligencia (23:15,22,23)

Desde el versículo 12, la atención de los proverbios se fija en la relación padre-hijo y tutor-alumno, pero es fácil detectar que lo que más se resalta es el razonamiento, la orientación y el fomento de virtudes y cualidades por la vía del aprendizaje. Si bien, en los versículos 13 y 14 se habla de la "vara"; en 15 y 16 se enaltece la sabiduría y la rectitud, las cuales sólo se cultivan a base de un razonamiento saturado de amor y respeto mutuo. Un buen padre siente dolor al tener que castigar a su hijo con "vara", por supuesto con una que se utiliza para corregir a los humanos, no para los animales. La vara bien empleada no lo matara, sino que lo preservara del camino de los perversos. *La necedad está ligada en el corazón del muchacho; Mas la vara de la corrección la alejará de él* (Proverbios 22:15). Al aprender a hacer cosas rectas cuando se es joven, se aprenderá después a hablar cosas rectas, con lo que a su padre se le *alegrará el corazón*.

Podemos mencionar tres tipos de padres: (1) El padre autoritario. Aquel que es muy exigente en reglas y muy bajo en amor y afecto hacia sus hijos, convirtiendo las reglas en una carga insoportable para ellos. Los hijos de un padre autoritario tienden a ser muy infelices, reservados y tienen muchísima dificultad para confiar en las personas. (2) El padre permisivo. Este es muy bajo en reglas y alto en amor. Este tipo de padre que trata a sus hijos de igual a igual, como si fueran sus amigos, buscan la aceptación de ellos e intentan apoyarlos en todo y no se da cuenta que sus hijos además de un amigo necesitan una figura de autoridad que los guíen en su camino y los instruyan en lo que deben y no deben hacer. El padre permisivo tiene un mínimo de reglas y son poco firmes en aplicarlas, no sabe poner límites a sus hijos. Dejan que se desarrollen conforme a sus criterios e inclinaciones sin exigirles mucho. Los hijos de los padres permisivos se vuelven muy exigentes, caprichosos y autoritarios y siempre van a tener problemas para sujetarse a cualquier autoridad. (3) El padre con autoridad. Es aquel que mantiene su figura de autoridad en frente de sus hijos pero dentro de un ambiente afectuoso y estimulante. Establece límites claros mientras permite que sus hijos se expresen libremente. La comunicación con sus hijos en respetuosa. No pretenden ejercen el control absoluto sobre sus hijos. Son altos en reglas, pero también altos en amor. El padre con autoridad enseña a sus hijos a ser responsables por sus acciones dentro del ámbito familiar, con sus amigos y en la sociedad en general. Este tipo de padre permite que los niños crezcan con plena confianza en ellos mismos, y que sean independientes, creativos, maduros y adaptados socialmente.

Afianzamiento y aplicación

(1) Pida que alguien lea Proverbios 23:13, 14 y otro alumno, Efesios 6:4.
(2) Propongan ideas y métodos para equilibrar la disciplina hogareña entre estos dos pasajes bíblicos.

III. EL LUGAR DEL AMOR EN EL DESARROLLO DE LA FAMILIA (EFESIOS 6:1-4)

Ideas para el maestro o líder

(1) Háganse comentarios sobre las diferencias entre el sistema disciplinario del Antiguo Testamento y las normas saturadas de amor del cristianismo.
(2) Permita el relato de algunos casos en que la rebelión de los hijos esté causando estragos a las familias.

Definiciones y etimología

* *Obedeced en el Señor.* La frase "en el Señor", es decir "en Cristo" o "en el evangelio" no califica a los padres sino al acto de obedecer. La simple obediencia a los padres era cosa común aun a los no cristianos y muy especialmente a los que practicaban la ley mosaica. Pero "en Cristo" esa obediencia tiene un sentido doble: bendición y vida eterna.

* *No provoquéis a ira.* El verbo griego *parorgizo* significa "enojar" o causarle enojo a una persona, *exasperarla*.

A. Lo que se espera de los hijos (6:1-3)

La Epístola a los Efesios fue escrita por el apóstol Pablo desde la prisión en Roma; y aunque se suponía que esta fuera una carta circular para las iglesias del sur de Asia Menor, lo que revela el sentido de su mensaje es que el escritor estaba pensando en la floreciente iglesia que él mismo fundó en la gran ciudad de Éfeso, años atrás. Un estudio analítico de la carta demuestra cuánto había rebasado el escritor los criterios sobre la familia de la tradición judía. (1) Se ven más relaciones humanas. Sobresale en la segunda parte de la carta, una exposición renovada y muy superada de las relaciones humanas del pueblo de Dios. (2) Se aboga por la sumisión mutua. A partir de 5:21 nos presenta una lección sobre la unidad basada en un sometimiento espontáneo y voluntario. Es un principio espiritual que se refiere a la subordinación de los esposos entre sí y en Cristo. Para que en un hogar cristiano haya bendición del Señor, deberá existir un genuino amor, temor y respeto por el Señor y esto se manifestará en la sujeción, humildad, amabilidad, paciencia y tolerancia que debe caracterizar a cada miembro. La esposa deberá someterse (sujetarse) en amor al liderazgo del esposo. El esposo deberá someterse (sujetarse) a las necesidades de la esposa con amor y abnegación. Así también los hijos deben someterse a la autoridad de los padres en obediencia. Y los padres deberán someterse a las necesidades de los hijos y educarlos en el temor del Señor.

En el sistema cristiano hay nuevas dinámicas. (1) No al machismo. Ya no se eleva únicamente a la figura masculina y paternal en la familia, como era tradicional a los antiguos. Aquí la sumisión se aplica a todos: "Someteos unos a otros en el temor de Dios" (5:21). Si bien el esposo es cabeza de hogar, y su esposa debe sujetarse a él en obediencia, esto no significa que este se levante como un dictador y pretenda hacer y deshacer arbitrariamente siguiendo sus propios impulsos carnales con el pretexto de ejercer su posición como cabeza de hogar. (2) La sujeción de "las casadas" a sus maridos ya no se da en un tono amenazante; se pide la sujeción "así como la iglesia está sujeta a Cristo" (5:24). (3) Luego, se dirige a los jefes de familia y les ordena: "Amad a vuestras mujeres, así como Cristo amó a la iglesia" (5:25). Antes la mujer era propiedad del marido; ahora los dos se pertenecen mutuamente. Luego llama a hijos a la obediencia, pero esta no debe nacer del temor o de la intimidación sino del amor del "Señor" y "porque esto es justo" (6:1). Exige de los hijos "honra" para los padres, pero esta actitud debe estar basada en las promesas de Dios: "para que te vaya bien" y "seas de larga vida". Este principio jamás dejará de ser relevante y significativo para la familia, ni siquiera en esta época de libertinaje, permisividad y rebelión por parte de los hijos, apoyada por una sociedad anticristiana.

B. Lo que se espera de los padres (6:4)

El énfasis de este versículo nivela la balanza de las relaciones familiares. Después de haber demandado sumisión, obediencia y honra de los hijos hacia sus progenitores, la atención del apóstol se concentra en el lado que muy poco se enfatizaba en el Antiguo Testamento: "Lo que se espera de los padres, además de servir como proveedores de la familia".

No se está acusando ni reprochando a los padres cristianos, pero se les está abriendo una nueva dimensión para el trato de sus hijos, especialmente, cuando son adolescentes. La expresión verbal *no provoquéis a ira* nos hace pensar en esas situaciones en que, como padres, no queremos reconocer los derechos de nuestros hijos, quienes también tienen una personalidad y poseen sentimientos.

No son pocos los casos en que los padres han provocado a ira a sus hijos a tal extremo que estos, alimentados por sus frustraciones y amarguras, más la influencia de esta sociedad liberal, han traído desgracia a su hogar. Millones de adolescentes, "provocados a ira", se suicidan cada año; otros se ponen agresivos y atacan a sus propios padres, yendo a parar a las prisiones de menores. Los demás andan por la calle, cometiendo toda clase de crímenes y condenándose cada día más. Notemos que Pablo no está abogando aquí por una paternidad indiferente e irresponsable en cuanto a la corrección de los hijos; lo que hace es ofrecer una alternativa. En lugar de enojar a los hijos (niños, jóvenes y aun adultos), "criarlos" (*ektréfete*, "nutrirlos") en la "disciplina" (*paideia*, "enseñanza") y la "amonestación" (*noitesía*, "corrección") del evangelio.

No provoquéis a ira a vuestros hijos. Esto es un reconocimiento de la delicada personalidad de un niño. Pone en evidencia que los padres pueden fácilmente utilizar mal su autoridad, ya sea exigiendo cosas irritantes o irrazonables que no tomen en cuenta la inmadurez de los niños o yendo a extremos de dureza y crueldad por un lado, y favoritismos y excesos indulgentes por el otro; o humillándolos y anulándolos. Todas estas cosas pueden provocar enojo y resentimiento en los hijos. Siempre es mejor el aliento estimulante de padres comprensivos y amorosos.

Afianzamiento y aplicación

(1) Pida a los participantes que expliquen y den ejemplos de lo que significa "provocar a ira a los hijos".
(2) Destaquen las diferencias entre el trato de la familia en la tradición judía y en la iglesia cristiana.

RESUMEN GENERAL DE LA LECCIÓN

El Pentateuco sentó las bases ideológicas y prácticas para la vida del pueblo de Israel. El *Shemá*, como se llama en hebreo, ha sido un pasaje predilecto por generaciones. En esta joya bíblica se establece: (1) que Dios es único y su pueblo debe amarlo con todo el corazón que es la base del saber, con el alma que es el centro de los sentimientos y con todas las fuerzas que representan la voluntad. (2) Allí también se recalca la obligación de los padres de compartir esa gran verdad con sus hijos en todo tiempo y lugar, por todos los medios posibles.

Que la familia ocupa un lugar predominante en las Escrituras se comprueba con la elocuencia del proverbista Salomón. De los 3000 apotegmas que compuso sólo contamos con los que aparecen en su libro, de donde citamos 23:12-15 para comprobar que la disciplina y la corrección son elementos necesarios e indispensables para bien de la familia. No obstante, a fin de no amargar ni entorpecer las relaciones de los padres con sus hijos, Pablo recomienda en Efesios 4 que se haga todo con amor y esfuerzo mutuo. Si queremos evitar la ruina de la familia, debemos dejar que los principios bíblicos, saturados del amor de Cristo, sirvan de base para la disciplina en el hogar. Queremos emplear una disciplina con nuestros hijos centrada en el evangelio, no solo señalando sus errores y sus faltas, ¡sino también mostrando que hay un Salvador! ¿Cómo se logra esto? Se logra al tener una conversación tranquila con ellos en medio de la disciplina. Invitándoles a que confiesen lo que hicieron mal. Afirmando su amor por ellos y, recordándoles que el amor de Dios no depende de su desempeño y rendimiento. Confiese que usted entiende sus acciones porque usted las ha cometido antes, y que usted necesita ser perdonado por Jesús, al igual que ellos.

Finalmente, no podemos entrenar a nuestros hijos a amar al Señor con todo su corazón, si nosotros no lo amamos primero. No podemos ser padres completos hasta que Dios no sea nuestro padre. El crecimiento espiritual ha de tener lugar en nuestras propias vidas. ¿Tengo una relación íntima de amor con Jesús? ¿Es Él la prioridad de mi vida? ¿Amo su iglesia y la obra del Señor? Las palabras de Jesús en Mateo 6:33 son una buena conclusión de este pasaje. Él dijo: "Buscad primeramente el reino de Dios y su justicia, y todas estas cosas os serán añadidas".

Ejercicios de clausura

(1) Presenten al Señor en oración algunas familias de la iglesia que estén atravesando situaciones difíciles.

(2) Oren para que la paz y la unidad reinen en cada hogar, mediante la sumisión a la Palabra de Dios y al Espíritu Santo.

PREGUNTAS Y RESPUESTAS

1. Mencione la exhortación recibida por Israel (El Shemá), que constituye el fundamento para la formación de la familia cristiana.

Oye, Israel: Jehová nuestro Dios, Jehová uno es. Y amarás a Jehová tu Dios de todo tu corazón, y de toda tu alma, y con todas tus fuerzas.

2. ¿Cuáles fueron las instrucciones dadas por Moisés en Deuteronomio 6:6,7, con relación a la educación bíblica?

Y estas palabras que yo te mando hoy, estarán sobre tu corazón; y las repetirás a tus hijos, y hablarás de ellas estando en tu casa, y andando por el camino, y al acostarte, y cuando te levantes.

3. Menciones las dos maneras como se puede causar daño a los hijos.

Abusar del castigo físico, pero también dejarlos sin ninguna disciplina.

4. Describa los tres tipos de padres, que menciona el estudio.

El padre autoritario: muy exigente en reglas y muy bajo en amor. El padre permisivo: muy bajo en reglas y alto en amor. El padre con autoridad: alto en reglas y alto en amor.

5. Explique el consejo de Pablo: "Someteos unos a otros en el temor de Dios".

La esposa deberá someterse (sujetarse) en amor al liderazgo del esposo. El esposo deberá someterse (sujetarse) a las necesidades de la esposa. Los hijos deben someterse a la autoridad de los padres. Los padres no deben abusar de su autoridad sobre sus hijos.

PARA LA PRÓXIMA SEMANA

La siguiente lección hay dos episodios de la vida de David en los que se ilustra el amor sacrificial de un padre. Léanse 2 Samuel capítulos 12 y 13 más las lecturas de esta semana.

EL AMOR SACRIFICIAL DE UN PADRE

Base bíblica
2 Samuel 12:13-23; 18:32,33.

Objetivos

1. Comprender la angustia y el sufrimiento ante la agonía y muerte de un hijo.
2. Experimentar en medio del duelo que la muerte no es el fin y que Dios tiene un propósito soberano con cada uno.
3. Desarrollar estrategias espirituales para apoyar a los que estén experimentando la pérdida de un ser querido.

Fecha sugerida:___/_____/_____

Pensamiento central

El mundo sería diferente si los padres y los hijos se amaran con un amor tierno, sacrificial y perdonador.

Texto áureo

El amor es sufrido, es benigno... Todo lo sufre, todo lo cree, todo lo espera, todo lo soporta
(1 Corintios 13:4,7).

LECTURA ANTIFONAL

2 Samuel 12:18 Y al séptimo día murió el niño; y temían los siervos de David hacerle saber que el niño había muerto, diciendo entre sí: Cuando el niño aún vivía, le hablábamos, y no quería oír nuestra voz; ¿cuánto más se afligirá si le decimos que el niño ha muerto? 19 Mas David, viendo a sus siervos hablar entre sí, entendió que el niño había muerto; por lo que dijo David a sus siervos: ¿Ha muerto el niño? Y ellos respondieron: Ha muerto. **20 Entonces David se levantó de la tierra, y se lavó y se ungió, y cambió sus ropas, y entró a la casa de Jehová, y adoró. Después vino a su casa, y pidió, y le pusieron pan, y comió.** 21 Y le dijeron sus siervos: ¿Qué es esto que has hecho? Por el niño viviendo aún, ayunabas y llorabas; y muerto él, te levantaste y comiste pan. **22 Y él respondió: Viviendo aún el niño, yo ayunaba y lloraba, diciendo: ¿Quién sabe si Dios tendrá compasión de mí, y vivirá el niño?** 23 Mas ahora que ha muerto, ¿para qué he de ayunar? ¿Podré yo hacerle volver? Yo voy a él, mas él no volverá a mí. **18:32 El rey entonces dijo al etíope: ¿El joven Absalón está bien? Y el etíope respondió: Como aquel joven sean los enemigos de mi señor el rey, y todos los que se levanten contra ti para mal.** 33 Entonces el rey se turbó, y subió a la sala de la puerta, y lloró; y yendo, decía así: ¡Hijo mío Absalón! ¡Quién me diera que muriera yo en lugar de ti, Absalón, hijo mío, hijo mío!

DATOS GENERALES ACERCA DEL TEMA

- **Enseñanza:** Una fe firme, la esperanza de la vida eterna y la consolación divina, son el remedio ante la pérdida de un ser querido.
- **Autor:** Probablemente los profetas Natán o Gad.
- **Lugar:** Jerusalén y Mahanaim, al oriente del Jordán.
- **Fecha:** Año 1000 a.C.
- **Personajes:** David, Betsabé, su hijo y Absalón.

Las conquistas y batallas realizadas por David le permitieron conformar un reino sólido y extenso.

LECTURAS DEVOCIONALES DIARIAS

- **Lunes:** El padre celestial se compadece de sus hijos (Salmo 103:13-18).
- **Martes:** El Mesías se sacrificó por los suyos (Isaías 53:1-12).
- **Miércoles:** David mostró un amor sacrificial por su hijo (2 Samuel 12:15-20).
- **Jueves:** David manifestó fe para el futuro de su hijo (2 Samuel 12:21-23).
- **Viernes:** David fue perseguido por su propio hijo (2 Samuel 15:12-17).
- **Sábado:** David lamenta la muerte de su hijo (2 Samuel 18:31-33).

INTRODUCCIÓN

Hay algunas historias bíblicas que revelan verdades crueles y un tanto extrañas, pero aparecen allí como testimonio sincero de la verdad sin reservas. Los casos que estudiaremos hoy son un ejemplo de que la Palabra de Dios no esconde los brochazos oscuros, sino más bien los usa para hacer resaltar los detalles más radiantes de todo el cuadro. David cayó en el foso de su propio pecado; y el Señor no lo dejó impune, pero tampoco lo dejó postrado. Las consecuencias de sus hechos reprochables trajeron dolor y sufrimientos a su sensible corazón. El hijo producto del pecado moriría. No obstante, al castigar la maldad, Dios redimió al pecador arrepentido. Esto demuestra el furor de la justicia divina, pero también manifiesta la grandeza de su misericordia.

La muerte de un hijo es algo que a la mente humana le es difícil comprender y aceptar. El fin de una vida que aún se está formando, o apenas empieza, es algo inconcebible, pero sucede. Parece que es algo que va en contra de la naturaleza. El orden natural de la vida es que los padres morirán antes que sus hijos. Cuando esto se revierte y un hijo muere primero, parecería que algo está equivocado. Cuando un hijo fallece, los sentimientos son devastadores y el duelo subsecuente es uno de los más difíciles de superar, es necesario lidiar con las propias emociones y las de otros miembros de la familia. Para esto la perspectiva cristiana a través de la Palabra es muy valiosa y reconfortante y necesaria para continuar adelante.

Lo interesante de la historia de hoy es que, en medio de situaciones que nunca terminaremos por comprender y misteriosos acontecimientos dentro del plan de Dios para con su pueblo, se puede apreciar la lucidez de lecciones prácticas y de mucha actualidad. Por ejemplo, vemos la actitud humilde y sincera de un padre que creyó en la soberanía de

Dios, lloró, ayunó y sacrificó su cuerpo y su alma en busca del socorro divino para su hijo agonizante. Ante la triste realidad de la muerte del niño, este hombre se resignó, aceptó la severidad de la respuesta y dio toda la honra y gloria al Dios. David también demostró comprender la realidad de la vida después de la muerte y el valor de la esperanza de la vida eterna. Ante la muerte de Absalón, años después, un hijo que le arrebató el trono y lo persiguió a muerte, David abrió su corazón de padre y lloró de dolor, con una conciencia limpia.

DESARROLLO DEL ESTUDIO

I. UN PADRE FRENTE A LAS CONSECUENCIAS DE SUS HECHOS (2 SAMUEL 12:13-19)

Ideas técnicas

(1) Describa en forma breve los hechos pecaminosos de David con la mujer del soldado Urías (2 Samuel 11:1 - 12:12).

(2) Permita que la clase opine en cuanto a que Dios no haya dado muerte a David sino al hijo que le nació de esa unión ilícita.

Definiciones y etimología

* *No morirás*. Esta respuesta de Dios por medio del profeta Natán demuestra que David esperaba que Dios lo castigara con la muerte, como lo prescribía la ley (véase Levítico 20:10).

* *Al séptimo día murió el niño*. Esto indica que el ayuno y la oración intercesora del rey duraron una semana.

A. No puede ignorar las consecuencias del pasado (12:13-15)

Los vergonzosos actos de David relatados en 2 Samuel 11:1 en adelante, son cosas que uno no quisiera encontrar en la Biblia. Pero la verdad divina no tiene por qué esconder los hechos reales, sino más bien estos son los que la hacen imparcial y veraz. Después del desvío del rey pasó algún tiempo; y es probable que él ya lo había olvidado o esperaba que Dios lo olvidara. Con esa falsa esperanza

viven muchos hoy: creyendo que Dios, o no se da cuenta de lo que sucede en la tierra, o no está interesado en las acciones humanas y, por tanto, ¿por qué preocuparse? Pero eso no es así. La Biblia dice que "no hay cosa creada que no sea manifiesta en su presencia; antes bien todas las cosas están desnudas y abiertas a los ojos de aquel a quien tenemos que dar cuenta" (Hebreos 4:13). Algunos, como David, dan cuenta de sus hechos muy pronto; otros serán juzgados en el día que Dios ha designado, pero nadie quedará impune ni podrá burlarse de la omnisciencia de Dios. David sació su carne y tomó ventaja de su poder como rey para hacer todo lo que hizo. Pasaron los días, y pensó que todo quedaría oculto, pero Dios envió a Natán para anunciarle su castigo.

Natán le narró una historia a David semejante a lo que él había hecho con Urías tomando su mujer y enviándolo a morir sin piedad. David al no entender que se trataba de él, se enfureció contra el hombre de la historia narrada por Natán a tal punto que decreto que tal hombre merecía la muerte. Cuál sería su sorpresa cuando Natán le respondió: ...*Tú eres aquel hombre* (2 Samuel 12:7)

¿Cuál sería la sorpresa de David?, su pecado no había quedado en secreto, las facturas de sus acciones se tenían que cobrar. Pero Dios mostrándose como un Dios Misericordioso le perdona la vida. Según la ley (Levítico 20: 10) tenía que morir; pero cuando se humilló y se arrepintió, el profeta le dijo que no moriría él, pero sufriría lo peor: la muerte del hijo que Betsabé le había dado. Muchos se preguntan por qué actuó Dios de esa manera; pero, Él es Soberano y hace lo que es sabio y perfecto, además el niño iría a la presencia del Señor (Mateo 19:14). Es doloroso pero las consecuencias de nuestros pecados pueden alcanzar a personas que amamos, algo que no pensamos en el momento de querer satisfacer nuestros deseos carnales. Podemos orar, ayunar, rogar y todo lo que se quiera hacer, para que la consecuencia del pecado no se lleve a cabo, pero tenemos que entender que eso fue algo que nosotros mismos propiciamos, por ello, tenemos que someternos a la voluntad de Dios y esperar en su misericordia. Si hay algún pecado oculto en nuestra vida, dejemos que la luz de su Santo Espíritu nos saque de las tinieblas, aunque tengamos que sufrir algunas consecuencias. Recordemos que… *ninguna disciplina al presente parece ser causa de gozo, sino de tristeza; pero después da fruto apacible de justicia a los que en ella han sido ejercitados* (Hebreos 12:11).

B. Acude a Dios con humildad y esperanza (12:16-19)

David sabía que los juicios de Dios son inevitables. Esto lo había comprobado desde su juventud. Vio, por ejemplo, cómo Dios castigó la desobediencia de Saúl, a pesar de ser un "ungido de Jehová". Además, había sido testigo de incontables ejemplos de la aplicación de la justicia divina. No obstante, hizo lo que haría cualquier ser humano en un momento de angustia y desesperación, si es que está siendo guiado por el Espíritu Santo: buscar con humildad y esperanza la puerta de la misericordia de Dios. La diferencia entre los creyentes y los incrédulos no consiste en que los primeros estén exentos de problemas sino en lo que hacen cuando llegan las tormentas de la vida. Los que confiamos en un Dios que ha dicho: "clama a mí, y yo te responderé" (Jeremías 33:3) sabemos que acudir a Él es lo único y suficiente para esos momentos de crisis y dolor.

El caso de Jairo en el Nuevo Testamento (Mateo 9:18-26), cuya hija adolescente estaba agonizando, no vaciló en ir a Jesús para rogarle por su hija a punto de morir, a pesar de ocupar una posición distinguida entre los judíos, el principal de la sinagoga. Nada produce tanto dolor a los padres como la enfermedad de los hijos. La urgencia por la vida de su hija pudo más que las reglas de la religión hebrea. En este caso Jesús le devolvió a su hija sana y salva. Sin embargo, nunca sabremos por qué mueren unas personas y otras viven. En muchas ocasiones los padres presencian la enfermedad y sufrimiento de sus hijos y por consecuencia la muerte a quienes dieron la vida, pero estos padres tienen que continuar su vida y recuperarse de la pérdida.

Ahí es cuando una fe verdadera, la consolación divina y la esperanza de la vida eterna nos ayuda a continuar adelante.

David como un padre conocedor de que el destino de cada ser humano está en las manos de Dios se entregó a la oración y al ayuno, de manera sincera. Él no quería simplemente ser visto de los hombres; deseaba llegar al corazón de Dios y arrancar de Él una mirada misericordiosa. Así debe actuar todo ser humano. "Los sacrificios de Dios son el espíritu quebrantado; al corazón contrito y humillado no despreciarás tú oh Dios" (Salmo 51:17). Después de siete días de lucha, el niño murió. Cualquiera podría ver esto como un fracaso para el rey, pero él veía sólo la mano de Dios obrando. La actitud de David es un gran ejemplo para todo padre. El amor por los hijos puede demandar el sacrificio más abnegado, pero después de haberlo puesto todo en el altar de Dios, la bendición será abundante, no importa cuál sea la respuesta inmediata del Señor. ¿Cómo se siente un hijo cuando sabe que sus padres han pasado días y semanas en busca de la misericordia de Dios para su vida?

Afianzamiento y aplicación

(1) Describan las graves faltas de David.
(2) ¿Qué pasaje de la ley prescribe la muerte para pecados como el de David?
(3) ¿Cómo mostró Dios su misericordia en medio del juicio?

II. UN PADRE QUE ENTIENDE EL PRESENTE Y EL FUTURO (2 SAMUEL 12:20-25)

Ideas técnicas

(1) Discutan las cualidades espirituales de David considerando su resignación ante la muerte del niño.
(2) Dé oportunidad para que la clase diga cómo deben actuar los creyentes cuando muere un familiar cristiano.

Definiciones y etimología

* *Entró a la casa de Dios y adoró*. No existía el templo aún, pero él había erigido una

tienda o un tabernáculo sobre el monte de Sion.

* *Mas ahora que ha muerto, ¿para qué he de ayunar?* Esto es suficiente para declarar inútiles las oraciones por lo muertos.

* *¿Podré yo hacerle volver?* Esta pregunta de David contradice las mentiras de los espiritistas, que creen que pueden hacer volver los espíritus de los muertos.

* *Yo voy a él, más él no volverá a mí.* Esto demuestra que David creía en la resurrección y en la vida eterna.

A. Acepta la realidad actual y anticipa el futuro (12:20-23)

Se podría cuestionar el éxito o fracaso de la oración e intercesión del rey por su hijo; pero, él no estaba interesado en ganar ni modificar la voluntad de Dios. Lo que David buscaba era acercarse al único que podía ayudarlo en su dolor, quien ya lo había perdonado y estaba dispuesto a sacarlo de su postración. No podemos negar que la sanidad del niño lo hubiera hecho muy feliz; pero, ante la disyuntiva, actuó con toda madurez y con ejemplar resignación. Acto seguido, David se bañó, se vistió, se ungió y fue a la tienda sagrada, donde estaba el arca de Dios, y adoró a Jehová, dándole gracias por lo que había hecho. En esto también nos da un gran ejemplo David. La Palabra de Dios nos dice: "Dad gracias en todo, porque esta es la voluntad de Dios para con vosotros en Cristo Jesús" (1 Tesalonicenses 5:18). Hay que reconocer que la resignación y la paz que David sentía en el fondo de su alma estaban basadas en su firme esperanza en un Dios cuyo poder va más allá de la tumba. La paz del cristiano ante la pérdida de un ser querido se debe a las promesas divinas, como escribiera un creyente: "hay un mundo feliz más allá; donde moran los santos en luz; donde van para siempre a gozar, los creyentes en Cristo Jesús". Por eso el rey les explica a los de su casa que no hay que orar por los muertos porque no sirve de nada; no hay que intentar hacerlos volver porque es imposible; no hay que lamentar su partida porque sólo se nos han adelantado, pero un día estaremos reunidos con ellos. Como escribiera Pablo a los creyentes de Tesalónica, quienes esperaban ansiosos el pronto regreso de su Señor, pero en esa espera muchos estaban ya muriendo, por lo cual les inundaba la tristeza y la incertidumbre y les dice: *Tampoco queremos, hermanos, que ignoréis acerca de los que duermen (han muerto), para que no os entristezcáis como los otros que no tienen esperanza. Porque si creemos que Jesús murió y resucitó, así también traerá Dios con Jesús a los que durmieron (murieron) en él* (1 Tesalonicenses 4:13,14). La esperanza de la vida eterna es uno de los mejores antídotos, contra el duelo y la depresión ante la partida de un ser querido. El reconocer la voluntad y Soberanía de Dios en todo suceso y evento y poder alabarlo en cualquier circunstancia, producirá la paz y la fortaleza que todos necesitamos para enfrentar las crisis de la vida. David no sólo aceptó la muerte de su hijo, sino que lo entregó todo a Dios en adoración. La capacidad de adorar y honrar a Dios en tiempos de crisis o prueba es una poderosa demostración de nuestra confianza espiritual en nuestro Dios. Hacerlo nos permite aceptar la realidad de nuestra pérdida. Y es así cómo Dios nos libera para seguir viviendo. En esta historia, David nos ensena que debemos soltar lo que no podemos cambiar en las manos de un Dios sabio y omnipotente.

B. Recibe la bendición de un nuevo hijo (12:24,25)

La muerte de un hijo es una de las experiencias más difícil de superar pero no imposible, y como tal, es necesario superar el luto de este trauma, de esta pérdida. En ocasiones hay otros hijos a quien cuidar, aunque uno se haya ido, hay un futuro. El propósito es que los padres sean capaces de superar el duelo y que no se queden solamente con el hijo muerto sino que vean con fe un futuro esperanzador. Muchos padres siguen por años sin aceptar la muerte de su hijo y permanecen ligados a un sentimiento de tristeza con enojo y resentimiento ocupando su energía, pensando ¿por qué se fue mi hijo? En esas condiciones espirituales, lo único que podía hacer David era seguir viviendo y buscando la dirección de Dios para su vida. Tras la tormenta viene la calma; y David estaba seguro de que cosas mejores habría para él, su familia y para el pueblo de Dios. Su actitud de dar consuelo y aliento a Betsabé es una demostración de su fe en Dios y la seguridad de que Dios hará cosas mejores en el futuro. Y evidentemente por la misericordia de Dios el rey y esta mujer fueron usados como instrumentos para que viniera un nuevo hijo que se había profetizado como sucesor del rey David. El nombre familiar que Dios le reveló al profeta Natán para el niño fue Jedidías ("amado de Jehová), aunque su nombre de rey fue Salomón, que viene del término hebreo shalom, y significa "pacífico", por la paz que disfrutó el reino unido de Israel durante sus cuarenta años de reinado, después de la muerte de su padre.

Bien dijo el apóstol Pablo: "A los que aman a Dios, todas las cosas les ayudan a bien[...]" (Romanos 8:28). Nosotros podemos descansar en esta gran promesa y dejar que el Espíritu de Dios dirija nuestros pasos; de lo demás se encargará el Señor, y todo saldrá a la perfección.

Recordemos el caso de Job quien ante las tremendas pruebas que vinieron a su vida y la pérdida de sus hijos, reconoció que todo lo que tenía se lo había dado Dios, quien también se reservaba el derecho de quitárselo. En medio de su dolor fue capaz de alabar a Dios: "Sea el nombre de Jehová bendito". La frustración y la amargura surgen cuando pensamos que somos dueños de las cosas que se tienen. Sin duda que la pérdida de sus primeros diez hijos tuvieron que ser muy dolorosa. Pero note la recompensa de su obediencia y su lealtad a Dios. Los últimos versículos del libro nos dicen: *Y bendijo Jehová el postrer estado de Job más que el primero... y tuvo siete hijos y tres hijas... y no había mujeres tan hermosas como las hijas de Job en toda la tierra; y les dio su padre herencia entre sus hermanos* (Job 42:12-17).

Afianzamiento y aplicación
(1) ¿Por qué no se puede calificar como fracaso el resultado de la oración y el ayuno del rey?
(2) ¿Qué enseñanzas respecto a la vida futura nos da David ante la muerte de su hijo?

III. UN PADRE QUE PERDONA DE TODO CORAZÓN (2 SAMUEL 18:32,33)

Ideas para el maestro o líder
(1) Absalón fue el tercer hijo de David, nacido en Hebrón. Su madre fue Maaca, hija del rey Gesur (2 Samuel 3:3).
(2) Trace en el mapa la huida del rey David de Jerusalén a Mahanaim.

Definición y etimología
* *Absalón reina en Hebrón.* Hebrón había sido la primera capital de David.

* *Levantaos y huyamos.* David y su gente abandonó Jerusalén y fue a refugiarse al otro lado del Jordán.

* *Y tomando tres dardos [...] los clavó en el corazón de Absalón.* Así murió Absalón a manos de Joab, general de David, a pesar de que el rey había pedido que no lo matasen.

A. La muerte de un hijo ingrato y traicionero (18:32)
En 2 Samuel 13 al 18 se describe con lujo de detalles el alzamiento de este malvado y traicionero hijo de David. No cabe duda de que el rey reconocía este mal como parte de los juicios que habrían de derramarse contra él por sus faltas delante de Dios. Había enfrentado a Goliat, había vivido la persecución del rey Saúl, enfrentado en muchas ocasiones a los ejércitos filisteos, y a muchos enemigos, pero nunca planeó pelear contra su propio hijo. No sólo era una batalla más, era una profunda crisis personal y familiar. El hacer la voluntad de Dios, no significa ausencia de obstáculos en el proceso, lo que Dios si nos asegura es que estará con nosotros todos los días hasta el fin. La situación no era nada halagadora, dice el texto que en su huida: *David subió la cuesta de los Olivos; y la subió llorando, llevando la cabeza cubierta y los pies descalzos* (15:30). Es interesante cómo subía el rey David: "llorando" indica el dolor de su corazón por la traición de su hijo, y las consecuencias de esta batalla, "con la cabeza cubierta", "con los pies descalzos" como los prisioneros de guerra. *Pero llegó a la cumbre del monte para adorar allí a Dios* (15:32).

La estrategia del rey ante esta batalla, fue la adoración, fue buscar a Dios. David llegó a la cumbre del monte para encontrarse allí con Dios, La Biblia nos enseña que fortalezcamos nuestras fuerzas adorando al Señor, contemplemos su grandeza, en vez de detenernos a mirar nuestros problemas. Mientras adoramos, Dios se ocupa de nuestra situación y nos bendice. La adoración es cobertura, es protección, Dios se levanta a tu favor. El Salmo 3, según los intérpretes de la Biblia es una expresión de lo difícil de estos momentos en la vida de David: *¡Oh Jehová, cuánto se han multiplicado mis adversarios!* y la fortaleza que encontró: *Mas tu Jehová, eres escudo alrededor de mí; mi gloria y el que levanta mi cabeza, clamé a Jehová y él me respondió….* Las crisis deben empujarnos a fortalecer nuestra vida de oración. El rey David vivió momentos difíciles, al final Dios lo fortaleció y lo ayudó, no permitió que Absalón trastornara el plan divino, en el cual Salomón sería quien tomaría el reino a su debido tiempo. Siempre que alguien se adelanta a los planes de Dios sale derrotado. David huyó de su hijo, a quien amaba tanto, pues no quería enfrentarse a él ni, mucho menos, hacer mal a todo el pueblo en una guerra interna. No obstante, Dios permitió que Joab diera muerte a este usurpador a fin de vindicar al rey David y hacerlo volver a Jerusalén. Nadie puede alterar el programa de Dios, aunque al presente se tengan razones para querer intentarlo.

B. El poder del perdón trae liberación y sanidad (18:33)

El mismo padre que había actuado con paz y resignación ante la muerte del niño recién nacido en su palacio en Jerusalén, ahora en Mahanaim, al oriente del Jordán, desgarraba su corazón ante la muerte de un hijo que lo había perseguido para matarlo y quitarle el reino. Los que vieron morir al joven príncipe, colgado por su hermosa cabellera de las ramas de una encina (18:9) corrieron a darle al rey la noticia. Ellos esperaban que David celebrara la muerte de Absalón, pero fue todo lo contrario. Su corazón tierno y noble

no pudo aceptar tal desgracia, porque amaba a su hijo y estaba dispuesto a perdonarlo, aun sin saber si este le perdonaría la vida a él. *¡Hijo mío Absalón! ¡Quién me diera que muriera yo en lugar de ti, Absalón, hijo mío, hijo mío!*

El perdón a los hijos es un acto digno de compararse con el perdón que nace del amor de Dios. *Porque si siendo enemigos, fuimos reconciliados con Dios por la muerte de su Hijo, mucho más, estando reconciliados, seremos salvos por su vida* (Romanos 5:10). Esta lección de la vida de David nos enseña que, como padres cristianos, debemos perdonar a nuestros hijos cuando estos nos hayan ofendido. Como el hijo prodigo, que después de ofender a su padre, malgastar todos los bienes, fue recibido en casa con los brazos abiertos. Esto no significa que juguemos con nuestros principios ni con las cosas de Dios. La disciplina y la corrección son elementos esenciales para el bienestar de la familia, pero todo debe hacerse dentro del marco del amor y de la gracia.

Afianzamiento y aplicación

(1) ¿Por qué huyó David de su propio hijo, siendo él un rey tan poderoso y triunfador?

(2) ¿Qué podemos decir de la ternura con la que lamentó el rey la muerte de Absalón?

RESUMEN GENERAL

La fe en un Dios amoroso y fiel es lo que nos permite resistir y recuperarnos de la pérdida de un hijo, a veces, en formas que otros encuentran excepcionales. Tal fue el caso de David en la pérdida de su hijo que murió siete días después del nacimiento. Hay varias lecciones valiosas que hemos aprendido de este pasaje de las Escrituras que pueden ayudar a padres afligidos a afrontar el futuro con esperanza. Uno es que David oró fervientemente por la vida de su hijo (12:16). Esto debería ser así para todos los padres en todo momento y no sólo cuando los tiempos son difíciles. Los padres siempre debemos orar por nuestros hijos, pidiendo a Dios que les cuide y proteja. Asimismo, los padres debemos orar para que Dios provea orientación y sabiduría divina para que nuestros hijos crezcan en la disciplina y amonestación del Señor (Efesios 6:4). Otra lección que aprendemos de David fue su reacción ante la muerte de su hijo. Al enterarse de que el niño había muerto, hubo una aceptación representada por sus acciones cuando "se levantó de la tierra, y se lavó y se ungió, y cambió sus ropas, y entró a la casa de Jehová, y adoró. Después vino a su casa, y pidió, y le pusieron pan, y comió". (12:20). Lo sorprendente de este pasaje es que David "entró a la casa de Jehová y adoró". En otras palabras, David no sólo aceptó la muerte de su hijo, sino que le dio toda la gloria a Dios en adoración. La capacidad de adorar y honrar a Dios en tiempos de crisis o prueba es una poderosa demostración de nuestra confianza espiritual en nuestro Dios. Hacerlo nos permite aceptar la realidad de nuestra pérdida. Y esto es cómo Dios nos libera para seguir viviendo. La siguiente lección es la más importante. Es la confianza que tenía David en la seguridad de la vida eterna, de que su hijo fue al cielo y que él también pronto estará allí. La respuesta de David a aquellos cuestionando su reacción ante la muerte de su hijo siempre ha sido una gran fuente de consuelo para los padres creyentes que han perdido sus hijos. "Más ahora que ha muerto, ¿para qué he de ayunar? ¿Podré yo hacerle volver? Yo voy a él, mas él no volverá a mí." (12:23). David estaba confiando plenamente en que se encontraría con su hijo en el cielo.

Ejercicios de clausura

(1) Escuche testimonios de algunos padres e hijos heridos por ofensas que se hayan suscitado entre ellos.

(2) Invite a los afectados a que pongan sus cargas a los pies de la cruz y oren por unos por otros.

PREGUNTAS Y RESPUESTAS

1. ¿Cómo reaccionó David ante la muerte de su hijo, según narra el pasaje bíblico?

Se levantó de la tierra, se lavó, se ungió, cambió sus ropas, y entró a la casa de Jehová, y adoró.

2. ¿Qué enseñanzas podemos aprender de la actitud de David ante la muerte de su hijo?

Se debe orar por los que están vivos, no por los que han muerto. Se debe dar la gloria a Dios pues Él es el dueño de toda vida.

3. ¿Qué pensaba David respecto a la vida futura?

David tenía la seguridad de la vida eterna, de que su hijo fue al cielo y que él también pronto estará allí.

4. ¿Cómo Dios confortó a David después de su arrepentimiento y la muerte de su hijo?

Le dio otro hijo a quién llamó Salomón, que vino a ser un poderoso rey en Israel.

5. ¿Cómo pueden los padres superar el duelo y la depresión ante la muerte de un hijo?

Uno de los mejores antídotos, contra el duelo y la depresión ante la partida de un ser querido es la esperanza de la vida eterna; reconocer la voluntad y soberanía de Dios en todo suceso y poder alabarlo en cualquier circunstancia.

PARA LA PRÓXIMA SEMANA

Los salmos 61 y 62 constituyen la base para la próxima lección: "La roca que sostiene a la familia". Analizaremos los fundamentos que se necesitan pata construir familias saludables. Pida leer estos dos salmos y que cada uno aporte su comentario.

LA ROCA QUE SOSTIENE A LA FAMILIA

Base bíblica

Salmo 61:1-8; 62:1-10.

Objetivos

1. Razonar con la clase acerca de los recursos divinos de la comunión y la consagración a Dios.
2. Invitar a los alumnos a examinarse para ver si están capacitados para enfrentar los problemas de la vida.
3. Refugiarse en la Roca firme, ya que todos los recursos humanos son "menos que nada" para proteger a la familia.

Pensamiento central

La familia que depende de las promesas y obras humanas puede ser destruida, pero la que está fundada en la Roca de los siglos jamás se desintegrará.

Texto áureo

Esperad en él en todo tiempo, oh pueblos; derramad delante de él vuestro corazón; Dios es nuestro refugio
(Salmo 62:8).

Fecha sugerida:___/____/____

LECTURA ANTIFONAL

Salmo 61:1 Oye, oh Dios, mi clamor; a mi corazón atiende.

2 Desde el cabo de la tierra clamaré a ti, cuando mi corazón desmayare. Llévame a la roca que es más alta que yo.

3 Porque tú has sido mi refugio, y torre fuerte delante del enemigo.

4 Yo habitaré en tu tabernáculo para siempre; estaré seguro bajo la cubierta de tus alas.

5 Porque tú, oh Dios, has oído mis votos; me has dado la heredad de los que temen tu nombre.

6 Días sobre días añadirás al rey; Sus años serán como generación y generación.

7 Estará para siempre delante de Dios; Prepara misericordia y verdad para que lo conserven.

8 Así cantaré tu nombre para siempre, Pagando mis votos cada día.

62:1 En Dios solamente está acallada mi alma; de él viene mi salvación.

2 Él solamente es mi roca y mi salvación; es mi refugio, no resbalaré mucho.

8 Esperad en él en todo tiempo, oh pueblos; derramad delante de él vuestro corazón; Dios es nuestro refugio.

9 Por cierto, vanidad son los hijos de los hombres, mentira los hijos de varón; pesándolos a todos igualmente en la balanza, serán menos que nada.

10 No confiéis en la violencia, ni en la rapiña; no os envanezcáis; si se aumentan las riquezas, no pongáis el corazón en ellas.

DATOS GENERALES ACERCA DEL TEMA

- **Enseñanza:** La responsabilidad de levantar una familia es muy grande, necesitamos depender de las bendiciones de Dios y no de nuestros esfuerzos.
- **Autor:** El rey David
- **Lugar:** Mahanaim y Galaad, al otro lado del Jordán, cuando huía de su hijo Absalón.
- **Fecha:** Año 1000 a.C.
- **Personajes:** David y todos los necesitados de la presencia de Dios.

BOSQUEJO DEL ESTUDIO

I. Cómo disfrutar de una vida victoriosa y segura (Salmo 61:1-8)

A. La oración a Dios nos eleva a la Roca más alta (61:1-3)

B. La comunión con Dios nos hace habitar en su tabernáculo (61:4-7)

C. La alabanza a Dios celebra los triunfos de cada día (61:8)

II. Cómo levantar al que resbala y ayudarlo a estar firme (Salmo 62:1-10)

A. Cómo restaurar a los que resbalan en el camino (62:1-4)

B. Lo que significa derramar el corazón delante de Dios (62:5-8)

C. Por qué no confiar en los recursos ni en los ardides humanos (62:9,10)

David, el dulce cantor de Israel, compuso muchos salmos. Ellos enfatizan la confianza del rey-pastor en Jehová de los ejércitos.

LECTURAS DEVOCIONALES DIARIAS

- **Lunes:** Dios es el amparo y la fortaleza de la familia (Salmo 46:1-11).
- **Martes:** Confianza en la protección de Dios (Salmo 61:1-8).
- **Miércoles:** Dios, el único refugio para la familia cristiana (Salmo 62:1-12).

- **Jueves:** Dios satisface las necesidades del alma (Salmo 63:1-8).
- **Viernes:** Jesús sacia la necesidad de una familia (Juan 2:1-7).
- **Sábado:** Jesús devuelve la vida y la paz a una familia (Juan 11:38-44).

INTRODUCCIÓN

Comencemos retomando lo que apareció en cierta publicación acerca de la condición de nuestra sociedad hoy en día: "Tenemos casas más grandes, pero familias más chicas. Tenemos más compromisos, pero menos tiempo. Tenemos más medicinas, pero menos salud. Hemos multiplicado nuestras fortunas, pero hemos reducido nuestros valores. Hablamos mucho, amamos poco y odiamos demasiado. Hemos llegado a la luna y regresamos, pero tenemos problemas para cruzar la calle y conocer a nuestro vecino. Hemos conquistado el espacio exterior pero no el interior. Tenemos mayores ingresos, pero menos moral. Estos son tiempos con más libertad, pero menos alegría. Con más comida, pero menos nutrición. Son días en los que llegan dos sueldos a casa, pero aumentan los divorcios. Son tiempos de casas más lindas, pero más hogares rotos". ¡Qué lamentable!, pero todavía tenemos esperanza en las promesas de Dios.

Los salmos 61 y 62 son cantos de victoria, en los que se describen los secretos para la conservación de la familia y sus integrantes en un estado insuperable, material, física y espiritualmente. David, el escritor de estos poemas, había experimentado en carne propia lo que significa clamar a Dios *desde el cabo de la tierra*. Los expertos en este libro aseguran que estos salmos recogen los sentimientos que hacían palpitar el corazón del rey David cuando se encontraba en la tierra de Mahanaim y Galaad, al otro lado del Jordán, cuando huía de su sublevado hijo Absalón. Esto se deduce del sentido general de la oración y especialmente de la frase *desde el cabo de la tierra*, es decir, desterrado o errante. Vemos, que no hay un solo lugar donde Dios no pueda escucharnos, ni existe un rincón donde nos podamos sentir abandonados de su presencia. Aunque mi corazón desmayare, sin importar cuán abrumado me encuentre clamaré a ti. En este salmo como en muchos otros David revela algunos secretos de la oración y la alabanza, comienza con clamor y lágrimas, pero termina con cánticos de alabanza.

El Salmo 62 es la declaración de una persona a quien sus enemigos tratan de derrocar o, al menos, desprestigiar. El autor, David, declara su total dependencia de Dios, a pesar de todas dificultades, peligros o tentaciones, él espera pacientemente a Jehová. Reconoce que aunque un creyente puede resbalar, "no mucho" (62:2). Su argumento fuerte consiste en que tan pronto como su alma reposa en Jehová y se refugia en Dios como la roca de su salvación, sus pies se afirman y "no resbala" más. Todos necesitamos asirnos de algo cuando no nos está yendo muy bien, o cuando la gente se empeña en hacernos mal. Estos dos salmos hablan de la firmeza de la familia. Esperamos que las sublimes declaraciones del salmista nos sirvan de aliento y fortaleza.

DESARROLLO DEL ESTUDIO

I. CÓMO DISFRUTAR DE UNA VIDA VICTORIOSA Y SEGURA (SALMO 61:1-8)

Ideas para el maestro o líder

(1) Presente un breve resumen de la última parte de la lección pasada, este Salmo 61 se refiere a la huida de David ante la persecución de Absalón.

(2) Explique que también se ha usado este salmo para consolación de los desterrados, desplazados y refugiados. ¿Podría alguien describir las penas de un desterrado?

Definiciones y etimología

* *Desde el cabo de la tierra clamaré.* Muchos comentaristas opinan que esta frase se refiere a Mahanaim y Galaad en la transjordania.

* *Mis votos.* La palabra "voto" tiene el sentido de "promesa". Si el Señor nos da vida y bendición es para que cumplamos lo que hemos prometido.

A. La oración a Dios nos eleva a la Roca más alta (61:1-3)

La opinión general de los exégetas es que el Salmo 61 es un canto de la peregrinación de David cuando le fue usurpado el trono por su hijo Absalón. Esta teoría se basa en la expresión del versículo 2: *Desde el cabo de la tierra clamaré a ti, cuando mi corazón desmayare.* Se entiende que los judíos se referían a la tierra de más allá del río Jordán como "el fin de la tierra prometida". Otros ven en este salmo como una canción de consuelo para mitigar la nostalgia de los desterrados a Babilonia y otros países cuando Jerusalén fue destruida y los judíos fueron expatriados. En todo caso, el sentido de esta oración afirma cinco verdades maravillosas, ilustradas con igual número de figuras en las que se inspira mucha esperanza para los hijos de Dios y sus familias. (1) Dios es "la roca más alta que yo" (61:2). Los que piensan que esta frase se refiere solamente al monte de Sion o a alguna roca en el desierto no toman en cuenta la sublimidad de la oración inspirada del salmista. La "roca más alta" tiene que sobrepasar cualquier sitio terrenal para infundir confianza al alma abatida. El apóstol Pablo amonestaba: *Si habéis resucitado con Cristo, buscad las cosas de arriba donde está Cristo sentado a la diestra del Padre* (Colosenses 3:1). Cierto hombre conocedor de la naturaleza aconsejaba a otro: "Trata de vivir por encima del límite de la víbora. Existe cierto nivel en la montaña más allá del cual no pueden vivir las víboras". Muchos construimos nuestros hogares y los mantenemos en lugares muy bajos, al acecho de toda clase de peligros y amenazas, debemos procurar, anhelar, subir para habitar en la "roca más alta". Vivir por encima de las mezquindades del mundo, los resentimientos y las amarguras, estar por encima de los odios y los prejuicios. Pero para eso debemos cultivar en familia la práctica de la oración unida. (2) Dios es el "refugio" seguro del creyente (61:3). Quizás en Mahanaim, o cuando huía de Saúl en las cuevas de Engadi, David se había refugiado en esas frescas cavernas que ofrecen reposo y seguridad. El creyente necesita meterse en esa "cueva" divina para ser confortado en medio del desierto de su vida. También el Salmo 3, que según los intérpretes corresponde a la huida de David de su hijo Absalón, donde exclama: *!Oh Jehová, cuánto se han multiplicado mis adversarios! Muchos son los que se levantan contra mí.* Pero él mismo reconoce que Dios es su refugio y su defensa: *Mas tú, Jehová, eres escudo alrededor de mí; Mi gloria, y el que levanta mi cabeza.* (3) Dios es una "torre fuerte delante del enemigo" (61:3). Este término militar da la idea de un lugar desde donde se puede divisar y atacar al enemigo antes de que este haga estragos en el alma del creyente. Es necesario ser... sobrios y velar en oración" (1 Pedro 4:7) ...*porque vuestro adversario el diablo, como león rugiente, anda alrededor buscando a quien devorar* (1 Pedro 5:8).

B. La comunión con Dios nos hace habitar en su tabernáculo (61:4-7)

La cuarta figura usada en el canto del destierro tiene un sentido profundamente espiritual e infunde aliento al alma triste y solitaria: "Yo habitaré en tu tabernáculo para siempre" (61:4). Ya sabemos que en el tiempo de esta experiencia de David no existía el tabernáculo de Moisés y todavía no se había construido el templo de Salomón. Por lo tanto, la palabra "tabernáculo" aquí se refiere a ese recinto sagrado que el rey construyó en el monte de Sion para aposentar el arca del pacto. En un plano espiritual esto se refiere al acercamiento del creyente con una actitud de adoración y contemplación, como la experiencia de los tres apóstoles en el monte de la transfiguración, donde Pedro, igual que David quería quedarse "para siempre" (Mateo 17:1-13). ¡Qué bello lugar para que se aposente la familia cristiana y permanezca unida a su Señor! A pesar de las innumerables dificultades que enfrentaba el rey David, nunca abandono la comunión con su Dios, en el Salmo 27:4, expresa su anhelo por la casa de Dios: *Una cosa he demandado a Jehová, ésta buscaré; Que esté yo en la casa de Jehová todos los días de mi vida,*

Para contemplar la hermosura de Jehová, y para inquirir en su templo. Y por supuesto esto le proporcionaba una seguridad inquebrantable en la protección divina: *Porque él me esconderá en su tabernáculo en el día del mal; Me ocultará en lo reservado de su morada; Sobre una roca me pondrá en alto.*

La última ilustración de la protección divina presenta a Dios como una enorme ave albergando a sus polluelos: *Estaré seguro bajo la cubierta de tus alas.* El versículo 5 es una expresión de agradecimiento de David a Dios porque había aceptado sus "votos" sus generosas ofrendas y su servicio abnegado. A cambio de eso, el Señor le había dado... *la heredad de los que temen tu nombre.* Esto puede referirse al trono de Israel, al cual fue restaurado a su regreso. Para nosotros, en cambio, es la heredad espiritual que Dios nos ha dado en Cristo Jesús. Los versículos 6 y 7 contienen una proclama escatológica. Es cierto que Dios le dio larga vida a David, pero murió viejo y lleno de achaques. En cambio, con las expresiones "días sobre días" y "generación y generación" se está anunciando la eternidad del Mesías, el cual, como dice el versículo 6: *Estará para siempre delante de Dios; prepara misericordia y verdad para que lo conserven.* El Rey de reyes y Señor de señores fue destronado y anduvo en esta tierra, pero ahora está a la diestra del Padre y ceñirá la corona de gloria para siempre como nuestro Soberano.

C. La alabanza a Dios celebra los triunfos de cada día (61:8)

Finaliza este hermoso poema de esperanza con un notable énfasis en la alabanza a Dios y la adoración por medio de ofrendas y promesas. En la experiencia del salmista la alabanza era parte esencial de su quehacer cotidiano. Recordemos que su primer empleo público fue sentarse frente a la sala en la casa del rey Saúl y tocar en el arpa dulces melodías que hacían huir hasta los mismos demonios que atormentaban a aquel melancólico y fracasado monarca de Israel. Es más, durante toda su juventud, David aprovechó cualquier circunstancia, buena o mala, para entonar alabanzas a su Dios y componer los salmos más bellos para el ministerio musical de su pueblo. No hay nada como un tiempo de alabanza para disipar las tensiones y discordias que se generan en el núcleo familiar. No se puede alabar y continuar amargado y resentido; la alabanza y la irritación no pueden coexistir. Una familia, un matrimonio que aprenda a alabar y adorar juntos a Dios, es una familia que permanecerá unida a pesar de los ataques del enemigo. El Salmo 22:3, dice que *Dios habita entre las alabanzas de su pueblo*, esto significa que donde quiera que haya adoración, reverencia, un culto aceptable, allí Él se identifica y manifiesta abiertamente su presencia... *y la paz de Dios, que sobrepasa todo entendimiento, guardará vuestros corazones y vuestros pensamientos en Cristo Jesús* (Filipenses 4:7). El creyente inclinado a la música, especialmente la que tiene significado y valores morales, es persona sensible y de nobles sentimientos. Y cuando se trata de las melodías y los cantos que dan honra y gloria al Señor, los efectos producidos en el alma son maravillosos. Sin temor a equivocarnos podemos garantizar que la familia que se hace rodear de la música que agrada a Dios no pasará momentos tristes en su vida.

Afianzamiento y aplicación

(1) Mencionen las cinco figuras usadas en el Salmo 61, explicadas hasta aquí.
(2) ¿Qué relación hay entre la alabanza y los votos en el versículo 8?

II. CÓMO LEVANTAR AL QUE RESBALA Y AYUDARLO A ESTAR FIRME (SALMO 62:1-12)

Ideas para el maestro o líder

(1) Pida a los participantes que señalen las semejanzas entre este salmo y el que acabamos de estudiar.
(2) Deje que la clase detecte las partes de este salmo en las que el autor se defiende de los que maquinaban mal contra él.

Definiciones y etimología

* *En Dios... está acallada mi alma.* "Acallar" es hacer sosegar, aquietar, tranquilizar. La Biblia de Stroubinger dice: *Sólo en Dios descansa mi alma.*

* *Serán menos que nada.* Así de insignificante es la potencia de los hombres.

A. Cómo restaurar a los que resbalan en el camino (62:1-4)

De acuerdo con la mayoría de salmólogos, el 62 es otro canto relacionado con las humillantes experiencias de David en su breve destierro y su vindicación. Empieza con una actitud de agradecimiento a Dios por su ayuda oportuna. Una versión traduce el primer versículo así: "¿Cómo no va a reposar mi alma en Dios, si sólo de Él viene mi salvación?". La figura de una "roca" aparece aquí varias veces, como en el Salmo 61. La segunda parte del versículo 2 es una declaración muy sincera del salmista, en la cual afirma que Dios es su refugio, por lo cual, dice: *No resbalaré mucho*, es decir, no descarta la posibilidad del desánimo, del desaliento, quizás sea sacudido y zarandeado, pero él mismo asegura que no será destruido. Pablo testificaba lo mismo: *Estamos atribulados en todo, mas no angustiados; en apuros, mas no desesperados; perseguidos mas no desamparados; derribados, pero no destruidos* (2 Corintios 4:8,9).

Los versículos 3 y 4 de nuestro salmo constituyen una clara denuncia. Los enemigos de David, no sólo Absalón, sino muchos que se aprovecharon del incidente y querían destruirlo: *¿Hasta cuándo maquinaréis contra un hombre, tratando todos de aplastarlo como pared desplomada y como cerca derribada?* Esto es común entre la gente, y aun entre algunos llamados "cristianos". Cuando saben que alguien tuvo un "resbalón" o cometió cierto "error", por no decir "pecado" (*hamartía*, "errar al blanco"), en lugar de acudir a fortalecerlo, orar por él y ayudarlo a regresar al camino, se lanzan sobre él para acabar de destruirlo. Igual la falta de perdón y reconciliación que se dan en las relaciones familiares, en donde tan fácilmente salimos heridos y resentidos por disputas y mal entendidos. ¿No será esta una actitud farisaica, vacía del amor del Cristo que perdonó y restauró a un Pedro, que de manera descarada le negó tres veces, y la acción de Pablo reconciliándose con Juan Marcos, quien le había abandonado en el ministerio y otros muchos ejemplos? A veces somos más severos que Dios; pero el apóstol nos amonesta: *El que piensa estar firme, mire que no caiga* (1 Corintios 10:12).

B. Lo que significa derramar el corazón delante de Dios (62:5-8)

Los versículos 5 al 7 contienen los mismos pensamientos que se expresaron al inicio del salmo, pero se dan en distintos términos. Aquí el canto manifiesta más confianza y seguridad. Por ejemplo, el autor habla con su propia alma y le pide que repose en Dios, porque sólo en Él hay esperanza. Nuevamente declara: "Él solamente es mi roca y mi salvación" (v. 6); pero ahora asegura, sin ninguna duda: "Es mi refugio, no resbalaré". El versículo 7 es una solemne confirmación de las verdades ya expresadas, como haciendo hincapié en las cualidades de Dios para guardar en su poderosa mano a los que descansan solamente en Él. Estos conceptos del salmista son necesarios para alentar la fe en los creyentes de hoy. Cuando todos buscan refugios y escondites en el mundo, los cuales no hacen más que entretener las falsas esperanzas de los que no confían en Dios, nosotros debemos cantar como el rey: "Él es mi refugio, no resbalaré".

No obstante, no es cuestión de sólo decir estas palabras, como si fueran expresiones mágicas; hay que someterse a los dos requerimientos del versículo ocho: (1) Esperar en Dios. En primer lugar, tiene que haber en el creyente una decisión firme de esperar en Él "en todo tiempo". Lo que hace tambalear la fe de muchos es que buscan la ayuda de Dios sólo para ciertas cosas y en determinados momentos. No son capaces de llevar a Cristo a su lado a todos los sitios que frecuentan ni de estar con Él en todos los actos que realizan. A veces se ora a Dios para unas cosas, pero no se espera hasta estar seguros de su voluntad para hacer lo que se quiere. Esperar en Él "en todo tiempo" significa depender de su soberana voluntad hasta para las cosas más pequeñas de nuestra vida, empezando en el hogar. (2) El segundo paso es "derramar delante de Él nuestro corazón". La Septuaginta traduce el verbo hebreo "derramar" con la voz griega *ekréete*, como cuando se llevaba una ofrenda sacrificial al altar: "entreguen sus corazones", "derrámense totalmente en el altar de Dios". Si le entregamos a Él todo lo que somos, lo que tenemos y anhelamos, seremos capaces de esperar en Él en todo tiempo. Como dijo también David en el Salmo 37:5: *Encomienda a Jehová tu camino, Y confía en él; y él hará.*

C. Por qué no confiar en los recursos ni en los ardides humanos (62:9,10)

Las razones que el salmista señala para no confiar en los recursos materiales ni humanos son claras: (1) *Vanidad son los hijos de los hombres* (62:9). Esto significa que los humanos somos sólo apariencia, pero no hay nada de esencia en lo que decimos o hacemos. Por eso nadie debe confiar sólo en el hombre sino en el Dios que ese hombre representa. (2) *Mentira son los hijos de varón*. El apóstol lo expresó muy bien: *¿Pues qué, si algunos de ellos han sido incrédulos? ¿Su incredulidad habrá hecho vana la fidelidad de Dios? De ninguna manera; antes bien sea Dios veraz, y todo hombre mentiroso…* (Romanos 3:3,4). (3) *Pesándolos a todos igualmente en la balanza, serán menos que nada*. Esto nos trae a la mente a un rey poderoso, altivo y corrupto que fue "pesado en balanza" y Dios lo halló "falto" (Daniel 5:27). El que pone su confianza en otro hombre puede salir derrotado, pero que la pone en el Señor saldrá siempre victorioso.

Los ardides en que ponen su confianza los impíos, según el versículo 10, son: (1) "la violencia", (2) "la rapiña", (3) el envanecimiento y (4) la confianza en las riquezas. Todo esto ha llevado a nuestro mundo a un estado caótico y sumamente peligroso. ¿A dónde va uno sin el riesgo de ser víctima de la violencia y el robo? Por otra parte, el salmista tenía razón. Los que actualmente están teniendo algún éxito en el mundo se envanecen y menosprecian a los demás. Los que están sacando ganancias de sus negocios ponen su corazón en el dinero. Lo triste es que cuando lo pierden todo, el cielo se les desploma y algunos terminan por declararse en bancarrota o desaparecer, o toman acciones más drásticas. Por eso, el consejo divino es: *Alma mía, en Dios solamente reposa.*

Afianzamiento y aplicación

(1) ¿En qué se parece y en qué difiere este salmo con el 61?

(2) Mencionen las razones para no confiar en el hombre.

(3) ¿Cuáles son los ardides humanos?

RESUMEN GENERAL

El Salmo 61 es un canto a la capacidad de Dios de proteger a los que se refugian en Él. La familia moderna necesita reconocer que Dios es la "roca más alta"; es un refugio para esconderse de los ataques del enemigo. Tal es la disposición del Señor de defendernos que el salmista lo compara a una "torre fuerte". Su cuidado se compara con las "alas" de una enorme ave que cuida de sus polluelos. Conviene recordar las palabras del Salmo 127, donde en este "canto gradual" para Salomón aconseja: *Si Jehová no edificare la casa En vano trabajan los que la edifican.* La responsabilidad de levantar una familia es muy grande, tenemos que reconocer que necesitamos la ayuda de Dios. Necesitamos depender de las bendiciones de Dios y no de nuestros esfuerzos. Como dijo Jesús porque separados de mi nada podéis hacer. El Salmo 62, aunque es parecido al anterior, contiene elementos más claros de la salvación divina. Se les asegura ayuda a los que han resbalado, afirmándolos para que no resbalen más. Reprende aquí el Señor a los que tratan de aplastar a los que han fracasado, en lugar de ayudarlos. Las familias cristianas aprenden en este salmo a no confiar en los hombres, sino, a esperar en Dios y derramar delante de Él su corazón.

Finalmente, cuando construimos una casa nos fijamos en el lugar y el terreno, no buscamos arena o algún lugar peligroso, buscamos que sea firme, como la parábola de Jesús del hombre que edifica su casa sobre la roca. *Cualquiera, pues, que me oye estas palabras, y las hace, le compararé a un hombre prudente, que edificó su casa sobre la roca. Descendió lluvia, y vinieron ríos, y soplaron vientos, y golpearon contra aquella casa; y no cayó, porque estaba fundada sobre la roca.* Preguntémonos ¿Sobre qué terreno estamos edificando nuestro hogar? Una buena estabilidad económica, la mejor educación para nuestros hijos, un vecindario tranquilo y seguro, es verdad todo eso es importante, pero necesitamos un fundamento más estable y ese tiene que ver con "la roca que es más alta que nosotros", nuestro Señor Jesucristo y su Palabra.

Ejercicios de clausura

(1) Hagan una lista de los peligros y ataques contra la familia cristiana de hoy.

(2) Enumeren las razones para no confiar en la fuerza humana.

(3) Descubran lo que significa derramar el corazón en adoración a Dios.

PREGUNTAS Y RESPUESTAS

1. Explique qué quiere decir la expresión: "Trata de vivir por encima del límite de la víbora".

Existe cierto nivel en la montaña más allá del cual no pueden vivir las víboras". Muchos construimos nuestros hogares y los mantenemos en lugares muy bajos, al acecho de toda clase de peligros y amenazas,

2. ¿Qué beneficio puede traer la alabanza para la salud emocional de la familia?

La alabanza puede disipar las tensiones y discordias que se generan en el núcleo familiar. No se puede alabar y continuar amargado y resentido.

3. Mencione los dos requerimientos del Salmo 62: 8 para andar completamente confiado y seguro.

Esperar en Dios en todo tiempo y derramar delante de Él el corazón.

4. ¿Por qué dice el salmista que no vale la pena esperar en las personas y sí esperar en Dios?

Porque el que pone su confianza en otro hombre puede salir derrotado, pero el que la pone en el Señor saldrá siempre victorioso.

5. ¿Qué es lo que David anhelaba en el Salmo 27:4?

Una cosa he demandado a Jehová, ésta buscaré; Que esté yo en la casa de Jehová todos los días de mi vida, Para contemplar la hermosura de Jehová, y para inquirir en su templo.

PARA LA PRÓXIMA SEMANA

El afán de la vida moderna está contribuyendo a la desintegración de la familia. El próximo tema: "Como proteger la familia del estrés y la ansiedad", nos ayudará a establecer prioridades que nos permitirá mantener familias saludables. Motive a estudiar el tema.

CÓMO PROTEGER A LA FAMILIA DEL ESTRÉS Y LA ANSIEDAD

ESTUDIO BÍBLICO 21

Base bíblica

Mateo 6:24-34.

Objetivos

1. Concientizarse de los estragos que causan el afán y la ansiedad en la familia.
2. Analizar a la luz de las enseñanzas de Jesús lo inconveniente del afán y la ansiedad.
3. Colocar toda ansiedad y preocupación en las manos del Señor, y aprender a esperar en su cuidado amoroso.

Pensamiento central

El estrés y la ansiedad acabarán por destruir a la familia moderna, a menos que ésta adopte el estilo de vida que Jesús establece en el Sermón del monte.

Texto áureo

No os afanéis por vuestra vida, qué habéis de comer o qué habéis de beber; ni por vuestro cuerpo, qué habéis de vestir. ¿No es la vida más que el alimento, y el cuerpo más que el vestido?

(Mateo 6:25).

Fecha sugerida:___/_____/_____

LECTURA ANTIFONAL

Mateo 6:24 Ninguno puede servir a dos señores; porque o aborrecerá al uno y amará al otro, o estimará al uno y menospreciará al otro. No podéis servir a Dios y a las riquezas.

25 Por tanto os digo: No os afanéis por vuestra vida, qué habéis de comer o qué habéis de beber; ni por vuestro cuerpo, qué habéis de vestir. ¿No es la vida más que el alimento, y el cuerpo más que el vestido?

26 Mirad las aves del cielo, que no siembran, ni siegan ni recogen en graneros; y vuestro Padre celestial las alimenta. ¿No valéis vosotros mucho más que ellas?

27 ¿Y quién de vosotros podrá, por mucho que se afane, añadir a su estatura un codo?

28 Y por el vestido, ¿por qué os afanáis? Considerad los lirios del campo, cómo crecen: no trabajan ni hilan;

29 pero os digo, que ni aun Salomón con toda su gloria se vistió así como uno de ellos.

31 No os afanéis, pues, diciendo: ¿Qué comeremos, o qué beberemos, o qué vestiremos?

32 Porque los gentiles buscan todas estas cosas; pero vuestro Padre celestial sabe que tenéis necesidad de todas estas cosas.

33 Mas buscad primeramente el reino de Dios y su justicia, y todas estas cosas os serán añadidas.

34 Así que, no os afanéis por el día de mañana, porque el día de mañana traerá su afán. Basta a cada día su propio mal.

DATOS GENERALES ACERCA DEL TEMA

- **Enseñanza:** La familia cristiana no debe afanarse, ni obsesionarse por las cosas materiales. Debemos depender de la gracia de Aquel que sabe qué cosas necesitamos,
- **Autor:** Mateo entre los años 50 y 60 d.C.
- **Lugar:** En algún lugar de Galilea.
- **Fecha:** Corresponde al segundo año del ministerio de Jesús.
- **Personajes:** Jesús, sus discípulos y todos los creyentes.

BOSQUEJO DEL ESTUDIO

I. Orden de prioridades en la vida cristiana (Mateo 6:24,25)

   A. Prioridad de las responsabilidades humanas (6:24)

   B. Prioridad de los valores morales y espirituales (6:25)

II. Orden de provisiones en el reino de Dios (Mateo 6:26-31)

   A. Dios suple las necesidades físicas (6:26,27)

   B. Dios suple las necesidades materiales (6:28-31)

III. Orden de prioridades en el mundo (Mateo 6:32-34)

   A. Los no creyentes buscan solo lo material (6:32)

   B. Lo material no logran satisfacer el alma (6:33,34)

En una de las colinas que rodean el mar de Galilea, Jesús pronunció el Sermón de la Montaña, conocido como la constitución del pueblo del nuevo pacto, la iglesia.

LECTURAS DEVOCIONALES DIARIAS

- **Lunes:** Dios no se agrada de un pueblo desesperado (Éxodo 14:10-16).
- **Martes:** Dios no se agrada de los que tienen miedo (Jueces 7:1-3).
- **Miércoles:** Dios aborrece al que recurre a Satanás (1 Samuel 28:4-7,18,19).
- **Jueves:** Dios infunde valor en los que confían en Él (Daniel 3:16-26).
- **Viernes:** Jesús exhorta contra el afán y la ansiedad (Mateo 6:25-34).
- **Sábado:** El Señor nos hace más que vencedores (Romanos 8:28-39).

INTRODUCCIÓN

Muchos de los que visitan las clínicas y los consultorios médicos son personas que están padeciendo afecciones psicosomáticas. Estos son problemas que se originan en la mente, a consecuencia del estrés y las preocupaciones exageradas, llegando a convertirse en molestias físicas. Por eso se designan esos problemas con el término compuesto de psico ("de la mente") y somáticos ("del cuerpo"). Los estados de ansiedad y estrés son muy comunes en la sociedad de hoy y muy difíciles de manejar. Todos vamos corriendo de un lugar a otro y abarcamos demasiadas cosas: familia, trabajo, amigos, ejercicio, tareas del hogar, y otra infinidad de eventos. Todas estas actividades cotidianas son normales en la vida de toda persona; pero cuando alguien se esfuerza por hacer más de lo que puede, o se le exige que produzca más de lo que debe, entonces, se le impone una presión desesperante, que le lleva a un estado de ansiedad. Las preocupaciones son normales, hasta que se convierten en "estrés", es decir, cuando el ánimo se angustia y se pierde el sosiego y la calma por cosas que están fuera del alcance.

Y esta "carrera" diaria, está llevando a muchos a un estado tal, que ya no tiene tiempo ni para ellos, ni para otros. "La esposa y los hijos añoran los tiempos de las salidas juntos, o la vida de diversión familiar donde los pequeños disfrutaban del padre juguetón y amigable. Los amigos ya no son parte de su agenda porque esta ha quedado llena de sus nuevos compromisos". El resultado es muy obvio. Ahora hay un hombre que llega tarde a casa y se va muy temprano. Cuando llega en la noche está muy cansado y cuando se levanta anda muy deprisa. Y así, en ese afán desmesurado, sin darse cuenta comienza a transitar el camino de la ansiedad hasta padecer afecciones psicosomáticas. En años recientes se hizo un estudio para analizar las consecuencias del exceso de trabajo y la obsesión por adquirir más dinero. La consecuencia fue, que, por esa obsesión, muchas personas comenzaron a desequilibrarse. Lo más extraño era que algunos se deprimían y no sabían por qué, aunque habían alcanzado sus propias metas personales. El estudio reveló que el exceso por llenar la vida con solo cosas materiales estaba produciendo una generación alienada y deprimida. Alguien escribió: "Si el hombre moderno no aprende a manejar el estrés, podría morir muy joven".

DESARROLLO DEL ESTUDIO

I. ORDEN DE PRIORIDADES EN LA VIDA CRISTIANA (MATEO 6:24,25)

Ideas para el maestro o líder
(1) Mencionen casos de personas que están sufriendo estrés por sobrecargarse de responsabilidades.
(2) Comente acerca de las consecuencias de no saber establecer los valores correctos en la vida.

Definiciones y etimología

* *No podéis servir a Dios y a las riquezas.* Los caldeos y los sirios tenían un ídolo a quien llamaban Mamón ("el dios de las riquezas materiales"). Nótese que el énfasis está en "servir", no en simplemente poseer riquezas. Lutero decía: "Tener dinero no es pecado; el pecado está en que el dinero te tenga a ti".

* *No os afanéis.* La palabra "afán traduce el término griego *mérimna* ("preocupación", "cuidado", "inquietud"). No se recomienda aquí olvidarse de la responsabilidad de proveer lo necesario; lo que se reprocha es la actitud desesperada que conduce a muchos a lamentarse, blasfemar y hasta cometer actos ilícitos cuando creen que les hace falta algo.

A. Prioridad de las responsabilidades humanas (6:24)

No se tiene información en cuanto a que los judíos hayan adorado al dios Mamón, o dios de las riquezas que adoraban los caldeos y los sirios, pero el nombre era conocido por todos y se usaba para designar por antonomasia a la ambición por las posesiones materiales. En el sentido ético, la gente pagana estaba esclavizada al dios Mamón cuando se empeñaba en buscar todo lo terrenal, a costa de su propia fe, como Balaam (Números 22), quien buscó enriquecerse con el uso del don de profeta. o como el joven rico (Lucas 18), que amó más el mundo que su propia salvación. Este último caso explica claramente lo que le sucede al que pone el dinero como prioridad en su existencia. La traducción literal del texto nos da una mejor comprensión de lo que Jesús quiso decir. La palabra "servir" proviene del griego *douleúo*, que a su mismo tiempo deriva de la palabra *doúlos*, que significa esclavo. Por otro lado, la palabra utilizada para "señor" es *kúrios*, cuya mejor traducción seria amo, o dueño de todas las cosas. Por tanto, las palabras: *Ninguno puede servir a dos señores*, podría traducirse: Ninguno puede ser esclavo de dos amos. En la antigüedad la esclavitud era muy común. Un esclavo era visto como un objeto que pertenecía a su amo, el tal no tenía derechos, su amo podía disponer de él como mejor le parecía, podía golpearlo e incluso matarlo y nadie podía decirle algo, ya que era una propiedad más. Así dice Jesús que no podemos nosotros ser esclavos de dos amos, o amamos y servimos a Dios o a las riquezas.

Es importante señalar que Jesús no está condenando el hecho de ser rico, sino el amar más a las riquezas que a Dios mismo, ya que esto se convierte en idolatría y Dios pasa a un segundo plano, cuando realmente nuestro Señor demanda todo nuestro corazón. Pablo lo dice de la siguiente manera: "porque raíz de todos los males es el amor al dinero (no el ser rico), el cual codiciando algunos, se extraviaron de la fe, y fueron traspasados de muchos dolores", (1 Timoteo 6:10). La intención de estas palabras del Señor no es producir gente irresponsable, sin visión ni aspiraciones en la vida; su propósito es que el creyente sepa distinguir quién es su amo: Dios o el mundo. Nuestro corazón no puede seguir a dos señores, nuestra fidelidad debe estar alineada a uno solo. Nadie puede pensar que puede intentar agradar a Dios y a las riquezas ya que eso es imposible. Esto nos enseña que no se puede compartir la vida entre dos reinos.

B. Prioridad de los valores morales y espirituales (6:25)

Dios ha demandado siempre ser el primero en nuestras relaciones. Encontramos en el Antiguo Testamento a Josué exhortando al pueblo a escoger a un solo Dios al cual servir: *Y si mal os parece servir a Jehová, escogeos hoy a quién sirváis; si a los dioses a quienes sirvieron vuestros padres, cuando estuvieron al otro lado del río, o a los dioses de los amorreos en cuya tierra habitáis; pero yo y mi casa serviremos a Jehová* (Josué 24:15). En el primer libro de los Reyes vemos a Elías amonestando al pueblo para que decidan finalmente a quien servirán: *Y acercándose Elías a todo el pueblo, dijo: ¿Hasta cuándo claudicaréis vosotros entre dos pensamientos? Si Jehová es Dios, seguidle; y si Baal, id en pos de él. Y el pueblo no respondió palabra* (1 Reyes 18:21). Y en el libro de Apocalipsis el Señor expresa su desagrado hacia aquellos que creen que pueden tomar una posición intermedia: *Yo conozco tus obras, que ni eres frío ni caliente. ¡Ojalá fueses frío o caliente! Pero por cuanto eres tibio, y no frío ni caliente, te vomitaré de mi boca* (Apocalipsis 3:15-16). Dios demanda nuestro mayor compromiso hacia Él y para ello nuestro interés debe estar en las cosas celestiales y no en las terrenales las cuales son perecederas. Nuestra obediencia completa debe ser hacia Dios y nuestro corazón debe pertenecerle.

El segundo lugar las personas siempre son más importantes que las cosas. Si para adquirir posesiones, obtener un mejor nivel de vida material, aumentar las riquezas, hay que sacrificar lo que más amamos, nuestra familia; toda la riqueza que logremos será sin ningún valor. Estamos siendo arrastrados por una sociedad materialista que da más importancia a las cosas que a las personas, y se piensa que el que más tiene es el más feliz de todos. Y las familias están pagando

ese desenfreno; los padres no tienen tiempo para los hijos, y los matrimonios se desintegran. Parafraseando las palabras de Jesus: "De que le sirve al hombre ganarse el mundo entero si pierde su familia". Él señaló (v. 25) que si Dios nos ha dado la vida, también nos dará el alimento que necesitamos para su sostén. Si nos ha dado el cuerpo, tambien podemos confiar que habrá de darnos el vestido para que los cubramos y abriguémos. Si alguien nos da un don que no tiene precio, podemos confiar que su generosidad será siempre magnánima, que no será mezquino ni sordo ante nuestra necesidad. Por lo tanto, el primer argumento es que si Dios nos ha dado la vida, podemos confiar en que nos dará todas las cosas que necesitamos para sostenerla.

> ### Afianzamiento y aplicación
> (1) ¿En qué sentido alguien puede estar adorando al dios Mamón?
> (2) ¿Por qué es imposible servir a dos señores?
> (3) ¿Qué significa la palabra "estrés" y por qué no es tolerable en un cristiano?

II. ORDEN DE PROVISIONES EN EL REINO DE DIOS (MATEO 6:26-34)

> ### Ideas para maestros o líder
> (1) Pida que los alumnos mencionen casos de algunos que estén pasando por momentos de aprieto y necesiten de la oración y algún tipo de ayuda.
> (2) Explique que Dios ha usado distintos medios para socorrer a los necesitados; quizá nos quiera usar a nosotros hoy para socorrer a alguien.

Definiciones y etimología

* *Añadir a su estatura un codo.* La palabra estatura", del griego heliquía, en otros pasajes, como Juan 9:21,23 y Hebreos 11:11 se traduce como "edad" o "vida". El codo (hena) es una medida linear de 45 centímetros. Nadie puede añadir a su estatura ni siquiera un milímetro. Es interesante la paráfrasis que hace de esta frase la versión Dios

Habla Hoy: "¿Cómo podrá prolongar su vida ni siquiera una hora?". Nadie puede añadir a su vida una hora.

A. Dios suple las necesidades físicas (6:26,27)

Debemos tener cuidado de entender bien lo que Jesús quiso decir en este pasaje. Él no está alentando una actitud irresponsable, perezosa, descuidada, que no planifica su futuro, ni el de su familia. Lo que Jesús amonesta es contra el afán, el angustiarse por el mañana antes de saber qué nos traerá el día presente. Prohíbe, sí, el temor ansioso, enfermizo, que es capaz de eliminar toda posibilidad de gozo de la vida. Con el ejemplo de la alimentación *de las aves del cielo*, ilustró el cuidado tierno y eficaz de nuestro Padre celestial al proveer todo lo que sus criaturas necesitan para su sostenimiento físico. Una de las crisis más temibles en el mundo es el hambre. Los judíos y todos los orientales vivían bajo la constante amenaza de las sequías que causaban hambrunas devastadoras en aquellos países. Hasta la fecha, debido al aumento de la población humana, la escasez de alimentos sigue siendo una amenaza. Sin embargo, Él exhortó a la multitud a que confiara en el cuidado de un Dios proveedor. *Las aves, no siembran, ni siegan, ni recogen en graneros; y vuestro Padre celestial las alimenta*, lo cual es una evidencia del incomparable amor divino. Jesús no quiere dar énfasis al hecho que las aves no trabajen; en lo que insiste es que están desprovistos de todo afán y ansiedad. No encontramos en los animales la preocupación del hombre por un futuro que no puede ver; ni tampoco es característico de ellos acumular bienes a fin de gozar de una cierta seguridad futura.

Aquí hallamos dos exhortaciones: (1) La ansiedad es innecesaria. El que se preocupa desmedidamente por las necesidades del cuerpo está subestimando su valor. Jesús invita a los preocupados a reflexionar sobre el valor intrínseco de su vida y de su alma, comparándose con las aves: *¿No valéis vosotros mucho más que ellas?* (2) La ansiedad es inútil. La pregunta: *¿Y quién podrá, por mucho que se afane, añadir a su estatura un codo?*, es decir, unos cuarenta centímetros, y ningún hombre, por más bajo que sea, podría agregar esa medida a su estatura. También puede significar, por otro lado, que por más que nos preocupemos, no podemos agregar ni un día a nuestra vida, y este significado es más probable. De todos modos, lo que Jesús quiere decir es que la preocupación es inútil, un desgaste de energías y falta de fe en un Dios poderoso y proveedor. Los cristianos debemos dar gracias a Dios por todo, y a la vez descansar en la promesa del salmista: "Jehová es mi Pastor; nada me faltará" (Salmo 23:1).

B. Dios suple las necesidades materiales (6:28-30)

El vestido es sólo un ejemplo de todo el conjunto de cosas materiales que los humanos buscamos con gran preocupación. La ropa, la vivienda, los medios de transporte y los demás elementos que constituyen las necesidades materiales de la vida serán suplidas por el Señor a la medida de nuestra fe y dedicación al trabajo honrado. Dios nos proveerá trabajo y fuentes de ingreso, de acuerdo con nuestra disposición de honrarlo a Él con nuestros diezmos, ofrendas y servicio abnegado. El deseo de compartir con los necesitados, y especialmente con los que sirven al reino de Dios, es algo que el Señor toma muy en cuenta para proveernos recursos materiales. Santiago reprocha el lamento de los que nunca tienen nada: *Pedís, y no recibís, porque pedís mal, para gastar en vuestros deleites* (Santiago 4:3).

Los lirios del campo a que hace referencia son, probablemente, las amapolas y las anémonas, estas florecían silvestres, durante un solo día, en las serranías de Palestina. Y sin embargo, durante tan breve vida estaban vestidas de una belleza que sobrepasaba la de las vestiduras reales. Cuando morían, no servían para otra cosa que para ser quemadas. Si Dios otorga tanta belleza a una flor, que solamente vivirá unas pocas horas, ¿cuánto más hará a favor del hombre? ¡Si una generosidad tan abundante con una flor de un día, habrá de olvidarse del hombre, que es la corona de todo lo creado!

La sociedad de consumo actual nos hace pensar que siempre nos hace falta algo más.

Pero el derroche en ropa excesivamente costosa, la mansión ostentosa y los autos innecesarios, así como todos los gastos superfluos son una ofensa a nuestro Dios, y, tarde o temprano, traerán miseria espiritual y material a nuestra vida. Trabajemos con dedicación y esmero; dediquemos lo mejor de lo nuestro al servicio del Señor; compartamos con los necesitados lo que Dios nos ha dado abundantemente y esperemos en la gracia sustentadora de nuestro Padre. Al considerar "los lirios del campo" recibiremos una lección suprema de mayordomía y fijación de prioridades cristianas. La pereza, los vicios y la mala administración de los recursos son las causas de tanta miseria en el mundo. Los hijos de Dios no tienen por qué sufrir ni llorar; sólo tenemos que ceñirnos a las enseñanzas de la Palabra y aferrarnos a las promesas de Dios. "Bien lo dijo el salmista: La generación de los rectos será bendita. Bienes y riquezas hay en su casa, Y su justicia permanece para siempre" (Salmo 112:2,3).

Afianzamiento y aplicación

(1) Reflexionen sobre las cosas más necesarias en la vida. ¿Qué es lo que el ser humano necesita realmente para vivir?

(2) ¿Por qué muchas personas no tienen lo suficiente para vivir? ¿Quiere Dios que existan pobres en el mundo?

III. ORDEN DE PRIORIDADES EN EL MUNDO

Ideas para el maestro o líder

(1) Comente acerca de personas que teniéndolo todo no se sienten felices.

(2) Hable acerca de aquellos que para enriquecerse roban, explotan, maltratan a sus semejantes, ¿Cómo generalmente terminan?

Definiciones y etimología

* *Los gentiles*. Este versículo hace referencia a los no cristianos (*etne*), los paganos que no confían en Dios ni obedecen su Palabra; no se usa este adjetivo como descriptivo de raza.

A. Los no creyentes buscan solo lo material (6:32)

"Los gentiles", es decir, "los incrédulos" o "inconversos", viven en una constante lucha por apoderarse de las cosas materiales, ocupar los puestos más importantes y obtener las oportunidades más prometedoras del mundo. Recordemos el lamentable ejemplo de Lot que escogió los valles… *y fue poniendo sus tiendas hasta Sodoma* (Génesis 13:12), para hacerse rico y gozar de fama entre la gente. Pues sí, llegó a ser rico y famoso; incluso, existe una tradición que sugiere que Lot ocupó el cargo de "juez" en aquellas ciudades corruptas. Pero cuando vino el juicio de Dios sobre los impíos, tuvo que salir sólo con lo que llevaba encima. Así terminan los ambiciosos y oportunistas. En este mundo materialista y comercial, la gente está sumamente preocupada por su sustento, su vestido y su vivienda. Otros se preocupan porque no pueden darse todos los gustos que se les antojan. Incluso, hay quienes se preocupan porque tienen demasiadas cosas y mucho dinero, y no saben cómo hacer uso de lo que poseen. Lo cierto es que el ser humano está hundido en una depresión que él mismo ha creado como producto de su pecado y falta de fe. La ansiedad es un mal inútil y sumamente dañina. Las dos enfermedades típicas de la vida moderna son la úlcera estomacal y la trombosis coronaria, y en muchos casos ambas resultan de la excesiva preocupación. Es un hecho médicamente comprobado que quienes más ríen más viven. La ansiedad, que desgasta la mente, también desgasta el cuerpo, junto con ella. Afecta la capacidad de juicio del hombre, disminuye su poder de decisión y lo hace progresivamente cada día más incapaz para enfrentarse con la vida.

En el Sermón del monte, Jesús nos hace ver que el afán y la ansiedad son muestras de una mala administración de los recursos e ignorancia del poder de Dios. Después de ilustrar la providencia celestial que cuida de las aves y las flores, e indicarnos que nosotros, como creados a la imagen de Dios valemos mucho más que ellas, nos amonesta a buscar ante todo el "reino de Dios y su justicia" (Mateo 6:33). Si lo hacemos así, Él nos dará todo lo demás.

B. Lo material no logran satisfacer el alma (6:33,34)

Beverly Hills, es la famosa ciudad satélite de los Ángeles, actualmente cuenta con 35000 habitantes. Los que en un principio la diseñaron intentaban hacer de ella una ciudad para gente feliz. Se pensó suprimir todo lo que inquietara y la ensombreciera. Por eso, pensaron que allí no debería haber hospitales porque estos recuerdan la enfermedad. Que no debería haber cementerios porque los cementerios hacen pensar en la muerte. Allí no debería haber fábricas o industrias porque son señales de pobreza. Los enfermos tienen que ir a lugares distantes. Los que mueren, a los cementerios bien lejanos. Hay en cambio en Beverly Hills todo lo que da seguridad, comodidad y placer. Basta saber que el ingreso medio anual de sus habitantes es de 100000 dólares. Hay 22 bancos, más de 20 lujosos hoteles y magníficas residencias. Los más variados sitios de recreo y entretenimiento. Por otra parte, un centenar de agentes de la policía motorizada rondan constantemente la ciudad. Lo que pareciera pensar que, en medio de tanta seguridad, sus moradores viven con un temor constante. Allí no existe la buena vecindad, porque cada uno está encerrado en su propia mansión. Por otro lado, el condado cuenta con 150 siquiatras, es decir, uno por cada 200 habitantes cuando en el resto de la nación hay uno por cada 1500 habitantes. Una autoridad ha hecho un diagnóstico de la ciudad y ha dicho que padece de "depresión crónica. La pregunta que con más frecuencia hacen los que consultan a los siquiatras es esta: "Dígame, doctor, ¿si tengo todo lo que se necesita para ser feliz, porque me siento tan desdichado?". Esta lección enseña a la familia cristiana a no afanarse, ni obsesionarse por las cosas materiales, que no traen la felicidad, como si es una actitud propia de los impíos. Lo que tenemos que hacer es depender de la gracia de aquel que sabe qué cosas necesitamos, y utilizar correctamente los recursos que Él ponga en nuestras manos para nuestro sustento. Contentos con lo que tenéis ahora; porque él dijo: *No te desampararé, ni te dejaré* (Hebreos 13:5).

Afianzamiento y aplicación

(1) ¿Qué se puede decir, de aquellos que se convierten en ladrones, y justifican su conducta, quejándose de su condición económica miserable?

(2) ¿Qué mensaje se le puede dar a esta clase de personas de acuerdo con esta lección?

(3) ¿Qué se puede pensar de los habitantes del condado de Beverly Hills?

RESUMEN GENERAL

El ser humano siempre está propenso a preocuparse por todo, sea en la abundancia o en la escasez. Nos afanamos si estamos enfermos y nos afanamos si no lo estamos, pensando qué pasaría si llegáramos a estarlo. Nos afanamos por el trabajo cuando no lo tenemos por qué de qué hemos de vivir, y nos afanamos si lo tenemos porque quizás lo podemos perder. En fin, los afanes de la vida vienen y van en todo momento y el Señor Jesús lo sabía; Él nos conoce más lo de que nosotros mismos y por eso, nos dejó esta advertencia o mejor este mandamiento para que pudieras estar preparado cuando el afán y la ansiedad tocan nuestras vidas. Dios cuida de toda su creación, pero de manera especial y única; Dios cuida de nosotros. Tristemente hoy muchos cristianos perdidos en este mundo, en sus afanes y ansiedades, se levantan cada día pensando "cómo" y "cuándo" conseguir más. No obstante, cuando logran satisfacer estas "necesidades" en su vida, encuentran que verdaderamente la vida es mucho más que eso, la verdadera vida del creyente está en buscar a su Señor y conocerle más. Termina el relato Bíblico que estamos estudiando en el versículo 33 *Mas buscad el reino de Dios, y todas estas cosas os serán añadidas*. La expresión usada aquí por el Señor es buscar y se refiere en el original a "ir en pos de", significa también requerir. Es decir, si en algo hemos de preocuparnos o afanarnos que esto sea solamente en buscar el Reino de Dios, en buscar a Dios, en conocerle más y más, preocuparnos en querer ser transformados a Su imagen, a Su carácter, porque haciendo esto todo lo demás vendrá como algo agregado de parte de Dios. Confiemos al Padre el cuidado de nuestra vida, confiemos en su bendita y siempre gracia proveedora, confiemos en su bondadoso corazón. Él sabe de qué cosas tenemos necesidad, pero Él también sabe que cosas son las que realmente nos aprovechan. Él tiene cuidado de nosotros, y… *Si Dios es por nosotros, ¿quién contra nosotros?*

Ejercicios de clausura

(1) Oren por los que están deprimidos, preocupados y enfermos por angustias infundadas.

(2) Hagan planes de ayudar a los que estén pasando por verdaderas necesidades.

PREGUNTAS Y RESPUESTAS

1. ¿Qué significan las palabras de Jesús: ¿No es la vida más que el alimento, y el cuerpo más que el vestido?

Que si alguien nos da un don que no tiene precio (la vida, el cuerpo), podemos confiar plenamente en que nos proveera lo necesario (alimento, vestido), para su cuidado.

2. ¿Por qué Jesús nos advierte sobre lo inútil que es afanarse por las cosas materiales?

Jesús enseña que el afanarse es un desgaste emocional que no resuelve el problema, como nadie que se afane podrá aumentar de estatura unos cuarenta centímetros.

3. Mencione los dos ejemplos de la naturaleza que Jesús expuso para confirmar que suplirá nuestras necesidades.

Mirad las aves del cielo y considerad los lirios del campo.

4. ¿A quiénes se refirió Jesús que sí podrían estar preocupados por las cosas del mundo?

Los gentiles (inconversos), que buscan y se afanan por todas estas cosas.

5. ¿Cuál es el secreto que nos dio Jesús en Mateo 6:33, para obtener todo lo que necesitamos?

Mas buscad primeramente el reino de Dios y su justicia, y todas estas cosas os serán añadidas.

PARA LA PRÓXIMA SEMANA

Nuestro próximo estudio tratará sobre: "La protección de la familia contra la contaminación espiritual". Conoceremos los peligros de la influencia del mundo en la familia y cómo enfrentarlos. Motive a la clase a estudiar el tema y hacer las lecturas semanales correspondientes.

LA PROTECCIÓN DE LA FAMILIA CONTRA LA INMORALIDAD

ESTUDIO BÍBLICO 22

Base bíblica

Jueces 3:1-11; Juan 17:11-17;
1 Juan 2:13-17

Objetivos

1. Reconocer los peligros a que está expuesta la familia en un mundo sin Dios.
2. Analizar los daños emocionales y espirituales que sufre una familia que se entrega al mundo.
3. Detener la influencia del mundo y del pecado, refugiándonos en la presencia de Dios.

Pensamiento central

Si nos preocupamos por evitar la contaminación con un virus o una epidemia, ¿por qué no proteger a nuestra familia de la influencia infecciosa del pecado que nos rodea?

Texto áureo

No améis al mundo, ni las cosas que están en el mundo. Si alguno ama al mundo, el amor del Padre no está en él
(1 Juan 2:15).

Fecha sugerida:___/_____/_____

LECTURA ANTIFONAL

Jueces 3:5 Así los hijos de Israel habitaban entre los cananeos, heteos, amorreos, ferezeos, heveos y jebuseos.

6 Y tomaron de sus hijas por mujeres, y dieron sus hijas a los hijos de ellos, y sirvieron a sus dioses.

7 Hicieron, pues, los hijos de Israel lo malo ante los ojos de Jehová, y olvidaron a Jehová su Dios, y sirvieron a los baales y a las imágenes de Asera.

8 Y la ira de Jehová se encendió contra Israel, y los vendió en manos de Cusan-risataim rey de Mesopotamia; y sirvieron los hijos de Israel a Cusan-risataim ocho años.

Juan 17:15 No ruego que los quites del mundo, sino que los guardes del mal.

16 No son del mundo, como tampoco yo soy del mundo.

17 Santifícalos en tu verdad; tu palabra es verdad.

1 Juan 2:14 Os he escrito a vosotros, padres, porque habéis conocido al que es desde el principio. Os he escrito a vosotros, jóvenes, porque sois fuertes, y la palabra de Dios permanece en vosotros, y habéis vencido al maligno.

15 No améis al mundo, ni las cosas que están en el mundo. Si alguno ama al mundo, el amor del Padre no está en él.

16 Porque todo lo que hay en el mundo, los deseos de la carne, los deseos de los ojos, y la vanagloria de la vida, no proviene del Padre sino del mundo.

17 Y el mundo pasa, y sus deseos; pero el que hace la voluntad de Dios permanece para siempre.

DATOS GENERALES ACERCA DEL TEMA

- **Enseñanza:** Si los creyentes de hoy no están realmente comprometidos con el Señor, serán arrastrados por la corriente de corrupcion que hay en el mundo.
- **Autor:** El profeta Samuel y el Apóstol Juan
- **Lugar:** La tierra de Canaán, Jerusalén y La ciudad de Éfeso.
- **Fecha:** Jueces 1300 a.C.; Evangelio y cartas de Juan año 90 d.C.
- **Personajes:** Israel y la Iglesia del Señor.

BOSQUEJO DEL ESTUDIO

I. Se necesita una fe sólida para vivir en el mundo de hoy (Jueces 3:1-11)

  A. Tenemos que reconocer y defender nuestra herencia (3:1-5)

  B. Tenemos que mantener principios firmes y sólidos (3:6-11)

II. La familia cristiana está bajo el cuidado del Señor (Juan 17:11-17)

  A. El Señor guarda a la familia cristiana en su amor (17:11-13)

  B. El Señor santifica a la familia en la Palabra (17:14-17)

III. Enseñemos a nuestra familia a amar a Dios (1 Juan 2:13-17)

  A. El secreto está en conocer a Dios y su Palabra (2:13,14)

  B. El éxito radica en anhelar las cosas de Dios, no las del mundo (2:15-17)

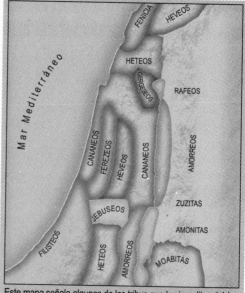

Este mapa señala algunas de las tribus que los israelitas debían expulsar a la hora de la conquista para evitar contaminarse con las prácticas idolátricas y pervertidas de los cananitas.

LECTURAS DEVOCIONALES DIARIAS

- **Lunes:** La caída de una nación empieza por el pecado en la familia (1 Reyes 16:29-34; 17:1).
- **Martes:** Es peligroso querer ganar el mundo y exponerse a perder el alma (Mateo 16:26).
- **Miércoles:** Un ejemplo de firmeza en el Señor es la actitud de un buen soldado (2 Timoteo 2:3-4).
- **Jueves:** El secreto para conservar la pureza en la familia es poner la mira en las cosas de arriba (Colosenses 3:1-4).
- **Viernes:** El consejo divino es renunciar a la impiedad y los deseos mundanos (Tito 2:11-14).
- **Sábado:** Nunca se podrá describir la seriedad del peligro de la amistad con el mundo (Santiago 4:4).

INTRODUCCIÓN

Sería interesante que tan pronto como uno recibe al Señor y viene a formar parte del cuerpo de Cristo se trasladara a vivir en una ciudad en la cual todos fueran cristianos. Es más, sería maravilloso si en el momento de nuestra conversión, el Señor nos trasladara al cielo. Si fuera así, quizás no habría peligro de que nos contamináramos con el pecado, viviendo en un aislamiento total. No son pocos los que se preguntan por qué Jesús no preparó un lugar a prueba de contaminación espiritual para su iglesia; un sitio en el cual uno no pudiera pecar, donde no hubiera ni tentaciones ni medios para hacer cosas malas. Sin embargo, eso no forma parte del plan de salvación. Por el contrario, la voluntad de Dios es que su pueblo sea un ejemplo vivo de santidad ante los inconversos.

Esta lección nos muestra porque Jehová permitió que quedaran en la tierra de Canaán varias naciones paganas...*para probar con ellas a Israel y a todos aquellos que no habían conocido todas las guerras de Canaán*; (Jueces 3:1). Lo trágico fue que los hijos de Israel se olvidaron del Dios de sus padres, se mezclaron con sus vecinos paganos en vez de vencerlos o subyugarlos y provocaron la ira y el castigo divinos. Como iglesia, nosotros estamos pasando por la misma prueba. Hay a nuestro alrededor una sociedad que se ha olvidado del Dios de la Biblia, y está promoviendo estilos de vida totalmente pervertidos, anti-cristianos, ofendiendo y provocando al creador. Jesús no rogó al Padre que nos quitara del mundo, sino sólo que nos guardara del mal (Juan 17:15). No obstante, Él no nos deja abandonados en el mundo, a merced del tentador y sin medios para vivir en santidad. Contamos con la intercesión de Jesús, el poder del Espíritu Santo, las enseñanzas de la Palabra de Dios y el compañerismo con los demás cristianos. Igual que Israel debemos resistir y hacer guerra contra las asechanzas del diablo: *Sed sobrios, y velad; porque vuestro adversario el diablo, como león rugiente, anda alrededor buscando a quien devorar* (1 Pedro 5:8).

DESARROLLO DEL ESTUDIO

I. SE NECESITA UNA FE SÓLIDA PARA VIVIR EN EL MUNDO DE HOY (JUECES 3:1-11)

> **Ideas para el maestro o líder**
> (1) Muestre en el mapa de la conquista de Canaán las naciones que se mencionan en Jueces 3:5.
> (2) Lea y comente Jueces 2:8-13 para que vean por qué los hijos de Israel no pasaron el examen que Dios les hizo, sino que se enredaron en el pecado de sus vecinos.

Definiciones y etimología

* *Las naciones que dejó Jehová* (Jueces 3:1). Josué recibió la comisión de acabar con todos los pueblos paganos que ocupaban la tierra que Dios le había prometido a su pueblo, pero algunos segmentos de ellos quedaron para ver si Israel se sabía comportar en medio de ellos.

* *Tomaron de sus hijas* (3:6). Esta era una flagrante desobediencia al mandato que Dios había dado: "No harás alianza con los moradores de aquella tierra[...) tomando de sus hijas para tus hijos" (Éxodo 34:15,16).

* *Olvidaron á Jehová su Dios, y sirvieron a los baales* (6:7). Eso también se le había anticipado y prohibido al pueblo: "Fornicando sus hijas en pos de sus dioses, harán fornicar también a tus hijos en pos de los dioses de ellas" (Éxodo 34:16).

A. Hay que reconocer y defender nuestra herencia (3:1-5)

Debemos admitir que, aunque no queramos, tenemos que vivir rodeados de personas que no temen a Dios ni reconocen su Palabra. Lo importante es saber cómo comportamos en tales situaciones. Él caso del pueblo de Israel nos da una gran lección en esto. Para Dios no era nada difícil exterminar de alguna manera a los pueblos paganos que habitaban la tierra de Canaán, la cual Él le había ofrecido a Abraham y a su descendencia para siempre (Génesis 15:18-21). El pudo haber multiplicado las fuerzas de Josué y su ejército para aniquilar a esos pueblos que habían colmado la copa de la paciencia de Dios. Sin embargo, dejó varias de esas tribus paganas para que le sirvieran de escuela al pueblo de Israel. Dos cosas tenían que hacer los israelitas sí querían vivir como pueblo de Dios en medio de paganos.

Aprender a reconocer y defender la herencia espiritual, luchando valientemente contra el enemigo. La primera razón por la que Dios dejó estos pueblos paganos en Canaán fue "para que el linaje de los hijos de Israel conociese la guerra" (3:2). Dios no quiere que su pueblo sea inerte, indiferente ni cobarde. Él desea que su pueblo reconozca a sus enemigos y se prepare para combatirlos. Dios llamó a Israel para que fuera un pueblo diferente de las demás naciones que estaban totalmente contaminadas y perdidas. Aquí hay una enorme enseñanza para nosotros los cristianos. Muchos quieren vivir un cristianismo sin compromiso, sin luchas ni problemas, acomodados al mundo. El problema de estos creyentes es que cuando venga la prueba o el ataque del enemigo carecen de recursos para vencer y son presa fácil del... *ladrón que viene para hurtar y matar y destruir.* (Juan 10:10). No están dispuestos a luchar, porque no han querido aprender a defenderse del enemigo y atacarlo con el poder de Dios.

Esforzarse en obedecer la Palabra de Dios. La presencia de esa gente idólatra y pecadora alrededor de los hijos de Israel tenía el propósito de comprobar si eran obedientes y diligentes en guardar los mandamientos que les había dado por medio de Moisés. *Y fueron para probar con ellos a Israel, para saber sí obedecerían a los mandamientos de Jehová, que él había dado a sus padres por mano de Moisés* (3:4). La única manera de comprobar nuestra obediencia a Dios es teniendo al lado otras corrientes que desechar, otras voces que desoír. La familia cristiana de hoy recibe consejos, ideas e insinuaciones de todos lados; desde las más aceptables hasta lo más abominable. Desde las propagandas de la televisión, las redes sociales, hasta consejos de familiares y amigos inconversos. El secreto del triunfo está en identificar las fuentes de las cuáles estas insinuaciones engañosas provienen y echarlas fuera, con la ayuda del Señor. Al único que debemos obedecer es al Dios que nos habla a través de su santa Palabra.

B. Hay que mantener principios firmes y sólidos (3:6-11)

Jehová quería comprobar la lealtad y fidelidad de los hijos de Israel en su compromiso. Él les dio dos alternativas: servir al Dios de sus padres, que los había sacado de Egipto, o adorar dioses falsos, como lo hacían todos los ignorantes que vivían a su derredor. Este desafío fue lanzado por su líder Josué en su discurso de despedida: *Y si mal os parece servir a Jehová, escogeos hoy a quién sirváis; si a los dioses a quienes sirvieron vuestros padres, cuando estuvieron al otro lado del río, o a los dioses de los amorreos en cuya tierra habitáis; pero yo y mi casa serviremos a Jehová* (Josué 24:15). Nuestra lealtad a Dios debe demostrarse en dos formas: en el carácter moral y en la vida devocional.

No comprometerse con el enemigo ni ceder a nuestros principios. Para que su pueblo conservara la pureza y el carácter de santidad, Dios les había mandado expresamente que cuando estuvieran en Canaán no se mezclaran con los paganos. *No harás alianza con los moradores de aquella tierra; porque fornicarán en pos de sus dioses, y ofrecerán sacrificios a sus dioses, y te invitarán, y comerás de sus sacrificios; o tomando de sus hijas para tus hijos, y fornicando sus hijas en pos de sus dioses, harán fornicar también a tus hijos en pos de los dioses de ellas* (Éxodo 34:15,16).

Los israelitas sabían que no debían mezclarse sexualmente con los pecadores, pero sus impulsos y deseos personales tuvieron más fuerza que su amor y obediencia a la

Palabra de Dios. Eso mismo está carcomiendo la moral de algunos que dicen pertenecer a la iglesia hoy. Ante la avalancha de inmoralidad, libertinaje y corrupción el creyente se siente atraído para actuar conforme al mundo. Sabe qué cosas no debe hacer, pero siempre las hacen. Saben que no esperar hasta el matrimonio, para tener una vida sexual plena y saludable, no es agradable ante los ojos de Dios y sólo producirá desengaño y frustración. Sabe que enamorarse de alguien que no cree en el Señor ni vive bajo los principios de la Palabra de Dios es contrario a la voluntad divina. Enredarse sexual o matrimonialmente con alguien que niega la fe puede significar un fracaso espiritual, como les sucedió a los hijos de Israel. Sabemos de cristianos que se han arriesgado a compartir su vida con inconversos inconvertibles, y han afectado su vida, descendiendo al nivel espiritual en que vive su pareja impía y entrando en un estado de depresión y frustración.

No adorar lo que adoran los impíos ni someternos a sus vanas creencias. Desafortunadamente, una fe pálida, débil y poco informada, como la de los israelitas recién llegados a Canaán, es presa fácil de la influencia idólatra y las farsas del mundo. Los que no tienen una fe viva en Cristo, basada en la Palabra, ni han tenido una experiencia personal con el Señor, pueden pensar que es igual adorar a Dios conforme lo enseña la Biblia o de cualquier manera. Muchos se dejan arrastrar por la barata opinión de que todas las religiones son buenas. Otros afirman que ir, o no, a la iglesia es cosa de segunda importancia, siempre y cuando se esté viviendo "más o menos" bien, sin hacerle mal a nadie. Pero Dios dice todo lo contrario: *No hay más Dios que yo; Dios justo y Salvador, ningún otro fuera de mí. Mirad a mí, y sed salvos, todos los términos de la tierra, porque yo soy Dios, y no hay más* (Isaías 45:21,22). Además Jesús dijo: *Yo soy el camino, y la verdad, y la vida; nadie viene al Padre, sino por mí* (Juan14:6). Cultivemos esto en el corazón de nuestros hijos, para que cuando caigan en manos de esos educadores modernistas, ateos y anticristianos, no se inclinen a otras creencias.

(1) Pregunte cuál fue la razón de la decadencia de la fe de los de Israel, según Jueces 2:1-10.

(2) Dios probó a Israel dejando algunos pueblos paganos a su derredor, ¿cómo nos prueba a nosotros hoy?

II. LA FAMILIA CRISTIANA ESTÁ BAJO EL CUIDADO DEL SEÑOR (JUAN 17:11-17)

Ideas para el maestro o líder

(1) Recuerde a su clase que este pasaje contiene algunas de las peticiones que Jesús hizo al Padre en su oración pontifical.

(2) Explique que aunque Jesús pudo haber preparado un lugar fuera de esta tierra para sus seguidores, su estrategia divina consiste en que vivamos en este mundo para dar a conocer su plan salvador.

Definiciones y etimología

* *Ya no estoy en el mundo* (Juan 17:11). Aunque físicamente estaría entre ellos unos días más, su ministerio personal en la tierra había terminado, e iba para estar con el Padre.

* *El hijo de perdición* (17:12). El único que se había perdido era Judas Iscariote, el que lo traicionó en cumplimiento de la profecía de Salmo 41:9 donde es descrito como "el hombre de mi paz, en quien yo confiaba, el que de mi pan comía, alzó contra mí su calcañar."

A. El Señor guarda a la familia cristiana en su amor (17:11-13)

El cuidado de Jesús por los que creen en Él se demuestra de manera muy clara en esta oración pontifical. La llamamos así porque Jesús es nuestro Pontífice que intercede por nosotros día y noche. Empezó a hacerlo estando aún presente entre sus discípulos, y lo sigue haciendo, porque esa es una de sus funciones principales al lado del Padre. La palabra "pontífice' viene de "puente"; y eso, precisamente, es Jesús para nosotros: el puente perfecto para que podamos ir al Padre. No necesitamos otros mediadores, porque, como dice el apóstol: *Hay un solo Dios, y un solo mediador entre Dios y los hombres, Jesucristo hombre* (1 Timoteo 2:5). Podemos estar confiados de que Él nos representa delante de su Padre para nuestra protección en este mundo malo.

Nosotros hemos venido a Jesús porque el Padre nos trajo a Él. *Ninguno puede venir a mí, si el Padre que me envió no le trajere* (Juan 6:44). Por eso Jesús clama al Padre en cumplimiento de su misión, pidiendo que Él nos guarde hasta el final. *Padre santo, a los que me has dado, guárdalos en tu nombre* (Juan 17:11). La oración pontifical continúa: *Cuando estaba con ellos en el mundo, yo los guardaba en tu nombre; a los que me diste, yo los guardé, y ninguno de ellos se perdió, sino el hijo de perdición, para que la Escritura se cumpliese* (17:12). Cada familia cristiana y cada uno de sus miembros convertidos es un trofeo más de la gracia redentora que se manifestó en Jesús cuando fue llevado a la cruz por nosotros. Por lo tanto, podemos tener la plena seguridad de que Él nos dará de su gracia y poder para no ceder ante la presión del mundo por contaminar nuestros hogares y pervertir a nuestros hijos, podemos confiar en la protección del Señor que nos dice en Isaías 54:12,13: *Tus ventanas pondré de piedras preciosas, tus puertas de piedras de carbunclo, y toda tu muralla de piedras preciosas. Y todos tus hijos serán enseñados por Jehová; y se multiplicará la paz de tus hijos.*

B. El Señor santifica a la familia en la Palabra (17:14-17)

La única manera de garantizar el éxito en la vida cristiana en medio de este mundo pecaminoso es ser santificados en la Palabra de Dios. Los efectos de esta palabra nos hacen diferentes a los que nos rodean. Jesús le dice al Padre en su oración: *Yo les he dado tu palabra; y el mundo los aborreció, porque no son del mundo, como tampoco yo soy del mundo* (17:14). Los del mundo aborrecen a los cristianos porque éstos ya no condescienden con ellos. La Palabra de Dios ha alumbrado nuestro entendimiento y ya no creemos lo que ellos creen ni hacemos lo que a ellos hacen. El mayor peligro es que los del mundo no actúan por su propia cuenta; sino que… *siguiendo la corriente de este mundo, conforme al príncipe de la potestad del aire, el espíritu que ahora opera en los hijos de desobediencia* (Efesios 2:2), nos instigan y presionan para hacernos dudar y hacernos caer.

Esto no lo decimos para despertar un sentimiento de sospecha y malicia contra los que no son cristianos. Por el contrario tratamos de demostrarles el amor de Cristo, sólo para ayudarlos y atraerlos al Señor, pero no compartimos con ellos como lo hacíamos antes, porque al final perderíamos como perdió el pueblo de Israel. La familia cristiana se edifica en la lectura, el estudio y la aplicación de las enseñanzas de la Palabra de Dios a la vida diaria. Ya sabemos que no es la voluntad de Dios que nos alejemos a un lugar apartado, como lo hacían los anacoretas y ascetas de los primeros siglos y los monjes de la edad media. La voluntad del Señor es que vivamos una vida santa y espiritualmente productiva entre la gente de este mundo. La familia se santifica en la Palabra y en la búsqueda de Dios en oración, por medio del Espíritu Santo. Jesús oró a su Padre: *Santifícalos en tu verdad; tu palabra es verdad* (17:17). Tenemos que enviar a la escuela pública niños y jóvenes fuertes en su fe, santificados en la Palabra y edificados en la oración familiar, para que las artimañas del diablo que están siendo aplicadas en esos centros no puedan quitar de ellos lo que el Señor les ha dado.

Afianzamiento y aplicación
(1) Pida que alguien explique por qué Jesús no le pidió al Padre que nos quitara de este mundo para que pudiéramos ser cristianos sin riesgos ni peligros.
(2) ¿Porqué aborrece el mundo a los que han recibido y aplicado la Palabra de Dios a su vida cotidiana, y por qué esto no nos debe preocupar?

III. ENSEÑEMOS A NUESTRA FAMILIA A NO AMAR AL MUNDO (1 JUAN 2:13-17)

Ideas para el maestro o líder
(1) Explique que con mucha razón se ha dado en llamar a Juan "el apóstol del amor", debido a su insistencia en el amor entre hermanos en la fe y especialmente en la familia.
(2) Señale la técnica de Juan de hablar en contra del amor "al mundo y las cosas que están en el mundo" en medio de un pasaje en el cual habla de la importancia del amor cristiano.

Definiciones y etimología
* *Al que es desde el principio* (1 Juan 2:14). Juan estaba seguro de que los "padres" cristianos a los cuales envió esta carta conocían al Dios todopoderoso.

* *No améis al mundo* (2:15). Kosmos se utiliza para describir: (1) la tierra, en contraste con el cielo (1 Juan 3:17), (2) la raza humana (Mateo 5:14) y (3) las posesiones temporales y el mundo pecaminoso (Mateo 16:26).

* *Permanece para siempre* (2:17). Esta es una referencia a la vida eterna que recibimos por hacer "la voluntad de Dios".

A. El secreto está en conocer a Dios y su Palabra (2:13,14)

Sabemos bien que el apóstol Juan escribió sus tres epístolas alrededor del año 90 d.C. Para ese tiempo el evangelio ya se había extendido a casi todo el mundo del Mediterráneo, y a muchas otras latitudes. No se dice en esta carta a quiénes fue enviada; sin embargo, tenemos información fidedigna de que el apóstol Juan residía en Éfeso y supervisaba las iglesias de Asia Menor, incluyendo las siete a las cuales dirigió, diez años más tarde, las cartas de Apocalipsis 2 y 3. Tal parece que las necesidades y los problemas de todas las iglesias del área eran casi los mismos, por lo tanto el apóstol envió sus tres cartas en forma de circulares para que fuesen leídas en muchas congregaciones.

Se nota la intención del escritor de incluir a todos los miembros de la familia cristiana en su carta. En los versículos 13 y 14, por ejemplo, designa a ciertos segmentos de la familia: os escribo a vosotros, padres... os escribo a vosotros, jóvenes, os escribo a vosotros, hijitos...". En cada una de estas categorías Juan encuentra una razón especial para que recibieran su mensaje. A los padres, porque ya tenían un conocimiento personal de Dios; a los jóvenes, porque son fuertes, porque la Palabra de Dios permanece en ellos y porque han vencido al maligno. En otras palabras, esta carta contiene instrucciones para personas que ya están viviendo la vida cristiana, poseen algunas virtudes, han tenido ciertas experiencias y, por lo tanto, deben asumir ciertas responsabilidades. Es interesante destacar el énfasis que hace Juan en que para afirmar el amor hacia Dios y hacia los hermanos es necesario poseer un conocimiento vivo y personal del Dios a quien servimos. Este conocimiento no puede venir de otra fuente sino de la Palabra de Dios. Pero no se trata de un conocimiento superficial y pasajero, sino de algo profundo y permanente. Las palabras del apóstol a sus lectores lo dicen claramente: "Porque sois fuertes, y la Palabra de Dios permanece en vosotros" (2:14).

B. El éxito radica en anhelar las cosas de Dios, no las del mundo (2:15-17)

El amor al mundo que Juan menciona aquí no es el amor que algunos sienten hacia el género humano y se esfuerzan por ayudar a los demás. La palabra "mundo" (kosmos) aquí se refiere a las posesiones temporales, los vicios y los deseos pecaminosos de la gente que no conoce al Señor (Mateo 16:26). Juan pone en perspectiva todo lo que le sucede a la persona o familia que se enreda en las cosas del mundo y desarrolla un amor obstinado por ellas. La expresión clave es *no améis al mundo*. Que esta advertencia se dé en presente imperativo y en voz activa significa que no es una opción sino una orden terminante. El resultado de poner la vista en las cosas que perecen es muerte y destrucción. *Porque el ocuparse de la carne es muerte, pero el ocuparse del Espíritu es vida y paz* (Romanos 8:6). Por otro lado, esforzarse en hacer la voluntad de Dios conduce a la vida eterna. En el versículo 16 se habla de los tres aspectos del pecado: "los deseos de la carne" representan el aspecto físico. "Los deseos de los ojos" tienen que ver con el lado psicológico de la personalidad contaminada. "La vanagloria de la vida" es un estado de trastorno espiritual en el que el individuo se deleita haciendo lo que no le agrada a Dios.

Afianzamiento y aplicación

(1) ¿Qué lugar ocupan en nuestro corazón las Escrituras y el conocimiento que ellas dan acerca de Dios y de la salvación?

(2) ¿Qué necesitamos hacer para detectar lo malo que hay en el mundo para no enamorarnos de él sino de Dios?

RESUMEN GENERAL

El apóstol Pedro con sus compañeros en el monte de la trasfiguración dijeron: *Maestro, bueno es para nosotros que estemos aquí; y hagamos tres enramadas, una para ti, otra para Moisés, y otra para Elías* (Marcos 9:5). ¿Cuántos de nosotros no anhelamos ese lugar de santidad, separados del mundanal ruido, apartados de toda contaminación espiritual, protegidos y resguardados por el poder de Dios?

Muchos nos preguntamos por qué el Señor no destruye toda la industria de donde provienen las drogas, el licor, los cigarrillos, la pornografía, la propaganda ocultista, las armas y todo lo que está hundiendo a la humanidad en más y más pecado. Nos preguntamos, ¿por qué Jesús nos ha dejado en un mundo sin Dios, batallando con toda clase de tentaciones y ataques del maligno? ¿Cuál es el propósito del Señor al permitir que su iglesia, la comunidad de redimidos, esté dispersa en el mundo, entre gente que no sólo practica la maldad sino que trata de imponerla aun a los cristianos?

La gran pregunta es: "¿Por qué Dios no detiene a Satanás y a los demonios para que ya no sigan tentando a los creyentes en Cristo, y no les siga poniendo tantas trampas para hacerlos caer? Esta lección da respuesta a muchas de esas preguntas, con ilustrativos ejemplos. Los hijos de Israel estaban rodeados de pueblos paganos para que le probaran a Dios su lealtad y obediencia a la Palabra y los mandamientos que les había dado. No obstante, ellos se olvidaron del pacto y las enseñanzas de Dios e hicieron exactamente lo contrario a lo que les había ordenado. Se mezclaron con los paganos, adoraron dioses ajenos y provocaron la ira de Dios.

Nosotros como iglesia nos estamos enfrentando a situaciones muy parecidas a las de los israelitas cuando entraron a Canaán. Dios no ha quitado a Satanás ni los demás elementos de pecado que hay en el mundo. Lo que ha hecho es darnos su Palabra, llenarnos con el poder del Espíritu Santo y asignarnos la doble misión de prepararnos para ir al cielo y ayudar a otros a hacer lo mismo. Para ello, Jesús sigue a la diestra del Padre, intercediendo por su pueblo, como lo hizo en la oración de Juan 17. Además nos sigue ayudando para quitar nuestros ojos y nuestra atención de los engaños que el diablo usa para hacer caer a los cristianos, y nos da la capacidad de aborrecer lo malo y seguir lo bueno. Mientras exista eso, siempre habrá familias santas y creyentes vigorosos sirviendo a Dios.

Ejercicios de clausura

(1) Si nuestra oración ha sido: "Señor, quítanos del mundo para vivir en santidad", ahora digámosle: Señor, guárdanos del mal, porque tuyo es el reino, el poder y la gloria por todos los siglos. Amén.
(2) Oremos por los que necesitan la ayuda de Dios para seguir en pie y serle fieles al Señor.

PREGUNTAS Y RESPUESTAS

1. Mencione las razones por las cuales Dios permitió que quedaran naciones paganas en la tierra de Canaán.

Para probar con ellas a Israel, y a todos aquellos que no habían conocido todas las guerras de Canaán (Jueces 3:1).

2. ¿Qué le ordenó el Señor al pueblo para que conservara la pureza y el carácter de santidad?

Que no se mezclaran con los paganos, no adoraran lo que ellos adoran, ni se sometieran a sus vanas creencias.

3. ¿Qué fue lo que Jesús pidió al Padre en su oración a favor de los creyentes en Juan 17:15-17?

No ruego que los quites del mundo, sino que los guardes del mal... Santifícalos en tu verdad; tu palabra es verdad.

4. Qué razones expresa el apóstol en su carta (1 Juan 2:12-14), para que todos los miembros de la familia reciban su mensaje.

Os escribo a vosotros, hijitos, porque vuestros pecados os han sido perdonados. Os escribo a vosotros, padres, porque conocéis al que es desde el principio. Os he escrito a vosotros, jóvenes, porque sois fuertes, y la palabra de Dios permanece en vosotros, y habéis vencido al maligno.

5. ¿A qué "mundo", se refiere Juan, el cual no debemos amar?

La palabra "mundo" (kosmos) aquí se refiere a las posesiones temporales, los vicios y los deseos pecaminosos de la gente que no conoce al Señor

PARA LA PRÓXIMA SEMANA

Vivimos en un mundo que confunde la dicha con los placeres y la virtud con las posesiones, de ahí que muchos busquen su felicidad por caminos equivocados. El próximo tema: "Secretos para la felicidad familiar", nos ayudará a valorar lo que realmente es importante. Insista en estudiar la lección.

SECRETOS PARA LA FELICIDAD EN EL HOGAR

Base bíblica

Proverbios 17:1-28.

Objetivos

1. Inculcar en los participantes un nuevo concepto de la felicidad conyugal a la luz de las Escrituras.
2. Invitarlos a la reflexión acerca de la dicha o desdicha hogareña que cada uno está viviendo.
3. Adoptar desde este día una nueva actitud en cuanto al trato de y hacia los demás.

Pensamiento central

Los que se valen de los consejos del mundo para tener un hogar feliz acaban por frustrarse; sólo los que obedecen la Palabra de Dios lo logran.

Texto áureo

Mejor es un bocado seco, y en paz, que casa de contiendas llena de provisiones (Proverbios 17:1).

Fecha sugerida:___/____/_____

LECTURA ANTIFONAL

Proverbios 17:1 Mejor es un bocado seco, y en paz, que casa de contiendas llena de provisiones.

2 El siervo prudente se enseñoreará del hijo que deshonra, y con los hermanos compartirá la herencia.

3 El crisol para la plata, y la hornaza para el oro; Pero Jehová prueba los corazones.

4 El malo está atento al labio inicuo; Y el mentiroso escucha la lengua detractora.

5 El que escarnece al pobre afrenta a su Hacedor; Y el que se alegra de la calamidad no quedará sin castigo

6 Corona de los viejos son los nietos, y la honra de los hijos, sus padres.

9 El que cubre la falta busca amistad; mas el que la divulga, aparta al amigo.

10 La reprensión aprovecha al entendido, más que cien azotes al necio.

13 El que da mal por bien, No se apartará el mal de su casa.

14 El que comienza la discordia es como quien suelta las aguas; deja, pues, la contienda, antes que se enrede.

15 El que justifica al impío, y el que condena al justo, ambos son igualmente abominación a Jehová.

22 El corazón alegre constituye buen remedio; mas el espíritu triste seca los huesos.

27 El que ahorra sus palabras tiene sabiduría; de espíritu prudente es el hombre entendido.

28 Aun el necio, cuando calla, es contado por sabio; el que cierra sus labios es entendido.

DATOS GENERALES ACERCA DEL TEMA

- **Enseñanza:** La mejor dirección que puede tener una familia proviene del temor de Dios y los principios de la Palabra.
- **Autor:** Salomón
- **Lugar:** Jerusalén
- **Fecha:** Año 950 a.C.
- **Personajes:** El pueblo de Israel y la familia cristiana.

BOSQUEJO DEL ESTUDIO

I. El éxito y la felicidad no dependen de lo material (Proverbios 17:1-6)
   A. Una actitud pacífica y prudente es mejor que la riqueza (17:1-3)
   B. Es dichoso el que se aleja del mentiroso y del escarnecedor (17:4,5)
   C. El amor entre abuelos, padres e hijos produce felicidad (17:6)
II. Cómo tener éxito y satisfacción en el trato con los demás (Proverbios 17:9-17)
   A. Cómo confrontar las faltas de los demás (17:9-13)
   B. Cómo cultivar y conservar la bondad de los demás (17:14-17)
   C. Cómo ser felices y hacer que otros también lo sean (Proverbios 17:22,27,28)

Vista de Jerusalén, la ciudad del David y centro de la vida religiosa de Israel. Salomón sucedió en el trono a su padre, David, y se distinguió por escribir muchos proverbios.

LECTURAS DEVOCIONALES DIARIAS

- **Lunes:** El éxito se logra si se busca la sabiduría (Proverbios 2:1-15).
- **Martes:** Ser obedientes a Dios es un requisito para triunfar (Proverbios 3:18).
- **Miércoles:** Dar de lo nuestro a Dios produce felicidad (Proverbios 3:9,10).
- **Jueves:** La pereza acarrea miseria e infelicidad (Proverbios 6:6-11).
- **Viernes:** El dinero no siempre trae felicidad (Proverbios 17:1-5).
- **Sábado:** Secretos para ser felices de verdad (Proverbios 17;13-22).

INTRODUCCIÓN

Vivimos en un mundo que confunde la dicha con los placeres y la virtud con las posesiones. De ahí que muchos busquen su felicidad por caminos equivocados, cosechando sólo frustración y desencanto. Por ejemplo, se cree que para ser feliz hay que contar con mucho dinero y cosas materiales, y que para estar contentos hay que dar rienda suelta a los apetitos de la carne y alterar las funciones de la mente. Por eso hallamos a la gente en una búsqueda desenfrenada de experiencias cada vez más extrañas, arriesgadas y peligrosas en el sexo, el alcohol, las drogas, la música exótica y hasta prácticas diabólicas.

El libro de Proverbios abarca una amplia gama de temas sobre la disciplina, la vida familiar, el dominio propio, asuntos de negocios, el valor de las palabras, el matrimonio, la búsqueda de la verdad, la riqueza y la pobreza, la inmoralidad y, por supuesto, el conocimiento de Dios, la verdadera sabiduría. El conocimiento es bueno, pero hay una gran diferencia entre el conocimiento (los hechos) y la sabiduría (aplicar esos hechos a la vida). Podemos acumular conocimiento, pero sin sabiduría, nuestro conocimiento es inútil. Salomón, nos dejó un legado de sabiduría escrita en Proverbios. Bajo la inspiración del Espíritu Santo, nos da pautas y principios prácticos para la vida. Un proverbio es una oración corta, concisa, que encierra una verdad moral. El libro es una colección de estas sabias declaraciones. El tema principal es, lógicamente, la naturaleza de la verdadera sabiduría. Salomón escribe: *El principio de la sabiduría es el temor de Jehová; los insensatos desprecian la sabiduría y la enseñanza* (1:7). Luego procede a dar cientos de ejemplos prácticos de cómo vivir de acuerdo con la sabiduría divina.

Hoy descubriremos joyas preciosas en el almacén de las riquezas espirituales de este precioso libro. Aprendemos que "mejor es un bocado seco, y en paz, que casa de contienda llena de provisiones" (Proverbios 17:1). Nos damos cuenta de que un "siervo prudente" vale más y recibe mejor herencia que un "hijo que deshonra" (17:2). En cuanto al falso placer que producen los chismes y la indiscreción, la Palabra de Dios nos dice que "el que cubre la falta busca amistad; mas el que la divulga, aparta al amigo" (17:9). Ante la indeseable costumbre de generalizar y no hacer justicia al que la merece, el consejo divino nos enseña que "el que justifica al impío, y el que condena al justo, ambos son igualmente abominación a Jehová" (17:15). Al amargado se le dice que "el corazón alegre constituye buen remedio; mas el espíritu triste seca los huesos" (17:22). Al indiscreto Dios le dice que "el que cierra sus labios es entendido" (17:28).

DESARROLLO DEL ESTUDIO

I. EL ÉXITO Y LA FELICIDAD NO DEPENDEN DE LO MATERIAL (PROVERBIOS 17:1-6)

Ideas para el maestro o líder

(1) Lea juntamente con la clase el pasaje de Proverbios 17:1-7, e invítelos a reflexionar sobre su significado.

(2) ¿Cuál es la opinión popular de una familia de éxito? ¿Cuáles son los valores de nuestra sociedad?

Definiciones y etimología

* *Casa de contienda*. Esto se refiere a esas familias que siempre están discutiendo y ofendiéndose, especialmente a la hora de comer.

* *El siervo prudente se enseñoreará del hijo que deshonra*. La enseñanza aquí es que un siervo bueno es mejor que un hijo malo, y que el primero recibe la herencia que había de tocarle al segundo.

A. Una actitud pacífica y prudente es mejor que la riqueza (17:1-3)

Muchas veces calificamos a una familia por las cosas que posee, no por el estilo de vida que lleva o la manera en que se tratan sus integrantes. Proverbios 17:1 pone realidades en la balanza: (1) En la primera vive una familia pobre, cuyos integrantes, a duras penas consiguen saciar su hambre con "un bocado seco". No obstante, a pesar de su pobreza, estos humildes creyentes, cuando van a comer dan gracias a Dios e interceden por otros que ni siquiera eso pueden tener. (2) Al otro lado vive una familia rica que dispone de todos los medios para que cada uno de sus miembros tenga todo lo que desee. Cuando llega la hora de sentarse a comer, no carecen de nada sobre la mesa; pero desafortunadamente, en lugar de dar gracias a Dios empiezan con discusiones e insultos, o usan la hora de la comida para hablar de negocios o hacerse todos los reclamos y reproches. Esto suena a algo así como que el dinero no lo es todo. Antes que el dinero hay muchas cosas más importantes, es mejor comer pan duro con alegría que un bistec con enojo. El dinero no debe ser nuestro objetivo en la vida. ¿A cuál de estas dos familias se parece la suya?

El versículo 2 pone en alto la actitud de un "siervo prudente" y también celebra las recompensas que recibe por su loable conducta. En cambio, al hijo "que deshonra" a sus padres y al resto de la familia se le tiene en menos estima que a un simple criado. Un siervo fiel es mucho mejor que un hijo que no lo es. Es mejor tener un siervo en quien usted puede tener confianza, que un hijo en el que no puede confiar. Recordemos por ejemplo a Abraham, y a su fiel siervo Eliécer, y a David y a su hijo rebelde Absalón. Abraham le dijo al Señor que Eliécer era su único heredero y por lo tanto pensó que era mucho mejor tener un hijo, y Dios accedió a su pedido (Génesis 15:2). Pero si el hijo va a ser como Absalón, el hijo de David, que se rebeló abiertamente contra su padre, entonces es mejor tener un siervo bueno y fiel. Y el rey David tuvo varios hombres fieles que permanecieron a su lado. Luego dice el versículo 3, que Jehová prueba los corazones. Como los metales preciosos se purifican con fuego, así purifica Dios los corazones por medio de la adversidad. Se requiere de un intenso calor para purificar el oro y la plata. De manera similar, a menudo se requiere del calor de las pruebas para que los cristianos sean purificados. A través de las pruebas, Dios nos muestra lo que hay en nosotros y quita cualquier cosa que se interponga para que podamos confiar completamente en Él. Pedro dice: *Para que sometida a prueba vuestra fe, mucho más preciosa que el oro, el cual aunque perecedero se prueba con fuego, sea hallada en alabanza, gloria y honra cuando sea manifestado Jesucristo.* Así que cuando surjan tiempos difíciles en el camino, entendamos que Dios desea utilizarlos para refinar su fe y purificar su corazón.

B. Es dichoso el que se aleja del mentiroso y del escarnecedor (17:4,5)

Es bueno tocar el tema del vocabulario en los hogares cristianos. Lo que se dice en las casas de los creyentes puede edificar a la familia y a los que la visitan o bien puede destruir a los que hablan así como a los que oyen. Jesús dijo que... *de la abundancia del corazón habla la boca* (Lucas 6:45). En Proverbios 17:4,5 el autor señala la avidez con que una persona de mal proceder escucha las palabras de los que son impíos. Los chistes groseros, inmorales o de doble sentido sólo pueden provenir del "labio inicuo" y gustarle al corazón "malo". Otro reproche que hace el sabio proverbista es la fuente de información donde se nutre la mente del "mentiroso": "la lengua detractora". La palabra "detractora" significa "maldiciente", "infamadora", "destructora". Cuando los impíos se reúnen a "conversar", todo lo que se oye son vulgaridades, falsedades y cosas morbosas. Los cristianos deben evitar y atacar esa clase de pláticas. "El malo escucha al malo, y el mentiroso al mentiroso", cada uno busca a su semejante. El proverbista también escribió (18:21): *La muerte y la vida están en poder de la lengua, Y el que la ama comerá de sus frutos.* Básicamente, está diciendo en este versículo: "Cada vez que alguien abre su boca, está ministrando muerte o vida, y lo que reparte por ella es lo que va a comer". Hemos escuchado la frase: "Te vas a tener que comer tus palabras". Las palabras que hablamos tienen poder para influir en nuestras vidas. De

hecho, usted puede estar comiendo sus palabras ahora mismo, y ésa podría ser la razón de que no esté contento con su vida. ¡Su boca puede estar metiéndolo en problemas consigo mismo! Las palabras son algo formidable, son recipientes de poder; acarrean una fuerza vivificante o una fuerza destructiva.

Las enseñanzas del versículo 5 tocan otro aspecto de la moral cristiana. Aquí se reprocha al *que escarnece al pobre*. Escarnecer a alguien es mofarse o burlarse de una persona con el fin de afrentarlo o hacerlo sentir mal. De acuerdo con este versículo, el más ofendido es *su Hacedor* y, como se indica en la segunda parte del proverbio: *El que se alegra de la calamidad*, que es igual que mofarse de la pobreza de alguien, *no quedará sin castigo*. Qué bueno sería si, como padres cristianos, usáramos estas enseñanzas morales para hacer de nuestros hijos personas nobles y consideradas con los demás, sabiendo que se puede destruir y hacer un mal irreparable a una persona con lo que sale de nuestros labios. Por eso manda el apóstol Pablo: Sea vuestra palabra siempre con gracia, sazonada con sal, para que sepáis como debéis responder a cada uno (Colosenses 4:6).

C. El amor entre abuelos, padres e hijos produce felicidad (17:6)

Las bellas expresiones del versículo 6 son dignas de ser atesoradas, porque engrandecen el amor y los sentimientos de tres generaciones de las que está compuesta una familia. Los abuelos tienen a sus nietos como un adorno en el hogar. A los nietos se les da todo el amor que ya no fue posible darles a los hijos. Los abuelos son siempre tiernos y un poco permisivos con los nietos, porque no son ellos los que están llevando la carga de su crianza. Pero sería saludable que no haya interferencias. Recordemos que cada pareja tiene que criar y disciplinar a sus hijos. El turno de los abuelos ya pasó; lo más que pueden hacer es ayudar a sus hijos y convertirse en consejeros y maestros del bien.

Por otro lado, el proverbista Salomón reflejó en este versículo el orgullo que sentía por haber tenido un padre como David. 1 Crónicas 28:9, nos da una idea del tipo de padre que fue aquel gran rey para él. Allí lo exhortó a reconocer "al Dios de tu padre" y a servirle con "corazón perfecto" y "ánimo voluntario". No hay cosa más grande para un hijo que saber que sus padres son fieles a Dios y que con su ejemplo lo están animando a hacer lo mismo. No en vano el salmista escribió: *Bienaventurado el hombre que teme a Jehová, Y en sus mandamientos se deleita en gran manera. Su descendencia será poderosa en la tierra; La generación de los rectos será bendita* (Salmo 112:1,2). También hay en la mente del proverbista, al asegurar que *la honra de los hijos son sus padres*, una gran satisfacción porque su padre fue un hombre temeroso de Dios. Dichosos los padres cristianos que están dejando un gran legado a sus hijos por sus logros en la vida.

Sin embargo, hacemos un llamado aquí a los hijos cuyos padres no pudieron anotarse muchos triunfos, recordemos que nadie es perfecto, todos tenemos virtudes y defectos, Consideren las circunstancias en que vivieron sus padres y hagan caso al mandato de Efesios 6:2: *Honra a tu padre y a tu madre*, no importa quiénes y cómo hayan sido.

Afianzamiento y aplicación

(1) ¿En qué consiste la verdadera felicidad de una familia?
(2) ¿Qué trato debemos dar para ser bien tratados por los demás?
(3) Describa las tres generaciones que componen a la familia y ¿qué papel le corresponde a cada una?

II. CÓMO TENER ÉXITO Y SATISFACCIÓN EN EL TRATO CON LOS DEMÁS (PROVERBIOS 17:9-17)

Ideas para el maestro o líder

(1) Asigne a dos personas para que describan las fallas psicológicas de los chismosos y de los indiscretos.
(2) Mencionen un caso en que se haya justificado "al impío" y condenado "al justo".

Definiciones y etimología

* *El que cubre la falta*. Entiéndase que aquí no se está alabando al "encubridor" o "cómplice" de hechos malignos; lo que se enseña es el valor de la "discreción" y la madurez.

* *El que comienza la discordia*. Esta es la persona que busca las razones para armar peleas y hacer reclamos casi sin razón.

* *...el espíritu triste*. Un cuadro psicológico de "melancolía", cuyas causas pueden estar arraigadas en amarguras, pecados ocultos y "traumas" del pasado.

A. Cómo confrontar las faltas de los demás (17:9-13)

El Espíritu Santo inspiró al autor a presentar una colección de perlas preciosas en cuanto a las relaciones humanas y hay conceptos que se adelantaron a su época. Es como si Salomón hubiera estado pensando en las familias de principios de este siglo. ¿O será que, como el hombre siempre ha sido como es, las enseñanzas divinas que fueron formuladas para una sociedad son relevantes para todas?

En el versículo 9 se elogia la actitud del que sabe que alguien ha caído en una falta, pero no se deleita en divulgarla, como lo hacen algunos indiscretos, dicen que por sinceridad y rectitud. No se aboga aquí por los encubridores de fraudes ni por los cómplices de delitos; se recomienda una actitud de madurez, consideración y deseos de ayudar al culpable a confesar su falta por su propia cuenta. Es triste decirlo, pero hay personas, aun en las iglesias, que cuando descubren un chisme o un "secreto" hacen creer a los demás que les fue revelado por el Espíritu Santo, por "discernimiento", y se deleitan en publicar las faltas de los demás. Este proverbio menciona que deberíamos perdonar de buena voluntad a los que han pecado contra nosotros. Olvidar las ofensas es necesario en cualquier relación. Es tentador, sobre todo en una discusión, sacar a la luz todos los errores que la otra persona cometió. Amar, sin embargo, es mantener la boca cerrada, aunque esto sea difícil. Nunca trate de sacar a relucir algo en una discusión que no esté relacionado con el tema a discutir. Conforme crezcamos para llegar a ser iguales a Cristo, adquiriremos la capacidad de Dios para olvidar los errores confesados del pasado.

En los versículos 10 al 12 se da orientación a los consejeros cristianos en su trato con los que andan desordenadamente. En primer lugar se establece que "la represión aprovecha al entendido" solamente. Al "necio", ni los azotes lo hacen cambiar de proceder. Cuando el aconsejado no da lugar al Espíritu Santo, lo único que hacemos es perder el tiempo y descuidar a otros que están "blancos para la siega". Recordemos que la persona terca es peor que "una osa a la cual han robado sus cachorros".

El que da mal por bien (17:13). Hay personas malagradecidas que jamás se detendrán a reconocer a los que las han ayudado. Ese fue el caso de los nueve leprosos que no volvieron a agradecer a Jesús por haberlos sanado como lo hizo el samaritano (Lucas 17:11-19). Sin embargo, al cristiano no le basta dar bien por bien; Jesús nos manda a dar bien por mal (Mateo 5:38-41). Pablo nos amonesta a vencer con el bien el mal (Romanos 12:21).

B. Cómo cultivar y conservar la bondad de los demás (17:14-17)

No nos prestemos para satisfacer la sed del buscapleitos. En el versículo 14 se reprocha la actitud del que "comienza la discordia", el que siempre está al acecho, buscando razones para reclamar y hacer notar su testarudez. El "buscapleitos" es indeseable, porque aun en lo más insignificante ve defectos y le sobran ganas de atacar. Pero recordemos: "Se necesitan, por lo menos, dos para pelear." No hay nada más certero que dejar al rencilloso hablando solo.

No seamos injustos. En el versículo 15 se deploran los dos errores de la gente que no teme a Dios ni tiene consideración por el prójimo. "El que justifica al impío" es el que defiende, estimula y ayuda a los malvados para que sigan cometiendo sus fechorías. El que a sabiendas apoya al mentiroso, al ladrón, al calumniador, al inmoral, al asesino y a cualquiera que esté haciendo mal se hace cómplice del malhechor. Es lamentable ver cómo los testigos falsos, las cortes, los abogados y

hasta los gobiernos se confabulan para proteger a quien merece ser puesto en manos de la justicia. "El que condena al justo" es aun más reprochable, porque está mintiendo, calumniando o contribuyendo de alguna manera para hacerle mal al que no lo merece.

¿Cómo es el buen amigo? Marco Tulio Cicerón decía que "el buen amigo es como la sangre: a la menor herida se hace presente". El proverbista dice en el versículo 17 que "en todo tiempo ama el amigo", no sólo cuando le va bien a la otra persona. Especialmente "en tiempo de angustia", la mano cálida de un amigo es como un rayo de sol en medio de la tormenta. Sepamos cultivar la amistad de los que nos rodean, mayormente con el fin de ganarlos para el Señor. La amistad se demuestra mejor, no en los buenos tiempos, sino en momentos de dificultad. La evidencia más grande de una amistad genuina es la lealtad (amar "en todo tiempo"), estar listo para ayudar en los momentos de aflicción o de luchas personales. Demasiadas personas son amigos en los buenos tiempos. Permanecen a nuestro alrededor cuando la amistad los ayuda y nos dejan cuando ya no sacan algún provecho de la misma. Piense en sus amigos y analice la lealtad que les ofrece. Sea la clase de amigo fiel que la Biblia describe.

C. Cómo ser felices y hacer que otros también lo sean (Proverbios 17:22,27,28)

¿Cómo se genera la felicidad (17:22)? El error de muchos es esperar que su felicidad venga de afuera; de estímulos externos, como la música, las sensaciones del cuerpo, las drogas, el alcohol o las palabras bonitas. Claro que cuando todas estas cosas llegan, nos hacen sentir muy bien; pero, ¿qué pasa cuando no llegan? El consejo del versículo 22 es sacar de los profundos recursos del "corazón alegre" todo lo bueno y positivo, a fin de manifestar siempre una actitud de alegría y optimismo. ¿Cómo se puede tener un corazón alegre? La tristeza, al igual que la alegría, se genera dentro del alma y luego sale a la superficie. Esto es lo único que permanece; lo externo desaparece con el primer gesto o la primera sombra. Sólo la felicidad que brota del tesoro interno del corazón se convierte en "buen remedio" para cualquier mal. Estar alegre es estar listo para recibir a otros con una bienvenida, una palabra de aliento, un entusiasmo por la tarea a realizar y una perspectiva positiva hacia el futuro. Tales personas se reciben como medicina que alivia el dolor. Para eso hay que llenar el corazón con el amor de Dios. Jesús dijo que "el hombre bueno, del buen tesoro del corazón saca buenas cosas" (Mateo 12:35); y el apóstol Pablo aseguró que "el amor de Dios ha sido derramado en nuestros corazones por el Espíritu Santo que nos fue dado" (Romanos 5:5). En cambio, "el espíritu triste" es generado por sentimientos de amargura y culpabilidad, lo cual acaba por producir una personalidad melancólica, deprimida y desesperada. ¡La respuesta está en Jesucristo y su Palabra!

¿Cómo se genera la paz consigo mismo y con otros (17:27,28)? La paz es el producto de la sabiduría puesta en acción. Una persona sabia y entendida no hará nada que provoque ira o malicia en los demás. De acuerdo con estos versículos, la primera señal de sabiduría la da la persona cuando "ahorra sus palabras". La prudencia de la persona entendida respetará siempre a los demás, por simples que estos sean. Es tan eficaz cuidar lo que se dice que, "aun el necio, cuando calla, es contado por sabio". Por favor, si usted habla, hable para edificar a los que lo oyen; si no tiene nada edificante que decir, ¡no diga nada!

Afianzamiento y aplicación

(1) Explique qué es justificar al impío y condenar al justo.
(2) Den las mejores definiciones de "un buen amigo".
(3) ¿Qué es y cómo se puede curar una persona de "espíritu triste"?

RESUMEN GENERAL

No hay nada mejor que una familia enseñada en el temor de Dios y en los principios de la Palabra. No hay legado comparable con la influencia positiva que unos padres piadosos puede ejercer sobre su familia. Un ejemplo maravilloso lo vemos en los primeros años de la historia de los Estados Unidos. Jonathan Edwards (1703-1758), famoso predicador del siglo dieciocho, y su esposa, Sara, quienes dejaron un legado increíble basado en su influencia sobre su familia y generación. De este matrimonio se estudiaron 729 descendientes y se encontró que 300 de ellos se convirtieron en predicadores del evangelio, 65 llegaron a ser profesores de universidades, 13 fueron presidentes de universidades, 60 fueron escritores de libros, 3 fueron congresistas y uno llegó a ser vicepresidente de los Estados Unidos. No hay dudas de que Dios bendijo esta familia por ser temerosos de Dios. Es a través de las familias que Dios establece su pacto y edifica su reino.

Por otro lado, la descendencia de Max Jukes quien fuera un ladrón que se casó con una joven de un estilo de vida similar a él, y de ellos se estudiaron en esta investigación 1023 descendientes, de los cuales 300 murieron prematuramente, 100 fueron enviados a prisión con condenas de más de trece años, 190 se convirtieron en prostitutas y 100 fueron alcohólicos. Esta descendencia le costó al Estado de Nueva York más de seis millones de dólares para cuidar a su familia, y no existe ninguna información de que un individuo de esta descendencia haya hecho ninguna contribución buena a la sociedad. No en vano dice el salmista: *Bienaventurado el hombre que teme a Jehová, Y en sus mandamientos se deleita en gran manera. Su descendencia será poderosa en la tierra; La generación de los rectos será bendita* (Salmo 112:1,2).

La familia cristiana de hoy necesita aferrarse cada vez más a las sabias enseñanzas de la Palabra para adquirir la sabiduría de lo alto. El éxito en la vida empieza con la manera sabia de relacionarse con Dios y con el prójimo. La verdadera felicidad de una persona, y también de la familia, se alcanza cuando el trato es sabio, considerado y justo. Si hay amarguras y traumas del pasado, dejemos que el Espíritu Santo haga nuevas todas las cosas y dé la plenitud de una vida victoriosa en Cristo.

Ejercicios de clausura

(1) Hagan una evaluación de la familia y lo que le puede producir éxito y felicidad.

(2) Oren por algunas familias fracasadas y busquen la manera de ayudarlas.

PREGUNTAS Y RESPUESTAS

1. Defina qué es un proverbio.

Un proverbio es una oración corta, concisa, que encierra una verdad moral. El libro que lleva este nombre es una colección de estas sabias declaraciones.

2. Establezca la diferencia entre "conocimiento" y "sabiduría".

El conocimiento generalmente se refiere a hechos, pero la sabiduría consiste en aplicar esos hechos a la vida práctica. Podemos acumular conocimiento, pero sin sabiduría, entonces' nuestro conocimiento es inútil.

3. ¿Por qué son tan importantes las palabras que sales de nuestra boca?

Las palabras que hablamos tienen poder para influir en nuestras vidas. Las palabras son recipientes de poder; acarrean una fuerza vivificante o una fuerza destructiva.

4. ¿Por qué un cristiano tiene que reflejar siempre un espíritu alegre y agradecido?

Porque "el amor de Dios ha sido derramado en nuestros corazones por el Espíritu Santo que nos fue dado" (Romanos 5:5).

5. ¿Cuál es principio central del libro de los proverbios para vivir con sabiduría, según el versículo 1:7?

El temor de Jehová es el principio de la sabiduría; los insensatos desprecian la sabiduría y la enseñanza (1:7).

PARA LA PRÓXIMA SEMANA

Uno de cada tres matrimonios termina en divorcio o separación, por eso el temor de muchos a casarse, y preferir vivir así, en contra de la voluntad de Dios. El próximo tema: "Principios para enriquecer el matrimonio", será de mucha bendición. Motive a todos a participar.

PRINCIPIOS PARA LA CONSERVACIÓN DEL MATRIMONIO

ESTUDIO BÍBLICO 24

Base bíblica

Pr 31:10-16; Cnt 4:1-3; 5:10-13; Ro 14:10-13; Ef 5:28-31; Fil 2:3,4; Heb 12:12-14.

Objetivos

1. Entender con mayor profundidad el significado de la unión matrimonial.
2. Proponerse enfrentar y solucionar los resentimientos que atentan contra la unión conyugal.
3. Asumir la responsabilidad de hacer de su matrimonio un acontecimiento de felicidad, estabilidad y testimonio.

Fecha sugerida:___ /____ /____

Pensamiento central

Si Cristo es el centro del hogar y adoptamos loa principios para la conservación del matrimonio cristiano, este durará para toda la vida.

Texto áureo

Así que no son ya más dos, sino una sola carne; por tanto, lo que Dios juntó, no lo separe el hombre (Mateo 19:6).

LECTURA ANTIFONAL

Cantares 4:1 He aquí que tú eres hermosa, amiga mía; he aquí que tú eres hermosa; Tus ojos entre tus guedejas como de paloma; Tus cabellos como manada de cabras Que se recuestan en las laderas de Galaad.

5:10 Mi amado es blanco y rubio, Señalado entre diez mil.

11 Su cabeza como oro finísimo; Sus cabellos crespos, negros como el cuervo.

Proverbios 31:10 Mujer virtuosa, ¿quién la hallará? Porque su estima sobrepasa largamente a la de las piedras preciosas.

11 El corazón de su marido está en ella confiado, y no carecerá de ganancias.

12 Le da ella bien y no mal todos los días de su vida.

Efesios 5:28 Así también los maridos deben amar a sus mujeres como a sus mismos cuerpos. El que ama a su mujer a sí mismo se ama.

29 Porque nadie aborreció jamás a su propia carne, sino que la sustenta y la cuida, como también Cristo ala iglesia,

30 porque somos miembros de su cuerpo, de su carne y de sus huesos.

Filipenses 2:3 Nada hagáis por contienda o por vanagloria; antes bien con humildad, estimando cada uno a los demás como superiores a él mismo;

4 no mirando cada uno por lo suyo propio, sino cada cual también por lo de los otros,

Hebreos 12:14 Seguid la paz con todos, y la santidad, sin la cual nadie verá al Señor.

DATOS GENERALES ACERCA DEL TEMA

- **Enseñanza:** Tener un buen matrimonio se logra aplicando y manteniendo los principios de la Palabra de Dios.
- **Autor:** Salomón, Lemuel y Pablo.
- **Lugar:** Jerusalén, Corinto, Roma.
- **Fecha:** Año 950 a.C. y 58 al 68 d.C.
- **Personajes:** El pueblo de Israel, la Iglesia del Señor.

BOSQUEJO DEL ESTUDIO

I. Es indispensable la aceptación y la admiración mutua (Cantares 4:1-3; 5:10-13)

  A. El hombre acepta y admira a su esposa (4:1-3)

  B. La mujer acepta y admira a su esposo (5:10-13)

II. Es importante el apoyo y la colaboración mutua (Proverbios 31:10-16; Efesios 5:28-31)

  A. La esposa ayuda a su esposo en todo (Proverbios 31:11-16)

  B. El esposo cuida de su esposa como de sí mismo (Efesios 5:28-3 1)

III. Es necesario buscar la paz y mantenerla (Romanos 14:10-13; Filipenses 2:3,4; Hebreos 12:12-14)

  A. No se juzgan ni se ponen tropiezo uno al otro (Romanos 14:10-13)

  B. No mira cada uno por lo suyo sino por lo del otro (Filipenses 2:3,4)

  C. Ambos buscan la paz y la siguen (Hebreos 12:12-14)

LECTURAS DEVOCIONALES DIARIAS

Lunes: Virtudes de la mujer que logra conservar su matrimonio (Proverbios 31:10-16).

Martes: Virtudes que dignifican la esposa ejemplar (Proverbios 31:17-31).

Salomón escribió el libro de Cantares exaltando la belleza y la pureza del amor. Pablo exhorta en su carta a los filipenses a renunciar al egoísmo y se cultiven el amor y la humildad.

Miércoles: Los halagos y elogios del esposo contribuyen a la felicidad de su mujer (Cantares 4:1-3).

Jueves: La mujer también tiene derecho de expresar sus sentimientos (Cantares 5:10-13).

Viernes: El amor de Jesús un modelo para los esposos(Efesios 5:28-31).

Sábado: Para conservar el matrimonio hay que desechar el egoísmo (Filipenses 2:3,4).

INTRODUCCIÓN

Uno de cada tres matrimonios termina en divorcio o separación. Por ese temor la gente no está dispuesta a casarse sino que prefiere vivir en fornicación hasta ver qué sucede. El matrimonio fue establecido por el mismo Creador del género humano y de todo el universo. Él dijo: "Por tanto, dejará el hombre a su padre y a su madre, y se unirá a su mujer, y serán una sola carne" (Génesis 2:24). Jesús dijo: "Por tanto, lo que Dios juntó, no lo separe el hombre" (Mateo 19:6).

Sin embargo, el problema no consiste tanto en que las parejas no quieran, sino que no pueden permanecer unidas. Abundan las supuestas razones para la separación y el divorcio: pérdida de atracción, falta de adaptación, incompatibilidad, falta de amor, problemas económicos, pérdida del respeto, abuso verbal, injerencia de familiares, discrepancias religiosas, poca comunicación, diferencias culturales, etcétera. La lista puede aumentar, a medida que se extingue la voluntad de hallar soluciones. Y hay personas que pierden la esperanza de resolver los problemas para conservar su vida matrimonial. Pero nosotros contamos con suficientes razones para declarar victoria, siempre y cuando exista la disposición de oír y obedecer el consejo bíblico, dando lugar al Espíritu Santo para que obre y haga en nuestra vida lo que nosotros no podemos hacer. Esta lección puede ser el medio que Dios quiere utilizar para detener el resquebrajamiento de las relaciones matrimoniales y conservar la unidad de la familia cristiana.

DESARROLLO DEL ESTUDIO

I. ES INDISPENSABLE LA ACEPTACIÓN Y ADMIRACIÓN MUTUA (Cantares 4:13; 5:10-13)

Ideas para el maestro o líder

(1) Provoque comentarios acerca de la atracción física y el papel del sexo en la unión matrimonial, y ¿Por qué existe la tendencia a desaparecer y a perder su encanto original?

(2) Explique que la atracción, el amor y la aceptación mutua son factores que pueden sobrevivir al paso de los años, cuando se les pone atención y se analizan con entendimiento y propósito.

Definiciones y etimología

* *Cantar de los Cantares*. Esta canción que escribió Salomón, revela el significado del amor conyugal, con el cual también se tipifica la unión mística de Jesús con su amada Iglesia.

A. El hombre acepta y admira a su esposa (4:1-3)

Una de las razones más comunes para los divorcios o rupturas de matrimonios es la incapacidad de los cónyuges de aceptarse mutuamente tal como son. En su lucha por hacer que la otra persona cambie y sea satisfactoria en todo, un esposo o una esposa puede causar mucho daño a su pareja. Esto sucede, precisamente, porque a nadie le gusta que lo estén criticando y lo obliguen a cambiar; todos queremos respeto y que nos acepten como somos. Esto nos enseña que durante el noviazgo, tanto el hombre como la mujer deben conocerse perfectamente y percatarse de que la persona con la que se van a casar es la persona correcta. Después de sellar su compromiso ya es demasiado tarde. A estas alturas, lo más conveniente es exaltar lo mejor en la pareja y aceptarla tal como es.

El autor del Cantar de los Cantares aceptó a su esposa tal como era y se le hizo fácil encontrar en ella las mejores razones del mundo para amarla y respetarla. En 4:1-3, este esposo se desborda en adjetivos de elogio y alabanzas hacia su mujer: *He aquí que tú eres hermosa, amiga mía; he aquí que tú eres hermosa; tus ojos entre tus guedejas como de paloma; tus cabellos como manada de cabras que se recuestan en las laderas de Galaad. Tus dientes como manadas de ovejas trasquiladas, que suben del lavadero, todas con crías gemelas, y ninguna entre ellas estéril. Tus labios como hilo de grana, y tu habla hermosa; tus mejillas, como cachos de granada detrás de tu velo.*

¿Cree usted que la sulamita era absolutamente perfecta, y que no había en ella ni una sola cosa que reprochar? Lo más probable es que hubiera en ella algunos defectos, algo digno de un comentario negativo; sin embargo, el esposo estaba dispuesto sólo a destacar lo bello y positivo en su mujer, sin señalar ninguna imperfección. ¡Qué hermoso es oír a un marido hablar de los elementos positivos y las cosas buenas de su esposa, como si fuera la mujer más bella y especial del mundo! Claro, con el tiempo algunos rasgos de belleza física irán cambiando, especialmente con la reproducción y crianza de los hijos. Pero el esposo amoroso seguirá viendo la belleza de ella en cada etapa de su vida, porque cada edad tiene su belleza, además la belleza interior que no cambia, supera ampliamente la belleza exterior.

B. La mujer acepta y admira a su esposo (5:10-13)

El idilio expresado en el Cantar de los Cantares se adelantó a su época. En aquel tiempo el único que decía piropos y alababa la belleza física con palabras amorosas era el hombre. No era común oír a una mujer enamorada expresando con palabras los rasgos atractivos del hombre que admiraba. Sin embargo, en este canto de Salomón, que no es solamente un poema de amor humano sino que trasciende a lo tipológico y místico, nos encontramos con una dama que alaba los rasgos de la hombría de su marido: *Mi amado es blanco y rubio, señalado entre diez mil. Su cabeza como oro finísimo; sus cabellos crespos, negros como el cuervo. Sus ojos, como palomas junto a los arroyos de las aguas, que se lavan con leche, y a la perfección colocados. Sus mejillas, como una era de especias aromáticas, como fragantes flores; sus labios, como lirios que destilan mirra fragante.*

Este pasaje revela cuánta atracción sentía la sulamita por su esposo y cuánto valor sacó de su corazón para decírselo con palabras pletóricas de amor y admiración. Los matrimonios de hoy se están marchitando porque ya no existe ese fluir de palabras bonitas y expresiones cargadas de romanticismo que hubo durante el tiempo del noviazgo y el enamoramiento. Como las flores de un jardín, el amor se marchita con la falta de cuidados y atención. Si se valora sólo lo físico y superficial, las cosas que antes se admiraban en el cónyuge van desapareciendo sin que se puedan descubrir nuevos valores y hallar nuevas razones para amar.

Aparte de la desaparición de los rasgos de belleza física, suceden algunos incidentes de choque y disgusto entre los cónyuges, y ellos no han tenido la capacidad de perdonarse y olvidar lo negativo. Las parejas cuyo matrimonio dura "hasta que la muerte los separa" son aquellas que les sacan provecho aun a los malos momentos de la vida. Los cónyuges que no aprenden a considerarse y tolerarse mutuamente, sino que usan cualquier disgusto para pelear y ofenderse, pronto se encierran en la idea de que lo mejor es separarse. Cuando dan lugar a esas malignas ideas, las expresiones tiernas y cariñosas ceden su lugar a reproches, regaños, reclamos y hasta insultos. En lugar del perdón y la reconciliación entre ellos por las cosas que suceden, sólo hay deseos de venganza y razones para pelear.

Afianzamiento y aplicación

(1) Si tiene algunas parejas en clase, déles la oportunidad de que testifiquen acerca de acontecimientos que han contribuido a la felicidad de su matrimonio.

(2) Pida a algunas parejas de su clase que se digan algo romántico, que expresen la estimación y admiración mutua.

II. ES IMPORTANTE EL APOYO Y LA COLABORACIÓN MUTUA (PROVERBIOS 31:10-16; EFESIOS 5:28-31)

Ideas para el maestro o líder

(1) Basados en Proverbios 31:11-16, pida a los participantes que señalen una virtud de las que se adjudican a una esposa o mujer virtuosa.

(2) Permita que dos o tres de la clase expliquen por qué dijo el apóstol Pablo en Efesios 5:28 que "el que ama a su mujer a sí mismo se ama".

Definiciones y etimología

* *Mujer virtuosa* (Proverbios 31:10). Esta bella y significativa designación, del hebreo ishshah chayil y del griego gunaika andría, no se le atribuyó a ninguna mujer en particular; es más bien el título que se le debe dar a la mujer ideal, la que busca todo hombre, pero que no todos llenan los requisitos para encontrarla.

* *A sí mismo se ama* (Efesios 5:28). Esta aseveración surge de la declaración divina de que los cónyuges son "una sola carne" (5:31). El que maltrata a su esposa se está maltratando a sí mismo porque "no son ya más dos, sino una sola carne" (Mateo 19:6).

A. La esposa ayuda a su esposo en todo (Proverbios 31:11-16)

El acróstico de Proverbios 31:10-31, en el cual cada estrofa empieza con una de las letras del alfabeto hebreo, es un poema delicado y sustancioso en honor a la mujer buena. La "mujer virtuosa" de Proverbios es un personaje ideal; existe sólo en los sueños y las aspiraciones de todo hombre, y de todo ser humano. ¿Qué hombre no quisiera ser el esposo de tan admirable dama? ¿Quién no quisiera ser hijo suyo, para disfrutar de todas las virtudes y servicios que ella pone a disposición de su familia? ¿Cómo sería el mundo si todas las mujeres fueran como ella, y por lo mismo, todas las familias contaran con su maravillosa influencia? No obstante, tenemos que admitir que, si bien no toda mujer llena la totalidad de los requisitos de la "virtuosa" es fácil ver en casi toda mujer la capacidad de imitarla y aprender mucho de ella. Como lo hicimos ver en un párrafo anterior, si hubieran en el mundo muchas mujeres como la de Proverbios 31 quizás la maldad de sus maridos echaría a perder la hermosura de sus cualidades. Porque, aunque nos duela admitirlo, una "buena" mujer al lado de un hombre malo, tarde o temprano podría perder su bondad de imitar la maldad de su marido, o, por lo menos responder a ella.

Lo mismo sucede en el caso contrario: un buen hombre acompañado de una mujer mala llega también a perder lo bello de su corazón.

Cualquier lector quita los ojos de las palabras del proverbista y visualiza mentalmente a su madre, su esposa, su hermana, su novia o su amiga, comparándolas y reconociendo que, en mayor o menor grado todas tienen la posibilidad de manifestar los valores de su corazón. Una mujer como ella, o un tanto parecida, es la esposa ideal para que el matrimonio perdure hasta la muerte.

El corazón de su marido está en ella confiado; no tiene una agenda secreta; no hay razón para pensar en sorpresas desagradables en su conducta y en su amor. Hoy en día, la desconfianza del marido lo convierte en un monstruo celoso y violento. Es probable que esté equivocado, pero ciertas actitudes de su mujer dan lugar a dudas y sospechas; especialmente las provenientes de acusaciones y chismes de parte de los de afuera.

Le da ella bien y no mal todos los días de su vida. Por supuesto que esta promesa es condicional. Nadie puede esperar que una persona produzca sólo actos y actitudes buenas "todos los días de su vida" si no se le está devolviendo algún tipo de apoyo moral y refuerzo social. En otras palabras, el hombre que ha hallado a la "mujer virtuosa" y la ha convertido en su esclava, aprovechándose de su benevolencia, sin poner nada de su parte, termina por destruir el corazón de su mujer. Por eso es que algunas cambian de la noche a la mañana, porque se dan cuenta de que están siendo explotadas y que alguien está abusando de su nobleza. "Los ojos de Jehová están sobre los justos, y atentos sus oídos al clamor de ellos. La ira de Jehová contra los que hacen mal, para cortar de la tierra la memoria de ellos" (Salmo 34:12-16).

Con voluntad trabaja con sus manos. No son pocas las familias que terminan en bancarrota debido a la irresponsabilidad y falta de voluntad de uno de los cónyuges (o de ambos) para hacerle frente al trabajo productivo. Es cierto que la Biblia nos amonesta contra la ambición y la entrega incondicional y peligrosa al trabajo absorbente, que no deja tiempo ni para hablar, mucho menos para la edificación espiritual de la familia; pero, por el otro lado, la Palabra de Dios también reprocha la indolencia, la vagancia y la irresponsabilidad de padres que no hacen lo posible por mantenerse a flote. Esta mujer de Proverbios 31:13 es un ejemplo vivo de la esposa esforzada que "con voluntad trabaja con sus manos", porque sabe que junto al hombre que Dios le dio deben forjar el futuro de sus hijos. Los problemas financieros son parte de las razones para la ruptura matrimonial; no obstante, la pareja que busca el reino de Dios y trabaja con diligencia, nunca carecerá de nada.

B. El esposo cuida de su esposa como de sí mismo (Efesios 5:28-31)

La Palabra de Dios establece los requisitos y las virtudes que todo varón debe poseer para ser lo que Dios quiere que sea. Uno de ellos es Efesios 5:28-31. Aquí se señalan algunos principios básicos relacionados con la unión conyugal, los cuales pueden hacer de esta una relación perdurable y exitosa. No hay un solo hombre que no pueda entender y aplicar estos preceptos matrimoniales a su vida; por lo tanto, no existe un solo matrimonio que tenga razones suficientes para desintegrarse.

El que ama a su mujer así mismo se ama. Dios creó a Adán, el primer hombre, "del polvo de la tierra". En cambio, para crear a la esposa de Adán, Dios realizó una operación diferente. "Entonces Jehová Dios hizo caer sueño profundo sobre Adán, y mientras éste dormía, tomó una de sus costillas, y cerró la carne en su lugar. Y de la costilla que Jehová Dios tomó del hombre, hizo una mujer, y la trajo al hombre. Dijo entonces Adán: Esto es ahora hueso de mis huesos y carne de mi carne; ésta será llamada varona, porque del varón fue tomada. Por tanto, dejará el hombre a su padre y a su madre' y se unirá a su mujer, y serán una sola carne" (Génesis 2:21-24). Esto nos indica claramente que la mujer es parte del varón y el varón parte de la mujer. De ahí que el apóstol Pablo diga que "el que ama a su mujer, a sí mismo se ama".

La sustenta y la cuida, como también Cristo a la iglesia. El matrimonio no sólo es una realidad humana; es también un tipo perfecto del amor y la unión mística que existe entre Cristo y su iglesia. Siendo así, el esposo ideal debe poner los ojos en Jesús como el Modelo perfecto en el amor conyugal. El amor de Jesús por su esposa se manifestó de la manera más plena al entregarse voluntariamente por ella. El esposo cristiano debe reconocer que no podrá amar a su mujer a menos que se despoje de sus gustos personales, sus costumbres familiares y sus tendencias culturales y se adapte a su esposa en todo. Por supuesto que ella tendrá que hacer lo mismo, a fin de que no sean más dos, sino uno solo. Esto es necesario para cuidar de su esposa y sustentarla, como Cristo lo hizo con su iglesia.

Afianzamiento y aplicación

(1) Dé oportunidad a los esposos presentes para que elogien a sus esposas y enumeren algunas de las cualidades que ellos admiran en su relación conyugal con ellas.

(2) Permita que las esposas hagan el mismo ejercicio realizado por los varones, haciendo conciencia de las virtudes de sus esposos.

III. ES NECESARIO BUSCAR LA PAZ Y MANTENERLA (Romanos 14:10-13; Filipenses 2:3,4; Hebreos 12:12-14)

Ideas para el maestro o líder

(1) Anticipe los tres subtítulos que se presentan en esta sección, los cuales presentan actitudes que pueden contribuir a la duración y el éxito del matrimonio.

(2) Haga hincapié en el interés que se nota en las Sagradas Escrituras por el matrimonio, y las enseñanzas que ellas dan para que la vida conyugal sea maravillosa.

A. No se juzgan ni se ponen tropiezo uno al otro (Romanos 14:10-13)

Una de las grandes preocupaciones del apóstol Pablo reflejada en su carta a los hermanos de Roma, era la calidad de las relaciones humanas de los cristianos. Algunos de ellos se ocupaban más en la vida ajena que en la propia. Les era más fácil detectar los errores de otros y criticarlos sin ninguna consideración que darse cuenta de la manera indeseable en que ellos mismos estaban viviendo. Esto no se veía sólo en el trato general de la gente en la calle o en el trabajo; también se notaba en el círculo familiar. Tal parece que la actitud de juzgar a otros, y condenarlos sin misericordia es algo tan antiguo como la misma humanidad. Entre esposos esta es una anomalía que causa estragos.

Cuando estamos más prestos a culpar a nuestra pareja por las cosas desagradables que suceden, en lugar de ver en qué somos culpables nosotros, estamos dando lugar a una situación de choques, controversias y pleitos. El tema central del mensaje de Pablo es evitar que establezcamos juicios equivocados contra las personas que están a nuestro lado. Cada uno es responsable de sus hechos delante del Señor, por lo que se espera que haya responsabilidad personal y aceptemos nuestros errores. El versículo 12 es muy claro en este sentido: *De manera que cada uno de nosotros dará a Dios razón de sí.* En las relaciones matrimoniales también es muy importante que no le sirvamos de estorbo a otros, especialmente a nuestro cónyuge. A veces, estorbamos el desarrollo espiritual de nuestra pareja cuando actuamos desconsideradamente. Por eso, el apóstol manda: *Decidid no poner tropiezo u ocasión de caer al hermano* (14:13).

B. No mira cada uno por lo suyo sino por lo del otro (Filipenses 2:3,4)

Dos amonestaciones muy apropiadas para desarrollar en nuestra conducta una actitud noble y bondadosa son las que hallamos en Filipenses 2:3: En primer lugar nos ordena la Palabra de Dios: *Nada hagáis por contienda o por vanagloria.* Cuando nuestros hechos son motivados por un deseo malicioso de exhibirnos o hacer que otros se sientan inferiores no estamos dando lugar a que los frutos del Espíritu Santo se manifiesten en nuestra vida. Los esposos cristianos no deben discutir acaloradamente; es recomendable dejar de hablar cuando el barómetro sube y las palabras provocan ira. Hay un dicho popular muy sabio que reza así: "Cuando uno es fuego el otro debe ser el agua" Muy parecido es lo que dice el proverbio: *La blanda respuesta quita la ira; mas la palabra áspera hace subir el furor* (Proverbios 15:1).

En segundo lugar, Pablo nos enseña que actuemos con… *humildad, estimando cada uno a los demás como superiores a él mismo* (Filipenses 2:3). Qué bonito es ver a esposos que le ceden el primer lugar a la esposa y buscan para ella todo lo mejor. Por el contrario, es vergonzoso que existan hombres que se prefieran a sí mismos y dejen a su esposa en un segundo o último lugar. Las esposas también deben asumir esa actitud humilde, en lugar de ser tan exigentes con el hombre que tienen a su lado.

C. Ambos buscan la paz y la siguen (Hebreos 12:12-14)

La paz y la santidad son virtudes y bendiciones que no aparecen por casualidad ni se encuentran en la calle. Para disfrutar de ellas y de sus maravillosos resultados debemos emprender una búsqueda inteligente y esforzada. En preparación para esta búsqueda incesante, el autor de Hebreos nos amonesta a levantar "las manos caídas". Esto tiene que ver con abandonar la vida desalentada y decaída en que viven muchos, ya sea, por falta de fe o porque son indiferentes al progreso y el desarrollo espiritual. En cierto sentido también se hace alusión al trabajo con esmero y energía. Las "rodillas paralizadas" por la pereza, el miedo o la falta de deseos de orar deben ser restauradas para la realización de una vida próspera en el Señor.

Cuando el autor manda a hacer "sendas derechas" para los pies está pensando en que no nos acostumbremos a andar por veredas torcidas. En otro lugar dice la Biblia: *Hay camino que al hombre le parece derecho; pero su fin es camino de muerte* (Proverbios 14:12). No nos arriesguemos a querer andar rectamente en caminos tortuosos. No le demos lugar a la tentación. *Para que lo cojo no se salga del camino, sino que sea sanado.* Aun los más maduros y disciplinados tienen algo cojo en su vida; pero debemos ser precavidos y evitar que todo el mundo se dé cuenta de nuestras fallas.

Sólo cuando nos hemos preparado para andar por sendas derechas y permitido que lo cojo de nuestra vida sea sanado podemos perseguir y alcanzar "la paz y la santidad". Estos dos elementos son provistos por el Señor para las buenas relaciones del creyente con sus semejantes y con Dios. Por eso, son tan deseables y necesarios para la duración y el éxito de la unión matrimonial. Ninguna pareja que viva en paz y santidad ve la necesidad de pensar en el divorcio o la separación. Si tienen las dos virtudes mencionadas, lo más probable es que pongan en práctica el amor, y con él todos los demás frutos del Espíritu Santo.

Afianzamiento y aplicación

(1) ¿Qué desgracias pueden causar al matrimonio la "contienda" y la "vanagloria"?

(2) ¿Qué lugar deben ocupar en el matrimonio cristiano "la paz y la santidad"?

RESUMEN GENERAL

La desintegración del matrimonio es un mal que no sólo está devastando al mundo impío sino que, lamentablemente, también está alcanzando a la cristiandad. La razón de esta maligna invasión es que pocos esfuerzos se hacen por conservar la unión conyugal como es la voluntad de nuestro Dios, que instituyó el matrimonio. Como cristianos, tenemos el deber de entender con más lucidez el significado de este compromiso, evitar todo lo que conduzca a su ruptura y reiniciar la conquista del amor de la persona que Dios puso a nuestro lado. Es permitido y recomendable expresar nuestros sentimientos al ser amado, con elogios, piropos y halagos sinceros. Tanto lo físico como lo moral y lo espiritual son aspectos de la vida real del matrimonio; disfrutémoslos al máximo para que la unión nunca pierda su encanto ni se desvíe de sus propósitos. Pero tengamos en cuenta que el verdadero secreto de la felicidad en el hogar no son los esfuerzos incansables por vencer y resolver problemas, sino en mantener a Cristo como centro del hogar, los corazones llenos del amor de Dios, nunca pueden estar muy separados el uno del otro. Con Cristo en el hogar, el matrimonio tendrá éxito.

La Palabra de Dios nos estipula las virtudes, tanto del hombre como de la mujer; nuestro deber es buscarlas y ponerlas al servicio del matrimonio. Por último no traten de reformar, controlar o forzar al cónyuge a cambiar. Sólo Dios y actitudes positivas puede cambiar a las personas. Un buen sentido de humor, un corazón alegre, la bondad, la paciencia y el afecto eliminarán las dos terceras partes de los problemas de su matrimonio. Trate de hacer a su cónyuge feliz en vez de querer hacerlo bueno. El secreto de un matrimonio de éxito no radica en tener el cónyuge apropiado, sino en ser uno mismo el cónyuge apropiado. El Evangelio es el remedio eficaz para todos los matrimonios que están llenos de odio, fracasos y amargura. El Evangelio previene miles de divorcios restaurando milagrosamente el amor y la felicidad. ¡Adelante hermano sea feliz!

Ejercicios de clausura

(1) Comente que si algunos matrimonios presentes están pasando por algún tipo de crisis, no se deben sentir solos, sino que la iglesia ofrece asesoría y apoyo y oración para lograr su estabilidad.

(2) Terminen la clase con una oración a favor de la conservación y el éxito de todos los matrimonios de la iglesia.

PREGUNTAS Y RESPUESTAS

1. ¿Cuál es la causa de la ruptura de muchos matrimonios, según lo expuesto en el primer punto del estudio.

Una de las razones más comunes para los divorcios o rupturas de matrimonios es la incapacidad de los cónyuges de aceptarse mutuamente tal como son.

2. ¿Qué cualidad podemos ver en la sulamita, que es indispensable en toda relación matrimonial?

El valor que sacó de su corazón para expresar con palabras llenas de romanticismo su amor y admiración por su esposo.

3. Según el apóstol Pablo, ¿cómo un hombre puede demostrar que se ama y se respeta a sí mismo?

Amando a su esposa. Pablo dijo: El que ama a su mujer a sí mismo se ama. Porque nadie aborreció jamás a su propia carne, sino que la sustenta y la cuida.

4. ¿Cuáles son los consejos dados por el apóstol Pablo en el tercer punto del estudio, para mantener un buen matrimonio?

Que no se juzgan, ni critiquen ni se ponen tropiezo uno al otro. Que cada uno no busque su propio bien sino el del otro.

5. ¿Cuál sería el secreto de un matrimonio de éxito?

El secreto de un matrimonio de éxito no radica en tener el cónyuge apropiado, sino en ser uno mismo el cónyuge apropiado.

PARA LA PRÓXIMA SEMANA

"La familia que adora unida permanece unida", esta es una gran verdad revelada en la Palabra de Dios y probada a lo largo de la historia. Ese es el tema del próximo estudio: "La adoración clave para el éxito familiar". Motive a todos a participar.

LA ADORACIÓN ES CLAVE PARA EL ÉXITO FAMILIAR

ESTUDIO BÍBLICO 25

Base bíblica
Salmo 95:16; Lucas 10:38-42;
Juan 4:19-24; Hechos 10:30-35.

Objetivos
1. Aprender más de la Biblia acerca de la adoración a Dios en la familia.
2. Analizar el aspecto emocional de la adoración "en espíritu y en verdad".
3. Reconocer que la adoración no se puede divorciar del servicio.

Pensamiento central
El éxito de la adoración en el hogar depende de nuestra actitud hacia Dios y nuestra atención a su Palabra.

Texto áureo
Venid, adoremos y postrémonos; arrodillémonos delante de Jehová nuestro Hacedor
(Salmo 95:6).

Fecha sugerida:___/_____/____

LECTURA ANTIFONAL

Salmo 95:1 Venid, aclamemos alegremente a Jehová; cantemos con júbilo a la roca de nuestra salvación.
2 Lleguemos ante su presencia con alabanza; aclamémosle con cánticos.
3 Porque Jehová es Dios grande, y Rey grande sobre todos los dioses.
4 Porque en su mano están las profundidades de la tierra, y las alturas de los montes son suyas.
5 Suyo también el mar, pues él lo hizo; y sus manos formaron la tierra seca.
6 Venid, adoremos y postrémonos; arrodillémonos delante de Jehová nuestro Hacedor.
Juan 4:19 Le dijo la mujer: Señor, me parece que tú eres profeta.
20 Nuestros padres adoraron en este monte, y vosotros decís que en Jerusalén es el lugar donde se debe adorar.

21 Jesús le dijo: Mujer, créeme, que la hora viene cuando ni en este monte ni en Jerusalén adoraréis al Padre.
22 Vosotros adoráis lo que no sabéis; nosotros adoramos lo que sabemos; porque la salvación viene de los judíos.
23 Mas la hora viene, y ahora es, cuando los verdaderos adoradores adorarán al Padre en espíritu y en verdad; porque también el Padre tales adoradores busca que le adoren.
24 Dios es Espíritu; y los que le adoran, en espíritu y en verdad es necesario que adoren.
Hechos 10:30 Entonces Cornelio dijo: Hace cuatro días que a esta hora yo estaba en ayunas; y a la hora novena, mientras oraba en mi casa, vi que se puso delante de mí un varón con vestido resplandeciente,
31 y dijo: Cornelio, tu oración ha sido oída, y tus limosnas han sido recordadas delante de Dios.

DATOS GENERALES ACERCA DEL TEMA

- **Enseñanza:** Una adoración genuina en familia provocará un ambiente de armonía y unidad entre sus integrantes.
- **Autor:** El rey David, el apóstol Juan y el evangelista Lucas.
- **Lugar:** Jerusalén, la ciudad de Sicar, Betania y la casa de Cornelio en Cesarea.
- **Fecha:** Año 1000 a.C. y 30 al 35 d.C.
- **Personajes:** Jesús, la samaritana, Marta y María y Cornelio.

BOSQUEJO DEL ESTUDIO

I. Fuimos creados para adorar a Dios en familia (Salmo 95:1-6; Juan 4:19-24)
   A. Razones para adorar a Dios en familia (Salmo 95:1-6)
   B. Debemos adorar en conformidad a la Palabra de Dios (Juan 4:19-22)
   C. Debemos adorar a Dios "en espíritu y en verdad" (4:23,24)

II. La manera correcta de adoración que agrada a Dios (Génesis 4:3-8; Lucas 10:38-42; Hechos 10:30-35)
   A. La actitud es más importante que la ofrenda y el sacrificio (Génesis 4:3-8)
   B. Al Señor le agrada más la atención que las obras (Lucas 10:38-42)
   C. La Palabra de Dios es más importante que nuestra piedad (Hechos 10:30-33)

Este mapa señala algunos de los lugares donde Jesús ejerció su ministerio terrenal. Miles lo siguieron y escucharon su predicación, sus enseñanzas y muchos recibieron sanidad.

LECTURAS DEVOCIONALES DIARIAS

Lunes: Abraham edificó altares a Jehová porque la adoración era prioritaria en su vida (Génesis 13:15-18).

Martes: Los ejércitos de los cielos adoran a Dios (Nehemías 9:5,6 Apocalipsis 5:11-14).

Miércoles: Job adoró a Dios a pesar de su dolor (Job 1:12-22).

Jueves: David nos hace un llamado a la adoración jubilosa y sincera (Salmo 95:1-7).

Viernes: La verdadera adoración no se limita a un lugar físico (Juan 4:19-26).

Sábado: El Espíritu Santo es nuestro Guía en la adoración (1 Corintios 12:1-11).

INTRODUCCIÓN

Adorar ha sido una práctica vital en la vida del ser humano, ya sea de manera individual o colectiva. Los casos de adoración en los albores de la historia son ejemplos del valor que da la Biblia al culto familiar (Génesis 4:3,4; 8:20; 12:7; Job 1:5). Siglos más tarde, al ser establecido el sacerdocio, la adoración asumió un carácter público y una forma ceremonial. En el Antiguo Testamento, el término "adoración" viene del hebreo *histáhwá,* que denota el temor reverencial que motiva la actitud correcta para acercarse a Dios. Los profetas percibían el conflicto entre el aspecto espiritual de la adoración y la tendencia al ritualismo. Por eso, exhortaban al pueblo a adorar con sencillez, sinceridad y obediencia. Hubo ocasiones en que Dios levantó a sus siervos para que pronunciaran juicio contra algunas prácticas que en lugar de honrarlo lo desagradaban totalmente. También se registran numerosos casos en la Biblia en que el pueblo de Israel aprendió a adorar dioses ajenos y a realizar prácticas paganas en lugar de mantenerse dentro de las normas reveladas por Dios para la adoración.

En el Nuevo Testamento las palabras griegas traducidas como "adoración" son *latría,* que alude al servicio que se le ofrece a Dios y al prójimo, y *liturgia,* que describe el culto y las prácticas congregacionales. Un detalle significativo es el énfasis que se hace en cada caso de esta lección en la práctica concreta del amor y el fervor de una vida llena del Espíritu Santo. Este estudio se propone ayudar a los creyentes en su tarea de establecer y darle vida al culto familiar. La experiencia ha demostrado que cuando la familia establece un modelo o patrón de conducta en el hogar en cuanto a la adoración y la lectura bíblica, los hijos crecen en el temor de Dios. Por otro lado, las familias que abandonan el ejercicio espiritual de la oración y la meditación de la Palabra en casa producen hijos rebeldes e indiferentes a las cosas de Dios. Que el Señor nos ayude a cultivar un ambiente de amor, reverencia y adoración. Al que nos ha redimido desea que estemos en comunión con El.

DESARROLLO DEL ESTUDIO

I. FUIMOS CREADOS PARA ADORAR A DIOS EN FAMILIA (SALMO 95:1-6; JUAN 4:19-24)

Ideas para el maestro o líder

(1) Deje que varios participantes expresen su definición de "adoración".

(2) Compare los conceptos aportados con las definiciones que se dan en el diccionario.

(3) Pregunte que sentimientos o emociones han experimentado al acercarse al Señor en adoración.

Definiciones y etimología

* *Adoración*. El sentido original de la palabra "adoración" en la Biblia es "servicio", como lo indican el hebreo *histáh-wá* y el griego *proskineo*. Estos términos se aplicaban, en primer lugar al servicio que los esclavos rendían a sus amos, para lo cual se postraban, mostrando reverencia y temor. La adoración cristiana debe ofrecerse con una actitud de humildad, reverencia y obediencia.

* *Aclamemos alegremente* (Salmo 95:1). Este llamado denota la actitud alegre y espontánea que el creyente debe manifestar cuando adora al Señor.

* *El culto cristiano en el Nuevo Testamento*. Los creyentes se reunían principalmente el día domingo (Hechos 20:7), adoraban en las casas y comían juntos en sus ágapes, seguido a la Cena del Señor(1 Corintios 11:23-28). Luego cantaban himnos al Señor (Efesios 5:19; Colosenses 3:16).

A. Razones para adorar a Dios en familia (Salmo 95:1-6)

Una de las diferencias más notables entre los animales irracionales y los humanos es la capacidad de adoración, el poder brindar a Dios un "culto racional" (Romanos 12:1). La adoración ha tomado características religiosas y sociales, pues en la mayoría de los casos sólo se lleva a cabo en la iglesia o en un círculo congregacional. En cambio, cuando la practicamos en el hogar y enseñamos a cada miembro de nuestra familia los beneficios de la comunión con Dios, la adoración se convierte en algo personal, que es como debe ser. Abundan en las Escrituras los llamados a la contemplación de la grandeza de Dios y a rendirle alabanza al Dios que nos provee todo lo bueno. El libro de los salmos es la sección más enfática en cuanto a la adoración a Jehová Dios, el Creador y Sustentador de nuestra existencia. Sin embargo, no buscamos sólo la práctica sino también el espíritu, la motivación y el propósito de nuestra adoración para que esta tenga el éxito necesario.

La adoración tiene que ser motivada por un deseo sincero de ofrecer a Dios nuestra alabanza, admiración y sumisión. En el salmo 95 vemos en primer lugar un doble llamado de urgencia a la adoración: "Venid, aclamemos alegremente a Jehová" (95:1) y "venid, adoremos y postrémonos; delante de Jehová nuestro Hacedor" (95:6). Luego se establecen criterios que describen a Dios como digno de ser alabado: "Él es la roca de nuestra salvación" (95:1), "porque Jehová es Dios grande y Rey grande" (95:3) y` porque Él es nuestro Dios; nosotros el pueblo de su prado, y ovejas de su mano" (95:7).

Una de las grandes tragedias que le han sucedido al género humano es haberse alejado de Dios y abandonado la práctica de la adoración. El rehusar rendirle adoración es evidencia de impiedad. Pablo dice que "habiendo conocido a Dios, no le glorificaron como Dios ni le dieron gracias, sino que se envanecieron en sus razonamientos, y su necio corazón fue entenebrecido" (Romanos 1:21). Sin embargo, la actitud cristiana de rendirle adoración al Señor debe estar colmada de espontaneidad y entusiasmo.

El salmista dice: "Aclamemos alegremente" y "cantemos con júbilo". Hay dos instrucciones prácticas acerca de la adoración en este pasaje. La primera dice: "Lleguemos ante su presencia con alabanza". La palabra "alabanza", de la raíz hebrea *yadá*, denota acciones y gestos en la adoración, implicando así que la totalidad del ser debe tomar parte en el culto a Dios. La segunda instrucción dice: "Aclamémosle con cánticos". El salmista usa la palabra *zámar*, que incluye tanto los instrumentos como el canto, para la celebración en la adoración. Aun de las aves del cielo podemos aprender mucho acerca de la adoración a Dios. Ellas, sin saberlo, le dan gloria y alabanza a Dios con sus trinos y silbos agradables y tiernos. Además, es interesante observar cómo se mueven los pajarillos mientras cantan, como sino les fuera suficiente emitir sus ruidosos chillidos. Nosotros también nos movemos, aplaudimos, levantamos las manos y expresamos no sólo con palabras sino con gestos y movimientos la alegría que hay en nuestro corazón cuando alabamos al Creador.

B. Debemos adorar en conformidad a la Palabra de Dios (Juan 4:19-22)

La única diferencia que hay entre la adoración pública en el templo y la vida devocional en el hogar debe ser el número de adoradores y las circunstancias materiales. Pero el espíritu y la actitud nuestra deben ser los mismos. En la iglesia existe una atmósfera de celebración y relaciones sociales con los demás creyentes; mientras que en el hogar sólo se cuenta con la familia. Pero aparte de estos detalles, el espíritu y la actitud de la adoración deben ser exactamente los mismos. En ambos casos adoramos al Todopoderoso y sabio Dios que merece nuestro culto. En ambos casos también al acercarnos a Él lo hacemos para saciar nuestras necesidades espirituales, a lo que el Señor responde con la misma bondad.

En este pasaje de Juan 4:19-22 encontramos dos modelos de adoración: el que conocía la samaritana y el que Jesús estableció. Ella dijo: "Nuestros padres adoraron en este monte, y vosotros decís que en Jerusalén es el lugar donde se debe adorar" (4:20). Hay que recordar que este era un tema conflictivo entre judíos y samaritanos. Es posible que después de que la mujer reconociera a Jesús como profeta, decidiera evadir el tema de su vida personal,

refiriéndose al antiguo antagonismo del lugar de la adoración. Los samaritanos afirmaban que el lugar "oficial" de adoración era el monte Gerizim, donde, según ellos, Abraham iba a sacrificar a Isaac y se había encontrado con Melquisedec. Por eso construyeron un templo en el monte Gerizim. Los judíos, en cambio, se oponían con vehemencia a esto, citando a Deuteronomio 12:5 como evidencia central de que Dios había establecido a Jerusalén como el lugar de adoración.

En el versículo 21, sin embargo, Jesús responde a la samaritana, pero evita enredarse en la tradicional contienda sobre el lugar correcto de adoración. Al fin y al cabo, el sitio en que se adore, así como los detalles físicos y circunstanciales, no son de mayor importancia. La adoración cristiana trasciende de las viejas tradiciones que limitaban la adoración a ciertos patrones religiosos. Ahora nosotros tenemos libertad para acercarnos al trono de la gracia de Dios por medio del sacerdocio de Jesucristo (Hebreos 4:16). La expresión "la hora viene" señala que el sacrificio redentor de Jesús acabaría con toda discrepancia en cuanto al lugar de adoración. Esto fue lo que el profeta Sofonías había visualizado cuando dijo que todos "adorarían a Dios desde sus lugares" (Sofonías 2:11). La genuina adoración no está limitada a ningún lugar; por el contrario, el creyente encuentra a Dios en todas partes. En el versículo 22 Jesús le explicó que el pueblo judío tenía una revelación apropiada de la adoración y afirmó que el culto samaritano evidenciaba ignorancia. Aceptaban sólo el Pentateuco y eran idólatras: *Dejaron todos los mandamientos de Jehová... y se hicieron imágenes... y adoraron a todo el ejército de los cielos y sirvieron a Baal* (2 Crónicas 17:16).

La enseñanza que hay en este relato acerca de la adoración es contundente: cada vez que rechazamos una parte o la totalidad de la revelación de Dios, caemos en error. Hay muchos hoy como los samaritanos: pretenden adorar a Dios pero siguen en su ignorancia. Debemos analizar si nuestra adoración, familiar y congregacional está de acuerdo con los principios bíblicos, o es producto de un pragmatismo religioso cuyo interés es complacer al pueblo. Cuando la adoración es teocéntrica no se promueve la fama del adorador sino la gloria del Dios a quien se adora. La adoración en la familia también debe depender más de la omnipresencia de Dios que de todo formalismo religioso.

C. Debemos adorar a Dios "en espíritu y en verdad" (4:23,24)

La adoración que Jesús estableció en el versículo 23 tiene características muy especiales. Se debe practicar en "espíritu" y en "verdad". El punto central de esta enseñanza de Jesús es que el acercarse a Dios por medio de los ritos y el sacerdocio judío ya no tenía validez. Había llegado la hora de la ruptura con la complejidad litúrgica del judaísmo para dar lugar a la simplicidad del culto cristiano. La característica de este culto es el amor y la devoción de una vida redimida por la gracia de Dios.

Para adorar a Dios "en espíritu y en verdad" es necesario que el adorador haya experimentado la salvación. No es suficiente la mecánica externa de las palabras piadosas; es menester que el cristiano, con corazón contrito reciba el perdón de sus pecados por medio de la fe en Cristo Jesús. Sólo así el creyente estará dentro de la "verdad" que es Cristo, y en esa vivencia podrá manifestar en "espíritu", una respetuosa adoración al Dios que ha hecho posible su salvación. Expresado de otra manera, no se puede adorar a Dios "en espíritu y en verdad" a menos que uno esté unido a Cristo por el Espíritu Santo y por la Palabra de Dios.

La razón de este nuevo método es que "Dios es Espíritu" (4:24). Esta afirmación de la naturaleza divina afecta el concepto de la adoración, por cuanto afirma que Dios no está limitado a un lugar específico. En cualquier lugar, el verdadero adorador rinde sincero reconocimiento a la grandeza de Dios y se vivifica en la comunión con Él por medio del Espíritu Santo. Por otro lado, saber que el Padre busca verdaderos adoradores implica que hay adoradores falsos. Estos son los que omiten, ignoran o desobedecen la Palabra de Dios, que es la única "verdad" en la adoración.

II. LA MANERA CORRECTA DE ADORACIÓN QUE AGRADA A DIOS (GÉNESIS 4:3-8; LUCAS 10:38-42; HECHOS 10:30-35)

Definiciones y etimología

* *Pero no miró con agrado a Caín y a la ofrenda suya* (Génesis 4:5). Al parecer su ofrenda estaba desprovista de un sentido adecuado de pecado y de la necesidad de expiación, Caín es un ejemplo del hombre que es puramente terrenal y carnal.

* *Pero una sola cosa es necesaria* (Lucas 10:42). La piedad y la adoración sincera es una cosa necesaria, mejor aún es la única cosa necesaria, pues es la única que nos acompaña hasta la eternidad.

A. La actitud es más importante que la ofrenda y el sacrificio (Génesis 4:3-8)

El instinto religioso está presente en la naturaleza humana. Por naturaleza, el humano es un ser creado con la necesidad y también con la capacidad de adorar a Dios. En todo individuo surge, tarde o temprano, el impulso de buscar en alguien sublime alguna bendición para su alma. Los antropólogos y sociólogos dan testimonio de que aun en los lugares más recónditos de la tierra, donde no hay indicios de ninguna orientación religiosa civilizados, hasta los más aislados manifiestan fe en algo superior a ellos. El caso de las ofrendas de Caín y Abel nos indica que esta tendencia religiosa ha estado presente desde los comienzos de la historia De ahí que por ignorar la enseñanza de la Palabra de Dios, la gente se deja arrastrar a la adoración de ídolos y demonios, y a practicar hasta las cosas más extrañas.

La ofrenda de Caín no fue rechazada porque era del fruto de la tierra. En Génesis 4 vemos que Caín trajo del fruto de la tierra una ofrenda a Jehová, mientras que Abel le sacrificó lo mejor de sus ovejas. No sabemos qué o quién indujo a estos dos hijos de la primera pareja humana a ofrecer sus sacrificios. Lo que se nos dice es que Dios miró con agrado la ofrenda de Abel, pero rechazó la de Caín. Tampoco nos revela el autor de Génesis las razones por las que Jehová decidió recibir a uno de los dos adoradores, mientras que rechazó al otro. No podemos decir que la ofrenda de Caín no fue del agrado de Dios porque era vegetal, y que sí aceptó la de Abel porque era un sacrificio animal. Esto lo deducimos del siguiente pasaje: "Traeréis al sacerdote una gavilla por primicia de los primeros frutos de vuestra siega. Y el sacerdote mecerá la gavilla delante de Jehová, para que seáis aceptos" (Levítico 23:10,11).

Caín fue rechazado porque él mismo era del maligno. Lo que dice la Biblia acerca del rechazamiento de la ofrenda de Caín nos da a entender que Dios no ve tanto lo que le damos como la actitud con que se lo ofrecemos. (a) Se debe adorar con fe. El autor de Hebreos dice que, "por la fe Abel ofreció a Dios más excelente sacrificio que Caín, por lo cual alcanzó testimonio de que era justo" (Hebreos 11:4). Esto nos indica que Caín no presentó su ofrenda con fe; y "todo lo que no proviene de fe, es pecado" (Romanos 14:23). También se nos enseña que "sin fe es imposible agradar a Dios" (Hebreos 11:6). (b) La adoración debe venir de un corazón redimido, santificado y lleno de amor. El apóstol Juan describió las razones de las fallas de Caín: "No como Caín, que era del maligno y mató a su hermano. ¿Y por qué causa lo mató? Porque sus obras eran malas, y las de su hermano justas" (1 Juan 3:12).

Aquí aprendemos que no es posible adorar a Dios con un corazón no regenerado. Es indispensable acudir al Señor para ser perdonados por su misericordia y limpios por la sangre de Jesucristo para poder agradar al Dios que adoramos. Caín no era un hombre justo, no tenía fe en Dios ni sentía amor por su hermano. ¿Cómo está su corazón? ¿Cree que está agradando al Señor con lo que piensa, lo que dice, lo que hace y lo que le da como ofrenda y sacrificio? Recordemos la enseñanza del apóstol: *Así que, hermanos, os ruego por las misericordias de Dios, que presentéis vuestros cuerpos en sacrificio vivo, santo, agradable a Dios, que es vuestro culto racional* (Romanos 12:1).

B. Al Señor le agrada más la adoración que la acción (Lucas 10:38-42)

La amistad de Jesús con los tres hermanos: Marta, María y Lázaro, nos indica que el Señor siempre quiere tener comunión con los que creen en Él. El relato de Lucas 10:38-42 nos recuerda que en esta ocasión, como en otras anteriores, Jesús se complacía en visitar a sus amigos de Betania. La estructura gramatical utilizada por Lucas sugiere que Marta era la señora de la casa y María, la hermana menor. El versículo 39 destaca que María se deleitaba escuchando las enseñanzas de Jesús, y que para asegurarse de no perder ni un solo detalle, se sentaba a los pies del Maestro. Las palabras de Jesús son divinas, por lo tanto, dan salud al espíritu, vida al alma y verdad al corazón. Él nunca utilizó ninguna de las fórmulas que usaban los profetas. Jamás dijo: "Vino a mí palabra de Jehová". El es la Palabra encarnada y todo lo que dijo fue dicho por Dios. María, una creyente profundamente espiritual, reconocía el valor de las palabras de Jesús y no estaba dispuesta a hacer nada que estorbara su atención como discípula amada.

En cambio, Marta, que también trataba de agradar al Señor, "se preocupaba con muchos quehaceres", pensando que para tener a Dios agradado hay que hacer muchas cosas (10:40). La palabra usada es *periestato*, cuyo significado literal es estar "excesivamente atareada". Como consecuencia de su ansiedad, Marta se acercó con una actitud exaltada a Jesús y le dijo: "Señor, ¿no te da cuidado que mi hermana me deje servir sola?". Para sorpresa suya, lo que Marta escuchó de Jesús no fue una reprensión a María como ella lo esperaba, sino una lección que habría de servir no sólo a la atribulada "señora" de la casa, sino a todos los cristianos "super ocupados". Con todo amor y firmeza, Jesús le dice: "Marta, afanada y turbada estás con muchas cosas. Pero sólo una cosa es necesaria; y María ha escogido la buena parte, la cual no le será quitada" (10:41,42).

Nosotros, también, muchas veces nos sobrecargamos con "muchas cosas", pensando agradar más a Dios mientras más ocupados estamos. Pero al final de tantos programas y tantas actividades en nuestra agenda terminamos afanados y turbados, perdiendo la mejor parte que es la comunión con el Señor. Motivado por este sentir, David expresa en el Salmo 27:4: *Una cosa he demandado a Jehová, ésta buscaré; Que esté yo en la casa de Jehová todos los días de mi vida, Para contemplar la hermosura de Jehová, y para inquirir en su templo.* Como creyente maduros, debemos mantener un equilibrio entre la vida devocional y la ministerial. Tan importantes son los momentos que pasamos en comunión con el Señor, especialmente, junto con la familia, como las actividades públicas que realizamos en nuestro ministerio. Jesús mismo se separaba de la gente, y hasta de sus discípulos, para estar a solas con el Padre en oración. ¡Imitemos a nuestro Maestro!

C. La Palabra de Dios es más importante que nuestra piedad (Hechos 10:30-33)

En la casa de Cornelio hubo un culto de adoración que acabó con muchos prejuicios. En primer lugar demostró que el pecado promueve las separaciones, pero la adoración que procede de un espíritu contrito y humillado une a la gente por medio del evangelio de Jesucristo. En segundo lugar, en casa de Cornelio aprendemos que la adoración es un encuentro dinámico y reverencial entre el pueblo redimido y Dios, en el que el creyente

reconoce la majestad divina y acepta la igualdad con su prójimo. La adoración es el culto voluntario a Dios por lo que Él es y por lo que hace.

Una cosa de suprema importancia que aprendemos de lo que sucedió en casa del centurión romano de Cesarea es que adorar y evangelizar no son actividades opuestas entre sí; por el contrario, son acciones interrelacionadas que se nutren mutuamente. Por lo visto aquí, Cornelio convirtió su casa en un centro de adoración y evangelización. Reunió a su familia para adorar a Dios e invitó a sus amigos y vecinos para que Pedro los evangelizara.

A veces, perdemos de vista esta doble función del hogar cristiano; pero debemos reconocer que no es posible adorar al Dios que desea el arrepentimiento del género humano y olvidamos de evangelizar a los que no son salvos. El adorador que no evangeliza es una víctima del egoísmo, y demuestra no haber tomado conciencia del amor de Dios. Por otra parte, el evangelizador que no adora, sólo funciona a nivel mecánico: es un simple propagandista de creencias, doctrinas e ideas que ha aprendido mentalmente, pero que no las está disfrutando en lo interno de su ser. Es lógico; sin embargo, que si sentimos lo que decimos, no habrá un momento de nuestra vida que no estemos dispuestos a demostrarlo con hechos, incluyendo la vida hogareña. Dejemos que el Señor entre a nuestro hogar y lo convierta en un templo de adoración y un campo evangelístico.

Afianzamiento y aplicación

(1) ¿Qué aprendemos acerca de la adoración en la familia, basados en el caso de los dos hermanos Caín y Abel?

(2) ¿Qué aprendemos del caso de las dos hermanas de Betania, Marta y María?

RESUMEN GENERAL

En el Salmo 95 se nos enseña que la adoración a Dios debe ser impulsada por una actitud de reverencia y admiración ante la grandeza de nuestro Dios. De acuerdo con este salmo de David, nosotros adoramos a

Dios porque Él es grande, porque es bueno y porque somos hechura suya. Los motivos que tenemos para adorar y alabar a Dios son innumerables. Es necesario que cuando estemos en comunión con Él, ya sea, por medio de la oración, las alabanzas o simplemente nuestra contemplación, tengamos bien claras en nuestra mente las razones para darle culto y adoración. A lo largo de la historia ha habido distintos modelos de adoración, pero para nosotros lo importante es que descubramos el modelo que Jesús estableció en su diálogo con la samaritana: "Adorar al Padre en espíritu y en verdad".

La adoración se ilustra mejor cuando observamos el ejemplo de personas que estuvieron muy cerca de Dios en su vida devocional. Los mejores ejemplos de servicio y adoración en el Nuevo Testamento se ven en las hermanas Marta y María, en Betania. En el relato de Lucas acerca de la visita de Jesús a estos amigos de Betania aprendemos que no es más importante estar súper ocupados en las cosas de Dios, que tener una comunión personal y atenta con Él. Jesús no menospreció el servicio de Marta; lo que hizo fue darle prioridad a lo que hacía María. Aprendamos a equilibrar la adoración con el servicio que rendimos a nuestro Salvador. Del caso de Cornelio nos queda la lección de saber usar nuestra casa e incluir a nuestra familia en la adoración para edificación nuestra y la evangelización para la salvación de nuestros familiares, amigos y vecinos.

Ejercicios de clausura

(1) Aplique la dinámica de los verbos usados en el Salmo 100 relacionados con la adoración: "Cantad, servid, venid, reconoced, entrad, alabadle, bendecid".

(2) Retome las preguntas de la samaritana en cuanto a la adoración y explique qué significa "adorar en espíritu y en verdad".

PREGUNTAS Y RESPUESTAS

1. De acuerdo al tema de hoy ¿cuál sería una de las diferencias más notable entre los animales irracionales y los humanos?

Es la capacidad de adoración y el poder brindar a Dios un "culto racional"

2. ¿Qué significa adorar a Dios en "espíritu y en verdad"?

Que sólo el creyente que está dentro de la "verdad" que es Cristo, y manifestó en "espíritu", una sincera y respetuosa adoración, es el que verdaderamente le adora.

3. ¿Por qué Dios no aceptó la ofrenda (adoración) de Caín?

Porque no tenía la actitud correcta, no era justo, no tenía conciencia de su pecado, no tenía fe en Dios, ni sentía amor por su hermano.

4. ¿Qué le quiso decir Jesús a Marta cuando expresó: "una sola cosa es necesaria; y María ha escogido la buena parte"?

Que las actividades que realizamos son importantes, pero más valiosos son los momentos que pasamos en comunión con el Señor.

5. ¿Qué aprendemos del culto en la casa de Cornelio?

Que la adoración acaba con muchos prejuicios y une a la gente por medio del evangelio de Jesucristo.

PARA LA PRÓXIMA SEMANA

Siempre van a surgir conflictos y crisis en el matrimonio, el asunto es saber cómo tratarlos. En el próximo estudio analizaremos la victoria de una pareja al respecto. Le invitamos a realizar las lecturas devocionales diarias.

VICTORIA EN LAS CRISIS FAMILIARES

Base bíblica

Mateo 1:18-25; 1 Corintios 13:4-7

Objetivos

1. Aprender a manejar y resolver conflictos en el matrimonio.
2. Desarrollar canales de comunicación y de confianza mutua.
3. Buscar la voluntad de Dios y permitir que la vida conyugal sea dirigida por el Espíritu Santo.

Pensamiento central

Para que la pareja pueda superar sus dificultades, ambos deben estar en obediencia a Dios, cultivar una atmósfera de entendimiento y mantener un amor sin reservas.

Texto áureo

El amor es sufrido.... Todo lo sufre, todo lo cree, todo lo espera, todo lo soporta.
1 Corintios 13:4,7

Fecha sugerida:___/___/___

LECTURA ANTIFONAL

Mateo 1:18 El nacimiento de Jesucristo fue así: Estando desposada María su madre con José, antes que se juntasen, se halló que había concebido del Espíritu Santo.

19 José su marido, como era justo, y no quería infamarla, quiso dejarla secretamente.

20 Y pensando él en esto, he aquí un ángel del Señor le apareció en sueños y le dijo: José, hijo de David, no temas recibir a María tu mujer, porque lo que en ella es engendrado, del Espíritu Santo es.

21 Y dará a luz un hijo, y llamarás su nombre Jesús, porque él salvará a su pueblo de sus pecados.

22 Todo esto aconteció para que se cumpliese lo dicho por el Señor por medio del profeta, cuando dijo:

23 He aquí, una virgen concebirá y dará a luz un hijo, y llamarás su nombre Enmanuel, que traducido es: Dios con nosotros.

24 Y despertando José del sueño, hizo como el ángel del Señor le había mandado, y recibió a su mujer.

25 Pero no la conoció hasta que dio a luz a su hijo primogénito; y le puso por nombre Jesús.

1 Corintios 13:4 El amor es sufrido, es benigno; el amor no tiene envidia, el amor no es jactancioso, no se envanece;

5 no hace nada indebido, no busca lo suyo, no se irrita, no guarda rencor;

6 no se goza de la injusticia, mas se goza de la verdad.

7 Todo lo sufre, todo lo cree, todo lo espera, todo lo soporta.

DATOS GENERALES ACERCA DEL TEMA

- **Enseñanza:** La vida conyugal cristiana puede ser más feliz y exitosa si ambos cónyuges se someten a las enseñanzas de la Palabra de Dios.
- **Autores:** Mateo y Pablo.
- **Personajes:** José, María y un ángel del Señor.
- **Fecha:** Jesús nació en el año 4 a. C., un poco antes de la muerte de Herodes el Grande.
- **Lugares:** Nazaret y Éfeso.

BOSQUEJO DEL ESTUDIO

I. Cómo enfrentar situaciones inesperadas (Mateo 1:18-23)
   A. Manteniendo el aplomo y la cordura (1:18)
   B. Estableciendo un proceso de comunicación (1:19)
   C. Buscando la intervención divina (1:20, 21)
   D. Entendiendo la voluntad de Dios (1:22, 23)

II. Dirección y ayuda de Dios en el matrimonio (Mateo 1:24, 25)
   A. La revelación de Dios es una realidad (1:24)
   B. El secreto está en creer y obedecer (1:24)
   C. Los hijos son parte de la vida conyugal (1:25)

III. Las virtudes del amor en el matrimonio (1 Corintios 13:4-7)
   A. El sufrimiento ennoblece el carácter (13:4)
   B. El que ama no es egoísta ni rencoroso (13:5)
   C. El amor está basado en la verdad (13:6)
   D. El amor verdadero todo lo cree, todo lo espera (13:7)

Nazaret era un pueblo pequeño e insignificante. Sin embargo, allí fue donde el ángel del Señor se le apareció a María anunciando que sería la madre de Jesús, el salvador del mundo.

LECTURAS DEVOCIONALES DIARIAS

Lunes: El matrimonio fue instituido por Dios (Génesis 2:18-25).

Martes: El enemigo siempre quiere atacar a la familia (Génesis 3:1-7).

Miércoles: La virgen escogida para concebir a Jesús (Mateo 1:18).

Jueves: Intervención divina en una pareja santa (Mateo 1:19-25).

Viernes: Jesús vino a formar parte de una familia (Mateo 2:13-18).

Sábado: El amor, base fundamental del matrimonio (1 Corintios 13:4-7).

INTRODUCCIÓN

La mayor parte de los problemas que aquejan a la humanidad fueron, y siguen siendo, los conflictos en el matrimonio y la crisis familiar por la falta de valores. Los divorcios, el distanciamiento de la pareja y el abandono del hogar aumentan vertiginosamente provocando una pérdida acelerada de los principios familiares y como una de sus consecuencias, de seguro la más terrible, niños y jóvenes que crecen frustrados y carentes de pautas necesarias para convertirse en adultos dignos y equilibrados.

La historia que tomamos en esta lección es la pareja de José y María. Este matrimonio pudo haberse disuelto, a no ser por la oportuna intervención de Dios, y la fe y obediencia que asumieron los cónyuges, logrando un proceso eficaz de terapia matrimonial. Por supuesto, nos referimos aquí a la singular concepción virginal y gestación divina de nuestro Señor Jesucristo, base fundamental de nuestra fe, hecho sobrenatural que jamás podrá ser igualado por ningún otro en la historia de la especie humana. Es por ello que hoy deseamos fijar nuestra atención en elementos de este pasaje, que prácticamente nunca se han considerado para realizar un estudio psicológico de las relaciones conyugales.

En cuanto a las fuentes debemos señalar que de los tres evangelios sinópticos, Mateo es el más pedagógico, así como el más completo y citado por los padres y teólogos de la iglesia primitiva. Su primer capítulo tiene solo dos temas generales: las genealogías (1-17) y el nacimiento virginal de Jesús (18-25). La segunda parte puede dividirse perfectamente en dos claras secciones. Una, los versículos 18-23, narra el descubrimiento de la concepción de María por intervención divina, lo cual constituyó un grave problema moral y psicológico para José. En los dos versículos restantes, José responde a Dios y Dios interviene de forma terapéutica y sanadora. La tercera parte de esta lección se basa en el "capítulo del amor" (1 Corintios 13). Queda claro, entonces cómo la dinámica del Espíritu Santo, plasmada en la virtud del amor ágape, podría ser el camino a la consecuente restauración del hogar y la familia.

DESARROLO DEL ESTUDIO

I. CÓMO ENFRENTAR SITUACIONES INESPERADAS (MATEO 1:18-23)

Ideas para el maestro o líder

(1) Explique a su clase que aunque este es un pasaje tradicionalmente "navideño", se analiza aquí desde una perspectiva psicológica, para ofrecer una lección práctica para la familia.
(2) Exponga la primera parte del bosquejo de la lección.
(3) Formule preguntas durante la clase para comprobar lo que sus alumnos saben sobre el tema y prepararlos para que reciban un conocimiento nuevo.

Definiciones y etimología

* *Desposada*, significa "comprometida" o "declarada" públicamente como futura esposa, aunque todavía no vivían juntos, ni se había celebrado en matrimonio en sí.

* *Del Espíritu Santo*. Esto nunca se puede interpretar como si Jesús hubiera sido hijo del Espíritu Santo, sino del Padre, por agencia de su Espíritu.

* *Era justo*. No en el sentido legal, sino más bien en su carácter bondadoso, misericordioso y tierno hacia María.

* *Hijo de David*. José era descendiente directo de David, después de 27 generaciones (versículo 17).

* *Jesús*, al igual que "Josué", significa en hebreo "Jehová es salvación".

A. Manteniendo el aplomo y la cordura (1:18)

Una de las cualidades humanas que salvan a las familias es la capacidad de reflexionar y analizar con calma las circunstancias que surgen en los conflictos conyugales a largo de la vida. No se dice nada acerca del noviazgo de José y María sino hasta cuando se inicia el relato de la concepción de Jesús en ella "antes que se juntasen", es decir, antes de que se efectuase la boda. El compromiso de esta joven virgen con José, la ligaba a él de forma legal aun antes de que se unieran físicamente, según una costumbre judía. (Génesis 24:55; Deuteronomio 20:7). Podemos imaginarnos la perplejidad de María. Ella conocía el misterio que se obraba en su interior, pero, ¿cómo convencer a los demás de que era inocente? Cualquier infidelidad durante ese período se consideraba y era castigada como adulterio (Deuteronomio 22:25,28).

Mateo no nos dice cómo se descubrió que María "había concebido". Lo más seguro es que fuera ella misma quien le diera a su prometido una explicación tan íntima como asombrosa de ello, pues ella sí tenía información clara que compartir con José. Todo lo que tuvo que hacer fue recordar la maravillosa visita del ángel Gabriel (Lucas 1:26-38).

Después del saludo: "Bendita tú entre las mujeres", el mensajero celestial le dijo: "Ahora concebirás en tu vientre, y darás a luz un hijo, y llamarás su nombre Jesús". Ante el asombro de María, por cuanto era virgen, Gabriel le explicó: "El Espíritu Santo vendrá sobre ti, y el poder del Altísimo te cubrirá con su sombra; por lo cual también el Santo Ser que nacerá, será llamado Hijo de Dios". No sabemos si ella le refirió todos esos detalles a su futuro marido; pero si así ocurrió, ¿estaría José dispuesto a aceptarlo?

B. Estableciendo un proceso de comunicación (1:19)

Lo que María le informó a este desconcertado israelita fue alarmante. Ante tal noticia lo que él tenía que hacer era iniciar un proceso de comunicación de mucha intimidad. El impacto que provocó en José la información acerca del embarazo, se quiso realizar en el versículo 19 que narra el hecho y menciona a José como "su marido", a pesar de que todavía no estaban conviviendo. Esto, por supuesto, ante lo que significaba el desposorio entre los judíos. Dos datos sobre la personalidad de José demuestran su nobleza: (a) "Era justo". Es decir, era un hombre bueno, religioso, según el corazón de Dios, y por eso, inclinado a la misericordia como lo es Dios, y presto a perdonar como quien ha sido perdonado. Es bueno, en muchos casos, ser comprensivos y misericordiosos con quienes están bajo sospecha de haber cometido alguna falta (Gálatas 6:1). (b) "No quería infamarla", es decir, avergonzarla. Esto demuestra la nobleza del corazón de este descendiente de David. ¡Qué forma tan apropiada y justa de ofrecer información sobre alguien que está a punto de entrar en un grave conflicto, quizá el más serio para un hombre!

El versículo 19 finaliza con una frase que en nada resulta una contradicción de las virtudes atribuidas a este "marido". Dice que "quiso dejarla secretamente", y aunque los escritores sagrados prefirieron omitirlo, esas palabras sugieren que en el corazón profundo de este hombre "justo" se estaba librando un importante conflicto psicológico, ya que por ser María tan discreta no le dio al marido toda la explicación que el caso requería. José pensó que lo mejor sería alejarse de ella "secretamente". Desde el punto de vista humano, esta actitud de José era lógica, pues sospechaba de la infidelidad de María y temía llevar a cabo el casamiento. Pero Dios no iba a permitir que esto sucediera. Debemos reconocer que ni antes ni después se escuchó decir que Dios, mediante el Espíritu Santo, engendrara a alguien en una mujer.

C. Buscando la intervención divina (1:20, 21)

Es preciso comprender que las sospechas de José parecían ser correctas. Por eso, la expresión "pensando él en esto" nos indica que en realidad en su corazón había mucho dolor y una gran preocupación. Así sucede tantas veces, en que uno de los cónyuges se consume internamente por los celos debido a ideas que le atormentan, pero sobre las cuales no tiene seguridad alguna ni puede comprobarlas. Como dice el apóstol en 1 Corintios 10:13,

"No os ha sobrevenido ninguna tentación que no sea humana; pero fiel es Dios, que no os dejará ser tentados más de lo que podéis resistir, sino que dará también juntamente con la tentación la salida, para que podáis soportar".

Cuando José estaba llegando al extremo, y se agravaba su carga psicológica, "un ángel del Señor le apareció en sueños". Cuando se ha reflexionado lo suficiente, y se ha llegado a un punto muerto en nuestras deliberaciones, es cuando Dios viene en nuestra ayuda con una inspiración clara o con una circunstancia reveladora. Dios entiende que hay momentos en que la conciencia humana está tan ofuscada y llena de angustia, que se ve en la necesidad de utilizar los canales del subconsciente para comunicarse con el hombre. Muchos siervos de Dios como Jacob (Génesis 28:10-16), José (Génesis 37:5-10), Job (4:13), Salomón (1 Reyes 3:3-15), Daniel (7,8, 10-12) y Pablo (Hechos 27:23,24), fueron avisados por medio de "sueños".

Tanto José como María estaban sufriendo. Por eso, el ángel le dijo a José: "No temas recibir a María tu mujer". Para alguien que sufre sin razón, resulta confortante escuchar el mensaje de Dios. Así fue como recibió José la noticia del nacimiento virginal del bendito Salvador, cuyo nombre Jesús le fue dado también a su padre adoptivo (versículos 20,21). Dios no es un Dios de confusión. De ahí que José y María recibieran la misma revelación, y para el confundido corazón de José y el alma atormentada de su joven esposa, fue suficiente esa terapia o tratamiento que vino de Dios.

D. Entendiendo la voluntad de Dios (1:22, 23)

Cuando leemos los versículos 22 y 23 comprendemos que son una nota parentética de Mateo, en la cual el lector identifica una profecía cumplida en el nacimiento virginal de Jesús. Él vio "todo esto" como cumplimiento fiel de lo que el profeta Isaías había escrito: "He aquí que la virgen concebirá, y dará a luz un hijo" (Isaías 7:14).

No se ha podido conocer si el ángel contó a José esta famosa profecía, pero sí podemos asegurar que este hombre, conocedor de las Escrituras, no ignoraba el dato, que era la gran "esperanza de Israel". Incluso para todos nosotros es altamente significativa la inclusión aquí de este pasaje del Antiguo Testamento. La Palabra de Dios, sus promesas y condiciones, sus datos históricos, sus mandamientos y normas, todo es un recurso terapéutico que debemos saber usar en la consejería familiar. Los menos creyentes y hasta los ateos, incluso los psicólogos y los psiquiatras, reconocen la importancia de la fe en la curación de la depresión, la angustia y las ansiedades.

Afianzamiento y aplicación

(1) Haga que todos participen buscando respuestas a algunas preguntas de repaso sobre los puntos estudiados, especialmente acerca de las sospechas y la estrategia de José.

(2) Investigue si síntomas similares a los de José están afectando de cualquier forma a algunos de los alumnos o a personas conocidas de ellos.

(3) Propicie comentarios y testimonios al respecto.

(4) Aproveche para comentar el remedio que Dios le dio a José.

II. DIRECCIÓN Y AYUDA DE DIOS EN EL MATRIMONIO (MATEO 1:24, 25)

Ideas para el maestro o líder

(1) Designe a dos alumnos para que lean este pasaje.

(2) Siga con la exposición del bosquejo.

(3) Permita comentarios sobre los puntos de esta sección.

(4) Use las definiciones siguientes.

Definiciones y etimología

* *Recibió a su mujer*. O sea, se casó con ella y la llevó a su casa.

* *No la conoció*. José no vivió sexualmente con su esposa hasta después que naciera Jesús.

* *Hijo primogénito*, significa el primero.

A. La revelación de Dios es una realidad (1:24)

Lo que le sucedió a José resulta una experiencia que puede ilustrar a muchos lo que precisa realizar todo ser humano cuando enfrenta problemas personales: "despertar a la realidad". Los sueños son importantes, eso no puede negarse, sobre todo cuando Dios los utiliza para que conozcamos su voluntad. Ahora bien, si toda nuestra vida fuera un sueño, es difícil que pudiéramos salir triunfantes de las diversas batallas que libramos. Recordemos cómo el sueño revelador de José fue suficiente para que él dejara de seguir ofuscado, y se decidiera a actuar y recuperar sus energías. *Y despertando José del sueño, hizo como el ángel del Señor le había mandado, y recibió a su mujer*.

B. El secreto está en creer y obedecer (1:24)

Para triunfar en la vida, lo primero y más importante es creer. Después, poner en práctica esa creencia. José "hizo como el ángel del Señor le había mandado", con lo cual se cumple el concepto de Santiago: "La fe, si no tiene obras, es muerta en sí misma" (Santiago 2:17). No existe un consejo familiar o matrimonial que sea capaz en sí mismo de restaurar la vida y la paz de una pareja, a menos que la misma esté dispuesta a "obedecer" y aplicar las recomendaciones impartidas. José "recibió a su mujer" y de esa manera demostró que había creído en el mensaje de Dios; él creyó con fe. Por no responder positivamente al mensaje divino es que tantos matrimonios "cristianos" se destruyen. Es necesario creer y obedecer. Es importante practicar el "perdón de corazón" (Mateo 18:35), para sanar las heridas que dejan los conflictos.

C. Los hijos son parte de la vida conyugal (1:25)

Ya habíamos comentado acerca de la nobleza de José, su capacidad de creer y su obediencia a Dios. Ahora también hablaremos de su sabiduría. A pesar de que el matrimonio de José y María llegó a consumarse de la manera más natural y feliz, él no quiso tocar el cuerpo de su esposa: "No la conoció" mientras estuvo en su vientre el Hijo de Dios. Este sí es un hermoso ejemplo de respeto hacia Dios y hacia la santa virgen que estaba a su lado. Así mostró un alto grado de sabiduría y dominio de sí mismo. Después que María "dio a luz a su hijo primogénito", todo volvió a la normalidad. No existe razón alguna ni tampoco base, para pensar o negar que esta pareja haya vivido muy feliz y haya procreado más hijos.

Afianzamiento y aplicación

(1) Permita que los que deseen, puedan realizar comentarios alusivos a estos conceptos.

(2) Pregunte si hay alguien en la clase, a quien Dios le haya dado un mensaje para mejorar su vida y no lo haya puesto en práctica.

(3) ¿Qué lección aprendemos sobre el respeto de José hacia Dios, Jesús y su esposa?

III. LAS VIRTUDES DEL AMOR EN EL MATRIMONIO (1 CORINTIOS 13:4-7)

Ideas para el maestro o líder

(1) Sugiera a los alumnos que busquen en las actitudes de José y María, en este pasaje, las características del amor.

(2) Compruebe que ellos entienden por qué usamos el pasaje como parte de una lección de terapia familiar.

Definiciones y etimología

* *Amor agape*, afecto profundo desinteresado.

* *Sufrido makrosumei,* paciente, tolerante, capaz de resistir.

* *Envidia zeiloi*, celos.

A. El sufrimiento ennoblece el carácter (13:4)

Eros, filos y ágape son tres palabras griegas que designan los diferentes tipos de amor: la primera significa "amor físico, la segunda "amor filial" y la última "amor puro", justamente el que describe Pablo en este pasaje. Cuando en una relación conyugal entran en juego estas tres clases o niveles de amor, entonces se considera un matrimonio perfecto. Pero es el amor puro el que realmente dignifica la vida de la pareja, el que es "sufrido", o que está dispuesto a soportarlo todo con tal de conservar la armonía y la tranquilidad de ambos. Este amor es "benigno", "bueno" o

"servicial", como lo indica el idioma griego; no tiene "envidia" o "celos", no es "jactancioso" ni "vanidoso'. José es un magnífico ejemplo de este tipo de amor, porque lo demostró cuando tuvo que enfrentar los problemas, sin duda, entre los más serios y agudos que puede tener una pareja.

B. El que ama no es egoísta ni rencoroso (13:5)

Antes de la revelación divina, José veía las cosas a su manera. Pero cuando escuchó el mensaje de Dios, quedaron sin efecto todos los mecanismos de defensa que estaba desarrollando: la represión, la evasión, la autojustificación. Él aceptó su realidad, y aunque esperar implicara sacrificio personal, José ofreció todo el tiempo necesario. Este varón justo procedió según el verdadero amor que sentía, y por eso venció, como siempre ocurre cuando el amor no es egoísta y no busca solo su propia satisfacción.

C. El amor está basado en la verdad (13:6)

Aunque a veces la verdad es dolorosa, es preferible predisponerse a ella favorablemente, que esconderse en falsos refugios. Gozarse en la verdad es lo más agradable que puede experimentarse tanto en la vida conyugal como en todos los aspectos. Los griegos designan la "verdad" como aleteia, que también significa "confiabilidad" y "realidad".

La pareja que se comunica con la verdad jamás tendrá que avergonzarse ni llorar. La actitud de escape de José hubiera resultado en una tragedia, aunque en ese momento pareciera "justo". Es evidente que la verdad del mensaje de Dios resuelve todos los problemas, aun los más complicados de la vida.

D. El amor verdadero todo lo cree, todo lo espera (13:7)

Como el verdadero amor "todo lo espera", José supo aguardar todo el tiempo necesario para poder disfrutar a plenitud de su vida conyugal. El verbo elpizo da la idea de una "esperanza", de que todo va a ser mejor. ¡Es tan hermoso y estimulante esperar siempre cosas mejores! Claro que en el matrimonio no sólo se trata de "esperar", sino también de hacer mucho ahora para esperar mucho más en el futuro. Es algo similar a la siembra y la cosecha. Primero es necesario sembrar la semilla, después abonarla, cultivarla y cuidarla. Los resultados, entonces, tienen que ser positivos.

Afianzamiento y aplicación

(1) Lleve estos conceptos del amor a las parejas o cónyuges presentes.

(2) Permita escuchar los puntos de vista de algunos alumnos, así como sus experiencias y recomendaciones al respecto.

RESUMEN GENERAL

Este estudio ayuda a los alumnos a descubrir si sus problemas conyugales (en caso que existan), tienen causas reales o se basan en sospechas o suposiciones. Es importante recomendar que ante el consejo que se reciba de la Palabra de Dios, actuemos con obediencia y seamos motivados por el verdadero amor.

Estudiamos y comprendimos que el caso de José y María, no es sólo un cuadro navideño, sino también un hecho que lleva implícita una tremenda dosis de psicología pastoral aplicada a los problemas matrimoniales. Es lógico que José tuviera sospechas, resentimientos, vergüenza, temor y dolor; pero cuando descubrió que las cosas no eran como él las imaginaba, experimentó un cambio total.

Confiamos que se aprecien resultados importantes y favorables en la salud de las parejas participantes en la clase, que pasaban por algún tipo de crisis. Los consejeros de la familia recomiendan seguir una serie de pasos para solucionar los problemas en el hogar: (1) Considerar cada problema en sí, para ver si realmente existe. (2) Buscar siempre y seguir la dirección del Espíritu Santo y la Palabra de Dios. (3) Buscar las causas de cada situación y escribirlas en una lista. (4) Permitir a su cónyuge que también enumere sus preocupaciones. (5) Preparar sendas listas de posibles soluciones y compararlas. (6) Colocar las soluciones en orden prioritario, o empezar con las más factibles. (7) Actuar con obediencia, amor y fe.

Ejercicios de clausura

(1) Utilice el ambiente creado para posibilitar que cada uno diga en qué forma la lección lo ha ayudado o qué le ha revelado.

(2) Invite a reflexionar y buscar la ayuda del Señor para resolver problemas familiares propios o de personas conocidas.

(3) Finalice la sesión con una oración ferviente.

(4) Planee visitar o ayudar a alguna pareja que enfrente problemas como el que hemos estudiado hoy.

PREGUNTAS Y RESPUESTAS

1. ¿Cuál fue la situación inesperada a la cual se tuvieron que enfrentar José y María?

Que sin haber empezado a convivir como marido y mujer ella quedara entbarazada.

2. ¿Cómo demostró José que era un varón justo?

No se dejó llevar por celos, arranques de ira, sino que se encomendó a Dios y actuó con sabiduría y madurez.

3. ¿Cómo intervino Dios para que el matrimonio de José y María no se disolviera?

Dios le reveló a José que lo que estaba sucediendo era parte de su voluntad.

4. ¿Cuáles fueron las virtudes que se manifestaron en la manera en que José procedió para resolver el problema con su pareja?

Fue paciente, comprensivo y obediente al propósito de Dios.

5. Mencione las características del amor ágape que menciona el apóstol Pablo en 1 Corintios 13:7.

El verdadero amor: Todo lo sufre, todo lo cree, todo lo espera, todo lo soporta.

PARA LA PRÓXIMA SEMANA

La historia del hijo pródigo pudo haber terminado en una tragedia más; pero hubo un padre cuyas "cualidades", le permitieron manejar la crisis de su hijo rebelde. Ese es el próximo tema. Invite al grupo a estudiar y participar.

CUALIDADES NECESARIAS DE UN PADRE

ESTUDIO BÍBLICO 27

Base bíblica

Lucas 15:11-34

Objetivos

1. Descubrir las virtudes que adornan el corazón de un buen padre.
2. Desarrollar sentimientos tiernos y nobles hacia sus hijos de manera incondicional.
3. Esforzarse por proveer para los suyos los mejores recursos espirituales y materiales.

Pensamiento central

La naturaleza humana pueda convertir a un hombre en un padre cualquiera; la gracia divina puede hacer de cualquier padre un padre especial.

Texto áureo

Antes sed benignos unos con otros, misericordiosos, perdonándoos unos a otros, como Dios también os perdonó a vosotros en Cristo (Efesios 4:32).

Fecha sugerida:___/____/____

LECTURA ANTIFONAL

Lucas 15:11 También dijo: Un hombre tenía dos hijos;

12 y el menor de ellos dijo a su padre: Padre, dame la parte de los bienes que me corresponde; y les repartió los bienes.

13 No muchos días después, juntándolo todo el hijo menor, se fue lejos a una provincia apartada; y allí desperdició sus bienes viviendo perdidamente.

14 Y cuando todo lo hubo malgastado, vino una gran hambre en aquella provincia, y comenzó a faltarle.

20 Y levantándose, vino a su padre. Y cuando aún estaba lejos, lo vio su padre, y fue movido a misericordia, y corrió, y se echó sobre su cuello, y le besó.

21 Y el hijo le dijo: Padre, he pecado contra el cielo y contra ti, y ya no soy digno de ser llamado tu hijo.

22 Pero el padre dijo a sus siervos: Sacad el mejor vestido, y vestidle; y poned un anillo en su mano, y calzado en sus pies.

23 Y traed el becerro gordo y matadlo, y comamos y hagamos fiesta;

24 porque este mi hijo muerto era, y ha revivido; se había perdido, y es hallado. Y comenzaron a regocijarse.

25 Y su hijo mayor estaba en el campo; y cuando vino, y llegó cerca de la casa, oyó la música y las danzas;

28 Entonces se enojó, y no quería entrar. Salió por tanto su padre, y le rogaba que entrase.

31 Él entonces le dijo: Hijo, tú siempre estás conmigo, y todas mis cosas son tuyas.

32 Era necesario hacer fiesta y regocijarnos, porque este tu hermano era muerto, y ha revivido; se había perdido, y es hallado.

DATOS GENERALES ACERCA DEL TEMA

- **Enseñanza:** Contribuir a que los padres recuperen sus valores morales y espirituales, y a la vez que cultiven virtudes apropiadas para ser ejemplos de sus hijos.

- **Autor:** El evangelista Lucas.
- **Personajes:** Jesús y la multitud.
- **Fecha:** Período de la última gira de Jesús.
- **Lugar:** Perea.

BOSQUEJO DEL ESTUDIO

I. Un padre comprensivo y generoso
(Lucas 15:11-14)
   A. Provee todo lo necesario para su
   familia (15:11,12)
   B. Comprende y es paciente con sus
   hijos (15:13)
   C. Sensible ante la partida y ausencia
   de su hijo (15:14)

II. Un padre que perdona y restaura
(Lucas 15:20-24)
   A. Demuestra misericordia al perdido
   (15:20-25)
   B. Perdona con amor incondicional
   (15:21,22)
   C. Restaura con dignidad y generosidad
   (15:24)

III. Un padre que intercede y celebra
(Lucas 15:25-32)
   A. Intercede ante la falta de amor
   (15:25-30)
   B. Ofrece con amor todo lo que tiene
   (15:31)
   C. Celebra la salvación del perdido
   (15:32)

LECTURAS DEVOCIONALES DIARIAS

Lunes: La promesa de un hijo a un gran amigo
de Dios (Génesis 15:1-15).

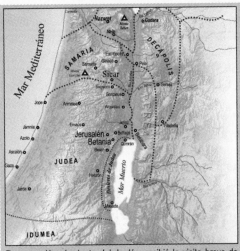

Perea, región al oriente del Jordán, recibió la visita breve de
Jesús en su camino hacia Jerusalén y fueron muchos los que
escucharon sus enseñanzas.

Martes: Un padre que guio a su familia al servicio de Dios (Josué 24:14-16).

Miércoles: El peligro de no corregir a los hijos
(1 Samuel 2:12; 3:13,14).

Jueves: Instrucciones finales de un buen padre
(1 Crónicas 28:9-21).

Viernes: Un padre busca de Jesús la liberación
de su hijo (Mateo 17:14-18).

Sábado: Recursos de un padre ejemplar (Lucas15:11-24).

INTRODUCCIÓN

El capítulo 15 de Lucas recoge tres de
las más bellas y significativas parábolas de
nuestro Salvador, en las cuales se ilustra el
amor de Dios por los pecadores. La"moneda
perdida" donde se describe al pecador como
alguien que no sabe que está perdido, pero
requiere ser hallado. La "oveja perdida", se
habla de alguien que sabe que está atrapado,
pero no puede volver al redil por sí solo, necesita ser rescatado. Y la del "hijo pródigo"
inscrita al final del capítulo como la nota culminante de la serie de mensajes de rescate
y salvación. En ella se alude al pecador que
reconoce su lamentable condición y toma la
decisión de volver a su padre en busca de perdón y restauración.

Esta secuencia ilustra muy bien los distintos tipos de pecadores que hay en el mundo,
a los cuales debemos alcanzar con las buenas

nuevas de salvación y vida eterna. Pero en
esta parábola se alude también al tema de la
familia. Hay en ella situaciones que suceden
a diario en los núcleos familiares. Hay dos
aspectos dominantes en esta historia: Por una
parte hay una gran lección para todos los padres de hoy, especialmente los cristianos, en
la figura del padre de la historia. Por la otra,
hay también un claro mensaje para los hijos
de hoy y de siempre. Las huidas del hogar suman millares cada día. Hay millones de hijos
que viven insatisfechos al lado de sus padres,
aunque estos les brinden todo el amor y la
protección posibles. Pero no se puede negar
que también son millones los que abandonan
el hogar de los padres porque no hallaron la
ayuda y la comprensión que buscaban.

La historia hipotética del hijo pródigo
pudo haber terminado en una tragedia más.
Sin embargo, las virtudes que poseía este pa-

dre modelo hicieron de él una celebridad. Él contaba con bienes materiales, recursos morales y valores espirituales, los cuales llevaron a esta familia virtual a un final de victoria y felicidad. Si el mundo de hoy contara con padres como el de nuestra lección, las familias serían sólidas y sabrían enfrentarse a los conflictos de la vida. Lo lamentable es que muchos son padres sólo porque han engendrado, pero no están buscando la manera de ser padres ejemplares. El objetivo de este estudio es motivarnos a desempeñar bien las funciones de padres de verdad.

DESARROLLO DEL ESTUDIO

I. UN PADRE COMPRENSIVO Y GENEROSO (LUCAS 15:11-14)

Ideas para el maestro o líder

(1) Exponga en el pizarrón esta primera parte del bosquejo.

(2) Explique que algunas de las parábolas de Jesús estaban basadas en casos muy apegados a la realidad.

(3) Discutan el problema de la fuga de los hijos del hogar.

Definiciones y etimología

* *Cerdos*. El ganado porcino sólo se criaba en países paganos; un trabajo degradante para un judío.

* *Algarrobas*. Frutos en forma de vainas, como las habas, de un arbusto que abunda en el oriente. Se cree que estas eran las "langostas" que comía Juan el Bautista.

A. Provee todo lo necesario para su familia (15:11,12)

La parábola del hijo pródigo es una de las más teológicas y evangelísticas del Nuevo Testamento. Por otra parte podemos clasificarla también como un cuadro familiar, porque se refiere a hechos muy naturales y comunes entre las familias de cualquier época. Que el hombre de este caso tuviera "dos hijos" fue un detalle especial para que Jesús lo usara como ejemplo en esta lección. Más hijos en la familia hubieran dado lugar

a otras explicaciones en la parábola; un solo hijo no le hubiera dado a la historia el colorido actual.

Se trata de una historia virtual o hipotética, narrada por el Señor acerca de un hombre que se destaca como un padre ejemplar en muchos aspectos. Esto se puede deducir de su comprensión hacia sus dos hijos, la distribución de los bienes cuando aún no era tiempo, su esfuerzo por ganar al hijo mayor y su actitud de perdón hacia el menor. Los tiempos actuales exigen esta clase de padres, para evitar las tragedias que están sucediendo. Que el hijo menor volviera al hogar le da a este hombre un triunfo que todos quisiéramos.

B. Comprende y es paciente con sus hijos (15:13)

Una de las cualidades de este padre fue su comprensión hacia "el menor" de estos dos hijos. No cabe duda de que este hijo era un joven sin una visión clara del futuro, pero con muchos deseos de aventuras y libertad. La degeneración en que cayó tan pronto como salió del hogar indica que estaba en esa edad en que todo lo que importa es lo novedoso, lo sensual y pasajero.

No cabe duda de que hubo bastante discusión entre padre e hijo antes de llegar a la determinación de darle la "parte de los bienes". No nos lo indica el registro sagrado, pero lo más probable es que el padre le haya rogado y le haya hecho ver todo lo que le sobrevendría al dedicarse a una vida libre y sin principios. Pero el joven no quiso atender tales consejos. ¿No es este un cuadro familiar para usted?

Este es un ejemplo digno de imitarse; pues no hay nada de malo en trabajar, ahorrar, comprar propiedades y hacer provisiones para el futuro de nuestros hijos. Eso no contradice la fe del cristiano, ya que no se hace por avaricia, o deseo de acumular fortunas innecesarias. Lo que sí condena la Palabra de Dios, como lo vimos en una lección anterior, es la codicia y la ambición que ha llevado a muchos a una condición espiritual muy baja.

El hijo mayor no estaba pidiendo su parte de los bienes, pero al determinar cuánto le tocaba al menor (una tercera parte), se decidió también la porción del mayor (dos terceras partes). Este último no dispuso de su herencia, sino que siguió viviendo al lado de su padre. Él sabía que todo lo que quedaba en la hacienda le pertenecía, como se lo hizo ver el padre en el versículo 31. No se nos dice, pero es probable que entre las razones de la terrible aventura del hijo menor se hallaran las malas relaciones con su hermano. Pero no podemos culpar al padre de ello.

C. Sensible ante la partida y ausencia de su hijo (15:14)

No podemos descartar los sentimientos y el dolor que debe de haberse producido en el tierno corazón del padre de la parábola. El único contento en este proceso era, sin duda, el hijo menor, quien "no muchos días después, juntándolo todo" lo redujo a dinero para lanzarse a la calle, lleno de vanas ilusiones y sin temor de Dios ni de su padre en el corazón.

Si la madre de este joven vivía todavía con ellos, su sufrimiento también debe de haber sido inmenso; pues las madres siempre sufren más la separación de un hijo, especialmente, el menor. Lo que sí podemos asegurar es que el padre hizo todo lo que estuvo a su alcance por detener a su hijo menor; pero todo fue inútil.

Los tres pasos descendentes del versículo 14 son comunes en el camino de maldad. (1) Era de esperarse que con una vida tan licenciosa y desenfrenada malgastara "todo" lo que tenía. (2) En ese preciso momento "una gran hambre" empezó a azotar al país pagano en que se encontraba. (3) Como consecuencia lógica, "comenzó a faltarle". Lo que le sucedió a este derrochador después de eso ilustra la degradación que sufre todo aquel que se aparta de los caminos establecidos por Dios y se deja llevar por sus caprichos. Apacentar cerdos era uno de los trabajos más humillantes, especialmente para los judíos. Pero este aventurero no sólo los apacentó sino que deseaba comerse las algarrobas que los puercos comían.

Afianzamiento y aplicación

(1) Formule dos o tres preguntas sobre cada parte de esta sección.

(2) Dibuje una escala descendente señalando los pasos que dio este joven desde el momento en que pidió su parte de los bienes hasta llegar a la situacuion lamentable en que se encontró.

II. UN PADRE QUE PERDONA Y RESTAURA (LUCAS 15:20-24)

Ideas para el maestro o líder

(1) Trace una escalera ascendente para mostrar los pasos de restauración que dio el hijo pródigo.

(2) Ayúdelos a destacar por lo menos seis pasos, desde el momento en que volvió "en sí" hasta cuando su padre lo recibió con una fiesta.

Definiciones y etimología

* *Volviendo en sí* (15:17). La frase griega de la que viene esta expresión se usaba para referirse a alguien que recobraba la razón después de un período de locura.

* *Jornalero* (15:19). Ni siquiera pidió que lo recibiera como "siervo", doulos, sino simplemente un místios, o trabajador del día.

* *Un anillo en su mano*. El poner a alguien una daktílion o sortija era una muestra de honor y dignidad.

A. Demuestra misericordia al perdido (15:20-25)

La misma ternura que pudo haberle provocado dolor y nostalgia a este amoroso padre, pudo haberlo movido a misericordia al ver el regreso de su hijo. El proceso de recuperación del hijo pródigo empieza en el versículo 17 al "volver en sí". Esto describe el estado de enajenación o extravío mental, moral y espiritual en que este hombre estuvo. Pero la misericordia divina empezó a mostrarse en él haciéndolo consciente de su lamentable estado. El siguiente paso fue recordar la abundancia de pan que había en casa de su padre. Luego, surge en él el impulso de levantarse e ir a su padre. Un cuarto paso es el acto o ejecución de lo planeado. Otro peldaño es la confesión sincera de no ser digno de la gracia de su padre. El paso final es su aceptación del favor inmerecido de su padre. Aquí tenemos una descripción del plan de salvación por el cual todo pecador puede ir desde la miseria hasta la misma presencia de un Dios amoroso y perdonador.

El versículo 20 no sólo nos habla de la acción del hijo, sino también de la actitud de un padre tierno y perdonador que había estado siempre esperando su regreso. "Cuando aún estaba lejos, lo vio su padre." Esto indica que estaba fuera, con su mirada puesta hacia el mismo camino que había tomado su hijo cuando decidió separarse de su lado. Esa es la actitud de Dios hacia todos los que andan fuera de su camino. Pero Él no sólo espera al hijo pródigo; va y rescata a la oveja perdida e incluso barre la casa para hallar la moneda perdida. La expresión "fue movido a misericordia" describe esta cualidad encomiable manifestada en el padre. Inmediatamente "corrió", "se echó sobre su cuello" y "lo besó". No le pide explicaciones ni le da sermones de ninguna clase. Había razones para estar enojado; sin embargo, estaba rebosando de felicidad.

B. Perdona con amor incondicional (15:21,22)

Es interesante observar cómo el padre interrumpió las declaraciones de su quebrantado hijo. Las palabras salen sobrando cuando hay en el corazón verdadero arrepentimiento y un reconocimiento sincero de no ser digno de tanto amor. Al confesar, "he pecado contra el cielo y contra ti" se refería a un reconocimiento inequívoco de haber ofendido primeramente a Dios con sus muchas maldades. También sabía que había ofendido a su padre. Lo más hermoso de un corazón humano en vía de restauración es la conciencia de haber ofendido y la capacidad de reconocerlo con humildad.

Un padre fue interrogado sobre la diferencia que hay entre amar a un hijo que se porta mal y uno que se porta bien. La respuesta fue: "Cuando un hijo se porta bien, se quiere con alegría. Cuando se porta mal, se ama con dolor; pero nunca se puede dejar de querer". Así se explica el amor de Dios hacia el ser humano. Él ama con dolor al que lo ofende diariamente; mientras que ama con alegría al que lo busca arrepentido y contrito, pero su amor es eterno y perfecto (Romanos 5:10).

El amor del padre de la parábola hacia el hijo que regresó arrepentido se dio a conocer en su casa. La orden que dio a su criado principal de "sacad el mejor vestido", y ponerle un "anillo" era una prueba innegable de verdadero perdón. En ese momento, el recién venido estaba siendo restaurado al seno de la familia de su padre con todos los honores y la consideración sin reservas. Fue como si nunca se hubiera ido de la casa y como si jamás hubiera defraudado al que lo engendró y le había dado toda clase de provisiones.

C. Restaura con dignidad y generosidad (15:24)

El empeño con el que el padre de familia restauró a su hijo por el cual había sufrido es un ejemplo de la honra y la dignidad con que el Señor recibe a los que lo buscan. Al matar "el becerro gordo" y hacer "fiesta" se demostraba públicamente que el hijo pródigo estaba perdonado. Este padre demostraba sus sentimientos con facilidad. Esta ternura de carácter es digna de ser imitada por todo padre en el día de hoy. Es bueno ser rígidos y fuertes; pero también hay que mostrar sensibilidad y ternura hacia nuestros hijos. Ya sabemos que esta fiesta era una evidencia del gozo que hay en los cielos cuando un pecador se arrepiente, pero los padres pueden aprender mucho de estos detalles. Toda esta celebración se explica en el versículo 24: "Este mi hijo muerto era, y ha revivido; se había perdido, y es hallado". ¿Ha tenido alguno de los padres presentes la alegría de ver a un hijo rescatado de la vida sin Dios y rendido a los pies de Cristo? ¿Ha dado el becerro gordo, el mejor vestido y el anillo de gran valor a su hijo o hija por haber regresado de esa vida sin paz y sin esperanza que llevaba? ¿Hay algún padre que ha celebrado los triunfos de sus hijos con semejante alegría? ¿Le da importancia usted a los fracasos y a las victorias de sus hijos?

Afianzamiento y aplicación

(1) Espere oír palabras de testimonio de algunos padres o de casos conocidos por ellos.
(2) ¿Conoce alguien a algún hijo pródigo por el cual orar en estos momentos?

III. UN PADRE QUE INTERCEDE Y CELEBRA (LUCAS 15:25-32)

Definiciones y etimología

* *Y su hijo mayor.* Este representa a los fariseos que se creían perfectos y preferían que se destruyera a un pecador a que este se salvara.

* *Entonces se enojó.* Sorprende la verdad de que es mas fácil acercarnos a Dios que a muchos religiosos fanáticos.

A. Intercede ante la falta de amor (15:25-30)

No todos los de la familia demostraron las mismas reacciones ante el regreso del hijo pródigo. Allí fue donde salieron a relucir otras virtudes del padre de esta lección. Su nobleza y comprensión se manifestaron en el trato con su hijo mayor. Este regresó del campo y escuchó "la música y las danzas" y se enteró de que su hermano había vuelto al hogar y que su padre estaba celebrándolo con lo mejor que tenía (versículos 25-27). Eso condujo a los incidentes descritos en el versículo 28: *Entonces se enojó, y no quería entrar. Salió por tanto su padre, y le rogaba que entrase.* Lo que sigue en el relato sagrado es una serie de argumentos del hijo mayor contra su hermano. Nadie puede leer esta parábola sin expresar su disgusto por la dureza del corazón de este hombre. No estaba interesado en corregir la conducta de su hermano, sino en proteger los bienes que legalmente le correspondían ahora. Esta preocupación no dejó lugar para alegrarse por ver al hermano errabundo y compartir su regreso.

B. Ofrece con amor todo lo que tiene (15:31)

En la conversación que sostuvo su padre con él afuera hay expresiones de gran valor espiritual. Ante el reclamo del hijo egoísta, el padre le imparte aliento y le asegura los derechos que le correspondían. "Hijo, tú siempre estás conmigo". Su hermano menor había fallado y se había apartado de todos, pero él seguía disfrutando la compañía de su padre y la abundancia del hogar. Pero, aparentemente, nada de eso hacía que él se sintiera seguro. Para mostrar su desinterés por lo terrenal, el padre le garantiza: "Todas mis cosas son tuyas". Esto indica que el padre estuvo dispuesto a respetar los derechos de su hijo mayor. Eso significa que el futuro del hijo pródigo sería difícil en cuanto a lo material; pero espiritualmente él se sentía restaurado. Y eso era lo único que le interesaba.

C. Celebra la salvación del perdido (15:32)

El verdadero objetivo de esta parábola es celebrar el regreso al hogar de alguien que lo había perdido todo en su terquedad y mal proceder. Sin embargo, al volver en sí y tomar la decisión de regresar a su padre cambió para siempre el curso de su vida. Esta historia debe inspirar a todos los que han perdido en los afanes del mundo a un hijo, o los que anhelan contribuir a la salvación de alguien. Tarde o temprano se deleitarán sus ojos y su corazón al ver a esa persona volver con un corazón contrito y humillado en busca de perdón y restauración. Si un padre no puede dejar una herencia material a sus hijos, por lo menos debe procurar que estén en los caminos del Señor y lo demás vendrá por añadidura. Eso llevó al padre de nuestra lección a argumentarle a su hijo mayor: "Era necesario hacer fiesta y regocijarnos, porque este tu hermano era muerto, y ha revivido; se había perdido, y es hallado".

Como padres no somos responsables solamente por las cosas materiales que heredan nuestros hijos. Hay también elementos de carácter moral y espiritual que deben formar parte de la herencia. Dios, por medio de su Palabra nos enseña a ser mejores padres para mayor gloria de su nombre y para nuestra propia bendición. Hay aquí también un llamado a los hijos que no están caminando como su padre quisiera. Nuestro Padre celestial está esperando que volvamos y rindamos a Él nuestra vida. Sólo así seremos mejores padres y también mejores hijos.

Afianzamiento y aplicación

(1) Enumere los valores espirituales que se pueden apreciar en la actitud de este padre.

(2) Hagan una lista de características del hermano mayor.

(3) ¿Quiénes pueden estar representados en este hombre de corazón endurecido?

(4) ¿Qué cosas tienen en común las conclusiones de las tres parábolas de Lucas 15?

RESUMEN GENERAL

Tres aspectos se tomaron de la experiencia de este padre ejemplar. En primer lugar vimos que era un hombre de responsabilidades hogareñas. Con su esfuerzo logró acumular suficientes bienes para el presente y futuro de sus dos hijos. Desafortunadamente, el menor de ellos optó por tomar el camino de la aventura y el libertinaje. No cabe duda de que el padre luchó por disuadirlo, pero todo fue inútil. La ida de este joven causó un gran dolor en el corazón tierno y generoso del padre. La lección terrible que el mundo le dio, hizo que el joven recapacitara y volviera un día, contrito y humillado a su hogar. El recuerdo de su padre, el calor del hogar, el cariño y el buen trato que había recibido, impulsaron a este joven rebelde a regresar. En un mundo como el actual donde cada día se hace más difícil la convivencia, dichosos aquellos que tienen siempre un hogar al cual puedan ir a refugiarse. En este encuentro se manifestaron los recursos morales y espirituales de este buen padre, provocando en él una gran alegría.

No fue así la reacción del hijo mayor. Este veía con enojo el regreso de su hermano. Su preocupación era tener que compartir su herencia de primogénito con su derrochador hermano. Esto dio lugar a que se manifestara la dimensión espiritual del carácter de los hijos hacia el padre. El amor del mayor era legal, en cambio el menor lo amaba con arrepentimiento, dolor y lágrimas. Este amor es más profundo. Lo importante de la historia es que el disipador y derrochador entró al gozo de su padre, mientras que el justo y leal quedó afuera. Esa es la médula de esta lección. La justicia humana no tiene nada que ver con la justicia que es por la fe, que salva al pecador y le asegura un lugar en el seno de la familia de Dios.

Ejercicios de clausura

(1) Termine con testimonios breves de algunos padres sobre alguna experiencia con sus hijos.

(2) Invite a la clase a orar en busca de ayuda para los padres e hijos que están atravesando situaciones de extravío o desorientación.

PREGUNTAS Y RESPUESTAS

1. Describa los pasos descendentes del versículo 14, que llevaron al joven hacia su ruina total.

Ingratitud: "dame mis bienes". Derroche: Todo lo malgastó. Juicio: Vino una gran hambre. Consecuencia: Comenzó a faltarle.

2. Describa los pasos ascendentes que llevaron al pródigo de regreso a la casa del padre.

Recapacitó: "Volviendo en sí". Recordó: la "abundancia de pan" en casa del padre. Actuó: "levantarse e ir a su padre". Confesó: "he pecado".

3. ¿A quiénes representa el hermano mayor del hijo pródigo?,

Representa a los fariseos que se creían perfectos y preferían que se destruyera a un pecador a que este se salvara

4. ¿Cómo podemos describir la actitud de este joven en los días de hoy?

Miles de jovenes que viven insatisfechos al lado de sus padres, aunque estos les brinden todo el amor y la protección posibles.

5. ¿Cómo reaccionó el padre ante el regreso de su hijo pródigo y a quién representa?

Y cuando aún estaba lejos, lo vio su padre, y fue movido a misericordia, y corrió, y se echó sobre su cuello, y le besó. Representa el inmenso amor de Dios.

PARA LA PRÓXIMA SEMANA

La próxima semana se inicia un nuevo ciclo de estudios acerca de "La vida cristiana normal". El primer estudio se basa en el misterio del evangelio que Dios le reveló al apóstol Pablo. El evangelio que estaba escondido desde los siglos pero que ahora ha sido revelado. Recomendamos estudiar Efesios 3:1-13 y Colosenses 1:24-29.